中国石化“十四五”重点图书出版规划项目

对标世界一流 打造长青基业

中国石化对标提升管理标杆经验

中国石油化工集团有限公司企改和法律部 著

中国石化出版社
HTTP://WWW.SINOPEC-PRESS.COM

内 容 摘 要

全书以“对标世界一流　提升管理水平”为主题，聚焦驱动企业管理提升关键因素，分标杆企业、标杆项目、标杆基层单位3种先进类型，展示中国石化对标提升行动中涌现的经验做法、优秀成果和成功模式，突出管理理念、方法、组织、制度、流程、机制等的创新性、科学性、实践性、效益性、示范性，激发“站排头”意识，展现“创造者”作为，提升石化品牌价值。

本书适合石油化工企业干部员工阅读参考。

图书在版编目（CIP）数据

对标世界一流　打造长青基业：中国石化对标提升管理标杆经验 / 中国石油化工集团有限公司企改和法律部著. —北京：中国石化出版社，2021.10（2022.1 重印）

ISBN 978-7-5114-6473-6

Ⅰ. ①对…　Ⅱ. ①中…　Ⅲ. ①石油化工企业—工业企业管理—经验—中国　Ⅳ. ① F426.22

中国版本图书馆 CIP 数据核字（2021）第 194814 号

中国石化出版社出版发行

地址：北京市东城区安定门外大街58号

邮编：100011　电话：（010）57512500

发行部电话：（010）57512575

http：//www. sinopec-press. com

E-mail：press@ sinopec. com

北京科信印刷有限公司印刷

全国各地新华书店经销

*

787 × 1092 毫米　16 开本　24.25 印张　530 千字

2021 年 11 月第 1 版　2022 年 1 月第 2 次印刷

定价：188.00 元

撰稿指导委员会

主　　任：马永生

常务副主任：陈　革

副　主　任：杜江波　祝传林

撰　写　组

主　　编：张建国

副　主　编：冉林秀　李旭东　李雪峰

编写人员：

靳红兴　胡金玉　王虎刚　张少华　梁　伟　马冬烽　解济军
王晓忠　顾永康　龙新文　杨思湘　杨　敏　刘　兴　程杨利
骆洪锋　张智玮　邱　婷　马　伟　熊安权　汤雅清　亓吉明
周磊榴　朱于清　柯越华　梁　晖　栾　图　王峭松　李保军
李　迪　王燕丽　冯春艳　王晓光　韩超一　徐逢达　赵周煜
李　康　孟庆峰　刘来宝　余运亮　边　炜　姜　军　刘　贵
孔凡东　严　峻　付安兴　刘　郢　宋丽娟　屈　波　刘　旸
张　艳　韩　坚　易振军　韩小龙　王国禄　李巳聪　黄胜利
封书华　刘振海　张　静　张　璐　刘　丹　刘丽霞　李文硕
孙安娟　张孝明　邵金燕　曹德义　董建华　袁　帅　张　彬
邹　玮　商伟骁　李　明　熊　莎　张剑威　李翔宇　唐亚军
张　琳　胡元硕　高云伟　邢正飞　唐文强　管一鹤　张海宁
冯　群　邵　壮　祁鲁海　张　斌　石林峰　杜小军　赵惠玲
郝姗姗　林会喜

序言

Preface

党的十九大报告提出做强做优做大国有资本、培育具有全球竞争力的世界一流企业，党的十九届四中全会作出推进国家治理体系和治理能力现代化的战略部署，对国有企业提升管理能力和管理水平提出了更高的要求。2020年6月，国务院国资委在中央企业和地方国有重点企业开展对标世界一流管理提升行动，聚焦管理标杆创建，从基层企业、专业对标领域和企业集团三个层面，评选确定了一批标杆企业、标杆项目、标杆模式，进一步推动国有企业加强管理体系和管理能力建设、提高发展质量和效益，着力打造具有全球竞争力的世界一流企业。

中国石化认真贯彻落实习近平总书记“加强管理体系和管理能力建设”重要指示批示精神和党中央决策部署，把对标提升行动作为中国石化贯彻落实习近平总书记重要指示批示精神的重要举措，作为中国石化增强企业核心竞争力、加快培育世界一流企业的重要支撑，作为中国石化有效应对新形势新挑战、实现高质量发展的重要抓手，扎实推进对标提升行动和管理标杆创建。在国资委评选确定的管理标杆中，镇海炼化、西北油田、浙江石油3家企业入选标杆企业，

"中国石化采购供应链管理体系""以高质量发展管理指标为基础的运营评价机制"2个项目入选标杆项目。在创建过程中，中国石化创新性地将管理标杆创建延伸到基层，分板块、分专业、分层级创建集团公司层面标杆企业、标杆项目、标杆基层单位，评选确定12家直属企业为标杆企业、9个项目为标杆项目、43家单位为标杆基层单位（含国资委评选确定的3家标杆企业和2个标杆项目），坚持"选、树、育、学"相结合，深入挖掘、总结和提炼管理标杆好经验、好做法，形成可复制、可推广的管理标杆案例，编制出版《对标世界一流　打造长青基业》。这些管理标杆案例涵盖了中国石化上中下游全产业链，汇聚了多个专业管理领域的典型经验，具有一定的创新性、科学性、实践性、效益性、示范性，在管理理念、管理方法等方面具有较强的学习借鉴意义和复制推广价值。

加强管理是企业发展的永恒主题，是企业实现基业长青的重要保障。通过扎实开展对标提升行动，对照世界一流企业、行业先进企业找差距，聚焦管理标杆创建和推广应用，以点带面，示范带动，持续加强管理体系和管理能力建设，促进企业管理水平整体提升，加快迈向具有全球竞争力的世界一流企业。

需要说明的是，本书所列对标提升管理标杆经验也有不断提升和完善的空间，希望读者多提宝贵意见，本书作者会虚心接受，也愿意看到更多的此类成果，以起到互学互鉴、共同提升管理水平的目的。

马永生

2021.10.19

扫码学“标杆”

第 1 步：打开微信扫描上方二维码

第 2 步：关注“石化出版社”公众号

第 3 步：观看影视频，学标杆经验

目　录

Contents

标杆企业

标杆项目

标杆基层单位

标杆企业

中国石油化工集团有限公司的油田、炼油、化工、油品销售、石油工程、炼化工程、科研等 7 个业务板块聚焦管理创新、体系建设和文化培育等重点内容，对照“对标提升成效好、管理能力提升明显、管理特点鲜明、信息化程度较高、管理成果突出”5 个方面，从直属企业中择优打造一批体系完备、能力突出、达到或接近行业一流水平的示范企业。

深耕精益管理　打造世界一流

镇海炼化分公司

镇海炼化是特大型炼油化工一体化企业，是国家七大石化产业基地之一，也是中国石化和浙江省、宁波市重点布局打造的杭州湾南岸世界级石化产业“桥头堡”。围绕中国石化世界领先发展方略，以及集团公司党组赋予镇海炼化“为中国石化未来发展探路引航”的光荣使命，着眼长远发展，前瞻谋划并加快实施“十四五”的“12345”工作主线，聚焦“提高效率、增强活力、提升价值”，持续深化改革创新，对标世界一流提升管理，不断提高精益化管理水平，持续推动企业高质量发展（见图1）。

所罗门咨询公司绩效评估报告显示，镇海炼化炼油竞争力自20世纪90年代以来一直稳居亚太地区炼厂第一群组，乙烯装置自2010年投产后，国内唯一连续5次在所罗门全

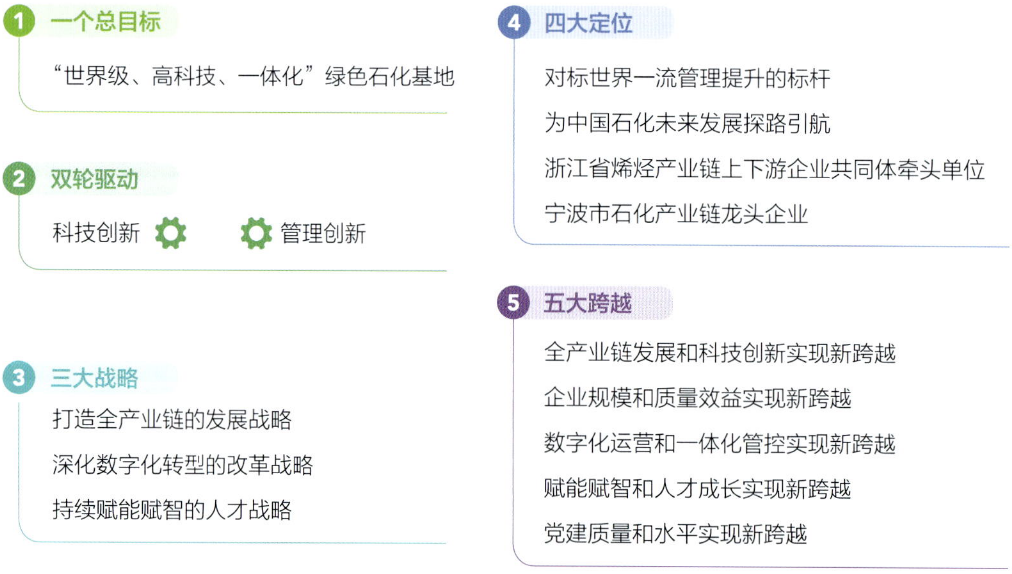

图1　镇海炼化“十四五”的“12345”工作主线

球乙烯绩效评价中位列世界第一群组。2021年7月，镇海炼化入选国务院国有资产监督管理委员会国有重点企业管理标杆创建行动“标杆企业”。

一、守牢“四大底线”夯实根基

对标提升、打造一流，前提是夯实基础、守牢底线。镇海炼化针对生产经营、建设发展两线作战带来前所未有的安全生产压力，将“安全环保、疫情防控、廉政建设、队伍稳定”确立为必须坚守的“四大底线”，引领全员牢固树立“防控风险，就是讲政治、担责任、促发展，就是守护共同创造的成果”的共识（见图2）。

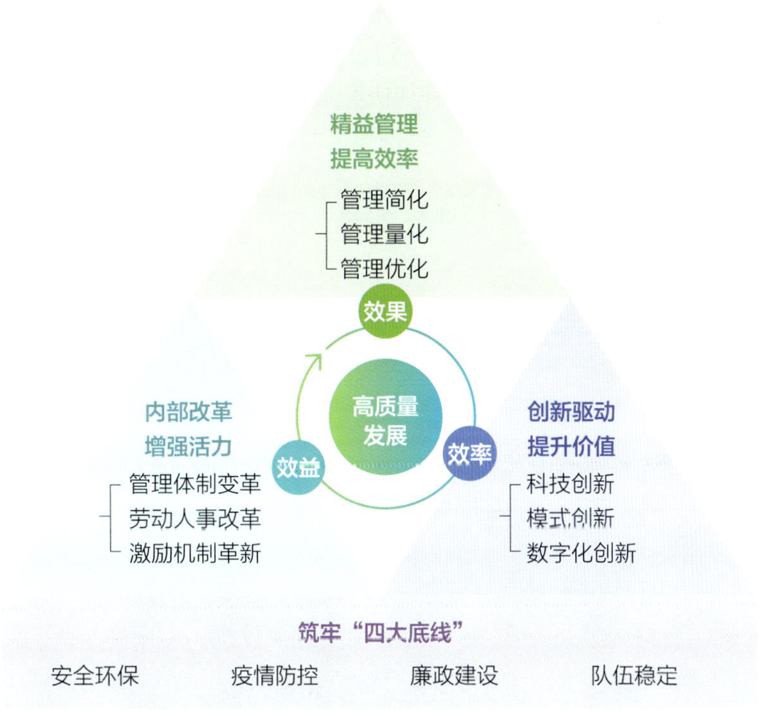

图2　镇海炼化管理、改革、创新相互联动、相互促进

安全环保方面，引导全体员工树立“安全是一切工作的前提和基础”的强烈意识，践行“泄漏就是事故，异味就是污染”的理念，扎实开展对标世界一流HSE管理提升行动，努力实现“两年内ISRS评级达到7级，五年内达到8级”的提升目标。大力推行“网格化+专业化+规格化”大安全管理模式，构建了453个网格。在中国石化首家发布实施HSE管理体系手册，创新实施“每周研1天、现场2小时、会前5分钟”安全领导力提升行动，公司领导班子带头，每周用至少一天时间研究安全环保，每个星期一的上午用至

少2个小时的时间深入生产装置和项目建设现场检查指导安全环保工作、与员工面对面交流，在公司领导与基层员工之间架起沟通的桥梁，常态化开展会前5分钟HSE案例分享。面对中国石化镇海基地现场高峰期近3万人同时施工的局面，更是创下同等建设规模下连续4千万人工时安全业绩最佳新纪录。与此同时，镇海炼化积极贯彻国家“3060”双碳目标、中国石化“3050”双碳战略部署，对标一流，积极探索“净零”排放路径，持续深化“无废无异味绿色示范工厂”建设，努力在绿色生产、节能降碳中发挥示范带头作用。

在全力实现安全生产的同时，镇海炼化持续筑牢疫情防控、廉政建设和队伍稳定底线。疫情防控方面，基地建设每天有2万名建设人员现场作业，码头平均每2天靠泊一艘外轮，坚持向内查问题、堵漏洞、出实招，精准落实疫情防控各项措施，织密防护网，筑牢防火墙。廉政建设方面，通过党委巡察、对基地建设现场实施派驻监督、对物资采购及工程选商招标等重点业务实施专项监督、对小众专业强化“微腐败”治理等措施，不断筑牢业务单位、职能部门和纪检监督“三道防线”。队伍稳定方面，密切关注员工思想动态，做深做细思想政治工作，全力维护企业稳定大局。

二、以精益化管理持续提高效率

镇海炼化从上至下将“效果、效率、效益”作为衡量工作的“标尺”和“准则”。

追求管理简化：向一切没有价值的工作开刀，向一切有价值的工作倾斜。坚持管理提效争简，向低效冗余开刀，让制度瘦身、流程最短，2020年制度流程压减率35%以上。坚持精准督办，“凡事讲主观努力不讲客观原因、节点只能提前不能后退”，让“马上就办、

▲ 镇海炼化夜景图

办就办好”成为常态，事项办理时长由2天缩短至半天以内。

追求管理量化：努力实现用最小的消耗获得最大的利润，实现价值最大化。坚持“价值最大化、效益最大化”的核心理念，构建了“科学严谨的投资决策—严密高效的实施管理—全过程闭环的项目后评价”的投资管理机制，构建了“全面预算连接市场和现场—机关管效益指标和财务指标—基层管安全平稳和物耗能耗”的预算管理优化机制，构建了“抓源头—抓过程—抓终端”的成本管控机制。

追求管理优化：眼睛盯住市场、功夫下在现场。坚持以市场为导向，建立“一平稳五优化”全价值链优化机制，抓好主要装置的稳产上产和动态优化，持续攻坚创效。建立全员成本目标管理体系，推行“日产销平衡、周生产优化、旬经营决策、月完善分析”“六轮测算”“事先算赢、算赢再干”等优化增效做法。坚持以生产现场为重点，持续优化生产现场各要素，通过合理有效的计划、组织、协调、控制，实现生产的安全、优质、高效、环保、低耗和均衡（见图3）。

图3　镇海炼化“一平稳五优化”

三、以深化内部改革持续增强活力

持续进行管理体制变革。围绕公司“三大战略”，结合“机关为管理中心、机构为服务中心、基层为执行中心”的“三分机构”总体定位，持续优化组织机构和区域设置，组织机构进一步迈向“大部制”“基地化”“专业化”。持续探索镇海基地一体化管理模式，在新发展理念、新发展阶段、新发展格局下，镇海基地股权主体多元化、企业管理一体化、经济效益最大化、发展质量最优化的趋势愈发明显，推动公司管理体系、治理机制更加健全（见图4）。

持续推进劳动人事改革。深入开展“干部人事向先进对标，劳动用工向一流对标”，成为中国石化炼化板块首家实施任期制和契约化管理的直属单位。不断完善干部管理机

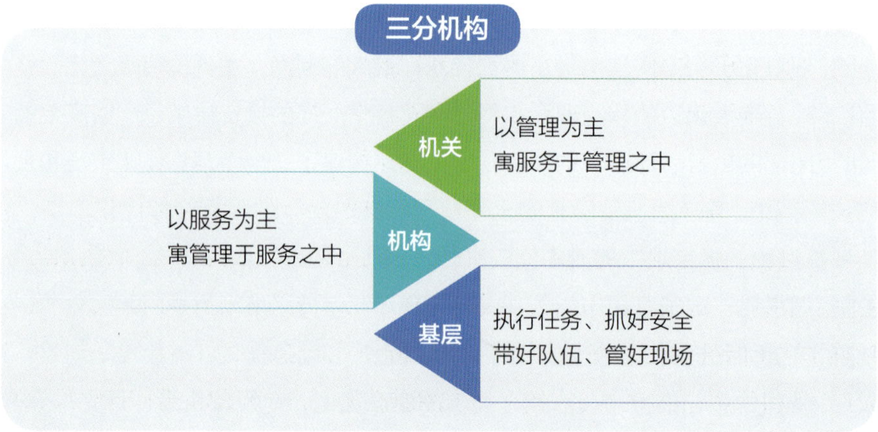

图4　镇海炼化“三分机构”

制，建立了领导人员绩效承诺制，每年对标历史最高、行业最好确定考核指标，绩效考核承诺书和自我评价实行公示，接受群众监督，强化干部担当作为的责任感；对考核排名后3%的进行调整退出预警，连续两年末位的给予淘汰；完善干部选拔考察机制，将绩效考核作为干部选拔的重要依据，把“超常规解决问题”和“有突出工作实效”的“担当者”“实干者”选出来，树立典型、优先使用；完善干部“能上能下”机制、制定能上能下管理规定，细化“下”的14个标准。推行“星级闯关”强化员工素质能力培养，形成了技能操作人员“单岗位—多岗位—全流程”、专业技术人员“装置—系统—工厂”的阶梯式成长路径。搭建“最强操作”竞赛平台，形成“全员技术比武”热潮，大大提升了员工素质能力。

持续强化激励机制革新。深入开展薪酬分配向市场对标，持续完善薪酬分配体系，实施差异化分配、多样化激励，拉开分配差距，构建层级分明、导向明确、激励精准的薪酬分配体系。设立新产品研发及生产销售科研攻关专项激励，按贡献大小进行激励，额度高低相差10多倍，同层级管理人员，薪酬高低相差可达1.5倍以上，同岗级专业技术或技能操作人员，薪酬高低相差可达2倍以上，持续激励“出力打粮”的骨干员工。同时，根据市场对标结果调整不同群体收入水平，让每条线上的人员都“奋斗有目标、成长有通道”。

四、以强化创新驱动持续提升价值

强化科技创新。着力解决“卡脖子”问题，以“国际化、高端化、区域化、差异化”为方向，打造“政产销研用”五位一体的国家级高端化工新材料创新平台，与清华大学、浙江大学和中科院宁波材料所等世界一流高等院所开展战略合作，双方将以高端化学品、高分子新材料、化学反应工程等领域为重点，实现多学科交叉融合和协同创新，争取加快突破一批“卡脖子”技术；加速发展氢能等新能源，仅用75天建成宁波市第一座高标准加氢示范站，积极打造浙江省最大的加氢母站；推行关键核心技术“揭榜挂帅”，创新“一品一策一队伍”机制，加速打造科技创新核心竞争力。

强化模式创新。深入贯彻“共商共建共享”的发展理念，立足区域全产业链发展，主动拆除企业围墙，积极拓展与周边区域的资源整合利用，实现互利互赢。目前镇海炼化与周边企业的互供料达20多个品种，互供企业达20多家，每年通过管线互供量超过200万吨，辐射整个化工园区。在镇海炼化带动下，宁波化工园区成为国内唯一以石化命名的国家级开发区，镇海炼化主导的石化物料链，已经成为一条固化产销的合作链、共商共建的产业链、提升价值的增值链。

强化数字化创新。镇海炼化加快发展新经济，规划实施数字化转型的改革战略，大力推进智能工厂3.0建设，推进全要素、全产业链、全价值链的“人事物”智能互联，用数字构建“企业大脑”和“未来工厂”。2016年被工业和信息化部评为“智能工厂试点示范”，2021年3月镇海炼化“开展全流程数字化优化，实现效益最大化”入选国务院国有资产监督管理委员会“数字化转型100个典型案例”。

五、以深化对标体系持续争创一流

镇海炼化按照“人人尽其责、管理全覆盖，事事争第一、对标创一流”目标要求，深化构建“战略管理、组织管理、运营管理、财务管理、科技管理、风险管理、人力资源管理、信息化管理”8个维度和“公司、专业、装置、单位、班组、岗位”6个层面自上而下“一体贯通”的矩阵式全面对标体系。实行“周专班、月例会、月通报”机制，每月召开对标提升工作例会，选取1～2个专业部门和2～3个基层运行部汇报本专业、本单位的对标提升工作开展情况，深入分析存在的问题和不足，提出提升改进措施，确保对标提升工作落地见成效。建设对标评价信息系统，让对标结果在线展示、对标措施上线跟踪，实现对标提升工作可视化、对标指标集成化、过程跟踪自动化、数据分析自主化，推动对标工作“天天见、人人见、时时见、处处见”，形成浓厚的对标追标氛围。

经验启示

（一）顶层设计是高质量发展的重要前提

镇海炼化定位世界领先，坚持“双轮驱动”，实施“三大战略”，立足“四大定位”，推动“五大跨越”，向“世界级、高科技、一体化”绿色石化基地奋力迈进。从根本上确保各方面协调发展和健康可持续，保证企业始终朝着高质量、高水平发展的目标航向。

（二）文化引领是高质量发展的不竭源泉

在长期践行社会主义核心价值观和中国石化核心价值理念的过程中，经过不断总结提炼和实践检验，镇海炼化形成了一批特色鲜明的管理理念，形成镇海炼化特有的企业文化，并渗透在每一位员工的骨髓里，成为激发干部员工干事创业的不竭动力。在党建引领下，不断在发展中积淀文化底蕴，在传承中坚定文化自信，在融合中升华文化自觉，为更加广泛、更加深入、更加自觉的价值创造活动提供更加坚定的理念自信、更加坚实的群众基础、更加浓厚的企业氛围，使精益文化成为激发干部员工“勇立潮头”的动力源泉。

（三）改革创新是高质量发展的强大动力

时代在变，环境在变，唯“变”不变。只有改革创新才是高质量发展持久生命力之所在。必须以正视问题的自觉和刀刃向内的勇气，保持斗争精神，勇于自我否定，并实践中不断总结回顾、不断赋予精益管理以新的内涵、新的元素，才能真正从精细走向精益、从优秀走向卓越。

凝炼“六化”管理体系 打造一流油公司

西北油田分公司

西北油田是国内最大的古生界海相碳酸盐岩缝洞型油气田，肩负着中国石化西部油气资源接替的光荣使命，始终坚持以打造一流油公司为目标，以对标国际先进油公司为牵引，逐步走出了一条“组织效率高、用人水平优、市场机制佳、操作成本低、成长性能好”的发展之路，实现以不到4000人的用工总量运转一个年产850万吨油气当量、矿区面积近9万平方公里的大油气田，盈利能力、人均创效水平持续保持行业领先，被誉为国内上游油公司建设标杆。

公司牢牢把握加强管理体系和管理能力现代化建设这一改革方向，坚持“因企制宜、活学活用”原则，大力实施对标提升行动，基于“管理、运营、执行”三级扁平架构和“机关、科研、生产、保障”四大职能板块设置，围绕“质量、效率、效益”导向，对标凝炼出一套符合现代油公司管理特色的“六化”管理体系（见图1），堪为高质量运营的助推引擎。

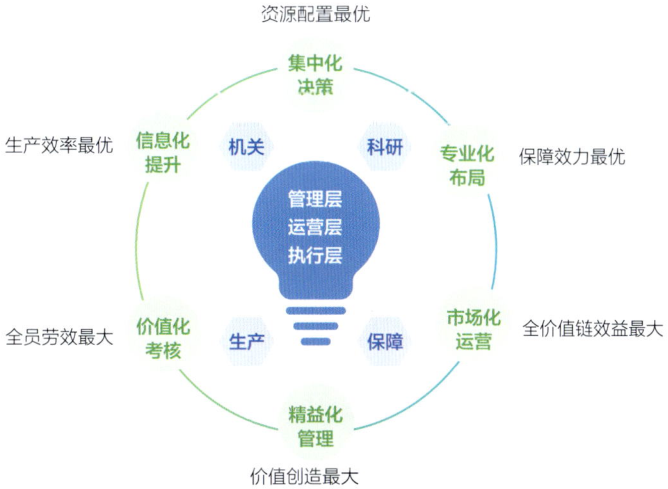

图1 基于油公司扁平架构的“六化”管理体系

一、集中化决策，实现资源配置最优

匹配油公司精干高效的组织架构，坚持在公司层面实施集中化决策，整合决策支撑资源，配套横向融合和内外联动机制，有效提升了决策效率和质量。

（一）横向融合打破决策壁垒

大力实施勘探开发一体化、地质工程一体化，推行项目化管理，有效落实项目责任，提升项目整体效能。近年勘探成功率保持在55%以上，探明储量成本逐年下降，SEC储量替代率连年保持100%以上。如：在新区建设过程中，组建顺北产能建设项目部，融合勘探、开发、工程、地面、运行等主要专业，实施从勘探开发一体化到地面地下一体化全链条跟踪控制，决策效率大幅提升，16口超深井半年内全部上钻。

（二）内外联动汇聚决策支撑力量

一方面，重点打造高水平基础研究、高质量技术创新和高效率成果转化"三大平台"，集聚上游"三大院"技术人才，组建"大兵团"项目攻关团队，形成14个多专业融合战区，大力实施科研联合攻关，构建起"大合作、大联合、大运行"的大科研模式。另一方面，借助合作平台，与中国石油塔里木油田建立全领域常态化技术交流、全方位对标提升机制，实现经验互鉴、推动共同提升。2020年以来，强化顺北新区对标提升，坚定了油藏认识，补齐了技术短板，相继突破3口日产千吨井，开创了中国西部千吨井突破速度新纪录。

▲ 西北油田新井勘探施工现场

二、专业化布局，实现支撑保障效力最优

“专注主业、剥离辅业”是现代油公司的重要特色，也是中国石化上游企业自2014年以来大力推动的专业化改革重点。公司通过借鉴国际油公司主营业务结构，坚持专业化布局，不断完善专业化单位“技术支持+服务保障”两大职能，有力支撑油气生产主业。

（一）专业化技术支持

针对油田“三高三超”的特点，集中专业技术力量，在钻井、完井、修井等方面形成有力的技术支撑。其中，完井测试专业集中管理以来，充分发挥“发现油气层的关键作用、增储上产的尖兵作用、井控安全的核心作用、完井技术发展的牵引作用”，累计创新完井技术101项，累计产出经济效益6.92万元，获国家发明及实用新型专利60项。

（二）专业化服务保障

围绕油田主营业务，搭建专业平台，发挥集中规模优势，在工程服务、应急救援、公共服务等方面，提高了服务质量和保障能力。并不断整合专业化资源，合并车辆、基地、离退休等管理机构，既降低了运营成本，也增强一体化服务保障能力。如：在车辆管理上，实施南北疆车辆统一调配，配套方便快捷的信息化车管平台，大幅提升运行效率，改革后车辆管理人员由91人精简至37人，压减租赁费用2400余万元，降幅达30%。

三、市场化运营，实现全价值链效益最大

坚持充分利用内外部市场资源，打造高端高效市场，在固化“引管培退”长效机制的同时，积极借鉴国际油公司先进的市场管理理念，注重强化市场激励，优化市场渠道，创新商业模式，持续激发市场活力。

（一）推行“三优”工程激励

自2020年以来，先后在钻井、测井、录井、地面工程建设专业出台优质优速优价激励政策，直接在合同结算中予以奖励兑现，杜绝了低价中标带来的质量隐患，实现了甲乙方目标同向、合作双赢。其中，钻井激励实施后，兑现提速奖金2432万元，节约钻井周期182天。

（二）畅通“高精尖”引进渠道

针对高精尖技术、油田急需装备，在依法合规的基础上，灵活合作模式，确保渠道畅

通、合作高效。目前已与贝克休斯、斯伦贝谢等国际知名油服开展深度合作和技术交流，应用垂直钻井、旋转导向钻井技术有效提升机械钻速。

（三）探索“经营性”商业模式

对区域油气生产业务试点按吨油成本结算的项目化经营性承包，对修井业务试点业务链一体化经营性承包（见图2），拓展了合作方自主经营空间，有力激发市场活力。其中，修井业务已完成试点144井次，实现发包方零协调、配合作业零等待的“双零目标”，共提效234天，创效799万元。

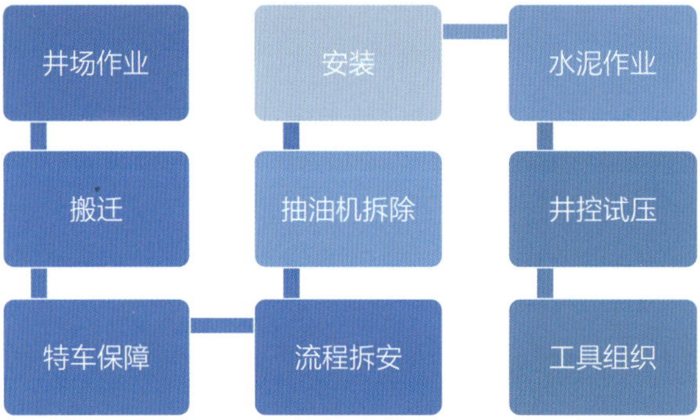

图2 修井作业一体化外包业务链

四、精益化管理，实现企业经营价值创造最大

聚焦价值引领，深化业财融合，持续开展全要素、全价值链挖潜增效，着力提升经营管控水平，全力推进战略型集约化财务管控体系构建。

（一）以战略型经营预算夯实价值创造基础

聚焦盈亏平衡油价和SEC两大主线，深化应用“五统筹一优化”决策量化模型，统筹“储量、产量、投资、成本、利润”五大预算要素，创新“五位一体”预算倒逼机制，以预期经营效益倒逼业务链优化，将关键指标分解落实到区块，引导资源配置优化、价值贡献最大。2020年积极应对疫情和油价暴跌双重影响，成为国内上游以油为主的唯一盈利企业（见图3）。

（二）以集约化财务管控促进价值创造提升

围绕战略引领、成本优化、储量资产优化、风险智控等四个方面，构建高效能、系统性、共享型信息数字化工具序列，服务于各层级全方位挖潜、全要素降本、全过程优化，

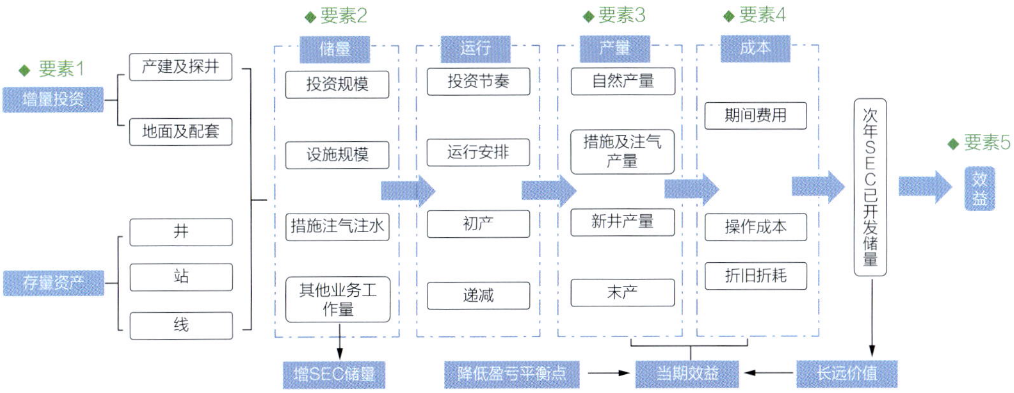

图 3　“五位一体”预算倒逼机制示意图

确保低成本战略目标实现。2020年综合盈亏平衡油价降至41.05美元/桶，单位完全成本1205元/吨。

（三）以多维度资产评价拓宽价值创造渠道

构建“一体四维”资产分类评价管理体系。按照地上地下资产一体化，从资产状态、运行效率、生产效能和经济效益四个维度，构建资产分类评价模型，分析资产技术状态和创效能力，识别低、无、负效资产，推动以资产分类评价为基础的业财联动一体化治理创效；搭建闲置资产“模拟超市”。按照资源共享，优化配置的理念，依托信息化手段实现资产上架、选购等操作，通过线上交易盘活闲置资产，提高资产使用效率。并配套考核激励方案，明确固定资产、积压物资、土地盘活及对外出租/转让的奖励政策，充分调动各单位盘活资产的积极性和主动性。3年累计实现闲置资产盘活创效2.6亿元，负效资产处置6762项。

（四）以复合型经营风控体系降低价值创造风险

打造数智化风险防控工具，全面梳理识别“招标—合同—任务—施工—结算—核算—付款”7个环节的风险点，将风险指标、管控等级、逻辑规则、案例解析、经验提醒、制度依据等内嵌至日常业务流程。搭建数字化风控“四库”（知识库、案例库、指标库及规则库），实现事前异常捕获、事中控制校正、事后追踪评价，为经营运行质量保驾护航。已部署运行量化预警防控规则101项，防控风险点41个，实现成本类合同履约各环节100%在线监管，经营风险问题发现率、拦截率提升40%（见图4）。

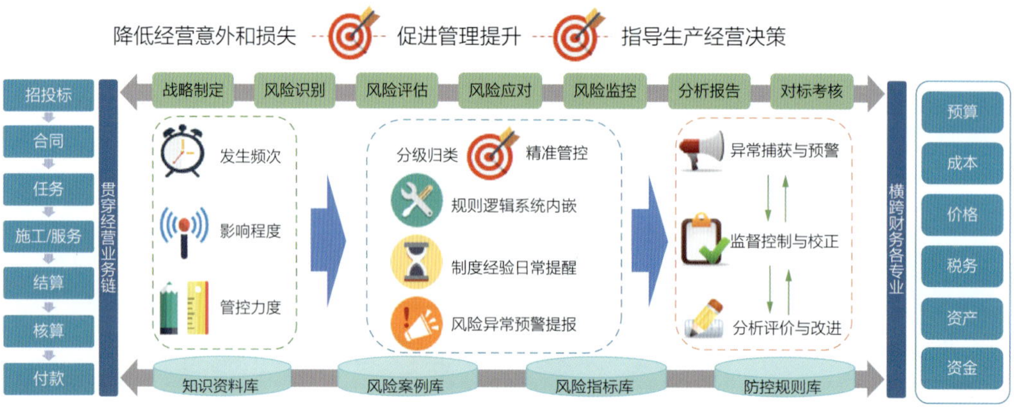

图4 油公司经营风险防控体系

五、价值化考核，实现全员劳动创效最大

确立全员价值创效导向，持续完善体系建设和平台建设，充分发挥绩效考核的“指挥棒”作用，连续4年位列中国石化国内上游年度考核第一（见图5）。

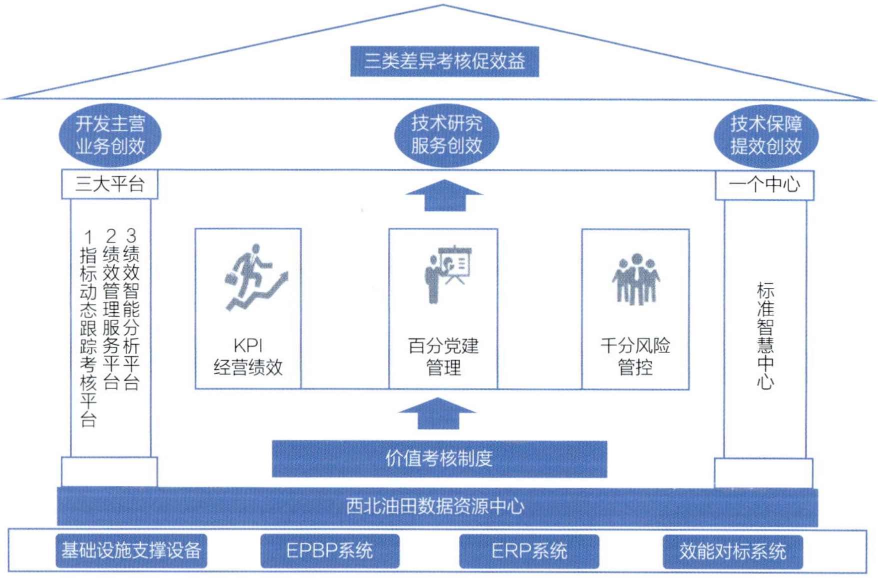

图5 价值化绩效考核体系

（一）以“1+3”体系引领创价值

制定了1项总的价值考核制度，统筹绩效管理全面工作，并配套“KPI经营业绩、百分党建管理、千分风险管控”3项考核标准，深植全员价值创效理念，凸显出导向引领作用。

（二）以“三类差异”考核促效益

坚持区分经营主体责任，深入实施“开发主营业务创效、技术研究服务创效、技术保障提效创效”，并对各创效主体实施差异考核，促进压实创效责任，投资回报率、经济增加值等指标持续领先。

（三）以“智慧考核”系统提效能

推进“指标动态跟踪考核平台、绩效管理服务平台、绩效智能分析平台”及“标准指标中心”的“3平台1中心智慧考核”系统建设，实现考核全流程信息化。搭建绩效预警、考核监管模块，实施在线精准考评，动态展示领先指标，实现指标“可监测、可预警、可提升”，营造了人人肩上有指标的“赶考氛围”，人均劳动生产率持续稳定在2000吨油气当量以上。

六、信息化提升，实现生产运营效率最优

借鉴中国石油长庆油田的国内领先实践，找准数字化建设差距，落实追标措施，利用信息化高渗透、高带动的特性，推进“两化”深度融合，将数字油田建设作为为油公司提速增效的有力抓手。

（一）以油气物联网革新运行模式

按照“井站一体化、大站管小站、小站无人化、单井可视化”思路，大力推进直接生产单元自动化、信息化升级，彻底改变传统管控模式，形成以信息集成中心为指挥大脑的新型采油管理模式。数字化油田信息系统应用场景见图6。无人站场已覆盖42%处于板块领先，关键装置数字化已覆盖92%达到国内领先。

图6　数字化油田信息系统应用场景

（二）以数据资源提升科研效率

树立“数据就是资产”的建设理念，全力打造勘探开发数据资源中心，搭建“用数据分析、听数据指引、依数据决策”的勘探开发一体化协同环境，实现“一数一源、统一服务”，大幅提升了科研人员的工作效率。

（三）以深化应用激发业务运营效能

建成“勘探开发专业软硬件、经营管理（ERP）、生产（应急）指挥”三大平台，将信息化技术与勘探、开发、工程、运行、销售“五大环节”融合，主营业务流程全面实现在线运行，大幅提升工作效率和业务管控能力。

经验启示

（一）现代油公司建设要坚定战略引领这一发展方向

西北油田基于显著的后发优势，早在1997年转轨改制之初就义无反顾地选择了油公司发展战略，历经20余年的探索与实践，油公司模式保障了西北油田持续高效发展，尤其是在石油行业“寒冬期”体现出的韧劲，更加证实了走油公司道路的科学性，应当坚定不移按照这一发展方向走下去。

（二）现代油公司建设要围绕价值创造这一核心任务

现代油公司建设的核心任务是创造价值，在企业发展的道路上不能脱离“公司”的创效属性。西北油田油公司模式下的企业经营指标一直有良好的竞争力，人均劳效、完全成本等指标持续在行业领先，正是因为坚持效益开发的理念，实现了“油藏开发”向“油藏经营”的转型。

（三）现代油公司建设要完善市场运营这一关键环节

市场化运营是现代油公司的典型特征，也是油公司建设过程中的关键环节。要建设好油公司，就必须要坚定市场导向，建设完善市场化的运营体系。既要持续营造良好的市场环境，又要明晰好市场边界，还要匹配一套完善的市场管控机制，保持住市场活力，最终实现市场高端高效。

系统思维靶定卓越 改革创新争创一流

浙江石油分公司

浙江石油分公司现有员工1.8万余人，是浙江省内成品油市场的主要供应渠道。作为中国石化的骨干销售企业，浙江石油分公司始终紧盯“做强做优做大”的目标，秉承“干在实处、走在前列”的作风，经过数十载励精图治、深耕发展，企业创新高质量发展模式（见图1），实现各项经济指标在销售系统保持领先，经济效益占销售系统的1/10以上。公司曾被全国总工会授予“全国五一劳动奖状”，被集团公司授予“特别贡献奖”。公司党委还获得“中央企业先进基层党组织”“浙江省先进基层党组织”等殊荣。

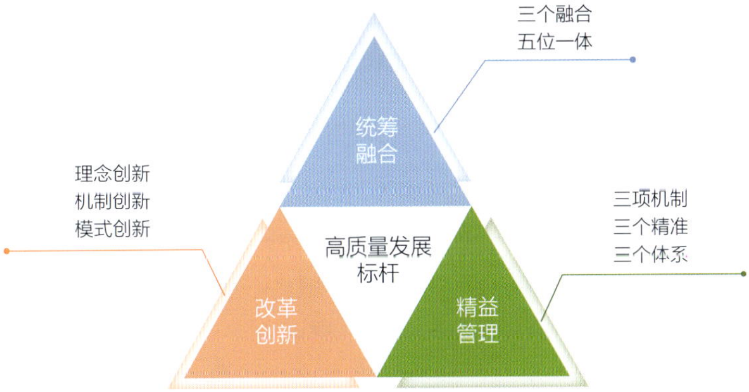

图1 高质量发展模式

一、抓统筹融合，夯实高质量发展基础

浙江石油分公司始终以党的政治建设为统领，坚持思想建党、制度治党同向发力，自觉践行“国有企业是中国特色社会主义的重要物质基础和政治基础”，切实担当起服从、服务集团公司大局和国民经济社会发展的重任。公司以“三个融合”和“五位一体”统筹融合，筑牢高质量发展基础（见图2）。

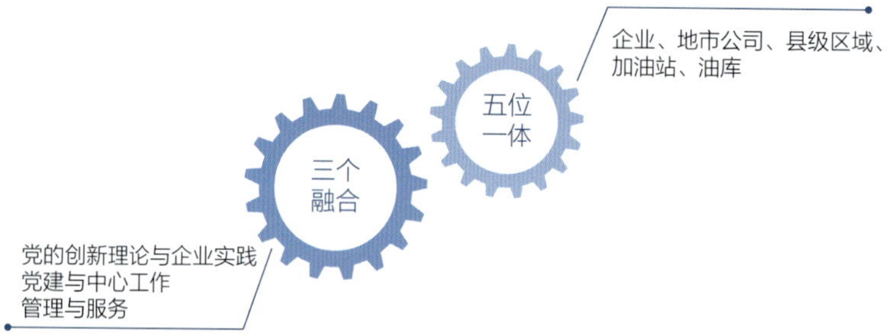

图2 统筹融合，筑牢高质量发展基础

（一）“三个融合”筑牢大国重器的政治责任

紧盯理论学习规范化、基层党组织建设标准化、支部和党员干部联系点工作常态化，推进党的创新理论与企业实践相融合、党建与中心工作相融合、管理与服务相融合。通过“三个融合”，浙江石油分公司建立了145个标准化的基层党支部，成为落实党组各项决策部署的坚强战斗堡垒，建立健全了“领导服务员工、机关服务基层、员工服务顾客”长效机制，使2000余座加油站成为展示中国石化金字招牌的窗口。公司连续4年获评集团公司党建考核A档，连续5年获得销售企业党建工作年度先进红旗。

（二）“五位一体”树立对标一流的业绩导向

建立了跨企业、地市公司、县级区域、加油站、油库“五位一体”的对标体系。对照“站排头、争第一”的要求，分解各项经济指标和管理指标，“以贡献论英雄”。创新雷达图对标，开发手机端“对标平台”，将全环节、全时段的定制化对标穿透到库站一线，引导基层主动查摆问题、研究对策，“能做第一，绝不做第二”。通过对标，各级领导干部、各条专业线始终保持“不拿红旗就脸红”的荣誉意识和“永不满足，跳起摸高”的精神状态。2010年以来，浙江石油分公司连续10次被销售公司评为标杆企业。

二、抓精益管理，集聚高质量发展势能

浙江石油分公司坚持将“精心经营、精细管理”的传统与现代企业精益管理理念相融合，不断深化“经营统筹一盘棋”“生产要素向先进生产力聚集”“把风险关进制度的笼子”等理念，有效提升了企业价值创造能力、市场竞争能力和抗风险能力（见图3）。

（一）“三项机制”，一盘棋运作创效

建立了“事前算赢、序日经营”“业财融合”“督察督办”三大机制。坚持“日指导、

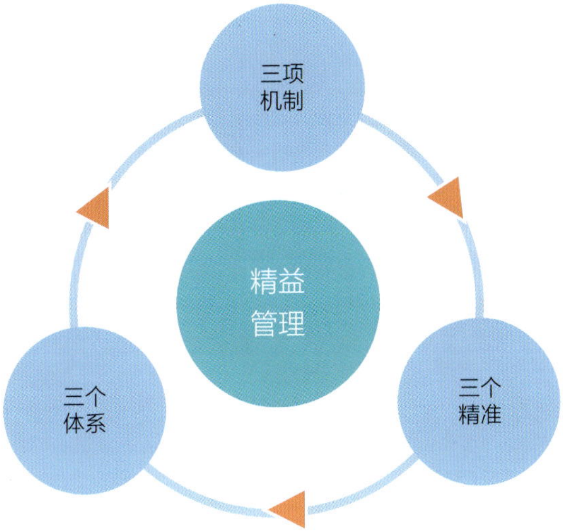

图3 浙江石油分公司精益管理模式

周视频、旬小结、月点评、季座谈”，将全年预算目标分解到“月、周、日”“市、县、站”，以日保周、以周保月、以月保季、以季保年，以每天完成小目标推动大目标的实现。实施滚动预算，将未完成预算目标逐月再分解，倒逼全年量效目标的达成。通过日指导、日跟踪，确保经营在轨运行，“把每吨油卖出当期最好的价格”。

发挥财务价值引领作用，优化专业线、地市公司效益测算模型，从财务视角分析预算欠进度原因，增强了系统上下“量为根本、价格为关键、效为核心”的经营意识。

通过完善“督查督办”机制，树立了“开会不落实等于零，布置任务不检查等于零，检查不考核奖惩等于零”的理念，每月督查部门重点工作180余项，每季度“四不两直”督查地市公司重点工作近50项，与绩效考核联动，抓住不落实的事，追究不落实的人，有效杜绝了“打乱仗”“挂空档”。

（二）“三个精准”，市场化要素分配

精准油站经营管理。将“一站一策”作为油站经营管理的根本，聚焦“四率”提升，逐站排查制约经营因素，区分不同竞争环境、区域和目标客户，科学统筹油站布局、硬件设施、营业时间和增值服务。2021年上半年通过分类优化营业时长实现增量0.89万吨。

精准营销。完善“批零联动”作价机制，建立“事前有策划、事中有指导、事后有评估”的营销决策体系。通过分步、分区域下放营销权限，让“听得见炮声的人”参与决策。推出网约车“加油惠”、定向券、小额权益包等营销方式，避免“大水漫灌”，实现了“精准滴灌”。

▲ 杭州南环路智慧加油站

精准投资。根据油站地段商圈、竞争强度、资产属性、销量规模，“一站一策”优化投资，制订11项投入产出考评指标，对标先进企业，坚持“有所为有所不为”，把每一分钱花在“刀刃”上。通过将优势资源和成本费用向效益好、效率高的环节倾斜，让“市场在资源配置中发挥决定性作用”。

（三）“三个体系”，系统化风险管控

建立完善制度化、岗位责任制、信息化“三个体系”。制度化体系将制度建设覆盖每项业务、每个岗位，累计立废并改242项制度，对280项制度设置800余个考核点，做到“人人头上有硬指标、个个制度有考核点”。

岗位责任制体系坚持“有岗必有责、上岗必担责”，将岗位职责与绩效考核联动，杜绝“混拖推怕”现象。将禁令条例、应知应会落实于岗位HSE职责，严格“岗位准入”考核，实施最严违章处罚，扎紧了风险管理的篱笆墙。

信息化体系方面，最先建立起了经营网点、业务流程和管理人员全覆盖的ERP系统，嵌入《内控制度》流程，实现了管理制度化、制度流程化、流程信息化。创新应用ERP月结管理、全面预算管理、网点资金监控等平台，发挥了支撑经营、固化执行、防控风险、提高效率的作用。

三、抓改革创新，激发高质量发展活力

进入新的发展阶段，面对新的市场形势，浙江石油分公司形成了“居安思危、创新求变”的强烈共识，以刀刃向内的勇气和敢闯敢试的韧劲，推动思想观念转变、体制机制优

化和商业模式创新同频共振。

（一）以理念创新为推动发展的主旋律

面对近年来市场形势对盈利模式带来的严峻挑战，不断延展党委理论中心组、党校中层干部班、青工政治轮训的学研内容，分析宏观微观“两个市场”，把握国内国外“两个大局”，通过增强历史方位感、政治责任感，使队伍更加深刻认识到改革创新已成为企业发展的唯一路径和必然选择，必须解放思想、提高站位，突破思维定式、跳出自我局限，用改革创新的办法来争取时间和空间。

（二）以机制创新增强破题发展的源动力

按照国资委“国企改革三年行动”的部署，以“岗位靠竞争，收入凭贡献”为原则，蹄疾步稳深化“三项制度”改革。实施小站家庭承包改革、大站优化排班、油库“大班组制”改革，加油站人均劳效比改革前提升了37%。基层一线“增量必增资，减量必减资”，库站员工全额联量计酬，加油员实施超额累进激励，薪酬比改革前大幅增长，实现了“员工收入随企业效益效率的提升而提升”。管理人员“增量增效才增资、减量减效必减资”，薪酬分配对业务线条单列，地市公司绩效薪酬占比提至70%，实现了薪酬资源聚焦经营、精准投放。改革两级机关绩效考核，考核结果与“面子、位子、票子”全方位挂钩，赋予部门负责人二次分配权，充分发挥考核指挥棒作用。制订了中层竞聘上岗办法、末位淘汰办法和职业经理人指导意见，推进了用人用工市场化，有效推动了“三能”机制落地。

（三）以模式创新跑出转型发展的加速度

传承首创精神。浙江石油分公司多年来的持续有效发展是改革创新的结果，创新基因已注入企业血脉。进入新时期，公司每年开展创新创效大赛，不断丰富首创实践。开发了系统内首个电子钱包，率先实现“车牌付”“一键到车”，首家发起付费权益卡，首家开展体系化社群建设，打造了集加油、购物、充值和支付为一体的公众号平台，影响力居国资委系统第二，初步构建了线上线下一体的“人·车·生活”新生态。

▲ 嘉善善通加油加氢站

完善新能源战略。在建成全省首座加氢站和200余座充电站的基础上，按照“跳一跳、够得着”的原则，因地制宜，协同发展加氢站、光伏电站、充换电站，加快完善“油气氢电服”综合供能网络，稳步推进“十四五”新能源战略目标落地。

探索商业模式转型。以“品牌+资本+商品+服务+数据”为指导思想，打造具有竞争力的商品供应链平台、省内最大的自动洗车服务商、完善的润滑油换油网络、高活跃度会员及自驾游平台、创新的加油衍生金融产品，完善实施五项创新战略。已建成700余座洗车网点、700余座换油网点，创新供应链服务外输，开发自有品牌“易游侠旅行”，试水工业尿素新蓝海市场。新的探索正呈现出多点发力的蓬勃生机。

经验启示

（一）高质量发展必须始终坚持改革创新，下好转型发展的先手棋

浙江石油分公司敏于抢占先机，善于下先手棋，敢于开先例，勇当改革的先锋，持续推动理念创新、制度创新、体制机制创新、应用创新、科技创新、商业模式创新，始终把改革作为公司的自觉追求，推动实现从适应改革到引领改革、从“要我改革”到“我要改革”的转变，筑牢了“站排头、争第一”的基石。

（二）高质量发展必须始终坚持对标对表，在跳出自我中争先进位

浙江石油分公司始终坚持跳出自我，审视自我，把每个地市摆在全省系统中比较，把浙江公司摆在全国系统中比较，找准差距、找出坐标。以“旁观者清”的眼光来审视自己，重新定位，勇于揭短，勇于自我否定，通过正视问题、解决问题，加快发展步伐。

（三）高质量发展必须始终坚持敢抓敢管，在“敢”字当头中磨砺事业发展的利器

浙江石油分公司始终把敢抓敢管敢担当，作为事关领导作风和政治生态、事关目标实现的头等大事，构筑了“敢”字当头的领导文化和管理文化。通过敢字为先、干字当头，锤炼铸就担当作为的硬脊梁、铁肩膀，“力度等于进度，任期有限责任无限”的理念深入人心，为企业改革发展夯实了基础。

建设领先企业　打造百年胜利

胜利油田分公司

胜利油田分公司是我国重要石油工业基地，是中国石化上游板块最大企业，主要从事油气勘探开发、油气深加工等业务，用工7.08万人，探明石油地质储量55.87亿吨、天然气地质储量2702.5亿立方米，累计生产原油12.46亿吨，约占我国陆上原油产量的六分之一。近年来，胜利油田分公司以新理念指导新实践，全面实施“五大战略、三大目标”，聚焦核心主责主业，深化对标管理提升，持续激发创效活力，闯出了一条符合胜利油田实际、推动可持续高质量发展的油藏经营管理之路（见图1）。

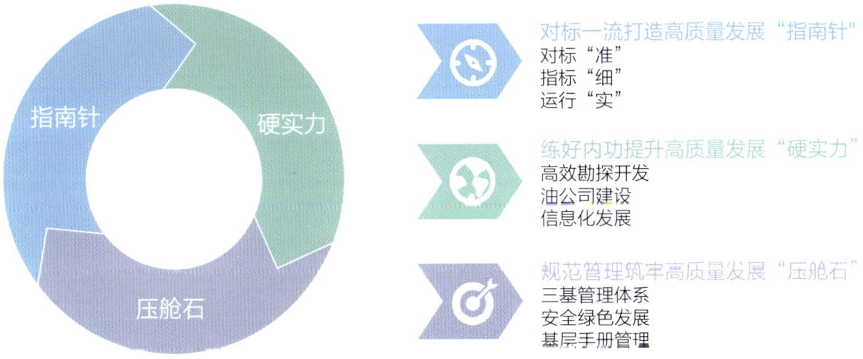

图1　高质量发展指南针、硬实力、压舱石

一、聚焦管理提升，对标一流打造高质量发展“指南针”

（一）对标突出一个“准”字

深刻剖析高质量勘探、效益开发、技术创新等方面瓶颈问题，对标同行业标杆西北油田、长庆油田，提出“油气主业发展、专业化发展、构建现代企业管理体系、打造技术先导型企业、安全绿色发展、党建质量”六个方面走在前作表率目标。到“十四五”末，油气主业、专业化发展、经营业务价值创造能力显著增强，现代企业管理体系基本建立，技术先导型企业初步建成，安全绿色发展能力持续提升，政治优势发挥更加充分，原油持续稳定2340万吨、盈亏平衡点降至45美元/桶以下，领先企业建设取得实质性进展，高质量发展迈上新水平。

▲ 胜利油田白鹭湖井工厂

（二）指标突出一个“细”字

油田层面对照规模实力、运营能力、盈利能力、抗风险能力、发展能力5个方面，设置利润、盈亏平衡点等17项对标指标。直属单位分类建立对标指标体系，包括效益开发、油公司体制机制建设、科技创新、绿色低碳、党建质量5个方面，设置吨油气利润、人均创收等24项对标指标。基层单位结合业务特点，创新设置对标指标标杆值、优秀值、平均值，引导各单位开展对标提升。分层级“自上而下设计、自下而上支撑、多维立体覆盖”对标体系，促进实现油藏经营管理、支撑保障主业和市场创效、风险管控、技术创新创效、安全绿色发展、党建引领推动高质量发展等6个方面能力提升（见图2）。

（三）运行突出一个“实”字

重谋划系统推进，将对标提升工作纳入油田党委扩大会、职代会重要内容进行部署，形成全员共识，油田领导亲自调度，通过细化方案、专题会议、对标学习等措施，推动对标提升工作纵深开展。实打实对标学习，组织对标主责部门成立对标调研组，赴西北油田分公司、长庆油田，围绕勘探开发、工程技术、低成本发展、市场化运营、信息化管理等方面进行对标学习，形成专题调研报告，指导改进提升。相互促共同提升，定期组织召开运行会、座谈会，一家讲、大家评、量化打分，综合评价各部门、各单位对标提升工作开展情况，促进相互交流、对标提升。严考核压实责任，将各单位对标提升工作开展情况及对标成效与股份公司“五项劳动竞赛”、油田三基创建评比、三基风险管控责任考核挂钩，加大激励约束力度，确保对标提升工作走深走实。

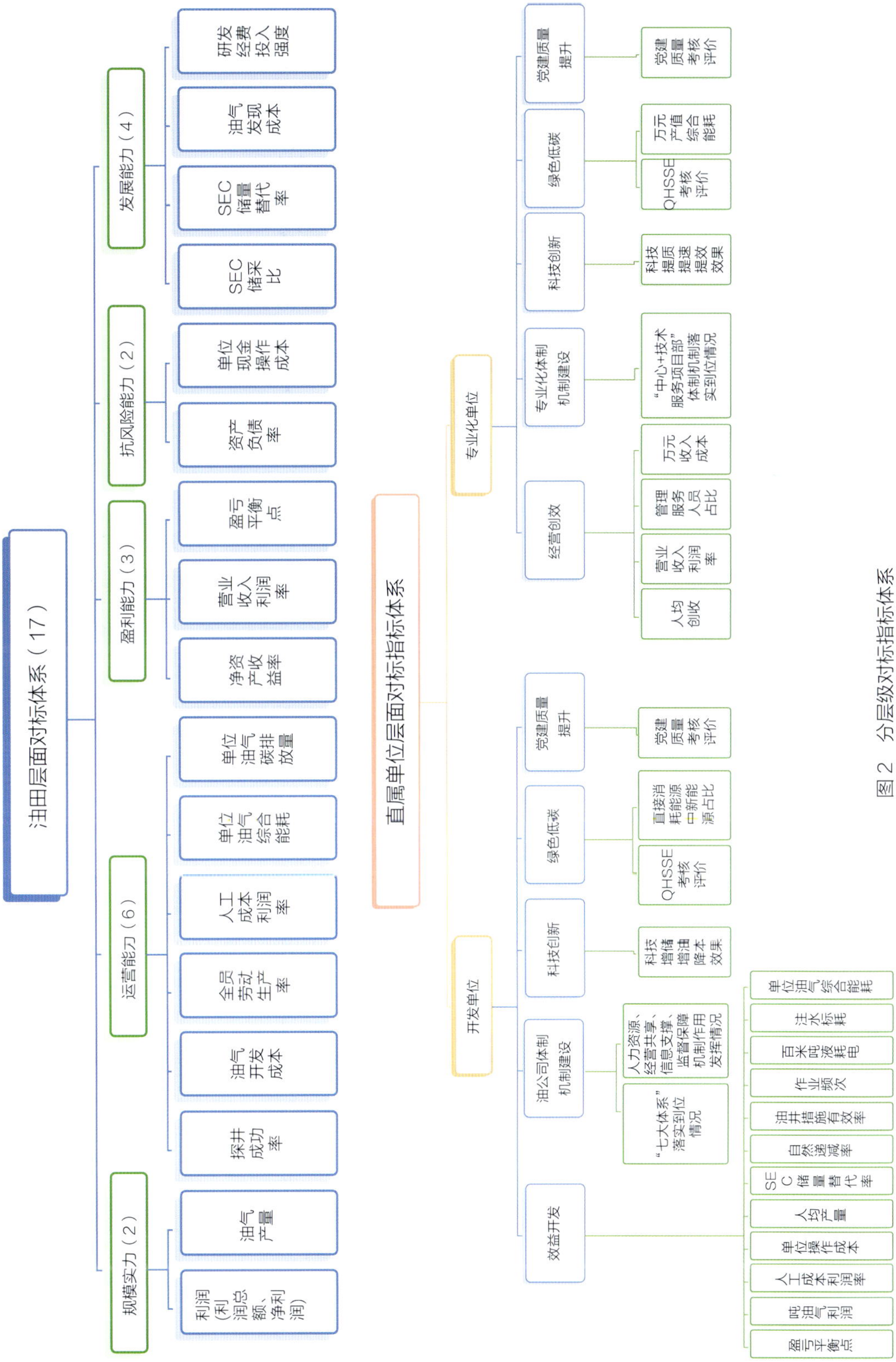

图2 分层级对标指标体系

二、聚焦油藏经营，练好内功提升高质量发展“硬实力”

（一）高效勘探开发不走“寻常路”

聚焦油气发现、高效动用，以进攻姿态推动高质量勘探。更新勘探理念，坚持“成熟探区不成熟”，创新资源潜力、沉积储层、复杂构造、成藏规律“四个重新认识”，增加老区常规油气资源量18亿吨。挑战勘探新区，成熟领域由中浅层到中深层，潜山勘探由“高山头”到“山脚下”，由“常规”到“非常规”，勘探范围不断扩大，页岩油高产稳产等方面取得重要突破。创新勘探运行，实施勘探开发一体化，由“接力”变“融合”，成藏规律清楚的规模储量区块，开发超前跟进、提前接棒、整体部署，实现储量整体升级。“十三五”新增探明石油地质储量1.93亿吨、控制石油地质储量3.32亿吨，储量产能化、产量化、效益化步伐不断加快。聚焦开发好油藏、管理好油藏、经营好油藏，推进效益开发。建立高效产能建设体系，加强勘探开发工程一体化运行，统筹井位部署、油藏评价、钻井及地面配套，提升产能项目创效能力，百万吨产能建设投资下降11个百分点。创新未动用储量开发模式，以运营权流转、项目化管理、市场化运营为核心，打破画地为牢格局，区块挂牌竞标，项目独立运行、独立核算、单独考核，提高资源资产利用率。2017~2020年，动用储量1.26亿吨，建产能182.4万吨。完善稳产投入长效机制，统筹当期与中长期效益，加强精细注采、热效管理、化学驱增油，强化停产停注井和双低单元治理，稀油自然递减率降至9%以内，年产量保持2340万吨，盈亏平衡点降至50美元/桶。

（二）油公司建设趟出“高效路”

做精组织架构，把传统“分公司—采油厂—采油矿—采油队”四级管理体制，压扁为“分公司—采油厂—管理区”三级管理体制，将484个采油矿、采油队优化调整为117个聚焦油藏经营核心业务的采油管理区，机构减少75.8%，管理效率明显提升。做专支撑保障，实施油田层面作业、维修等16个业务专业化重组，确立人才、技术、装备、管理“四个一流”发展目标，发挥专业化单位规模效益优势、技术集成优势、系统运营优势，以市场化方式为采油管理区做实油藏经营创效提供专业优质服务。2020年内部市场份额提高10%~20%、提速提效20%~30%。做优机制流程，油田层面着重建立完善以效益最大化为核心的投资决策机制，以资源资产效率最大化、运行成本最优化为中心的经营管理机制，以用工价值最大化为核心的人力资源优化配置机制，以市场化为导向的生产运行与应急管理机制等“六项机制”。直属单位层面着重建立投资成本优化、经营预算、市场化运营、激励约束等“七大体系”。采油管理区着重建立一体化技术分析、经营决策优化、生产运行与综合管控等“五项机制”。通过规范优化机制流程，油公司管理效能持续增强（见图3）。

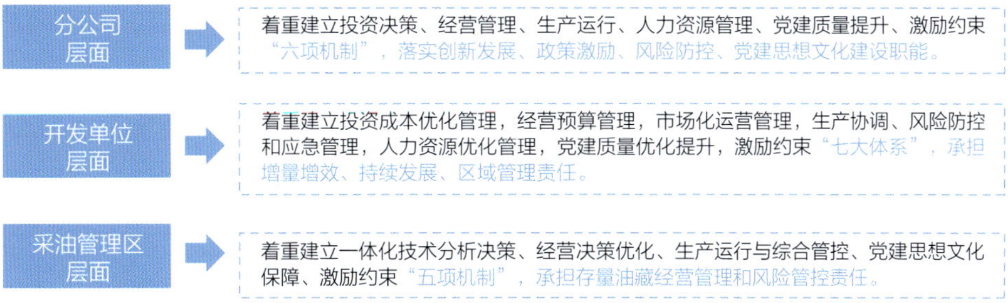

图3　六项机制、七大体系、五项机制

（三）信息化发展走出“特色路”

智能化顶层设计，以建设智能油田为总目标，主导提出并实施“315”规划架构，统筹布局基础研究、技术攻关、平台化应用的信息化资源，加强两化融合，开展智能化场景刻画，推进油田数字化转型和智能化油田建设。数字化平台建设，采用“数据+平台+应用”模式，构建勘探开发集成服务云平台，实现业务功能与数据开放共享。依托EPBP、ERP、合同管理等系统，构建企业数据资源“采、存、管、服”体系，形成较为完善的数据服务能力，EPBP、PCS、EPCP等系统运行排名始终保持中国石化国内上游领先（见图4）。信息化生产应用，按照“标准化设计、模块化建设、标准化采购、信息化提升”模式，提升老油田信息化水平，数字化油水井、站库覆盖油田新区老区、陆上海上、稠油稀油等不同油藏类型、不同开发方式的各类油气田，实现生产数据实时自动采集、生产现场远程实时监控、关键设备远程自动控制、关键参数自动预警报警、生产过程全面立体感知，生产信息化建设走在全国石油行业前列。

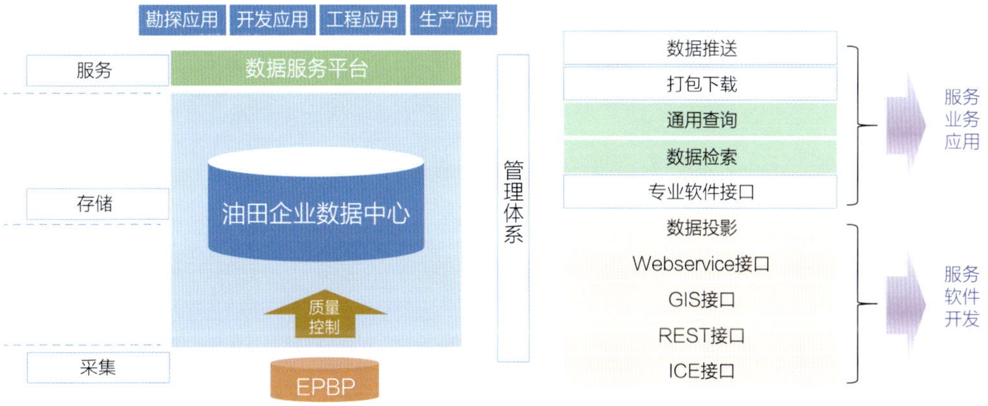

图4　企业级数据服务技术

三、聚焦强基固本，规范管理筑牢高质量发展“压舱石”

（一）构建三基管理体系夯基础

明确“整体无短板、专项有特长”导向，强调“全面发展不偏科”，在此基础上百花齐放，打造特色专长。抓住“党建引领、素质提升、管理规范、业务创效”的主线，三基工作更加聚焦中心工作。建立三基管理制度、三基考核评价和“1+X”评先树优3个体系，制度体系以党建“三基本”工作手册、基层管理“三册”为主体，以《胜利油田基础管理提升指导意见》和基层配套制度建设为补充；评价体系从直属单位、基层单位、班组、岗位四个层面，制定三基考核评价办法，完善各层级三基规范建设标准；评先树优体系将《基层单位三基规范建设管理办法》作为“1”，配套多个（X）评先树优细则，核心是将基层管理达标情况与班子成员评先树优挂钩，全方位压实抓三基、强管理责任。

（二）推进安全绿色发展降能耗

坚持从零开始、向零奋斗，保持归零心态，全面落实双重预防机制，建设中国石化风险管理样板工程，开展受限空间、高处作业专项治理及泄漏隐患大排查、大整治，抓实海上、罐区、承包商、危化品和直接作业环节监管，安全生产形势总体稳定。强化“净零”理念，全力推动绿色企业创建，着力构建能源监测计量、排放物监测、油区生态观测体系，从严落实臭氧污染防治专项行动，全面完成自然保护区核心区和缓冲区300处生产设施关停退出，氮氧化物、二氧化硫主要污染物排放总量分别下降6.29%、8.44%；加快新能源开发利用，新能源能耗占比达到5%，能耗总量及强度持续下降，能耗管控水平大幅提升。

（三）推行基层手册管理促规范

组织编制党建“三基本”工作手册和基层管理“三册”。“三基本”手册突出阐述基本组织怎么建强、基本队伍怎么带好、基本制度怎么抓实，分油田层面、开发板块、专业化板块、科研板块、社会化服务协调板块，对各层各类党组织的功能定位、职责任务、工作内容、工作要求进行全面梳理、系统阐述，形成胜利油田党建“三基本”标准体系。基层管理“三册”（基层管理手册、班组管理手册、岗位工作手册），重点围绕油藏经营、党建引领、大岗位建设、依法合规等内容，对业务流程进行固化，推进基层管理规范，提升基层管理效率、效能和效益。

▲ 青东5区块海油陆采开发模式实现油田开发与环境和谐统一

经验启示

（一）对标必须用新发展理念指导新实践

把创新、协调、绿色、开放、共享理念贯穿到对标提升活动的全过程各领域，转变观念、更新理念，用新思想新理念统一思想、引领对标提升行动，推动质量变革、效率变革、动力变革。

（二）对标必须瞄准企业发展核心战略

用价值衡量企业发展、用“三大责任”体现央企作为，把价值思维、效益观念贯穿生产经营管理各领域全过程，提效率增活力，打造发展新动能，提升核心竞争力。

（三）对标必须坚持聚焦基层大抓基层

基础管理是企业发展的根基，要以强“三基”为工作重心，发挥党组织政治功能和“三基本”优势，不断加强基层基础管理，推动基础工作全面覆盖、全面进步、全面过硬、全面夯实。

聚焦改革创新引领 增强老油田发展硬实力

江汉油田分公司

江汉油田油气勘探始于1958年，经过60多年的勘探开发，建成了横跨湖北、山东、陕西、重庆、辽宁等省市的6个油气生产基地。近年来，江汉油田瞄准“万亿方储量、千万吨油田、百亿方产量”战略目标，深入推进对标管理，持续深化国企改革，不断激发“老”油田“新”活力。“十三五”以来，油气当量增加58.3%，收入增加42.6%，利润从亏损8.6亿元上升至盈利16.32亿元（见图1）。

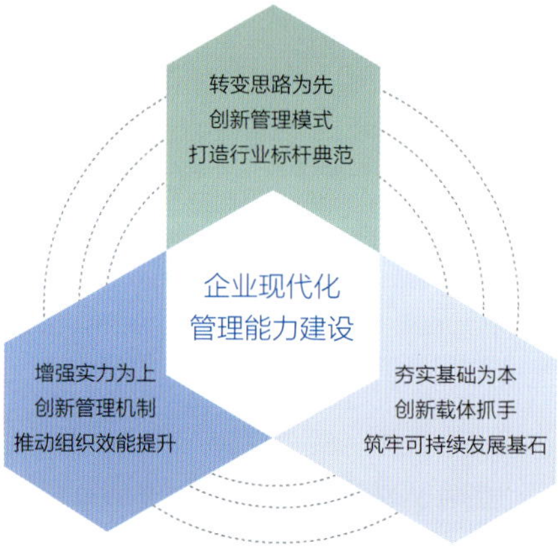

图1 对标管理提升整体思路

一、转变思路为先，创新管理模式，打造行业标杆典范

聚焦一流油公司目标，秉承“扁平化架构、科学化决策、市场化运营、专业化管理、社会化服务、效益化考核、信息化提升”核心理念，持续推进管理层级精简、组织架构优化，缩短管理链条，全力打造现代化管理体系（见图2）。

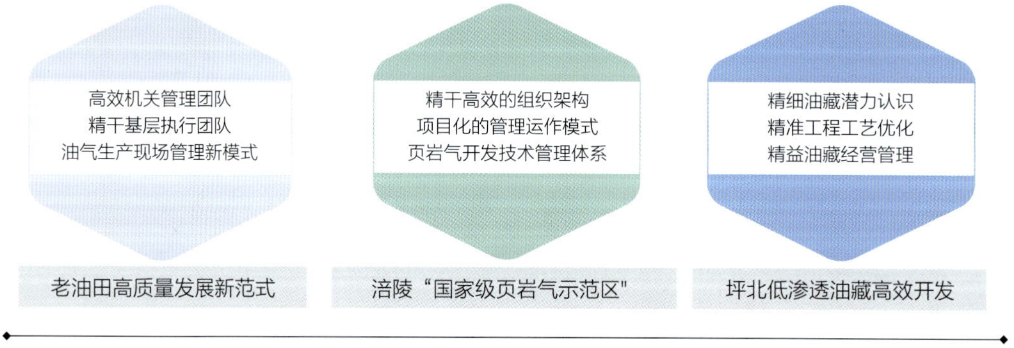

图2 创新管理模式，打造行业标杆典范

（一）坚持“精干高效”理念，打造老油田高质量发展新范式

按照做强决策管理层、做专执行操作层总体思路，变革生产现场运行管理模式，推动油公司建设走深走实。打造高效机关管理团队。以提升机关统筹管控能力为目标，突出责权对等、界面清晰，区分管理主责和辅责，重新构建油田机关责任体系。专业管理部门直接负责预算编制、过程管控、调整分析、结果考核，压实投资、成本管控主体责任；推行专业技术管理“大部制”，实行油藏管理、井筒管理、地面管理等生产过程一体化管理，机关部门基层管理机构减幅31.8%。打造精干基层执行团队。以提升基层单位执行效率为目标，上移采油（气）管理区管理职能到采油（气）厂机关部室，将采油（气）厂—采油（气）管理区二级管理架构逐步压缩为厂直管班站模式，引导人力资源向一线岗位流动，有效降低管理与辅助人员占比，油气单位基层级管理机构压减58%。打造油气生产现场管理新模式。以提升生产运行效率为目标，建立数据集成共享的区域生产指挥中心，实现生产数据全面感知、系统预警准确判断、生产指挥快捷高效、业务管理闭环运行，生产指令“一站式”生成，垂直推送到各操作岗位，生产运行管理由“多级汇报、多级指挥”向“中心开花”转变。2020年，油田利润总额、净利润、营业收入利润率、资产负债率指标均位列中国石化上游板块前茅。

（二）坚持“世界一流”油公司理念，打造涪陵“国家级页岩气示范区”

紧紧围绕“建成示范，走在前列”的目标，在无成熟理论、无技术、无装备、无经验的情况下，全力打造“涪陵页岩气”特色模式，引领国内页岩气产业发展。精干高效的组织架构。坚持“管理+技术”的现代油公司理念，突出采气管理和产能建设核心业务，搭建以钻井、试气、地面、运维、采气等5个项目管理部为责任主体，10个职能部门提供协调服务，1个支持中心提供技术支撑的组织架构，不设置基层操作单位，仅用200余名员工高效管理200多支、6000多人的建设队伍。项目化的管理运作模式。实行以钻井、试气、地面、采气、运维为责任主体的项目化管理模式，做实甲方在项目启动、计划、执行、控制和结束五个阶段的职能，实现工程组织运行监管、生产信息快捷反馈、工作部署检查落实、工程问题协调解决和施工绩效量化考评闭环管理，产建开发高速高效推进。首创页岩气开发技术管理体系。创新集成页岩气藏综合评价、水平井组优快钻井、长水平井分段压裂试气、试采开发配套、绿色开发等五大技术管理体系，形成国内首套《页岩气技术标准合集》，建成除北美以外首个大型页岩气田，多项指标位居中国石化国内上游组织效能榜首。

▲ 涪陵工区焦 11 东压裂井场

（三）坚持“精细开发”理念，打造坪北低渗透油藏高效开发标杆

作为首家中国石化与中国石油合作开发油田，突出“三精”管理，形成独具特色的国内低渗透致密油藏高效开发方面“坪北模式”。精细油藏潜力认识，提升开发质量。坚持精细油藏描述，强化储层细分精细对比，加强室内试验驱替研究，加大地模、数模技术应用，精细刻画剩余油，制定超前、温和、差异化注水技术政策，水驱动用程度提高9.3%，采收率提升1.7%。精准工程工艺优化，提升支撑能力。立足技术集成提效率，强化钻井、采油、地面工程全节点系统优化，创新应用丛式井防碰绕障技术、多缝压裂工艺等技术，做好采油配套“小文章”，有效降低开发投入，钻井投资下降5.1%。精益油藏经营管理，提升盈利水平。增加无人值守平台，优化人力资源配置，创新平台小经理管理模式；打破石油工程、地面工程定额结算模式，实行甲乙方清单议价结算，做实强势甲方。坪北油田连续15年保持原油产量高效稳产，连续四次被中国石化评为“高效开发油田”，蝉联中国石化国内上游“红旗采油厂”“先锋采油厂”荣誉。

二、增强实力为上，创新管理机制，推动组织效能提升

聚焦油气主业主责，以“效益、效率”最优为目标，科学配置各类资源，创新运行管理机制，全面激发各层级活力，助力油田高质量发展（见图3）。

（一）突出资源创效能力提升，打造老油田增效新路径

对标行业先进企业，优化整合同类资源，构建与油公司发展相适应的管理机制，挖掘

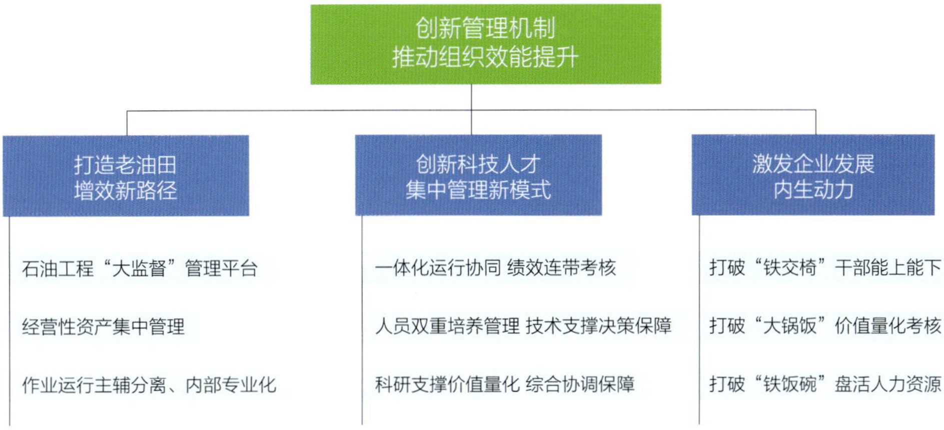

图 3　创新管理机制，推动组织效能提升

资源创效潜力。构建石油工程“大监督”管理平台。整合油田钻井、地质、试（油）气监督力量，组建专业化单位，统一负责监督队伍建设以及监督业务外委，为油田各单位提供石油工程监督服务，强化落实甲方管理能力。实行经营性资产集中管理。组建资产经营管理中心，统一运营管理公有住房、经营性房产、酒店宾馆、办公用房等资产，各单位办公用房纳入年度预算考核，实行内部市场化租赁“有偿使用”，富余“办公用房”集中市场化创效，挖掘各类资产创效潜力。推行作业运行主辅分离和内部专业化运行。组建以起下管柱等关键工序为核心任务的试油作业机组和以设备搬迁、施工准备等辅助业务为核心任务的搬迁项目组，作业工序主辅分离，综合作业效率提升30%。

（二）突出科技支撑能力提升，创新科技人才集中管理新模式

按照油藏地质和工程工艺专业类别属性，将油气生产单位专业技术人员划转到油田勘探开发研究院和石油工程技术研究院统一集中管理，实现科技人员“单兵作战”向“大兵团作战”转变。依托油田科研院所资源优势和地域优势，既聚集了科研力量、又缓解了人才流失，为油田吸引人才、留住人才、培养人才打造坚实的平台。建立一体化运行协同、绩效连带考核、人员双重培养管理、技术支撑决策保障、科研支撑价值量化、综合协调保障等6项机制，按照权责比例设置产量、成本、专业技术等指标考核权重，确保科技人才集中后责任落实、运行顺畅、支撑有力。2021年，油田提前完成100亿立方米天然气、600万吨石油的储量预测任务。

（三）突出“三能机制”落实落地，激发企业发展内生动力

牢固树立人力资源是企业最大资源，勇于动真碰硬，打破固化利益藩篱，员工“位子、票子、面子”能力和贡献说了算。打破“铁交椅”。涉及改革单位基层级管理人员统

一实行竞聘上岗，外聘中国石化系统内评委，组建公开竞聘团队，推动“阳光操作”。推行油田专家“月度积分申报、季度公开晒分、年度综合评价”考核模式。2020年，2名中层领导人员和3名专家因考核结果靠后被解聘。打破“大锅饭”。创新开展激励性年金全员积分量化评价，强化工资总额预算与油田绩效考核深度融合，分级分类核定绩效工资，实行业务板块间差异化薪酬调控，板块间人均工资差距最大达32%，员工工资差距最大达到49%。打破“铁饭碗”。对标板块先进企业，以岗位工作量写实测算各单位劳动定员，狠抓业务外包清理，组建人力资源服务中心，集中管理和调剂油田退出岗位员工，出台人工效能量化评价考核办法，将优化用工人数、社会化劳动用工成本和人工成本纳入基层单位考核。2021年上半年共优化用工2500余人，清退劳动密集型业务外包人员700余人，用工总量同比减少近3%。

三、夯实基础为本，创新载体抓手，筑牢可持续发展“压舱石”

聚焦油田战略发展目标，不断继承和创新石油石化行业“传家宝”，深挖管理核心价值，持续提升油田规范管理、精细管理、精益管理水平，夯实油田长远可持续发展基础。

（一）严格“家”法，用“三册”规范基层管理

科学修订“三册”。结合油田改革调整变化，突出简便、实用、高效原则，编制《机关管理手册》，明确机关管理人员的职责、权限和流程；编制《基层管理手册》，明确基层单位管什么、怎么管、管到什么标准；编制《岗位操作手册》，明确岗位员工该干什么、怎么干、干到什么程度。突出“三册”“家”法作用。将“三册”作为油公司改革重要配套机制和规范单位内部硬核措施，强化“三册”管理“教科书”作用，有效规范基层单位管理。

（二）做好“减”法，统一搭建检查运行管理平台

建立年度检查项目报备制度。将油田各业务系统的日常检查、专项检查等各类检查集中纳入油田岗位责任制检查范畴，严控计划外检查项目，检查数量压减30%。强化检查结果考核应用。量化考核各单位管理成效，以各专业系统检查得分为基础，对各单位岗位责任制检查情况实行综合积分排名，油田统一设置激励约束指标，给予0～5分考核加减分，引导基层单位切实抓管理、强基础。

（三）用好“除”法，推进业务管理流程信息化建设

消除“信息孤岛”。以EPBP和PCS数据系统为基础，全面梳理各平台大数据资源，打通数据实时共享通道。推进“去纸质化示范区”建设。改变传统资料“纸质化”流转模

▲ 江汉油田江汉采油厂潭口采油管理区

式，有机整合业务相近、相关报表资料，清除无价值、低价值资料，示范区“纸质化”资料数量压减50%，有效减轻基层负担。

经验启示

（一）做强做优做大企业必须坚持深化改革

建设高质量发展企业，深化改革是关键一招。江汉油田锚定“万千百”战略目标，以价值创造为核心，不断优化组织管理架构，科学谋划设计各层级职能定位，合理调整运行管理模式，有的放矢打造标杆、树立典范，强化榜样示范引领作用，全面推动油田实现跨越式发展。

（二）激发改革活力必须持续配套管理机制

体制改革必须要与机制配套，才能有血有肉，让企业迸发出无限能量。江汉油田在完成体制改革和管理模式调整基础上，及时配套出台运行管理机制，激发新体制新模式新活力，促进各项改革措施落地见效，确保改革初衷和预定效果实现。

（三）增强企业动力必须要持之以恒大胆创新

创新是企业发展源泉和动力。江汉油田始终将管理创新作为油田发展长效动力，以业务为主线，还原管理本质与精髓，及时消除影响管理提升的不利因素，真正实现以管理促发展，持续强化企业现代化管理体系和管控能力建设。

推动三大转型 率先打造世界领先炼化企业

茂名分公司

茂名分公司始建于1955年5月，经过60多年的发展，迈开了务实创新、转型升级、高质量发展新步伐。在此过程中，以管理体系和管理能力现代化为主线，以率先建成世界领先炼化企业为目标，坚持问题导向、目标导向、结果导向，深入开展对标世界一流管理提升行动，健全体系，完善机制，实现管理由“精细化”向“精益化”、发展由“高速度”向“高质量”、队伍由“大却弱”向“精而强”三大转型，综合竞争力、价值创造力显著增强，老企业焕发了新活力，被誉为中国石化“未来之星”。“十三五”以来，茂名石化先后获得全国“五一劳动奖状”、全国文明单位、全国国有企业典型、中央企业先进基层党组织等荣誉称号，连续5年获得广东省环保诚信企业绿牌，保持中国石化绿色企业称号（见图1）。

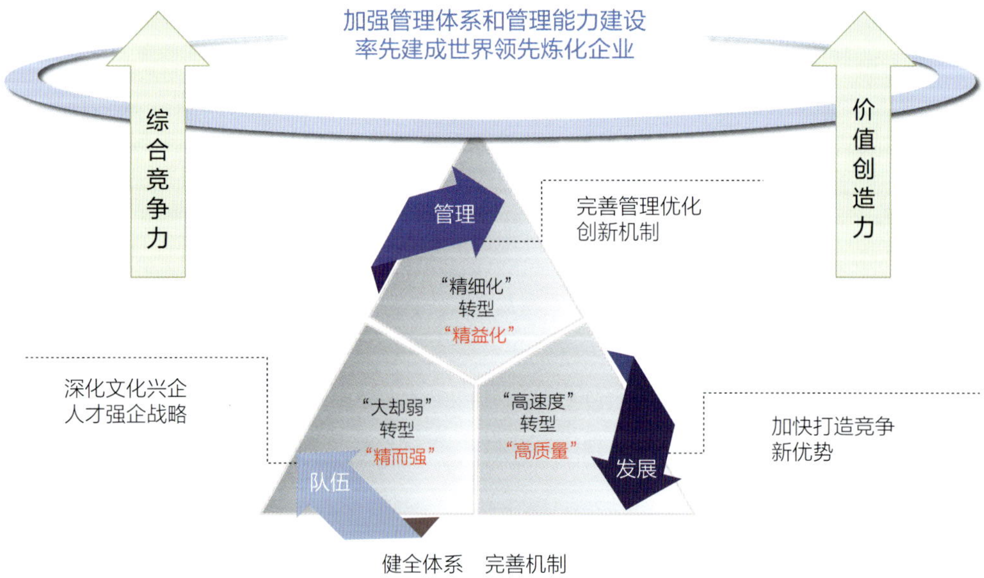

图1 茂名分公司“三大转型”对标管理体系及应用

一、完善管理优化创新机制，企业管理由“精细化”向“精益化”转型

（一）创新管理优化机制，提升创效能力

践行“优化不到位，就是没尽责”理念，形成管理优化创新机制。完善资源利用最大化谋划机制，不错过任何开源机会，不放过任何节流空间，滚动寻找效益流失点、沉睡点和增长点，以信息化为支撑，实施“全员、全过程、全方位、全天候”顶格优化和邻壁优化，抢抓时机快速实施优化计划。完善优化项目和生产计划落实机制，分解压实责任，跟踪督查催办，从快从重奖惩，确保优化项目创造应有效益。完善全员自觉深度优化机制，增强各层力量，明确各岗职责，从严督导考核，实现全员优化“上下同热”。2020年取得效益站排头的优异业绩，今年前八个月效益排名保持炼化企业第二、同规模第一。

（二）创新企业管理实践，提升管理能力

以系统思维谋全局，树立全局意识、协调意识，谋划方案时统揽全局形成最大合力，确保落实时统筹推进形成一致步调。以底线思维争主动，严守安环质量底线，确保绩效指标底线，坚守廉洁从业底线。以精准思维保落实，牢固树立问题意识，对标一流找短板谋突破，梳理152项管理提升项目，构建5个管理维度24项对标指标体系。牢固树立实效意识，通过再造业务流程体系，开启财务和营销转型，创新网格化“三查”模式等，提升管控能力和工作质效。牢固树立到位意识，坚持统筹规划明确责任分步实施，建立跟踪通报奖惩机制，以对标行动引领和推动管理体系和能力建设，促进管理提质增效。2020年集团公司76项对标指标中，有22项位列领先或优秀第一方阵。

（三）创新穿透式管理机制，提升管理质效

践行“会后落实、马上就办、办就办好”理念，运用“视频会议、主管负责制、制度+流程、挂图作战、信息共享”五大抓手创新穿透式管理机制，优化信息传递，增强管控能力，提升管理质效。投用了覆盖边远区域共150多个视频会议系统，将公司会议信息穿透到各层级，上传下达和沟通交流更高效便捷。对重大任务过程管理实施主管负责制，促进管理有机协同和工效提升。将制度管理职责和要求嵌入流程角色，实现制度流程化、流程信息化。对重点工作实时挂图作战机制，依托信息化手段实现按时督、限时办、高质量办。健全信息共享机制，对业务节点实时监控、提前预警，保证共享信息及时、准确（见图2）。

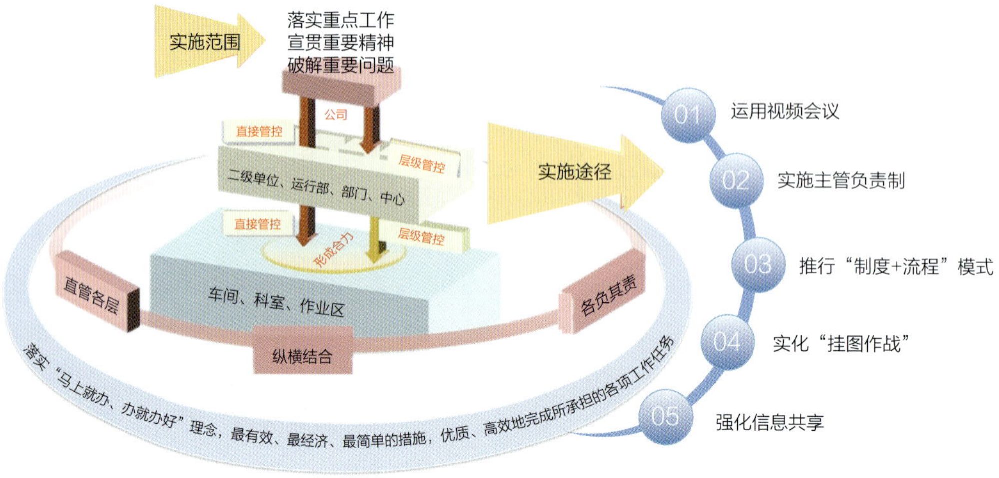

图 2　穿透式管理机制内涵

二、加快打造竞争新优势，企业发展由“高速度”向“高质量”转型

（一）锚定先进加快转型升级

践行“发展是第一要务”的理念，对标国内炼化企业转型扩能及周边石化产业的发展方向，坚持“炼油实施转型要稳中快进，化工迈向高端要弯道超车，整体实现深绿要勇于革命”的思路，明确了“炼油向化工转型，油品迈向洁净，化工迈向高端、迈向精细，发展新能源、新材料”的“一转三迈两新”发展策略，谋划10万吨级成品油码头、博贺新港至茂名油品管道建设项目，以及炼油转型升级、乙烯提质改造“两步走”的“十四五”发展规划，目前正在加快推进项目审批工作，力推规划项目快批复、快建设、快投产，把握转型升级高质量发展主动权。

（二）瞄准前沿驱动绿色发展

对标集团公司“双碳”行动指导意见及2021～2023年环保提升方案等工作要求，以“减污降碳”为原则，以打造“无泄漏装置、无异味厂区、绿色洁净企业”为目标，编制实施《茂名石化环境保护“十四五”规划》，布局并推进实施碳达峰、碳中和行动方案，启动“双碳”背景下应对方案和策略研究，建立了以提高用能产值为核心的考评体系，作为中国石化四家代表企业之一参加了全国碳排放权首日交易。瞄准绿色技术创新，严格落实绿色企业建设“一方案两清单”，创新危险废物管控机制，开发危废减量新途径和内部综合利用新技术，2020年以来建成各类环保项目39个，完成绿色行动任务36项，实施绿色企业建设项目55项，茂名石化正在实现由“浅绿”到“深绿”，再到“充满绿意”的转变。

（三）与时俱进推动“两化”融合

树立“信息化是老企业实现弯道超车、跨越式发展的利器”的理念，对标学习华为、国家电网等信息化先进企业，制定数字化转型发展战略和“十四五”信息化发展规划、信息及工控网络安全规划，信息化管理体系逐步健全。以“数据+平台+应用”模式开展数据治理应用建设，盘活数据资产，让数据“多跑路”“活起来”；推行“平台+二次开发”，超60个业务流程实现信息化；优化总结了行业数据资源盘点方法论和路径，首次建立了炼化企业数据治理标准和数据资源目录，数据资产管理体系逐步完善；开展5G无人仓库、NB无线水表采集、无人变电所、长输管线无人机巡检等新技术建设应用，助力减员提效，“两化”融合新型能力体系初步建立。茂名石化被评为“全国智能制造试点示范企业”。

▲ 炼油装置俯瞰图

三、深化文化兴企人才强企战略，队伍建设由“大却弱”向“精而强”转型

（一）实化企业思想文化引领体系

细化实化以“1+1=0”（即良好的责任心+过硬的技能=零差错）理念为核心的企业文化建设机制，制定2020～2022年责任文化建设规划，丰富拓展“责任至上、事争

第一、追求卓越”的新时代茂名石化精神内涵，引领和支撑茂名石化高质量发展。开设文化路、文化墙、文化海报、星光大道，并通过公司早会、责任电台、奋进茂名石化公众号等途径，全媒体发力，讲述履职尽责故事，选树宣传生产一线为主的“责任之星”，责任理念、责任文化入脑入心入行（见图3）。结合党史学习教育，开展“履责反思”“打造一流与我”“转观念、知责任、促改革、保发展”“四对照、三查找、五提升”专题讨论，举办“落实责任保安全”先模党员事迹报告会，形成“尽责光荣、失职可耻”的共识，责任至上、对标一流、提升管理融入日常，成为员工自觉行为。

图3 责任文化蔚然成风

（二）实化技能提升人才培养体系

践行“人人皆可成才”理念，在分析内部各专业板块技术技能人员分布及对标行业优秀企业的基础上，探索建立了技术技能提升培训体系。优化技术技能培训机制，制定实施雏鹰（班长，“三大员”，基层领导）、精鹰（公司技师、高级技师/主任技师，副主任师/主管、主任师/高级主管，中层领导和专家）、雄鹰（首席技师、集团技能大师，集团高级专家、茂名石化高级及以上专家，茂名石化领导、集团首席专家）“三鹰”干部人才培养计划，开展中基层领导专题学习、夜校培训，建立“三大员”竞聘上岗机制，干部员工积极投身大抓制度学习和执行、大练基本功的热潮之中，保安稳运行的责任心和技能大幅提升；涌现出9秒钟排除重大爆炸事故险情的“英雄班组”，在2020年、2021年全国行业职业技能竞赛中，茂名石化乙烯装置操作工夺得团体第一、个人第一且“两金两银一铜”，聚乙烯装置操作工夺得团体总分第一、个人奖牌“四金三银两铜”佳绩。优化专家型人才培养机制，按照与现有管理岗位定员的比例建立人才储备池，大力推动育才选才。编制《装置操作人才培养手册》，完善学习专班、师带徒、居家仿真、网络练兵、能力抽考等培训体系，培育技术专家、技能大师和工匠。探索建立预约助学和市场化引才机制，提前预约国内外知名高校在校生并给予一定奖励助学金，引进紧缺专业领域优秀毕业生，招聘高层次社会成熟人才，不拘一格求才引才用才。

（三）实化“三挂钩”激励约束体系

按照“一适应两挂钩”市场化用工机制，构建了以岗位、能力、绩效为基本付薪要素、融合宽带设计的“三挂钩”宽带薪酬分配体系。分析、推演、优化全员劳动生产率达峰时岗位、能力、绩效三者比例，并将人力资源3P管理模型与宽带薪酬融合，筛选225个标杆岗位进行岗位分析和价值评估，构建与岗位价值相挂钩的基本薪酬分配体系，体现“价值高与价值低”不一样；基于现有职位层级建立不同能力跑道，打通岗位宽带薪酬，体现“能力强与能力弱”不一样；建立“KPI+GS+KBI”多维度全员绩效考核模式，同步调整优化绩效评价体系，构建与绩效价值相挂钩的绩效薪酬分配体系，体现“干得好与干得差”不一样（见图4）。

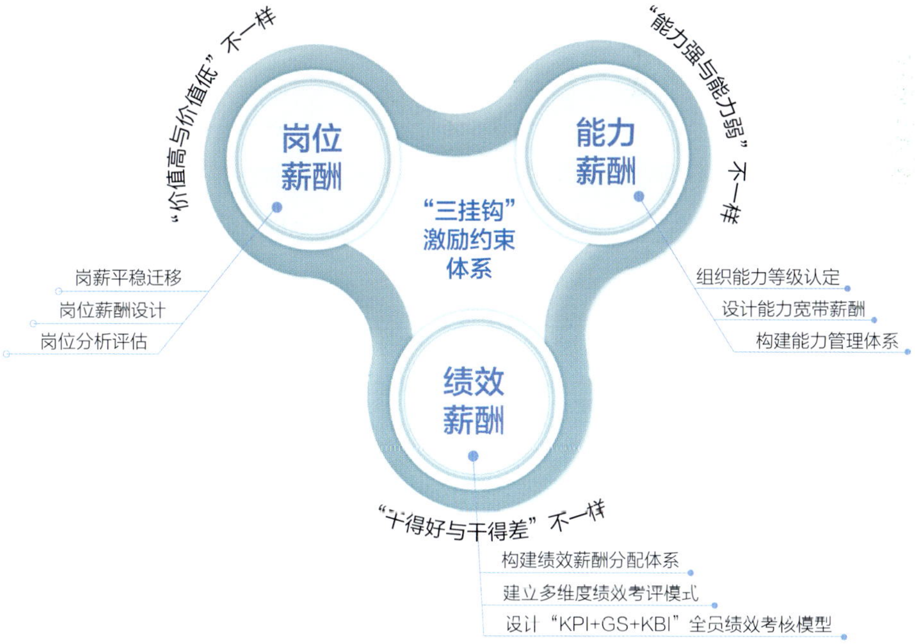

图4 岗酬、能酬、效酬“三挂钩”体系示意图

经验启示

（一）要始终坚持传承创新，为实现高质效管理装上“推进器”

虽然创新难、创新苦，但对于拥有60多年历史的茂名石化来讲，必须破除不合时宜的思想观念和体制机制弊端，汲取先进企业的经验，运用深度优化方法，突破思维定式，环环相扣推进传承创新，构建具有茂名石化特色的科学管用的管理体制机制，实现管理质量和效率“双提升”。

（二）要始终坚持转型升级，为推动高质量发展装上“加速器”

转型升级是传统企业在市场剧变、竞争血拼中赢得胜利、浴火重生的必由之路。必须牢牢抓住千载难逢的发展机遇期，坚持“智慧+实干”，坚定实施“市场化、差异化、高端化、精益化、智能化、人本化”发展战略，坚决走炼油向化工转型、化工做特做优做精做深之路，确保茂名石化始终走在高质量发展的前列。

（三）要始终坚持人企共进，为培育高素质队伍装上“充电器”

文化兴则企业兴，队伍强则企业强。深化以“责任至上、事争第一、追求卓越”为核心的企业文化，严管加厚爱，涵养高度责任心，并完善技术技能培训体系、深化薪酬分配机制，为员工搭建实现人生价值的广阔舞台，践行好“人才靠自己培养”“人人皆可成才”的理念。

做实行动项　打造高效管理标杆

上海赛科石化公司

上海赛科石化公司是我国最早投入商业运行的中外合资大型石油化工企业之一，自成立伊始就坚持“对标世界一流”，学习借鉴国际先进管理理念及成果，盈利能力、环保控制、人均劳效等始终保持行业领先。2020年以来，上海赛科扎实推进对标一流管理提升，聚焦战略管理、组织管理、运营管理、财务管理、风险管理、人才管理、科技管理、信息技术等八个方面，锚定“123”（HSE一个基础、生产商务两个重点、企管人力资源IT三个支撑）核心内容，采取“KPI定标、行动项(Action Item Measure)落地”的做法，与行业内外先进对标追标，形成包括38项重点任务、131项具体措施的行动项清单，全面实施对标提升行动。2020年上海赛科实现利润32.08亿元；2021年1～9月，累计实现利润38.8亿元，对标行动取得良好成效（见图1）。

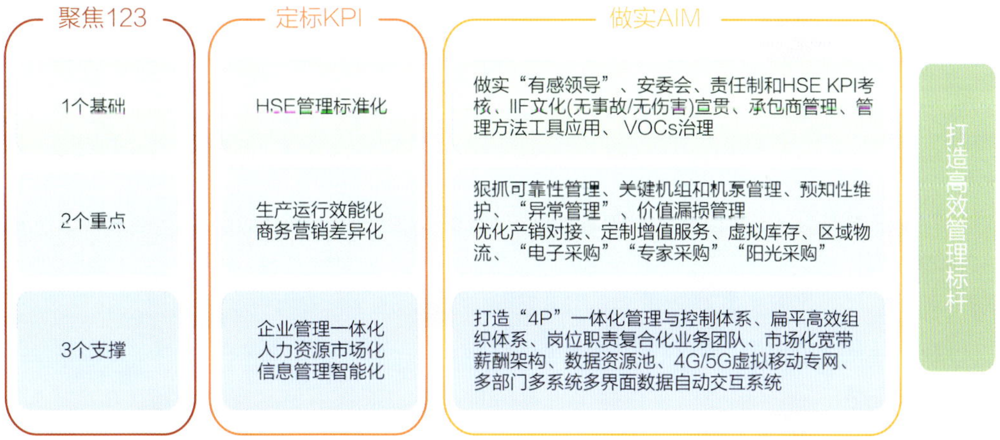

图1　上海赛科打造高效管理标杆

一、聚焦HSE提升，做实一个基础

全面对标中国石化HSE管理体系和系统内标杆企业，狠抓“六个做实”，夯实HSE

基础。做实“有感领导”，领导干部带头承诺、带头风险承包、带头现场作业观察，并对有关工作进行公示。做实责任制，抓实HSE KPI考核，落实“每天都是优良日”创建责任等，让“安全环保一二三”（一个态度：安全环保绝不妥协；两个落点：功夫下在现场、下在基层；三不原则：不安全环保的事不做、不安全环保的钱不挣、不安全环保的人不用）理念深入人心。做实IIF文化（无事故/无伤害）宣贯，开展IIF文化最佳实践活动，推进“5C”（承诺、关怀、归属、信心、贡献）行动。做实承包商管理，与承包商开展结对帮扶，帮助承包商建立HSE管理体系，抓实培训和认证，试点推进IIF文化向承包商延伸拓展。做实管理方法工具应用，开发应用了作业票管理、联锁管理等实用性强、信息化程度高的电子化管理平台；用好HAZOP分析，开展安全设计极限、安全操作极限(SDL/SOL)评估分析。做实VOCs治理，持续推进绿色企业行动，创建无异味工厂；坚持LDAR泄漏检测与修复，开展地面火炬专项整治，实施“走航车”巡检全覆盖，污染防治攻坚取得积极成效。三年来，上海赛科未发生一起人身伤害、火灾爆炸、严重泄漏等上报级事故；VOCs排放下降55%，厂界VOCs均值保持在60微克/立方米以下，竖起业内一流标杆。

二、聚焦效能提升，抓实两个重点

（一）积极推进生产效能化

狠抓可靠性管理，建立健全了可靠性评价体系，各装置均设有基于设计能力和历史运行记录的可靠性KPI指标。实施对标提升行动以来，更进一步对标系统标杆和行业先进，以减少非计划产能损失、实现资源利用率最大化为目标，围绕可靠性、可用性指标，强化“四个狠抓”，持续提升生产效能。狠抓关键机组与机泵管理，科学制定机械可用性指标，量化关键机组可用状态，查找运行短板并及时组织RCFA（根本原因分析）。2021年1～8月，全厂设备可靠性达到98.3%。狠抓预知性维护，探索基于运行时间的精准预防策略，对现场智能仪表实施在线诊断，对重要电仪设备进行评估与更新。狠抓“异常管理”，推行在线异常状态监测，重点关注特护机组状态，对全公司范围内A及B+类仪表进行系统排查，2020年非计划停车次数同比下降54%；MTBF机械密封平均故障（失效）间隔时间达到120个月，处于世界同行上游水平。2021年上半年非计划停车时间同比下降325小时，仪表故障率从2%下降到0.19%。狠抓价值漏损管理，通过工况模拟软件、“线上诊断”等，查找并弥补价值漏损点；推进先进控制技术应用，APC投用率提高5个百分点；持续完善PIMS模型，以价值为导向，优化蒸汽裂解深度，推进产品结构牌号动态调整，追求总体价值最大化；深挖生产创效潜力，最大限度推进原料、工艺过程和公用工程优化；对标行业一流、对标历史最好、对标设计高点，优化机、炉、泵、塔操作及工艺流程配置，优选高效三剂，优化水、汽系统运行模式和储运安排，降低公用工程消耗。丙烯腈装置采取延长反应器运行周期攻关、系列节能改造等措施，2021年上半年，装置综合能耗比2020年均值下降53%，创行业先进水平（见图2）。

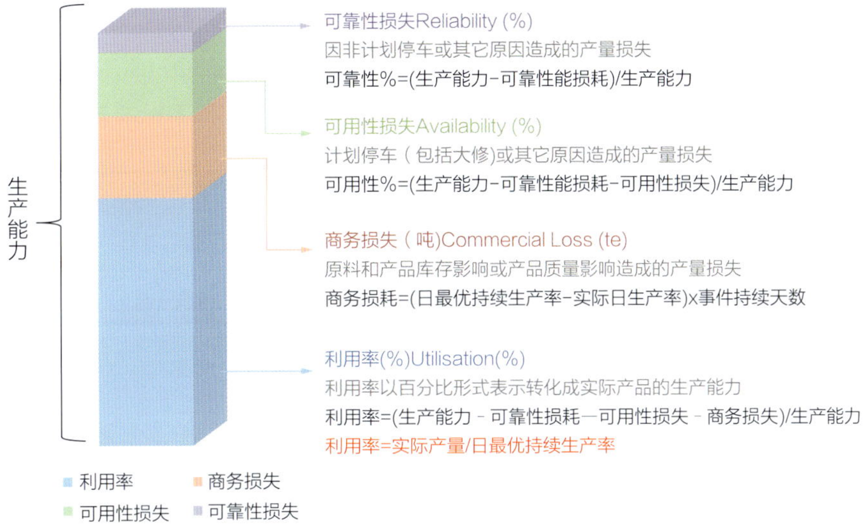

图2　上海赛科可靠性管理

（二）积极推进商务差异化

实施差异化营销战略，通过深化“三个对标”，强化推进品牌差异化、价值差异化、效率差异化。对标市场需要，商务、生产、财务三部门协同强化产销对接，根据市场需求，先后采取了优化裂解原料、推迟AN2检修、透苯切改苯等举措，抓住市场机遇，优化应对措施，提高产品效益，2021年上半年增效9226万元。对标客户需求，探索“定制增值服务”，积极创新营销模式，实施共享托盘、虚拟库存、基差定价、供应链金融、区域物流优化，推出“百问百答”技术服务、“云周刊”客户服务等，提升产品质量、客户满意度及黏性。2020年PS产品产量、销量及销售收入均创历史新高，聚合物新产品销售同比增加93.5%，开发高盈利牌号产品直销用户30家，全年聚乙烯、聚丙烯、聚苯乙烯直销率创近年新高。上海赛科获评“2020年中国C5、C9行业优质原料供应商”，S2040品牌营销入选“中国石化2020优秀品牌营销案例”。今年以来，创新运用聚合物电动侧帘车运输等模式，7、8月份实现聚合物产品运量翻番。对标业内先进，运用“四眼原则”，优化商务采购管理控制程序，加强“前置管理”，规范采购策略和报价评估审核和批准流程，上线电子采购流程，推进“开放采购”“专家采购”“阳光采购”，从机制上建立起廉洁风险防线。

三、聚焦管理提升，夯实三大支撑

（一）建立完善“4P”一体化管控体系

对标BP公司，完善了以“4P”（绩效Performance、工厂Plant、流程Process、人员People）为核心要素的一体化管理与控制体系（IMCS），并通过整合内部控制管理、全面风险管理、质量管理（ISO9001）、HSE管理、环境管理（ISO14001）、职业健康安全管理（ISO45001）、能源管理（ISO50001）等体系，把不同体系标准嵌入统一业务流程，实现了一体化体系管理（见图3）。

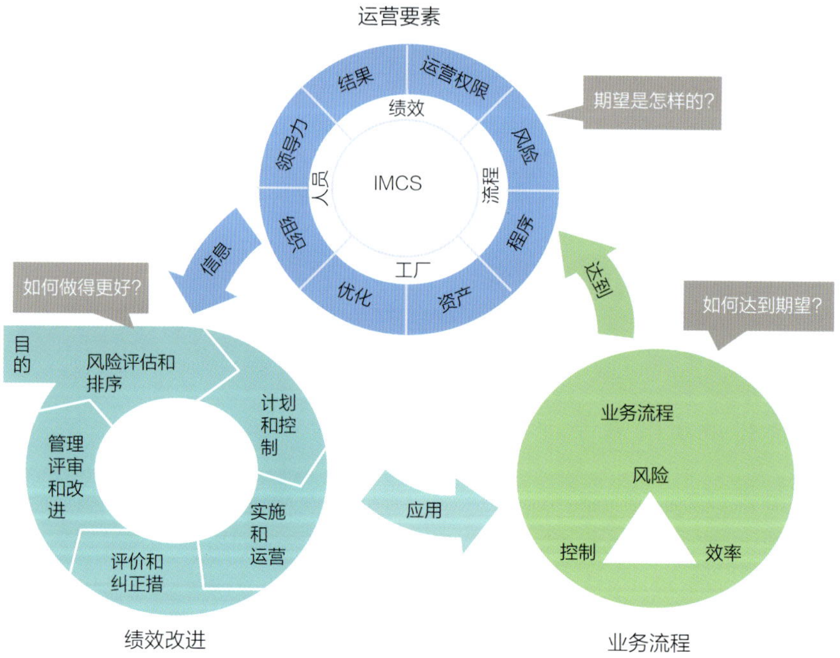

图3 IMCS体系管理框架

注：IMCS体系整合了内部控制管理、全面风险管理、ISO9001、HSSE管理、ISO14001、ISO45001、ISO50001等体系，满足相关体系要求。

（二）建立完善扁平高效的组织用工体系

在组织结构上，坚持纵向管理层级扁平化、横向机构设置精简化，设置“公司—部门”两个层级，以职能部门下辖业务团队推进岗位职责复合化，强化辅助业务社会化，避免机构臃肿。在人力资源管理上，坚持市场化原则，突出竞争能力，对标上海地区20家规模相近的外商投资化工生产制造企业及系统先进企业，开展同类装置操作定员对比分析、薪酬竞争力分析，运用并优化市场化宽带薪酬架构，使各职级均设置一定薪酬带宽，薪资范围在相邻层级间赋予一定重叠，从而有效打破了传统薪酬结构的固定级差，增强了带宽弹性。同时，跟踪市场薪酬增长水平，综合考虑公司未来业务发展，每2～3年更新薪酬架构，以保持薪酬竞争力；突出绩效导向，对标中国石化炼化企业“三定”方案以及业内优秀案例，采取组织考察、市场化公开招聘、第三方测评相结合的做法，引进选拔关键核心人才，持续开展人才盘点和人才测评，抓好年度绩效计划分解，细化实施绩效校准。2021年1～8月，实现人工成本利润率952%、全员劳动生产率429万元/人。

（三）建立完善业务需求大数据支撑体系

在信息化应用方面，对标COBIT、ITIL、PRINCEII等，持续抓好信息基础建设；对标中国石化智能工厂建设标准，持续抓好云建设；对标国家《信息安全等级保护管理办法》，持续抓好网络安全防护。公司抓住ERP并轨契机，进一步拓展大数据在生产、商务、财务领域分析应用范围。在服务生产运营上，以实时数据库为核心，基于计划优化、泄漏检测和修复、设备管理等系统和现场总线技术，建立自动控制系统，完善了数据资源池、设备故障预测预警模型等；建设4G/5G虚拟移动专网，解决现场传感器无线传输、电子巡检、作业票现场签发等移动应用难题。在商务应用上，利用RPA技术，着力解决付款流程中多部门、多系统、多界面数据交互、监控的痛点，实现系统间数据自动交互，大幅提升了业务需求快速响应能力、数据容灾能力。

经验启示

（一）高效管理必须夯实安全环保的硬根基

以HSE体系落实落地为抓手，紧盯文化引领、责任落实和关键环节，以绝不妥协的态度落实“三不”原则，着力推进HSE管理标准化、科学化和高效化，筑牢安全环保企业根基。

（二）高效管理必须提升市场竞争的软实力

向可靠性管理要效益，以生产效能化实现成本领先和效率领先，以商务差异化实现价值领先。不断对标行业先进、不断挖掘市场需求，大力推进产销一体化协同，及时优化、及时止损，以高质效生产管理和商务运营，开辟企业增效创效源泉。

（三）高效管理必须弹好支撑保障的协奏曲

抓实一体化管控体系、组织用工体系和大数据支撑体系，统筹推进企业管理一体化、人力资源市场化和信息管理智能化，持续激活管理效能、人才动能和信息智能，为高效管理提供坚实保障。

强对标促管理　建设一流综合能源服务商

江苏石油分公司

江苏石油分公司主要从事成品油、天然气、非油品三大主营业务。目前在职员工约1.7万名、在营加油（气）站2600多座、易捷便利店2300多个、在营油库18座，下辖14家地市公司以及两家合资公司，每天为超过140万辆车提供服务。扎实开展对标一流管理提升行动，是江苏石油分公司应对新挑战新要求、推动高质量发展、开启一流综合能源服务商建设的重要举措。江苏石油分公司通过建体系、建机制、强对标、促管理（见图1），连续打赢了市场攻坚战、管理提升战、疫情防控战。2018~2020年，利润列销售板块第一；区内销售企业效益贡献度从21.7%提高至22.5%，成品油销量贡献度从11.4%提高至12.2%；非油品基础品类销售额列销售板块第一位。

图1　江苏石油分公司强对标促管理体系

一、突出“对”，“全”字上面见真功

为切实抓好对标提升，江苏石油分公司在传统对标基础上，提出“省、地、县、库、站、人”六字方针，构建了纵向到底、覆盖至各层级，横向到边、拓展到各条线的全方位对标体系（见图2）。

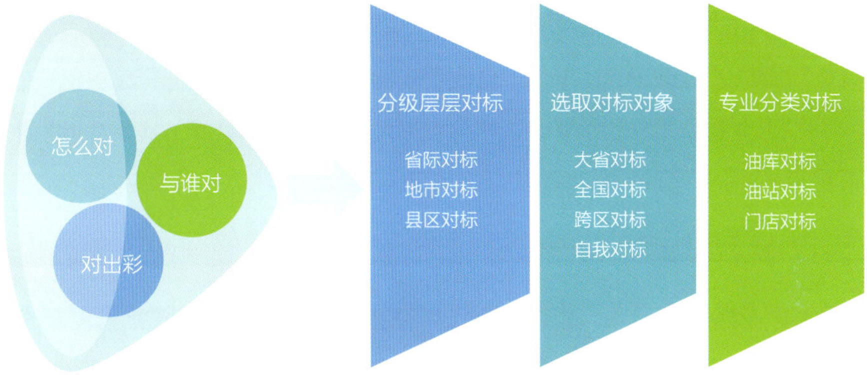

图2　全方位对标体系

（一）落实“怎么对”

把握正确的对标方法，是找准管理弱项的金钥匙。江苏石油分公司构建了省地县三级对标体系，每级对标有特色、有重点。省际对标，以销售公司43项对标指标为基础，结合实际增设9项个性化指标，形成了既与销售公司保持一致、又富有特色的指标体系。省公司职能部门围绕各项指标逐一制定对标计划、具体措施，牵头部门动态跟踪指标日常运行。地市对标，拟定了62项指标，测算并发布了2020年度地市公司间对标情况，根据评分高低分“先进、良好、合格、落后”四个区间，形成压力传导机制。为提升对标实效，举办对标提升行动专题培训班，详细解读指标设置及对标要求。县区对标，一方面以综合竞争能力、发展进步能力为重点，建立县公司“两力”评价办法，另一方面建立县公司对标一流管理提升核心指标评价体系，从不同维度推动县区之间互比互促。完善省地县三级对标体系，防止对标提升工作可能出现的“上热、中温、下冷”现象。

（二）突出“与谁对”

选取合适的对标对象，为“比学赶帮超”注入新内涵。江苏石油分公司凸显经济大省的大担当、大使命、大贡献，结合板块长期开展的“比学赶帮超”活动，在与“谁”对上做足文章。大省对标常态化，为“强弱项”注入新内涵。遵照党委提出的“哪壶不开提哪壶”对标理念，坚持按年、季、月开展江浙粤三省常态化对标，引导各职能部门正视差距，找准不足，定方向定目标定措施，为“强弱项”把准脉开好方。跳出江苏看全国，为“我是谁”注入新内涵。指导苏州、南通分公司等管理标杆跳出江苏看全国，站在更宽、更高的平台上审视不足、找出差距。苏州石油作为油品销售企业区内地市级公司综合竞争能力第一名，与全国其他领先地市公司建立了定期的数据交换和对标工作机制，在全国范围内找准参照系，力求更上一层楼。跨区对标结对子，为“对准标”注入新内涵。为解决同一区域内部县公司实力不均衡、建标不科学等问题，实行跨行政区域对标办法，在全省范围内为每一家县公司匹配与自身情况大体相当的县公司，如宜兴与溧阳、宝应与姜堰等，力求对得准、对得深，对出汗、对出力。自我反省回头看。要求管理标杆单位也要看到某些指标上的差距和不足，多措补弱项，实现从大部分过硬到全面过硬，让管理标杆单位底气更足、成色更足。

（三）力求“对出彩”

专业分类的对标，是穿透基层单元的金刚钻。为找准差距、短板，江苏石油分公司坚持分门别类对，力求对出“彩”。建立油库对标体系，瞄准本行业、系统内高水平油库，以安全管理为特色，围绕核心指标、关键参数，同时考虑业务类型等因素，将全省18座在营油库分成两组，实行分类对标。建立油站对标体系，考虑油站销售规模、所属区位等综合因素，基于“油品销售同比、单枪加油量、持卡比、营销成效”四项基础数据，建立了分类对标的站级对标体系，给全省2000多座油站排座次。建立门店对标体系，围绕非油品业务发展战略目标，通过经营类、财务类、管理类三大指标体系，挖掘一批富有特色、潜力较大、活力较强的门店，给全省易捷门店树立标杆，提升门店整体经营管理水平及创效能力。

▲ 中国石化第一座碳中和加油站——常州嘉泽加油站

二、出“实”招，“长”字上面做文章

为构建长效机制，江苏石油分公司坚持刚柔并济，将对标提升行动纳入年度业绩考核体系，高效建立了严考核、硬约束、重激励的对标提升工作机制。

（一）铁心出硬招

2021年以来，江苏石油分公司陆续发布了《关于建设对标一流管理提升行动长效机制的通知》《关于扎实开展对标一流管理提升工作的通知》，为制度化运行对标提升行动提供考核的"硬抓手"，增强了对标提升行动的约束力。就相关部门来说，根据对标结果提出改进提升计划，将指标的升降情况与归口部门负责人年度薪酬直接挂钩。就地市公司来说，对标结果与地市公司薪酬兑现总额挂钩，让地市公司每季度"知疼知热"，把握痛点在哪、短板在哪。常态化的数据通报、挂钩考核机制，让各对标主体时刻保持热身状态，对标提升行动成为"发现短板—解决问题—持续提升"的过程。

（二）帮扶见柔情

为推动"合格""落后"地市公司聚焦薄弱指标，找差距，强弱项，江苏石油分公司组成工作组，深入地市公司开展调研，对排名处于"合格""落后"区间的地市公司，逐一约谈企业负责人，并赴现场帮助解决实际困难和需求。实际工作中形成了"苏州—泰州、江阴""南通—徐州、淮安"等结对帮扶模式。不仅要求落后单位主动上门取经，明确提升目标、画出行动路线、拿出具体步骤，而且要求省公司职能部门下基层开展专题帮扶，确保帮扶行动覆盖所有"合格""落后"地市公司，为其薄弱指标逐一"开方抓药"，实现"补短板、强弱项"。

（三）示范来引领

为发挥榜样的正向激励作用，江苏石油分公司坚持多层面评选管理标杆，制定了对标提升行动"三个标杆"创建工作方案。地市公司层面，选树苏州、南通分公司2家管理标杆，授予"对标一流管理提升行动标杆单位"荣誉称号，激励各地市公司学习标杆、争当标杆。促进党建"三基"与管理"三基"深度融合，制定"三基工作示范点"评选办法，评选出苏州通桥油库（见图3）等10个示范点。严控管理标杆及示范点数量的"饥饿疗法"，不仅让管理标杆及示范点有效发挥了引领作用，推动"标杆变标准、示范变规范"落地见效，也带动"三基"工作从局部过硬到全面提升。

图3　智能化油库——苏州通桥油库

三、追求“精”，“化”字上面求实效

江苏石油分公司将开展对标提升行动作为优化、量化、简化管理、提升精益管理水平的重要手段，推动企业管理水平再上新台阶。

（一）追求优化

不断优化管理，是精益管理的基本要求。江苏石油分公司从治理体系和运行机制两方面推动管理方式优化。加强公司治理体系建设，按照“一套制度体系支撑各种管理要求”思路，推进制度整合及修订，提升制度系统性、规范性、实用性。梳理制度考核评价点，针对337项制度梳理出考核点1223条，推动制度执行。聚焦重点、难点、焦点工作，实行项目组工作机制，实施“职能制+项目制+大业务”的灵活管理模式。截至目前，共成立39个项目组，推动企事业单位加油卡客户精细化服务延伸、柴油客户识别系统开发、洗车机智能化改造等项目取得较好的研究及应用成果。

（二）挑战量化

坚持量化管理，是精益管理的基本考量。江苏石油分公司从省、地、县三个层级完善考核分配体系，推动管理从定性向定量、从考评向考核的“两个转变”。省公司层面，根据部门职责不同，差异化确定每个部门KPI指标和重点工作考核内容、权重；地市公司层面，实施联党建、联HSE、联量、联效、联管理相结合的综合绩效考核；县公司层面，突出量、效、发展等核心指标，评价综合竞争能力和发展进步能力。公司考核指标分解到部门，部门考核指标分解到岗位，做到“千斤重担大家挑，人人头上有指标”。通过严考核、硬兑现，建立员工薪酬与企业效益、主要考核指标同步增减机制，做到差异化分配。

（三）力求简化

推动管理简化，是精益管理的基本原则。江苏石油分公司从管理机构、管理流程、管理权限三方面推动管理简化。围绕实现“精机关、大业务，精管理、大经营”目标，实施大部制改革，推动两级机关“瘦身健体”。省公司部门由17个精简为15个，地市公司按照量效分类原则，部门设置从9个优化为5~8个，两级机关人员定编精简比例达到9%。深入推进减事放权工作，先后两次共发布81条减事放权事项，简化审批流程，下放权力权限，调动基层积极性。精简油站账表册，结合“我为群众办实事”活动，通过反复摸排清查、征求意见，将各类账表册从187项精简到61项，有效减轻了基层负担，推动基层集中精力抢市场、提效益、强服务。

经验启示

（一）“对”是手段

对，就是比较，通过比较发现问题，才能知道去哪寻找解决问题的“钥匙”。要以“对”为手段自我剖析，明确自身优劣势、长短板，挖掘薄弱项背后的深层次原因，为改进和提升管理工作指明大方向、标定发力点、测算空间值。

（二）“标”是关键

标，就是参照物，参照物选得合理不合理，决定了对标工作科学不科学。选准参照物，一方面要考虑自身和参照物之间的可比性，在经营体量、市场环境等方面选择处于同一梯队的同行企业，另一方面要考虑追赶参照物的难度系数和可能性，保持“跳一跳摸得着”状态。

（三）“提”是支撑

提，就是改进，锚定目标想办法、定措施提升管理效能。要将对标提升融入日常经营管理各项工作，在实践中寻找、总结和提炼好办法、硬措施；要善于学习对标对象的经验做法，结合自身实际加工、调整，为我所用；要将对标提升意识嵌入企业文化，形成全员对标、追标、夺标行动自觉。

（四）“升”是目标

升，就是量效、劳效要升，量效、劳效提升是企业的终极目标。要以量、效指标值变化为“试纸”检验对标项目、对标对象、对标措施的科学性，摒弃一切不发挥提升量、效作用的对标元素，动态优化对标体系，将管理资源聚焦在量、效提升目标上。

聚焦价值创造　激活高质量发展新动能

贵州石油分公司

贵州石油分公司成立于1951年，1998年整体上划中国石油化工集团公司。贵州石油分公司坚持以党建为引领，以效益为中心，聚焦价值创造，紧紧围绕“发展、市场、管理、人才”核心目标（见图1），激活高质量发展新动能，努力向一流企业迈进。2011年以来，成品油经营总量累计增长75%，年均增长7.4%；非油品营业额累计增长882%，年均增长32.4%；利润总额、净资产收益率、人均劳效、吨油利润等核心竞争力指标排名销售系统前列。7次获评销售系统“标杆企业”，4次获评“优秀组织单位”，连续14年进入贵州省百强企业前10强。

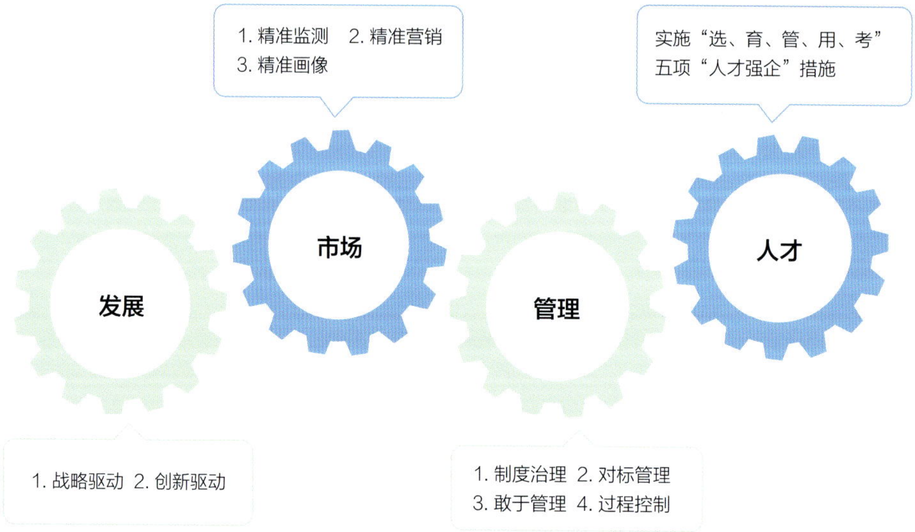

图1　“发展、市场、管理、人才”核心目标管理体系

一、坚持“双驱动”加快转型发展

贵州石油分公司着眼未来，坚持“战略+创新”双驱动，推动商业模式、体制机制创新，为企业高质量发展奠定坚实基础。

（一）战略驱动引领贵州成品油网络新格局

注重网络建设的“质量和效益”，强化规划和控制，近五年来通过新建、收购、租赁及合资合作等方式，新增投营站300余座，新增单站年销量4500吨。大力推进“油气氢电服”综合服务站打造，2021年3月，贵州省首座油氢综合服务站在六盘水地区正式投营（见图2），“十四五”期间规划充电、氢能及光伏发电项目150余个。

图2　贵州省六盘水盘州市双红油氢综合服务站

（二）创新驱动挖掘企业高效发展新潜能

推动库站数字化转型。在安顺油库开展油库信息化建设项目试点，推动5G、人工智能、工业互联网、物联网等创新技术与油库管理的深度融合，成功实现油库智能化升级，获得集团公司第30届管理现代化创新成果一等奖，并作为销售企业智能化油库试点项目在全系统进行推广；建立完善信息系统云平台，开发“一键班结”模块，增强加油站数据集成和分析应用能力。加快改革创新，以“小机关、大服务”为目标，优化部门设置，在省公司设立互联网运营中心，有序推进非油品综合改革；在地市公司整合商客、零售、非油品等部门为“大业务部”；在加油站推进委托管理；在油库实施“大班制”管理。通过优化机构、科学排班等有效措施进一步提升人均劳效。

二、强化“三精准”全力提质增效

坚持“量效兼顾、量价双收”，以“三个精准”强化竞争意识，增强竞争能力，提升竞争效果，公司市场占有率稳定在较高水平，盈利能力位居销售系统前列。

（一）精准监测，紧贴市场“脉搏”

建立国际油价跟踪分析机制，合理把控采销节奏，精心组织资源，为经营提供强大支撑。建立“点、线、面”市场动态监测平台，以站点为圆心，跟踪周边竞争对手价格、营销手段变化情况，以高速路、国省道站点为信息链，监测临省市场变化情况，以市县站点为整体，监测区域内市场变化情况，帮助经营快速决策。开发电子地图，实时掌握竞争对手站点规模、属性、地理位置、枪机布局、营销活动等信息，及时跟踪竞争对手新建、投营、施工改造项目进度等情况，做到“知己知彼”。

（二）精准营销，扼住竞争“咽喉”

按竞争激烈程度划分市场区域。在市场抢夺区“针锋相对”，密切关注竞争对手信息，开展“点对点”竞争、持卡优惠、灌桶优惠等营销；在市场平衡区“稳扎稳打”，通过增加服务项目、油非互促等活动，提高客户黏性；在市场控制区“养精蓄锐”，通过强化现场服务，提升石化品牌形象。区分单位客户和个人客户，对单位客户采取积分优惠、“一户一价”、灌桶优惠、充值返利等营销措施；对个人客户，开发了“一键加油”App、“微信加油”小程序等便捷支付方式，采取送油点、返券、闪付立减等手段，为客户提供高效、便捷的服务。整合零售、直分销、非油品等销售系统的客户，建立大会员服务体系，共享客户资源，为客户提供油气、充电、汽服、购物等综合服务。

（三）精准画像，满足客户“胃口”

细分客户开发，根据车辆用途、行业类型对大客户进行分类管理，细分物流类、长途客运类、出租及网约车类等9种车辆类型。针对不同车型客户，精准制定不同的营销措施，满足客户需求。做优客户服务，针对长途客货大车，遴选硬件好的站点打造“司机驿站”，提供加油礼包、安全停车、加水、道路救援、汽修等增值服务。创建企业微信，深化客户关系运营，定期发布价格优惠、团购、会员福利等信息，由企业直接触达客户，提供官方更优质服务，增强客户黏性。

三、搭建“四平台”深化精益管理

贵州石油分公司强化管理创效，搭建“四个平台”，构建精益管理的常态化工作机制（见图3）。

图3 “四个平台”管理机制

（一）“制度治理”平台确立干事规矩

定期梳理和优化制度体系，近三年共梳理制度480项，废止155项，合并35项，修订76项，新增57项，不断完善制度全生命周期管理。对库站安全管理、财务管理等基础工作及各条线制度进行精炼，提炼干货编制“口袋书”“活页夹”，形成制度规范指南。根据制度和流程开发信息系统模块，将重点业务植入线上审批流程，提升制度执行有效性。

（二）“对标管理”平台激发干事动力

围绕量和效两个目标，建立“省、地、县、库站”四级对标体系，确定领先、优秀、良好、中等、落后五档对标标准值。采取趋势分析、雷达图分析等方式重点对吨油毛利、零售同比增长、人均劳效等关键指标从横向、纵向、标杆、均值四个维度呈现对标评价结果，横向对标找差距，纵向对标找进步，标杆比较找方向，均值比较找定位。形成各层级“问题清单”，在库、站、楼等显著位置公开，把压力传递到每位员工，推动各级单位争先创优、追标创标。2020年所属9个地市公司全部进入销售系统“两力”排名50强。

（三）“敢于管理”平台树立干事正气

季度开展中层及以上人员管理积分考评排名、年度开展领导干部“敢于管理”测评，实施领导干部工作不到位检讨制度和重点业务领域管理责任追究制度，推动干部在岗履责、工作担责、尽心负责，营造“敢于担当、敢于管理”的良好干事风气。2016年以来，共有9名不敢管理、不善管理的干部被降职，有26名敢于管理的干部通过竞争性选拔走上领导岗位。

（四）“过程控制”平台保障执行力

对重点工作完成情况进行月度定期检查、督办和公开通报，将企业重点、专项及短板工作办理情况纳入“时间窗口”管理，实行全程动态监督，做到从省公司班子成员到地市公司管理人员的工作落实过程全面“受控”。对地市公司、县区公司上报的重点难点事项办理情况进行跟踪督促，避免工作在上下级之间“转圈”，有效提升了企业的运行效率和执行力。

四、筑牢“五链条”推动人才强企

大力实施“人才强企”工程，通过筑牢人才管理“选、育、管、用、考”五大链条，汇聚一支朝气蓬勃、能征善战的人才队伍。“十三五”期间管理和专业技术人员大学本科以上学历占比提升了13个百分点，中级以上职称占比提升了8个百分点。

（一）拓宽渠道“选”，充实人才“硬力量”

完善各层级年轻干部甄选、培养、考核、淘汰标准，建立各层级年轻干部储备库，阶梯优化备好苗。按照近期、中期、远期的梯次，配备“45岁以下中层正职、40岁以下中层副职、35岁以下基层领导、30岁以下基层干部储备”的四级梯次年轻干部“人才库”。

（二）精准培训"育"，提升人才"硬本领"

持续开展中层干部素质能力提升行动，每年对中层干部进行集中轮训，筑牢思想之"魂"，补足精神之"钙"。实施年轻干部"百人培养计划"，与贵州省委党校、知名外培机构合作，每年对优秀的基层年轻干部进行"线上+线下"互动式培养（见图4）。

图4 年轻干部"百人培养计划"培训班现场

（三）创新机制"管"，激励人才"硬担当"

管好"关键人"，强化"三重一大"决策程序监督管理，制定"两高一重"人员交流轮岗实施细则，定期实施轮岗交流。管在"关键时"，修订管理责任追究制度，强化重大经营管理活动的责任追究工作，促使干部履职尽责。

（四）搭建平台"用"，锤炼人才"硬功夫"

坚持公开竞聘，省、地两级机关每2年开展一次全员竞争上岗、干部公开选拔，形成良性的竞争机制和良好的选人用人政治生态。破除论资排辈观念，对经过长期考验、基层经验丰富、员工认可度高的优秀年轻干部，大胆用于重要和关键岗位。近五年提拔的中层领导人员中40岁以下比例超过50%。

（五）突出重点"考"，坚持奖惩"硬兑现"

畅通干部能上能下、能进能出通道，建立全员绩效考评体系，突出品德、素质、能力、业绩导向，建立"业绩+个人综合评价"考评规则，将考评结果作为干部上、下、进、出和薪酬兑现的重要依据。目前，贵州石油分公司通过绩效考核使同岗位员工年收入差距最高达20%。

经验启示

（一）创新是转型发展的必然选择

创新是引领发展的第一动力，实施创新驱动发展战略是应对成品油市场变化、把握市场主动权，提高核心竞争力的必然选择，是加快转变发展模式、破解市场竞争矛盾和问题的关键。

（二）品牌是市场竞争的核心要素

新能源汽车的发展加速成品油市场进入存量竞争时代，竞争白热化局面持续，买方市场占据主导地位，价格、服务、营销以及差异化品牌优势成为核心竞争要素。

（三）精益管理是永无止境的课题

以问题为导向，通过制度化、流程化、标准化、数据化手段，破除管理瓶颈，推进目标管理、从严管理、精益管理，强化过程监督和管控，增强企业发展的“软实力”。

（四）人才是企业发展的力量源泉

人才是企业发展最重要的资本性资源，要避免人才青黄不接、大将缺位，就要不断建立完善人才盘点、人才培育、人才储备、人才激励等管理体系，从而为企业高质量发展提供有力支撑。

特色领先 创新驱动 打造差异化发展新模式

江汉石油工程公司

江汉石油工程公司为中国石化石油工程公司所属地区公司，现有用工总量7214人，施工和技术服务队伍133支，资产总额45亿元。公司2013年初组建以来，大力践行“专精新特”国家战略，紧紧依靠技术进步和管理创新，积极探索“特色领先为目标、特色技术为支撑、特色业务为主体、特色管理为根基”的差异化发展新模式（见图1），踏上了可持续高质量发展轨道。公司连续8年考核盈利，“两利四率”和绩效考核保持石油工程板块前列，先后获得国家高新技术企业、国家优质工程金奖、国家科技进步一等奖、全国企业管理现代化创新成果一等奖、集团公司全员成本目标管理领先奖等荣誉，被列为中国石化石油工程岩页气技术中心。

图1 公司发展战略

一、坚持战略牵引，推动差异化发展落地生根

面对国内石油工程行业同质化较重、低端竞争加剧等突出矛盾，公司顺应能源结构调整方向和勘探开发需求变化，坚持差异化发展道路，强化战略牵引力，下好发展先手棋（见图2）。

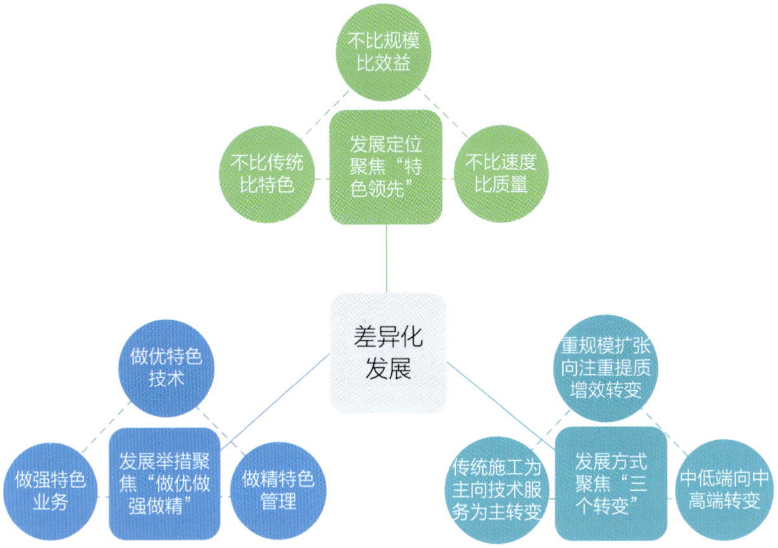

图2　差异化发展

（一）发展定位聚焦“特色领先”

锚定“专精特新”发展方向，坚持将保障国家能源安全、服务勘探开发、发展石油工程作为公司核心价值，全力打造特色领先油服公司。对标国内行业先进，不比传统比特色，不比规模比效益，不比速度比质量，着重在特色技术、特色业务、特色管理三大领域精准发力，厚植核心竞争力，带动发展质量效益站排头、争第一，实现可持续高质量发展。

（二）发展方式聚焦“三个转变”

主动应对国际低油价、储量低品位、开发低成本带来的严峻挑战，积极适应勘探开发对象向非常规和复杂深层转移的重大变化，坚持需求导向，持续调整业务、市场、队伍、资产结构，形成与“特色领先”相匹配的业务发展格局和资源配置方式，实现由注重规模扩张向注重提质增效转变，由中低端向中高端转变，由传统施工为主向技术服务为主转变。

（三）发展举措聚焦“做优做强做精”

做优特色技术。扎根页岩气工程和深井高温高压两大领域，构建以我为主、产学研用协同的技术创新体系，推动特色技术国产化、系列化、配套化、标准化。公司成为国内唯一具备从设计到施工、从工艺到工具、从解释到评价的页岩气工程一体化服务商，初步形成了超深井高温高压钻完井到环保工程的完备产业链，高温高压测试被誉为中国石化第一测试品牌。做强特色业务。通过特色技术的规模化应用、产业化发展、品牌化创建，推动技术优势向市场优势、竞争优势和发展优势转化，形成了特色施工、特色技术服务、特色产品为主体的特色业务体系。特色业务收入连续三年涨幅超15%，收入占比超过80%，成为公司增收增效“主力军”。做精特色管理。主动适应石油工程专业化重组带来的管理体制机制变化，聚焦管理创新，着力构建精干高效的组织架构、项目为中心的运行模式、市场为导向的经营机制，通过提效率、增活力、控风险，实现企业治理高水平。通过做优做强做精，公司发展实现了“三大跨越”：特色技术由跟跑到国内领跑的跨越，主营业务由同质化到特色化的跨越，经营质量效益由石油工程板块中下游到前列的跨越。

二、深耕现场和市场，助力技术创新开花结果

（一）扎根现场强支撑，锻造服务保障硬本领

作为最早参加国家级页岩气示范区涪陵页岩气田建设、首批挺进亚洲陆上最深油气田顺北油田的石油工程单位，在技术、工艺、管理、安全、环保等方面毫无经验借鉴的情况下，直面现场需求，将技术中心迁入生产一线、专家团队驻守井场、实验室建在工区，靠前提供工程技术支撑，做到问题第一时间发现、第一时间研究、第一时间解决，推动关键核心技术快速突破、持续升级，实现了技术创新和服务保障能力的双促进、双提升（见图3）。页岩气工程技术整合钻井工程、完井工程、测录井工程、环保工程、地质工程一体化5大专业，打破国外垄断，关键技术取得重大突破，共同建成涪陵百亿方页岩气田，助力页岩气从经济可采向高效低成本开发迈进。与产建初期相比，钻井周期降幅59%，压裂效率提升224%，水平段一趟钻覆盖率由2%提升至69%，故障复杂时效由4.3%降至1.5%以内，满足了高效勘探高质量开发需要。深井超深井高温高压技术率先攻克安全成井瓶颈，长裸眼段防漏堵漏、井壁稳定等特色工艺走在行业前列，建成国内最高等级的高温高压工具检测中心，解决了工具入井安全检测、高端工具国产化难题。钻井周期由300天降至120天，保障了超深油气藏安全高效开发，助力顺北油田产能建设进入“快车道”，被誉为服务保障“排头兵”。

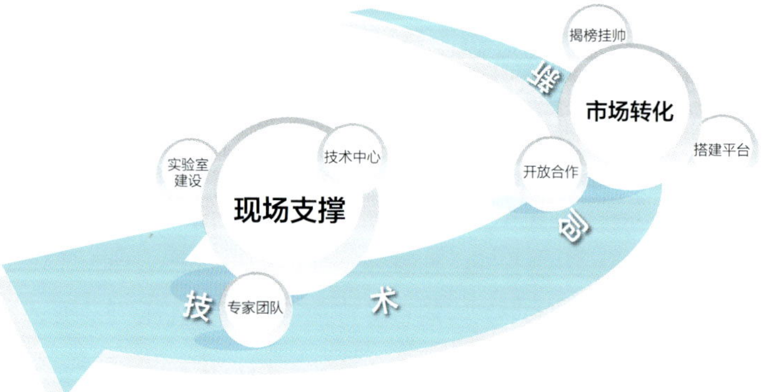

图3 技术创新体系

（二）紧盯市场抓转化，培育创收创效新阵地

按照“规模化应用、产业化发展、品牌化创建”的思路，贯通研发、现场应用和市场推广“三大环节”，实现特色技术与市场的无缝对接，打造市场竞争利器。开放合作强研发。组建创新联合体，承建中国石化、湖北省、中国地质调查局四个创新平台，与长江大学等院校共建技术研发中心，与石化机械联手攻关提速工具及特色装备，面向市场定课题，共同研究、共同享有、共同发展，实现产学研用深度融合。“揭榜挂帅”促应用。围绕关键核心技术集成配套，组建科研团队和创新团队，科研团队突出研发，创新团队突出转化，实施立项管理，签订“军令状”，实现责权利对等，加快解决成果转化“堵点”。搭建平台重推广。主动到市场前沿推介，承办国际连续油管学术研讨、石油工程技术交流等重要会议，将自主设计制造的环保装置、高端工具推向国际展会，打开广阔市场空间。用好自主知识产权，采取项目合作模式，开辟牵引器制造领域，成为关键装备供应商。关联技术服务搭载“牵引器+”平台，实现升级换代，受到中国石化、中国石油、中国海油等70多家企业高度关注。通过技术成果快速转化，形成西南、西北两大规模市场，培育以连续油管、牵引器、环保业务为代表的多个5亿元级经济增长点。

三、持续优化结构，做好改革调整加减乘除

（一）产业结构做加法，突出转型升级

在压减过剩产能，退出低效无效市场和传统低端业务的同时，推进产业结构向特色业务转、向技术服务转、向新型业务转。测录井传统业务升级为多级射孔、牵引器测井、定测录导一体化三大特色技术服务，有力助推测录定专业化重组。传统运输业务向环保产业和现代物流转型，运输公司更名为环保技术服务公司，成为石油工程板块首家环保企业，实现了辅业向主业的跨越。打造技术“研发+支撑+服务”一体化服务模式，把产业链延伸至关键工具、先进装备端。打通页岩气工程相关专业，建立页岩气一体化运行、专业化管理机制，形成工程总承包、井筒一体化服务能力，为涪陵白马区块等难动用储量效益开发提供了有效解决方案。

（二）组织结构做减法，突出精干高效

推动组织架构扁平化，实现由“公司机关+专业经营单位+项目部+基层单位”四级管理向“公司机关+专业经营单位+项目”三级转变，压缩管理层级，提升管理效能。推行机关“大部制”，精简管理机构，实行岗位标准化设置，与公司成立之初相比，管理机构减幅31%，管理人员减幅41%，占比降至6.7%。

（三）用工结构做乘法，突出灵活多样

积极应对石油工程工作量弹性释放以及劳动用工结构性矛盾，坚持降总量、调结构，实现人力资源的科学配置和高效利用。建立市场化用工机制，通过契约化管理、制度化退出，形成用工“资源池”；在科研单位试点市场化引进技术人才机制，引进国家千人计划人才、成熟人才21名，成为科研攻关、项目管理骨干力量，解决了高端人才和一线用工哪里来的难题。推行“模块化”班组管理，劳动组织方式由以建制队为单元转变为以班组为单元管理，班组长相对固定，操作岗位灵活进出，公司统筹调配班组，形成对工作量快速响应的弹性用工模式。公司全口径用工总量下降26%、社会化用工占比近50%，人均创效水平大幅提升，全员劳动生产率跃居石油工程板块前列。

（四）资产结构做除法，突出效率效益

适应石油工程市场不固定、项目不连续的实际，以资产经营理念统领装备管理，加快由重装备施工型向轻资产技术服务型转变，减轻资产包袱，在装备持续更新升级的同时，公司盈利能力不降反增。用装备服务替代资产购置，推动大型装备合作租赁，严控投资规模，压减长摊资产。优化内部资源，调配改造传统专业设备，保障特色发展装备需求。组建装备专业化公司，对内强化设备修保，对外开展装备服务和资产经营创效，实现资产效率最大化。公司资产总额在涪陵产能建设高峰没有膨胀，由49亿元降至45亿元，长摊资产净额减少50%，净资产收益率在石油工程板块名列前茅（见图4）。

图4　改革调整

四、贯穿精益理念，确保效益颗粒归仓

将精益管理理念贯穿于项目管理、生产运行、降本增效、风险管控四大环节，全面提升企业治理水平，详见图5。

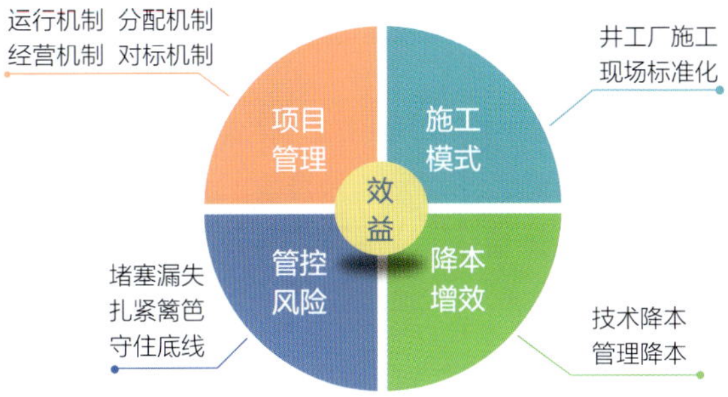

图5　精益管理

（一）精细项目管控

将项目作为管理基本单元，建立完善管控模式，持续提升盈利能力。健全运行机制。以“六大制度体系”建设为核心，完善项目决策、管控、问责三大机制，严格落实新上项目技术、工艺、装备、队伍适应性评价和经济评估，确保事前算赢、事中管控、事后评价，不断提升项目运行质量效益。搞活分配机制。专业经营单位实行工效挂钩，基层实行单井、单队、单车、单机组、单项目“五单”考核，员工实行“积分制”考核，推动效益分配向价值创造、向一线岗位倾斜。转换经营机制。建立市场化结算机制，推行辅业承包经营，实施低效项目“管理+外包”，破解辅业发展活力和低效项目增效难题。优化对标机制。建立“综合业绩+专业管理”对标体系，实施“三个标杆”典型引领，以点带面提升项目管理水平（见图6）。

（二）精益施工模式

推行井工厂施工。率先应用“山地井工厂钻井+拉链式压裂”施工模式，通过同平台多口井集中部署、集中打井、集中建设，实现井筒流水化批量作业，做到集约化、高效化、一体化生产运行，施工效率提高50%，平台占地节约20%。升级电驱井工厂模式，较柴驱平台再提速60%、降本16%，平台井压裂效率由平均2段/天提升至4.82段/天。推行现场标准化。围绕“四提”“五省”目标，推进井场标准化向技术标准、工作标准、管理标准、产品标准延伸，实现大平台标准化配置。在全面标准化基础上，涪陵工区成功应用“一队双机”“大小钻机”工厂化施工模式，通过资源共用、技术共享，现场操作人员减少30%，运行成本降低20%。

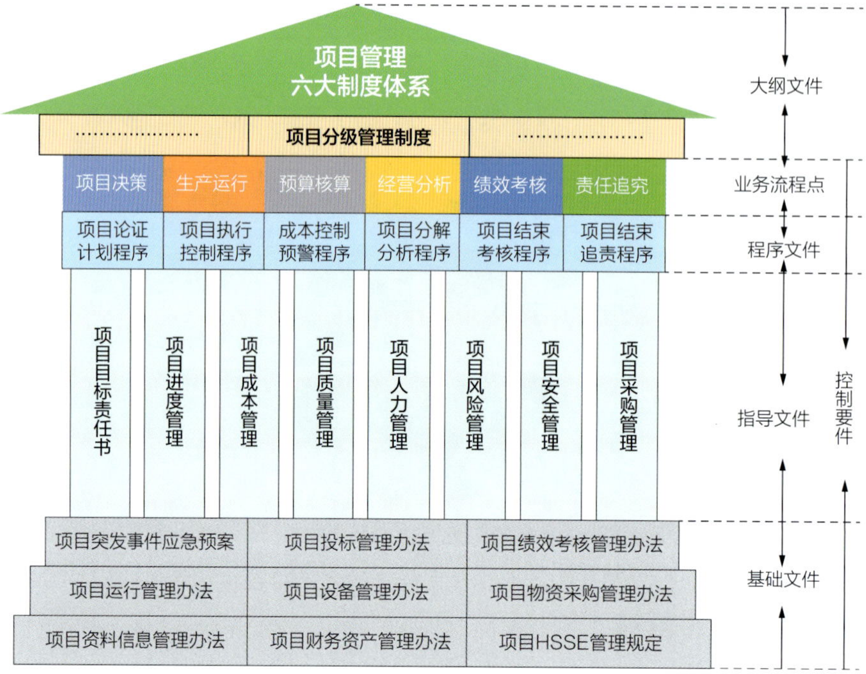

图6 六大制度体系

（三）精确降本增效

坚持技术进步和管理进步双轮驱动，打造低成本竞争力。技术降本上，瞄准勘探开发需求，抢抓增储上产机遇，通过自主创新和集成创新，实现关键核心技术国产化，在满足勘探开发的同时，推动页岩气技术服务费用大幅降低。涪陵主体区块工程结算费用较产能建设初期下降34%，钻井每米降幅51.6%，压裂每段降幅40%，助力油公司单井投资下降近50%。管理降本上，打造利益共同体，全方位调动降本积极性。推行一体化降本，与油公司深化地质工程一体化、方案设计一体化，生产运行一体化强化源头把控，持续优化工程设计，打准地质甜点，降低开发成本。推行抱团降本，采取主材费用大包、招标模式优化等方式，与服务商、供应商建立价格关联机制，向下传递降本压力。推行合作降本，与石化机械等装备制造商创新合作模式，通过大包、买断等方式，引进提速工具、特色装备服务，共担风险，共负盈亏，做到心往一处想、劲往一处使，积极助力工程降本。在主材大幅涨价的情况下，公司百元收入营业成本保持下降，成本费用利润率排名地区公司前列。

（四）精准管控风险

针对石油工程队伍、装备流动性大，现场交叉作业多、施工环节多、承包商多等管控难点，抓住主要矛盾，确保风险可控受控在控。堵塞漏失。通过实施海外工程、物资采购、外委业务、通用车辆等“六个集中管理”，规范招投标、分级审批、合同管理等流程，使出血点变增效点、风险源变受控点，8年来累计降本减费近12亿元。扎紧篱笆。树牢依法合规经营意识，用好内控风控两种手段，全面梳理内控业务流程，系统识别重大风险，确保管理规范、风险受控。全面推进法律顾问制度建设，强化重大项目合同审核，维护企业合法利益。守住底线。坚守安全环保质量底线，建立“139”特色安全工作法，强化岗位“安全记分”考核，实现HSE全员履责，建立“大质量”管控体系，推行航天质量管理“双归零”经验，连续4年获得石油工程质量管理先进单位。

经验启示

（一）坚持特色发展不动摇，厚植核心竞争力

公司历经市场极寒、改革调整、疫情冲击等严峻考验，连续8年考核盈利，经营质量效益稳中向好，关键在于抓住了页岩气产业发展的窗口期和机遇期，坚定走特色发展道路。特色发展顺应国家能源转型大势和“专精特新”战略，紧贴勘探开发需求变化，契合石油工程企业内在需要，有力推动核心竞争能力提升，为可持续高质量发展奠定了坚实基础。

（二）坚持技术先导不动摇，锻造发展新动能

公司坚持打造技术先导型企业，在技术创新上保持奔跑状态，始终做到“人无我有、人有我精”，实现关键核心技术快速迭代、快速转化，带动服务保障能力、市场开发能力、低成本竞争能力持续提升，为可持续高质量发展输出了不竭动力。

（三）坚持管理创新不动摇，夯实发展压舱石

公司将管理提升作为企业发展永恒主题、基业长青重要保障，坚持向管理要质量、要效率、要效益，以差异化发展战略为核心，在产业结构、组织结构、用工结构、资产结构调整上，进行了大刀阔斧的系统化改革，构建了“精细管控、精益施工、精确降本、精准管控”的“四精”管理新模式，为可持续高质量发展提供了坚强保障。

创建“421”管理模式 打造企业发展新引擎

工程建设公司

中国石化工程建设有限公司（SEI）是以工程设计为主体，能够为能源化工行业提供工程研发、技术许可、工程咨询、工程设计、工程总承包、数字工厂建设、项目管理等一站式服务的工程公司，现有员工2100余人。近年来，公司聚焦打造世界领先石油化工工程公司的愿景目标，积极创建“421”管理模式（见图1），即以党建引领凝聚奋斗力量，以战略引领把准发展方向，以技术引领增强内生动力，以价值引领拓展增值空间，同时充分发挥体制机制和人才队伍的基础保障作用，并通过数字化转型打造新能力、激发新活力。该模式有效促进了公司质量变革、效率变革和动力变革，助力公司在“中国工程设计企业60强”排名中连续六年蝉联榜首，荣获“中央企业先进集体”荣誉称号。

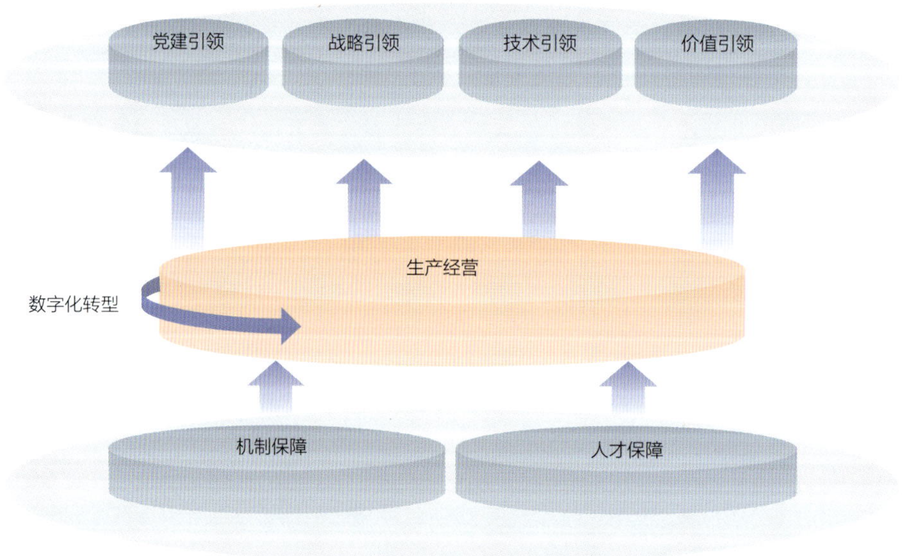

图1 “421”管理模式示意图

一、突出四个引领，锚定奋斗目标

（一）党建引领：凝聚奋斗力量

将项目管理的理念引入党建工作，探索党建工作项目化管理，打造具有工程公司特色的党建品牌。公司党委要求各基层党组织加强前期策划，既要抓好常规性“齐步走”，又要抓出特色“加分项”，找准本部门、本专业与中心工作的结合点，将支部打造成为思想的熔炉、成长的平台、攻坚的阵地。坚持过程管理和结果导向，注重党建工作“交付物”质量检验，推动党建考核与组织绩效考核交叉互用，让各项工作在考核的“指挥棒”下奏响协奏曲。积极开展以党建为核心的企业文化建设，大力弘扬“一起，做更好的”核心价值观，通过开设“讲好工程师故事”宣传专栏、专题宣讲、主题演讲、比学赶超等途径传承优良作风，激发全体员工知识报国的信念和产业强国的担当。

（二）战略引领：把准发展方向

航向决定终点，战略引领未来。公司坚持明战略、细分解、强执行，向着世界领先石油化工工程公司的目标奋勇前进。准确把握石化行业产品高端化、生产绿色化、运营智能化的发展态势，确立了“创新驱动、融合共生、服务增值、文化强基”的发展战略，制定了《“十四五”发展规划纲要》，聚焦科技创新、工程服务、数字转型、深化改革等方面提出了一系列目标任务。同时，公司构筑了“自上而下”分解和“自下而上”实施的双向贯通战略落地机制（见图2）。通过将战略目标逐项分解、逐级细化，形成中长期规划和短期计划，乃至季、月度任务清单。通过督办、考核等手段，强化执行过程监督管理，及时发现问题、校正偏差，确保公司顶层设计与生产经营同频共振、同向发力，公司各项目标任务得到有效落实。

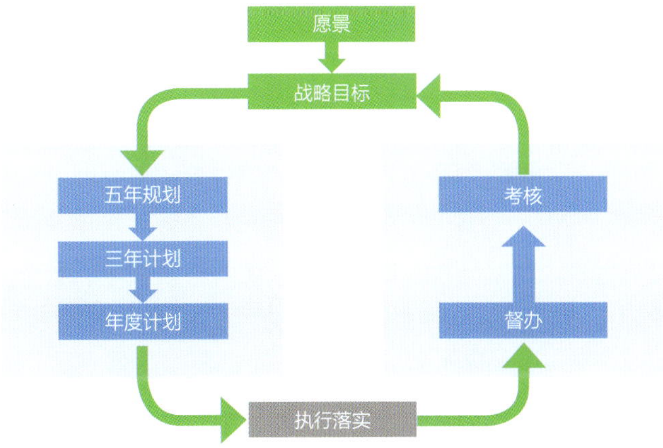

图2　战略落地机制示意图

（三）技术引领：增强内生动力

坚持把技术创新作为引领发展的第一动力和攻坚克难的尖刀利器。聚焦“卡脖子”和前瞻性技术，围绕减油增化、高端材料、氢能产业链、节能环保及“三新”产业全力推进技术攻关，助力炼化企业高质量发展，以先进的技术赢得市场、引领市场、创造市场。深化技术创新机制改革，成立工程技术研发部，组建柔性团队，构建以“注册制+首席制”为核心的工程技术孵化器平台，运行高效、充满活力的创新生态进一步巩固。2021年，公司承担的国家级课题17个、“十条龙”攻关项目16项、中国石化重大专项13项进展顺利。“十三五”期间，公司共获得省部级及以上科技奖励81项，其中国家科技进步特等奖1项、一等奖2项，引领行业发展的竞争优势进一步凸显。

（四）价值引领：拓展增值空间

围绕做优存量、做强增量，做好提质增效这篇大文章。一方面，坚持系统优化、资源统筹，向管理要效益。通过优化完善“项目管理+专业管理”的矩阵式组织模式，推广“打捆”设计，分阶段、分品种、分专业地合理统筹配置资源，努力实现资源的高效利用和价值最大化。另一方面，瞄准价值链高端，积极强化工程咨询服务。挖掘公司近70年的知识积淀，率先搭建桌面炼化工厂和前期咨询服务平台，为炼化企业提供运行方案远程诊断及优化建议。“十三五”期间，公司累计完成工程项目近2000项，较“十二五”大幅增长，单位设计投资额人工时消耗明显下降，项目执行能力进一步增强；累计执行咨询项目1600余项，参加国家全部7大石化基地和中国石化“4+2”世界级炼化基地的咨询规划工作，服务增值能力显著提升。

二、强化两个保障，优化发展环境

（一）机制保障：夯实发展基础

深化组织模式变革，为公司改革发展夯基垒台、立柱架梁。持续推进组织机构扁平化改革，建立“公司—部门”两级管理体制，进一步增强公司对行业变革和环境变化的快速响应能力。重组工艺、配管、设备、土建4大专业，充分释放炼化一体化红利，提高传统业务竞争优势。成立专责部门从事咨询规划服务、工程技术研发、数字工程建设，推动主营业务由设计向工程建设价值链高端延伸，形成多元化业务格局。

强化标准制度建设，公司以业务流程为主线，构建运营管理、项目管理、技术相融互补的三大标准体系，实施全生命周期闭环管理。强化源头识别，及时将内控、风控、合规要求嵌入标准条款；强化过程管控，推动标准流程化、表单化、信息化，以健全规范的标准体系护航公司优质高效运行。

持续优化QHSE管理体系，基于风险思维和过程方法，以“生产运营”和“技术创新”作为业务主线，对公司QHSE管理体系进行优化与再造（见图3）。全面梳理业务流程和工作接口，按照内在逻辑及关联关系搭建横向到边、纵向到底的六级过程责任矩阵，实现业务网络化。在此基础上，充分识别过程目标、过程步骤、责任岗位、控制节点，编制形成668个末级业务流程图及风险清单。新版体系有力推动管理由符合性向有效性、由结果管控向过程管控转变，公司成为行业内首家取得英国劳氏认证的企业。

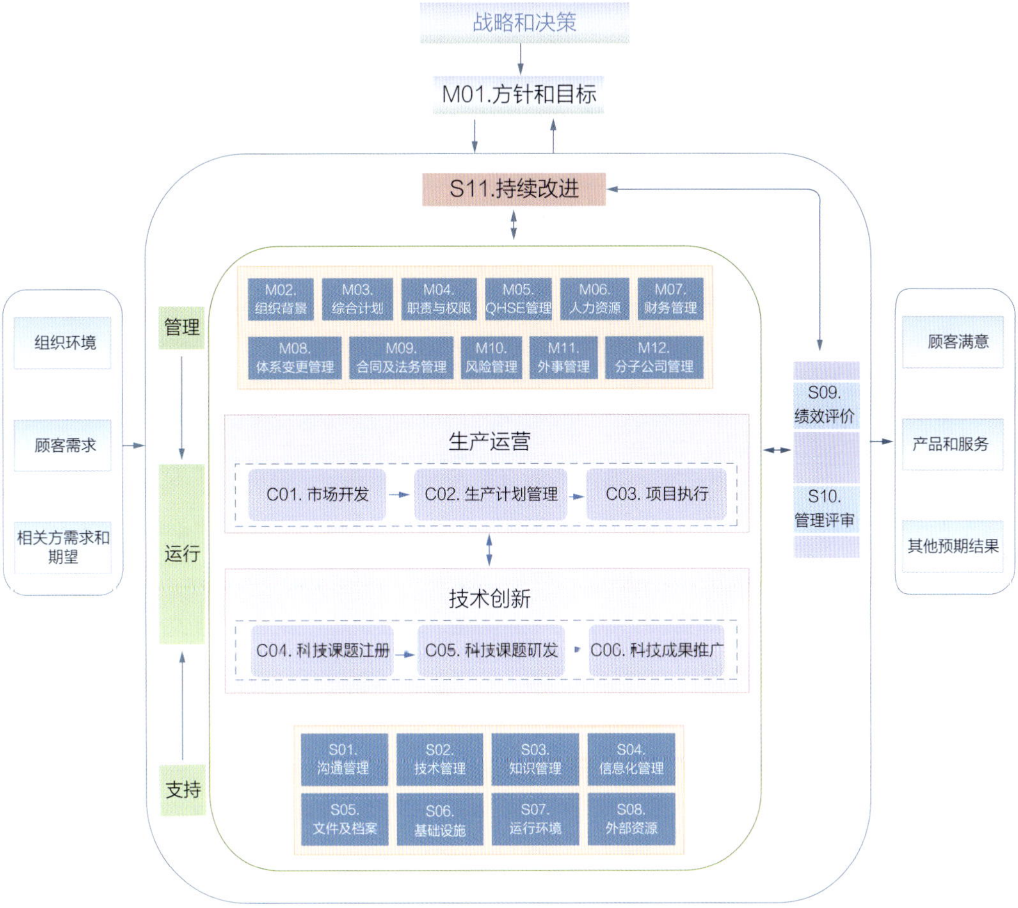

图3 QHSE管理体系框架图

（二）人才保障：激发创新活力

公司始终将人才视为发展的第一资源，构建“岗位+职位”的岗位管理体系和“部门主建、项目主用”的人才标准体系（见图4），同步建成“全职业生涯、全工作轨迹”的集成化人力资源信息系统。建立人才标准模型，开展岗位价值评估，形成了266个岗位说

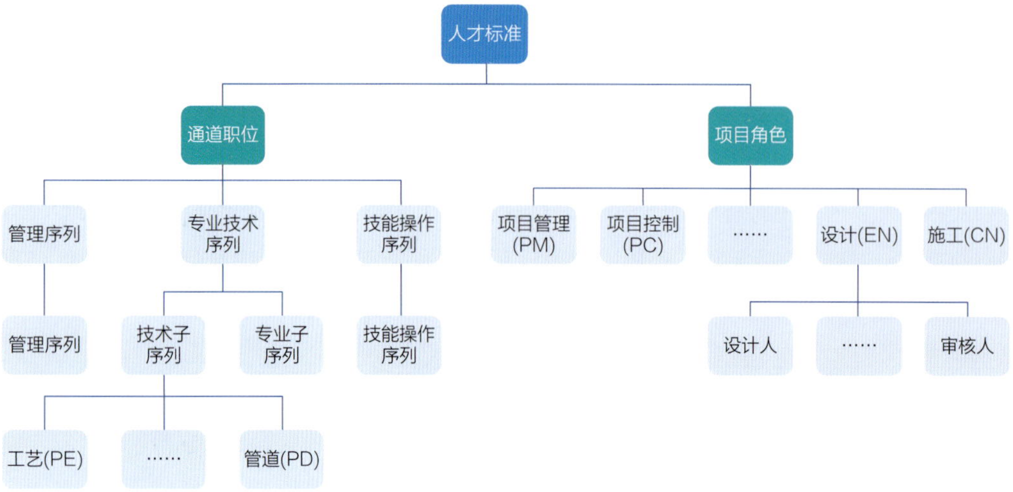

图4 “部门主建、项目主用”的人才标准体系架构图

明书、63个通道职位人才标准、71个项目角色人才标准和员工全维度画像，打破了员工职业发展的“天花板”，畅通了员工职业成长的“主干道”。

依托人才标准体系和岗位管理体系，建立基于“学习地图”的梯次化人才培养和学分管理机制。以职业规划和能力发展为主轴，从标准模型和成长路径中导出价值需求，创建学习资源库和学习路径图，按职种、分层级开发3大职类、27个职群、63个职种的进阶式“学习地图”课程320门，实现岗位培训全覆盖。不断深化“师带徒”培养机制，遴选业务骨干纳入后备人才培养计划，量身打造“一人一案”的培养方案，实现“全面培养”和“精准滴灌”的有机统一。

以奖励骨干、鼓励多干为目标，确立差异化薪酬制度，将奖金分配与工作业绩硬挂钩、硬兑现，实现员工收入与承担任务的数量、质量和水平同向增长。加大科技创新激励力度，创建“过程+成果”的科研激励机制，让有本领、有贡献的科研人员端上“金饭碗”。

目前，公司技术领军人才、专业精英人才竞相涌现。截至2021年，公司拥有中国工程院院士3人，全国工程勘察设计大师6人，行业勘察设计大师9人，享受国务院政府特殊津贴17人，集团公司首席专家1人，高级专家9人，领军人才优势和专家人才集聚效应显著。

三、推动数字化转型，打造竞争新优势

以数字化转型作为锚定机遇、打造优势的“先手棋”，厚植数字赋能的“智慧芯”。在服务公司发展方面，搭建集“应用交付、数据存储、协同办公”三位一体的集成化云服务平台，覆盖公司全业务领域，贯穿项目全生命周期，为生产经营和管理决策提供高效支

撑。在服务行业发展方面，打破专业固有壁垒，重构多专业、全过程协同设计流程，建立涵盖集成化设计、整体化管控和数字化交付的一体化数字工程平台。探索工程交付新模式，在元坝项目中首次实现物理工厂与数字工厂同步建设，牵头主编GB/T 51296—2018《石油化工工程数字化交付标准》，填补了国内在数字化交付领域的空白，推动了全行业的数字化变革和全产业链的数字化发展。以数字化交付拓展增值业务，为中科炼化、中沙聚碳、镇海基地一期、海南乙烯等多个大型全厂性项目提供数字化交付管理服务，探索自设计源头打造数字孪生工厂的建设模式，成功申报中国石化过程模拟和智能设计重点实验室。

"十三五"期间，公司共获得省部级以上信息化成果奖励11项，获评中国石化"十三五"信息和数字化工作先进单位，并作为中国石化唯一的试点单位，通过国家数字档案馆（室）试点建设项目验收；顺利通过两化融合管理体系评定，成为炼化工程板块首家贯标企业。根据专业评估，公司在数字化战略规划和技术应用方面处于行业领先水平，超过全国99.30%的企业；两化融合评分高于全国97.40%的企业。

经验启示

（一）必须紧跟时代、谋划在先

作为中国石化工程建设领域的排头兵，必须紧跟时代、谋划在先，在发展方向上，要契合国家战略布局、把握行业发展脉搏，推动业务高端化、绿色化；在发展模式上，要主动拥抱数字革命，积极推进工程建设数字化转型、智能化发展。同时要探索建立响应迅速、灵活柔性的体制机制，助力公司在危机中育先机、于变局中开新局。

（二）必须勇担重任、矢志创新

作为中国石化科技创新的主力军，必须勇担重任、矢志创新，要牢牢抓住新一轮科技革命和产业变革的历史机遇，在突破"卡脖子"关键核心技术中勇担当，在落实"双碳"目标要求中做表率，加大研发投入力度，推动炼化工程技术迭代升级，打造绿色生产力和独特竞争力，以创新推动公司发展，以创新引领行业转型，营造创新竞进、融合共生的行业生态。

（三）必须依靠人才、成就人才

功以才成，业由才广。人才是企业的核心资源，必须依靠人才、成就人才，打造人才高地。要拓宽人才引进渠道，丰富人才培养方式，畅通人才成长通道，激发人才创新创造活力，让人才学习成长有平台、干事创业有舞台。同时充分发挥各级党组织及群团组织的凝聚力和战斗力，激励人才将爱岗的热情、干事的豪情、创新的激情转化成为推动公司发展进步的磅礴力量。

对标一流管理 赋能科技创新

北京化工研究院

中国石化北京化工研究院（以下简称“北化院”）作为中国石化八家直属研究院之一，在乙烯技术、合成树脂、合成橡胶、有机与精细化工、化工环保等领域拥有雄厚的研发实力，在石化行业和新材料领域肩负着关键核心技术攻关和科技成果转化的重要职责，每年承担500余项研究课题、申请国内外专利超600件，是助力中国石化科技创新和改革探索的先锋力量。

在对标一流管理提升行动中，北化院紧紧围绕世界领先发展方略和加快打造技术先导型公司宏伟目标，在科技创新、管理创新、机制创新方面深入探索，以“大兵团、新领域、策源地、产业链”为重点方向，以“高效、灵活、融合、突破”为原则，以“高端化、标准化、市场化、差异化”为目标，构建了四个创新平台、四种管理模式、四个人才机制的管理体系（见图1）并取得明显成效，推动重大重点科技攻关项目不断取得新突破、科技成果转化和横向收入连创新高、全院创新创效氛围和科研人员创新活力显著提升，在集团公司2020年科研和党建考核中取得“双A”成绩。

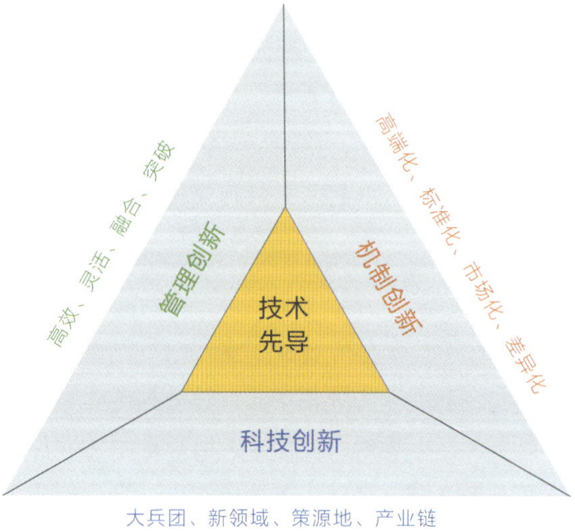

图1 北化院对标一流管理体系

一、构建科技创新四个平台，推动更高水平科技自立自强

北化院构建的四个创新平台详见图2。

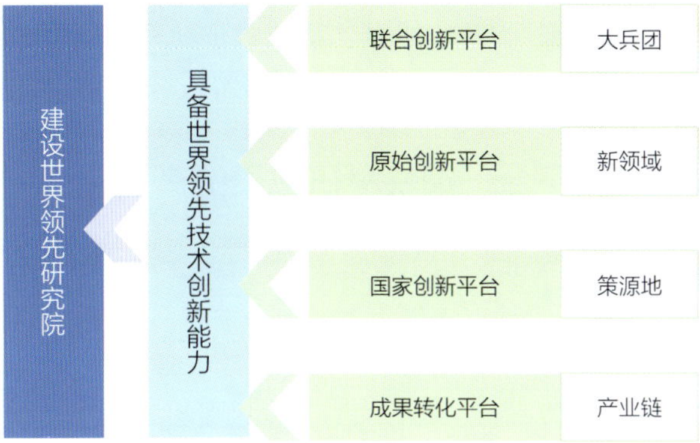

图2 支撑技术先导四个创新平台

（一）构建联合创新平台，发挥“大兵团”作战优势

在特种橡胶、高端医卫材料等国家战略科技攻关任务，以及高性能功能膜材料、绿色环保汽车轻量化材料等中国石化重大科技项目攻关中，持续深化项目长负责制，调动优势研发力量集中攻关重点难点问题；广泛联合上中下游产业链，通过“产销研用”协同攻关和“产学研”合作创新，发挥创新链在产业链中的引领作用；作为项目长单位，与联合攻关单位深化合作机制、搭建长效创新平台，持续推进相关产业升级并保持领先地位。

（二）构建原始创新平台，加强基础前瞻新领域研究

围绕中国石化未来产业布局，紧密结合自身研发优势，积极在氢能、太阳能、三块电池、电子通讯、人工智能、医卫材料等新兴领域，重点布局一系列基础前瞻研究课题，快速形成新领域的创新点和切入点。为加快新领域攻关速度，配套“两个保障”政策，保障基础前瞻新领域课题的研发投入占比不低于30%，保障基础前瞻研究人员基本薪酬达到院内中上水平，使基础研究科研人员心无旁骛投入科研。加大重点新领域的布局力度，择机成立专项研发机构，由分管领导挂帅牵头攻关，外聘专家纳入学术委员会，遴选优秀研发人才专兼职并用，配套先进的考核激励政策，与行业内龙头企业建立全方位战略合作。新成立的北化院医卫材料研究所，成为中国石化在高端医卫材料领域的首个战略布局。

（三）构建国家创新平台，形成技术创新的策源地

根据国家和行业发展需要，高标准建设和高质量运营一批国家级创新平台。发挥自身

学科基础优势，成功申报国家先进高分子材料分析测试评价中心，打造行业内权威的新材料测试评价机构；持续提升现有研发平台的运行质量，聚烯烃国家工程研究中心和橡塑新型材料合成国家工程研究中心入选国资委首批新序列国家工程研究中心，进一步发挥科技创新与产业发展的桥梁作用；瞄准世界一流目标，启动天津科学试验基地建设项目，打造世界领先水平的中试研发中心；聚焦中国石化新领域布局，投身可降解材料、医卫材料、氢能技术等中国石化重点实验室建设，为中国石化创新体系建设注入强劲动能。

（四）构建成果转化平台，加快科研成果的产业化

落实集团公司党组“四个一批”指示要求，聚焦石化产业链和产品线，推进一批近期可以产业化的技术加快攻关。坚持以市场热点需求为牵引，发挥系统内上中下游一体化优势，密切“产销研用”结合，在总部统筹下，先后落实生物可降解材料、高端化学品线性α-烯烃、交通领域高端橡胶材料等产品技术的工业装置建设，加快中国石化产品和技术的迭代升级。

二、探索管理创新四个模式，不断提升科技创新质量效率

（一）构建科学高效法人治理体系

对标一流管理理念，实施研究院“分转子”体制改革，注册成立中石化（北京）化工研究院有限公司，成为具有独立法人资格的创新型企业，更好地释放研究院创新活力、履行科技创新主体责任。理顺公司管理体系，将北化研设计院、中石瑞柏公司、天津科技公司变更为北化院子公司，构成以北化院为创新中心、3家子公司为成果转化平台的“1+3”研发体系（见图3），促进创新链与产业链的高效衔接。依法合规推进新公司的建设运营，建立健全董事会及相关组织机构，明确“三会一层”议事规则和责权分工，在建立现代企业制度和完善公司治理过程中持续加强党的领导，法人治理结构更加简洁高效。

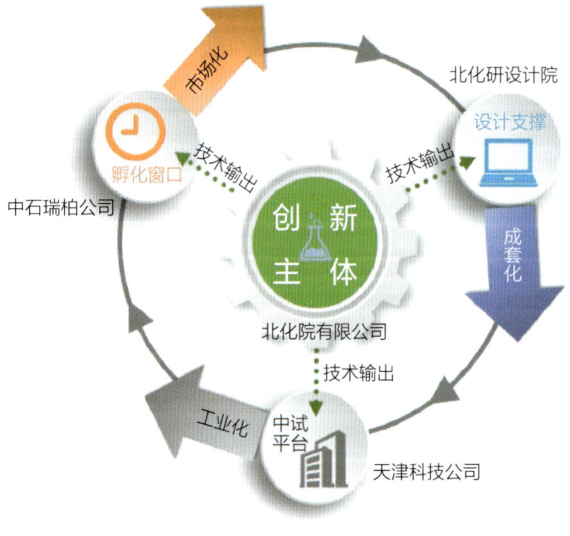

图3 1个创新中心+3个转化平台

（二）建立以项目为主体的攻关团队

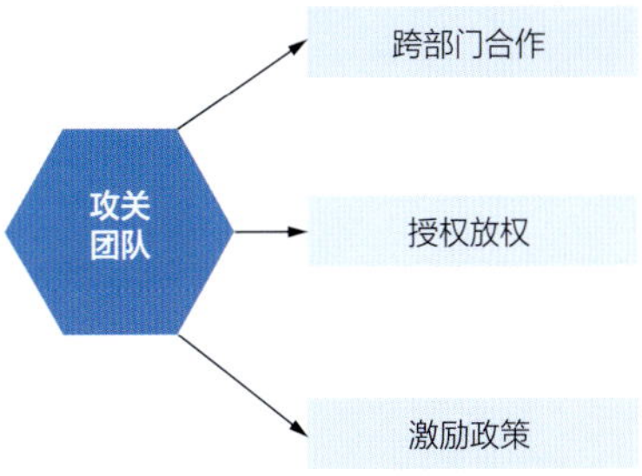

图4 项目主体攻关团队要素构成

统筹全院研发资源，在关键核心技术攻关和新领域培育项目中，打破部门壁垒、跨越学科领域组建攻关团队（见图4）。配套灵活的项目运行机制和激励政策，公开选拔项目带头人，自主选聘团队成员，给予项目长人财物和技术路线决策权，与项目团队签订《项目开发协议》，为项目团队设定具有挑战性的绩效目标和具有竞争力的薪酬激励政策，年底按照《项目开发协议》实行考核和兑现奖励，鼓励攻关团队在紧急攻关任务中发扬战斗作风，以点带面激发创新活力。

（三）探索实施“揭榜挂帅”机制

聚焦重大重点项目的难点卡点问题，面向全社会研发资源发布“科研攻关榜”，不拘一格选聘人才，经专家组评审遴选攻关团队，成功揭榜的多个团队同步攻关。攻关过程遵循“金球制”，率先完成的团队获得奖励且项目自动终止，且随着攻关时间越长奖金数额递减，通过“短平快”战术促进技术难点快速攻关，采用“阶梯式”激励政策鼓励科研人员高效创新。项目过程严格精细化管理，组织专家研讨评审技术路线、跟踪攻关进度、开展阶段性评估（见图5）。

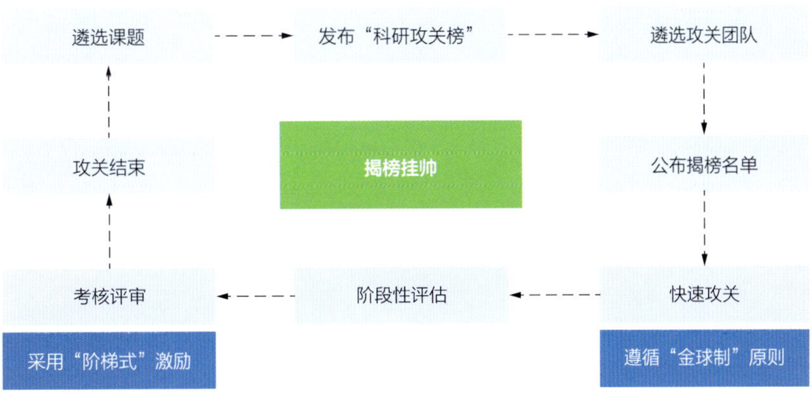

图5 “揭榜挂帅”关键环节与流程

（四）推进科技“孵化器”高质量建设运营

加大种子技术遴选力度，择优进入孵化器公司孵化转化，开辟科技成果快速转化新路径。深化当期激励，项目团队成员与孵化器公司签订劳动合同，实施“基本奖励+超额奖励”

激励政策，给予项目团队技术奖酬金单列并足额兑现，对超出考核目标30%部分实施超额奖励。探索市场化经营机制，依托孵化器公司与市场优质资源和企业寻求合作，探索设立混合所有制科技创新公司。在混合所有制公司探索实施职业经理人和职业雇员制度、市场化薪酬和契约化管理，以及技术持股、岗位分红、科技成果收益分享、虚拟股权等中长期激励措施。

三、深化人才发展四个机制，激发科研人员动力活力

（一）高端紧缺人才引进培养

以社会引进高端紧缺人才“补短板”、内部培养高端人才“强长板”为主要方式，重点在新能源、新材料等关键领域补充研发力量。划分引才层次，发挥帅才型人才的创新领军优势，带动提升原始创新能力，对标市场价位实施协议薪酬和契约化管理；引进关键核心技术人才，带领实现关键技术自主可控；选拔培养青年人才，开展战略性储备性研究。同时拓宽引才渠道，通过项目合作、学术交流、国际会议、访问学者等多种方式，加大对两院院士、海外高端人才的引进；畅通人才成长通道，推荐国家级杰出人才，培养推荐集团公司级专家，有序补充院级专家职数，制定《专家管理办法》公开选拔评聘。

（二）全面实施竞争性选拔

坚持竞争择优理念，对全院各层级专家、项目长和课题组长、主任师和高级主管进行全面公开选拔、竞争上岗。对经理层和中层管理人员全面实施聘任制和契约化管理，签订“两书一协议”。全员实施契约化管理，签订《上岗协议》，落实市场化选人用人机制（见图6）。

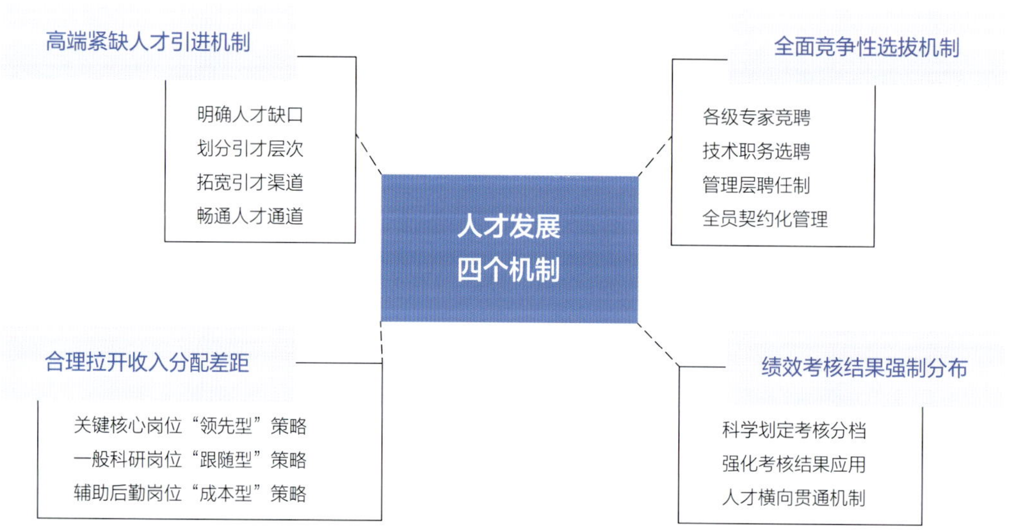

图6 深化人才发展“四个机制”

（三）绩效考核结果强制分布

建立科学合理的全员绩效考核管理办法，中层干部考核后10%和科研人员考核后5%评为C档，连续两年C档确定为D档。考核C档和D档人员在下一周期基本薪酬调整中不予升档。对C档干部实施转岗安排，对D档干部予以免职或解聘，落实“下、减、出”机制。同时建立人才成长通道横向贯通机制，推动不同序列间人才合理流动。

（四）合理拉开收入分配差距

确立“激励+保障+特区”工作思路，系统推进科研人员薪酬改革。提高关键核心人员薪酬市场竞争力，通过“薪酬单列、绩效奖金、科技奖励、成果转化”多重加码，薪酬资源持续向科研一线倾斜、向核心骨干倾斜、向业绩优秀倾斜，使重点项目人均薪酬达到非重点项目的1.26倍，获得重大科技成果的人员收入比没有成果的高5倍。同时根据科研特点实施差异化考核兑现，关键核心岗位实施“领先型”策略、一般科研岗位按照“跟随型”策略、辅助后勤类岗位按照“成本型”策略确定薪酬水平，并以绩效考核为翘板拉开薪酬差距，同层级岗位考核A、B、C档的年终绩效奖金比例不高于100%、80%、60%。

经验启示

（一）坚持战略引领，紧跟时代发展的风向标

立足新发展阶段，作为中国石化科技创新的主力军，必须对标世界一流水准、瞄准世界领先发展方向，以更高水平的科技创新助力中国石化打造世界领先企业和技术先导型公司。

（二）坚持创新驱动，抓住质量效率的金钥匙

创新是第一动力，要坚持科技创新、管理创新、机制创新的协同发展，向管理要效率，向机制要活力，以管理创新、机制创新推动科技创新。

（三）坚持市场导向，激发创新创效的源动力

以市场作为检验科技成果的重要标准，以市场化机制激发科研人员活力动力，建立现代企业管理制度，推动研究院更好地适应市场化、国际化要求。

标杆项目

中国石油化工集团有限公司在战略管理、组织管理、运营管理、财务管理、科技管理、风险管理、人力资源管理、信息化管理等 8 个对标提升专业管理组上聚焦管理方法、管理流程、管理架构、管理机制等工作重点，对照“专业管理领域对标提升成效好、专业管理能力大幅提升、实用性和操作性较强、具有前瞻性和代表性、建立持续改善长效机制”5 个方面，择优打造一批高效协同、效益突出的管理项目。

对标先进　争创一流　推动采购管理提档升级

中国石化物资装备部

物资供应系统遵照国务院国资委和集团公司对标提升行动部署，深刻领会对标提升重要意义，将采购管理对标提升作为深化改革破瓶颈、提升能力补短板的内在需求，将对标提升纳入物资采购“十四五”规划，将“建设成为具有全球视野、国际标准、专业特质、行业领先的现代供应链领导者和实践者”作为愿景目标，统筹谋划，系统推进，持续强化供应链全生命周期管理、全过程服务保障、全方位风险防控和全要素效能管控，扎实推动采购管理提档升级，为集团公司高质量发展提供坚实支撑。中国石化物资供应管理“七统一”体系详见图1。

图1　物资供应管理体系“七统一”

一、跳出自我，知己知彼，扬长补短

树立对标追标意识，走出去选择对标对象，沉下心直面瓶颈难点，确立对标目标，明确重点任务，深入学习先进管理经验，补短板，强弱项，高起点高质量推进对标提升。

（一）眼睛向外找差距，确保高起点对标

围绕“与谁对标”，主动跳出自我、寻找标杆。按照体量相当、业界公认、亮点突出

的原则，选取世界知名的同行企业、管理先进的中央企业、全国供应链创新与应用试点企业作为对标对象，借鉴经验做法，探究供应链发展方向，做到知己知彼，对标最佳实践。

（二）自我检视明路径，推动高质量追标

围绕“如何对标”，全面评估现状，直面短板弱项，树立目标导向、问题导向、结果导向，推进追标追标。按照对标一流、体现特色、突出重点的原则，制定对标一流提升行动方案，明晰管理基础、运行机制、价值创造、风险管控、员工素养等6个管理提升目标，分解基础管理体系、专业管理体系、支撑管理体系、供应链创新与应用体系4个领域13项任务清单，细化具体提升措施及进度安排，建立对标提升推进机制，抓好工作落实落地，做到扬长补短，提升对标工作效果。

二、放眼前方，勇站排头，志创一流

系统构建行业对标、专业对标、企业对标的分层对标体系，对标央企同行互促共进，聚焦重点领域提优管理，组织直属企业对标追标，推进中国石化采购管理水平持续提升。

（一）行业对标站排头

2015年起，以国资委采购管理对标指标为标尺，以采购管理调研和集中评估为抓手，从采购管理体制与组织、采购管理流程与运营、供应商管理、招标管理、信息化与大数据应用等方面，逐项自评自测，与央企同行深入交流，找准提升原点，推进管理水平持续提升。2015～2021年，中国石化在国资委采购管理对标评估中连续7年排名小组第一，成为同组央企的排头兵。

（二）专业对标优管理

聚焦重点领域，精准对标对表，全力提质提效，打造一流样板。做强做优集中采购，优化集团采购模式，推进区域集采集储，巩固采购体制，打牢保障机制，2020年集团化采购率88.8%，较2014年提高14.4个百分点，采购效能持续提升。依法推进招标采购，借力中央巡视整改东风，建立“1+6+12”招标采购制度体系，健全“9+8+N”招标服务网络，组建统一评标专家库，全面实行“应招必招、能招尽招”，推行招标标准化、电子化和数字化，2020年招标采购率85.2%，较2014年提高52.9个百分点，招标采购更趋规范。统筹优化供应资源，建立统一供应资源管理平台，应用易派客标准量化评价供应商，严格供应商资格审查和违约处理，优选技术先进、装备精良、质量领先的供应商开展战略合作，深化互惠共赢机制（见图2）。

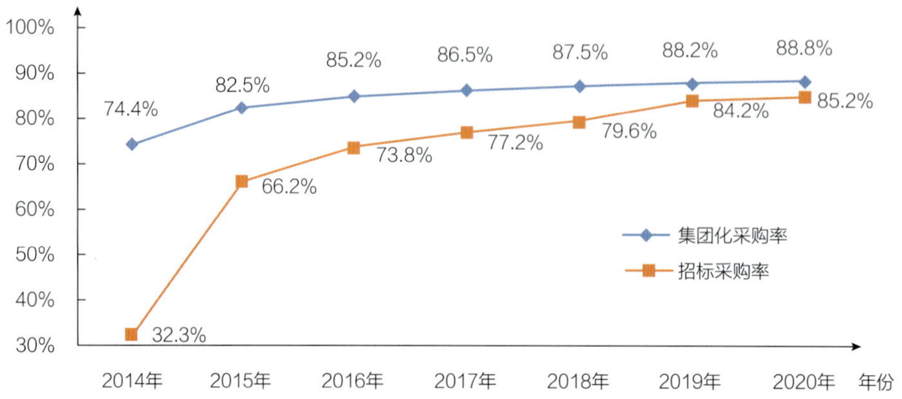

图 2　2014 ~ 2020 年集团化采购率、招标采购率

（三）企业对标促提升

持续优化对标指标，遵照国资委央企对标要求，每年动态修订中国石化采购管理对标指标及评分标准、评估规则，分板块组织企业开展采购管理对标自评、分组调研和集中评估。深入开展对标评估，成立评估专家组，对各板块企业逐家开展对标诊断，形成分组对标评估报告，促进企业夯实基础、补足短板、持续改进。推进企业对标追标，将对标评估结果纳入管理绩效考核和先进单位评选，组织召开采购管理对标现场推进会，抓两头促中间，以先进带后进，推动各板块、各企业采购管理平衡发展、整体提升。

三、聚焦主责主业，深化对标成效

时刻心怀“国之大者”、聚焦集团之要事、紧盯保供之重点，围绕主责主业持续推进对标，全面提升采购规范化、专业化、数字化、平台化水平，经济效益和社会效益持续放大，为公司高质量发展和产业链供应链安全稳定提供坚实保障。

（一）围绕主线不跑偏

践行新发展方略，聚焦集团公司重点项目建设，持续提升保供效能，助力油气高效勘探效益开发、炼化装置按期投产创效、大修装置更具效能运行、重大装备自主供给。保障供应链安全，聚焦国家能源安全，防范化解“卡脖子”风险，深入推进重大装备、关键材料、核心部件国产化攻关，油气勘探开发装备、千万吨级炼油装置、百万吨级乙烯工程、百万吨级芳烃项目、煤化工项目设备国产化率分别达到92%、94%、87%、92%和94%。彰显专业化优势，聚焦高质量发展，强化重大装备需求分析，开展资源搜寻培育，为集团公司战略新兴产业发展提供支撑保障。科学推动应急储备，通过储物于能、储物于料、储物于企、储物于商等多种模式，提升物资装备资源配置效能。

（二）聚焦主责不松懈

全面履行保供职能，制定保供服务准则，优化保供服务运行，建立对口联系企业机制，贴近现场成立50个保供服务组和24个招标服务组，强化统筹保供、系统保供、协同保供、多点保供、精准保供，形成全方位管理、全覆盖对接、全流程监控、全过程服务的保供格局。“十三五”期间累计供应生产建设物资超万亿元、节约采购资金603亿元，供应服务效能和用户满意度稳步提升。统筹物资采购优化，通过预判价格走势、完善采购策略、激活市场竞争、深化标准采购、加大国产应用、推进区域共享、协同央企合作等多项举措，深挖采购降本增效潜力。2021年1～7月，在煤炭、石脑油、钢材等大宗物资市场价格持续上涨并保持高位运行的情况下，采购节约资金91.5亿元，节约率达6.3%。践行绿色洁净战略，围绕集团公司“双碳目标”，完善绿色采购管理体系，丰富物资绿色采购目录，推进绿色采购、绿色包装、绿色物流和绿色处置，打造绿色供应链，助力中国石化成为绿色发展的引领者。

（三）融入主业不守旧

创建标准选优树优，倾力打造易派客标准体系（ES），建成工业品标准创新基地，对关联企业及产品精确评价、精准画像、精挑细选，树立行业标杆、产品标准、市场标尺。突出特色提优服务，践行“让采购更专业”，打造钢铁、阀门、劳保等16个平台专区，创新推出“易系列”特色工具，贯通产业链、融通供应链（见图3）。顺应大势铸就平台，承继既往、汇集资源、集成创新，依托中国石化的坚实产业链和供应链基础，倾力打造阳光透明、刚性执行、开放共享的易派客工业品电商平台，在满足集团内部需求基础上，服务国资央企，服务社会企业。截至目前，平台累计交易金额超1.6万亿元，业务涵盖美、

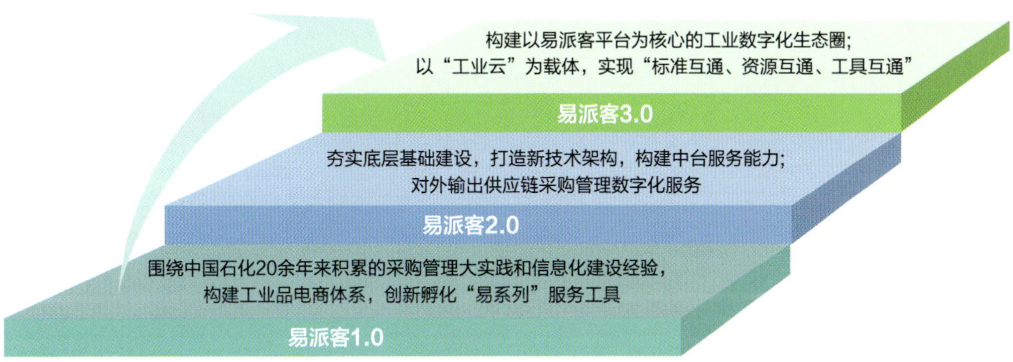

图3　易派客工业生态整体建设规划

德、俄、印等104个国家和地区，获评品牌价值104.72亿元，社会美誉度和品牌影响力不断提升。易派客先后被确定为服务金砖国家工业品电子商务平台、全国供应链创新与应用试点企业和示范企业、国家技术标准创新基地（工业品电子商务）、国家大数据产业发展试点示范项目，获得联合国“实现可持续发展目标2017中国企业最佳实践”、中央企业电子商务联盟“2018年度最具影响力电商品牌”、中国质量协会2020年全国质量标杆等多项殊荣。

通过持续对标提升，中国石化采购供应链管理体系不断优化，全面构建起集中统一、科学规范的物资采购管理体系，创新打造出市场信赖、社会认可、用户满意、阳光透明的新时代供应链大平台，采购管理更加规范，采购成本显著降低，平台资源广泛共享。在2020年疫情抗击战中，最大限度发挥中国石化供应链的资源汇集优势，迅速在短期汇聚优质资源，集成所需设备，打破常规、争分夺秒，仅用32天实现每日自产和协产口罩“双百万”，38天打通“熔喷料—熔喷布—口罩”产业链，在战“疫”大考中交出了合格答卷（见图4）。

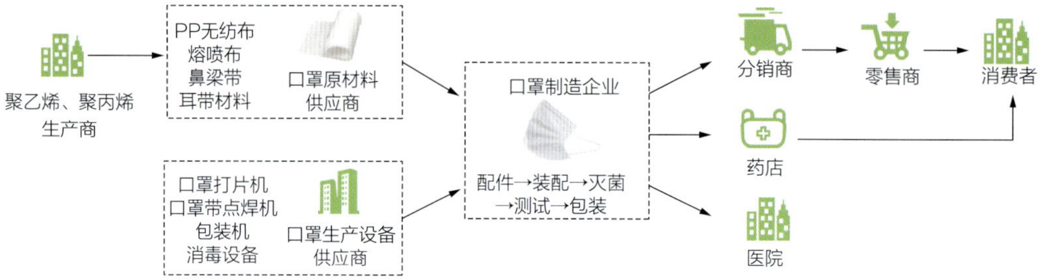

图4 中国石化跨界打通口罩供应链

管理永远在路上，提升永远无止境。面对当今市场全球化、管理信息化、运营平台化的大背景，物资供应系统将以践行党组战略部署为第一使命，以打造一流提升管理为第一责任，紧紧围绕集团公司发展战略，以高质量发展为统领，以保障供给、服务创效为主线，对标领先对表同行，守正不移稳健前行，壮大平台打造生态，自立桅杆奋进前行，全力创优采购管理标杆，持续加强管理体系和管理能力建设，更加注重推动产业链供应链安全可控、高效协同、绿色低碳、转型升级，做好强链、延链、补链文章，在锻造高效产业链、建设现代化经济体系中展现更大作为，为中国石化建设世界一流企业贡献力量。

▲ 2020 年 3 月 14 日，中国石化口罩日产突破百万

经验启示

（一）深化采购管理对标成效，必须聚焦主责提升服务

要全面履行保供天职，持续提升保供效能，推进集中采购、集中招标、集中仓储，发挥内外协同、资源共享优势，全力保障生产建设物资安全、及时、绿色、经济供应，服务基层、服务需求，做到让一线满意、让用户满意、让企业满意，为集团公司持续健康发展提供更高质量、更高水平的物资保供服务。

（二）加快采购管理创新发展，必须解放思想勇于创新

要紧跟时代发展步伐，持续探索机制创新、模式创新、工具创新、平台创新、管理创新，深入探究当前供应链管理发展新理论、新趋势，构建现代供应链管理体系，以信息化数字化为重要手段，持续深化“互联网＋供应链”创新，打造新时代电商平台，助力建设世界领先企业。

（三）推动采购管理提档升级，必须深化对标持续提升

要对标领先对表同行，厘清“并跑”“领跑”的指标，把准尚需“跟跑”“追跑”的指标，对标国际领先持续追标，对表同行一流全面提升，在对标对表中持续找差距补短板，高标准做好标杆项目创建工作，高质量培育打造各专业领域的一流标杆样板，推动中国石化采购管理持续走在同行企业前列。

以高质量发展管理指标为基础的运营评价机制

中国石化集团财务部

建立以高质量发展管理指标为基础的运营评价机制，是中国石化落实国资委对标世界一流管理提升行动和中央企业高质量发展意见的重要举措之一，也是中国石化为顺应时代发展新趋势，有效支撑集团公司发展战略，全面打造世界领先洁净能源化工公司，持续向战略型集约化财务管控体系转型的内在要求。集团财务部通过构建从战略到执行的运营评价机制，围绕集团公司“六大发展战略”，打造具有石化特色的“八项核心能力”，建立逐层分解支撑的“集团公司－板块－企业”三级高质量发展指标体系（见图1），达成战略共识、开展战略解码、落实目标对齐，形成了一套完整闭环的管理优化提升体系，充分发挥出财务管理的价值引领、优化资源配置、提升运营效率、防范重大风险等作用，助力公司战略目标落地执行，全力推进高质量发展。

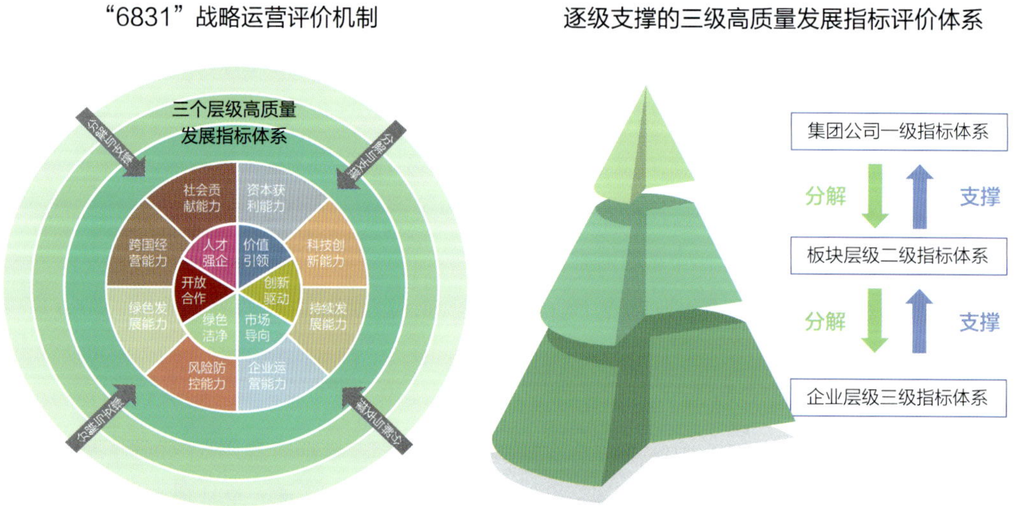

图1 运营评价机制及评价体系

一、将战略转化为“可操作的语言”

（一）达成战略共识

立足新发展阶段、贯彻新发展理念、构建新发展格局，推动高质量发展。中国石化主动应变、积极探索转型发展之路，提出了价值引领、创新驱动、市场导向、绿色洁净、开放合作和人才强企六大发展战略，结合国资委对中央企业高质量发展的意见，总部职能部门和各大业务板块开展战略目标解读，通过对宏观、中观、微观与内外部环境的分析判断，形成了持续打造“领先的价值创造能力、优秀的创新引领能力、可持续的发展能力、先进的运营管理能力、跨区域跨产业的资源配置能力、有效的风险防控能力、绿色洁净环保能力和担当有为的社会贡献能力”八项核心能力的共识，持之以恒构建长期竞争优势，促进各部门、各层级统筹平衡好当前与长远的关系。

（二）开展战略解码

通过构建核心能力将战略转化为高质量发展指标，找到关键驱动要素，并逐级分解，向下落实（见图2）。我们认真研究总结公司20年的变化趋势和内在的关联关系，从资本获利、科技创新、有效供给、跨国经营、企业运营、风险防控、社会贡献和绿色发展等8个能力维度，构建了30项集团公司一级高质量发展指标评价体系，其中主要以财务和业务综合性指标为主。在一级指标体系的统领下，各板块聚焦自身战略定位和行业特点，细化二级高质量发展指标评价体系建设，重点对财务指标进行承接、对业务指标进行分解。以二级指标体系为基础，各企业开展三级指标细化分解，重点是将业务指标进一步向技术指标和作业指标转化，确保一线管理人员听得懂、用得上。通过高质量发展指标评价体系建设，将战略目标分解为各层级的高质量发展指标，结合年度重点工作任务，制定并签订各经理层的个人业绩承诺书，将公司战略与行动有效衔接起来，确保有效执行与落地。

图2 战略解码示意图

（三）落实目标对齐

为推动集团公司整体向世界领先管理水平迈进，我们广泛收集梳理同行企业信息，按照优于自身、跑赢大势、好于同行的原则建立对标体系，对各项高质量发展指标均设定权重分值和5个档次高质量发展标杆值。权重分值的设定与根据自身“十四五”发展规划目标设置，标杆值的设定要体现强化战略引领作用，原则上入门值要达到公司自身历史最好水平，满足高质量发展的基本要求；良好值要达到行业标杆水平，能够体现出更高的追求目标；领先值要能够满足公司打造世界领先洁净能源化工公司的要求，达到世界领先水平。各级财务部门和相关业务部门负责标杆值的审核测算，确保父目标与各子目标相互对齐，形成有效的目标支撑体系。

（四）建立战略与预算双循环、双闭环管理模式

常态化开展对标评价与系统优化，有效发挥高质量发展指标评价体系的战略支撑和目标引领作用。定期组织全系统开展评价工作，各层级要动态跟踪分析国内外同行对标情况，客观评价自身在高质量发展各个方面的差距与提升程度，促进相关业务改善提高或转型发展，相关评价结果和分析建议要形成管理会计报告逐级上报备案。根据高质量发展指标评价体系计分结果，引领预算目标优化调整，进一步提升集团公司预算资源投向和配置效率，统筹好资源在优势业务、关键领域和前瞻性战略性新兴产业之间的投向，在各业务单元以及企业间形成优胜劣汰的良性竞争机制，有效指导和调整各层级的战略定位和发展方向。在战略管理与预算管理之间建立起双向反馈的桥梁，促使战略、计划、预算、执行分析、评价反馈相互衔接，融为一体，形成战略管理与预算管理双循环、双闭环模式（见图3）。

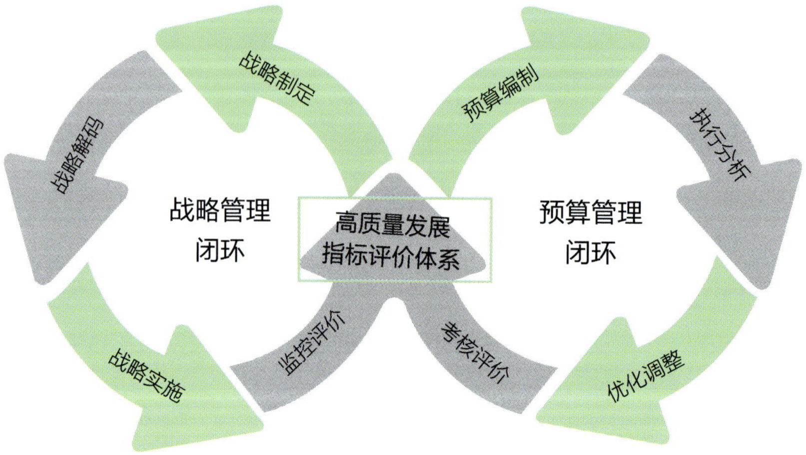

图3　战略管理与预算管理双循环、双闭环模式

二、将高质量发展指标转化为“可见的成效”

面对突如其来的疫情和能源行业转型升级的挑战，公司上下仍能适时调整策略，沉着应对，在资本获利、科技创新、可持续发展、企业运营、风险防控、跨国经营、绿色发展、社会贡献等方面取得了明显成效。

（一）促进战略目标有效落地执行，资本获利能力显著提高

通过构建高质量发展指标评价体系，集团公司各层级、各业务条线，充分认识当前发展面临的挑战与困难，深度感知未来变化，建立共同认知，有效减少了上下博弈。2020年，面对疫情与油价暴跌等多重冲击，中国石化危中寻机，抢抓低油价窗口，加大采购力度，全力攻坚创效，全年累计实现净利润621亿元，位居央企前列。2021年上半年，把握经济恢复有利时机，公司“两利”指标大幅提升，利润总额和净利润分别较年度预算进度增加268亿元和196亿元。ROE达到8.8%，创“十三五”以来最好水平。

（二）强化科技创新全过程跟踪管理，迈向高水平科技自立自强

强化科技创新能力建设，在科技投入、成果转化、技术产出等方面精心选取评价指标，完善科技创新绩效评价方法。着力提升自主创新能力，加强关键核心技术攻关，塑造卓越技术品牌声誉。通过持续锻造科技成果快速转化、技术快速迭代能力，营造良好创新生态，提升创新整体效能。从完善科技创新组织模式、创新资源高效配置机制、激发人才创新活力等源头入手，驱动科技创新指标持续向好，2020年公司研发投入强度较“十二五”末提高1.1倍。2021年上半年科技研发投入达105亿元，居国内同行首位。

（三）融合新管理理念加速推进转型升级，可持续发展能力进一步增强

公司各层级、各业务条线充分借鉴战略地图、平衡计分卡、OKR、作业成本等管理工具，有效集成应用各类管理会计工具，围绕高质量发展指标建立并不断完善管理会计报告体系。充分利用全面预算管理信息系统，将高质量发展指标评价体系与成本、资金、价格、税务、资产、风险等管理信息系统深度集成，打通投资与财务、业务与财务、人力资源与财务的信息通道，建立各项指标的动因分析模型并固化到绩效分析驾驶舱，进一步提高了决策部署和资源配置的效率，打破利益藩篱，实现各部门高效联动、协同推进的良好氛围。2021年上半年，公司全员劳动生产率创历史同期最好水平。扎实推进“两资”处置、“两非”剥离，低效无效资产处置完成了三年计划的87%。全级次子企业亏损面降至6.9%，为历史最低水平。

（四）科学评价激发内生活力，公司运营能力持续强化

应用高质量发展指标评价体系，打破了以单一财务绩效指标进行评价的传统模式，形成多维度的价值评价理念，丰富价值评价的内涵与外延，对企业的运营评价更加科学客观，有效激发各个业务单元的细胞活力，促使其深度参与到价值发现、价值增值、价值创造的全过程中。2021年上半年，各主要经营板块和专业公司全面实现盈利，成本费用利润率、自由现金流、综合融资成本率等指标，均创近年来最佳水平。

（五）借助信息技术赋能，风险防控能力明显提升

深度应用大智移云等信息技术，建立以风险防控指标为核心的一站式智能化数据处理平台，根据风险防控应用场景建模，搭建可定制、可扩展、可协作的风险数据分析、风险数据监测和风险数据可视化等功能，通过智能算法以及标准化工作流程，实现风险智能识别、智能预警，诊断重大经营风险，有效防范化解资金、信用、投资、利率汇率、金融衍生品等各类风险，风险防控效率全面提升。结合风险指标深化应用，配套修订全面风险管理制度，2020年公司付息债务降至最低水平，资产负债率较年初下降0.1个百分点。

（六）增强责任担当意识，绿色发展能力逐步提升

根据碳达峰、碳中和目标，中国石化聚焦绿色发展能力，认真研究制定绿色发展指标，深入推进绿色企业行动计划、能效提升计划和污染防治攻坚战。启动齐鲁石化－胜利油田百万吨级CCUS项目，绿电制氢、光伏、地热快速推进，风电业务实现“零”的突破。2020年公司温室气体排放强度、污染物排放等指标均按计划完成。

（七）直面国际经营压力与挑战，国际化经营稳步推进

面对西方个别国家封锁与打压，中国石化积极融入全球一体化，与“一带一路”沿线59个国家、125家供应商、154家采购商建立合作，2020年实现工业品贸易49.4亿美元。完成俄罗斯阿穆尔天然气化工项目交割，累计拥有境外炼油能力750万吨/年、仓储能力136万方、润滑油脂能力8万吨/年。同时，公司努力塑造品牌影响力，2020年中国石化品牌价值超过3000亿元，位居能源化工行业第一、全国第三。

（八）彰显“大国重器”顶梁柱本色，社会贡献能力卓越

面对与疫情的殊死较量，公司上下听党指挥、闻令而动，坚决扛起油气保供政治责任，助力湖北疫后重振发展。特别是火速转产增产紧缺医卫原料，从零起步建成全球最大熔喷布生产基地，发布“我有熔喷布、谁有口罩机”，带动了口罩生产大协作，充分发挥

了在产业链、供应链中的龙头带动作用。2020年，在极其困难的经营环境下，公司仍实现4345亿元社会贡献值，税费贡献率达到13.4%。

经验启示

（一）强化顶层设计，充分发挥价值管理功能

中国石化以高质量发展管理指标为基础的运营评价机制，以公司价值最大化为目标，以实现高质量发展为主线，将价值理念和价值评估引入管理过程的各个方面，通过具体价值驱动因素指标的层层分解，促进各层级达成战略共识，形成以点连线、以线结网，构建起以战略型为导向的价值管理网络体系，有效发挥对集团公司战略的承接和支撑作用。

（二）强化上下高效协同，充分发挥价值优化作用

根据集团各业务条线的行业属性、经营特点、发展阶段等实际情况分类施策、因时制宜，明晰各自的战略定位，分类构建适合各层级的高质量发展指标评价子体系，确保目标接得住、撑得起。通过各层级运营评价结果，聚焦公司高质量发展的短板和瓶颈，以战略思维推动实现质量变革、效率变革和动力变革。

（三）强化业财有机融合，充分发挥价值驱动效应

聚焦“十四五”高质量发展的重点任务和方向，坚持问题导向、目标导向和结果导向，将反应财务结果的绩效指标向业务端延伸拓展，找准指标的驱动因素，打通业务与财务之间的“价值流”管理。促进各业务条线以战略目标价值为核心，深挖市场需求价值，推动技术创新、模式创新、管理创新，加快转型升级，推动高质量发展。

做实企业文化　助力企业发展

中国石化党组宣传部（新闻办公室、企业文化部）

打造世界一流企业，需要世界一流企业文化作为支撑。中国石化集团公司高度重视企业文化建设，将其作为打造世界一流企业不可或缺的一部分，一体化统筹推进。“十三五”以来，集团公司将建设世界一流企业文化作为提升软实力的重要内容，研究修订了《企业文化建设纲要》，制定了企业文化建设专项规划和相应制度文件，为科学化、规范化、系统化推进企业文化建设提供了坚实的支撑和保障（见图 1）。近年来，中国石化企业文化建设得到了上级主管部门和社会各界的广泛认可，“为美好生活加油”被评为中国企业十大责任理念，集团公司企业文化建设、跨文化管理及文化融合等案例，被评为央企企业文化建设典型案例，在国务院国资委层面进行了经验交流。

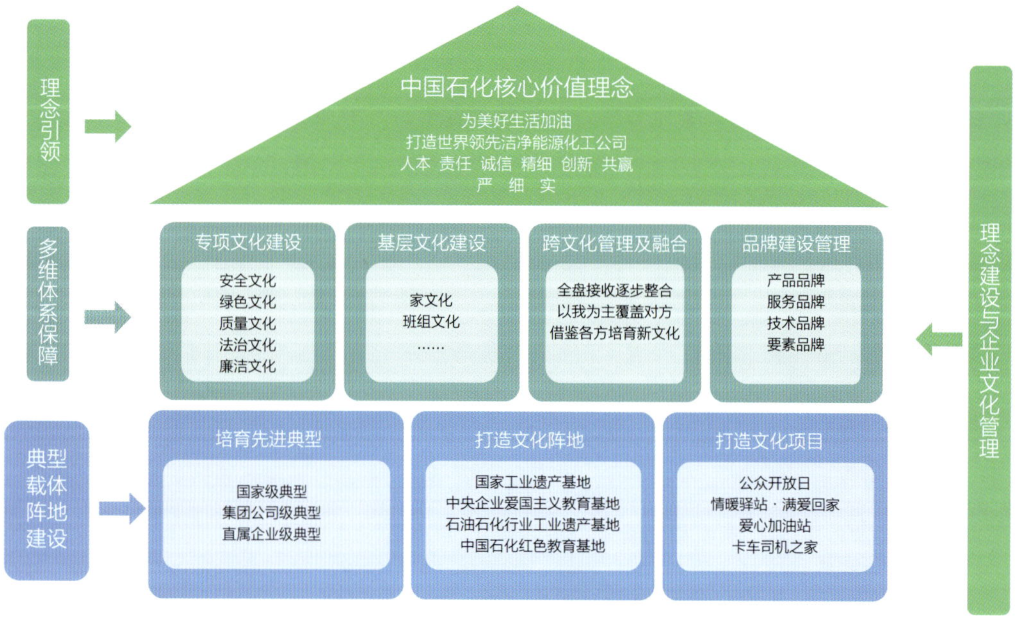

图 1　中国石化企业文化建设体系示意图

一、理念引领、体系保障，持续推动企业文化建设做实做优

（一）以核心价值理念为引领，助力打造世界领先企业

中国石化一贯重视价值理念对公司改革发展的引领和导向作用。当前核心价值理念，是以社会主义核心价值观为统领，以践行新发展理念为目标，在继承石油石化优良传统基础上提出的。包括“爱我中华、振兴石化”“为美好生活加油”的初心和使命，“打造世界领先洁净能源化工公司”的企业愿景，“人本、责任、诚信、精细、创新、共赢”的企业价值观和“严、细、实”的企业作风。这些表述体现了中国石化心怀国之大者矢志做优做强做大和产业报国、造福人类的理想追求，也体现了公司市场化、国际化的发展意识，较好地处理了守正与创新的关系，对所有业务居于核心主导地位，为公司内强管理、外树形象、打造世界领先提供了价值遵循。

（二）以多维体系建设为保障，推动文化与管理有机融合

开展专项文化建设，推动企业文化融入业务管理。借鉴国际一流公司文化与业务融合发展的有效作法，中国石化创新提出了专项文化建设的有效路径，多年来持续推进安全、绿色、质量、法治、廉洁等专项文化建设，出台了相关制度，形成了部门间常态化沟通协作机制。目前，各专项文化建设都在积极推进，安全、绿色、廉洁等专项文化还结合工作实际出台了相关建设意见或融入业务发展当中，形成了具有中国石化特色的专项文化建设工作体系，有效带动了各单位企业文化建设做深、做细、做实，助推了公司基础管理的改善和提升，促进了集团公司安全绿色高质量发展。

加强基层文化建设，推动核心价值理念落实落地。借鉴部分中央企业加强班组文化建设，推动文化生根的有效做法，公司将基层文化纳入集团公司企业文化建设规划部署，将具体要求融入业务、职能部门相关制度规范，清晰刻画了基层文化建设的路径和方法。各事业部（专业公司）和直属单位积极探索中国石化核心价值理念落实落地的有效途径，全面加强基层文化建设。油品销售事业部组织所属企业探索形成了“家文化”建设的有效模式，引导员工讲诚信、守规矩、敢担当，实现了员工、客户、企业三满意。镇海炼化形成了精细文化管理模式，为企业高质量发展打下了坚实基础。

推进跨文化融合管理，助力国际化高质量发展。中国石化针对不同项目类型及其不同特点，采取了不同的跨文化整合管理策略。对国际化程度较高、管理较为先进的收购企业，为维护收购企业的稳定和整体效益，采取全盘接收后逐步整合的模式；对生产经营及管理陷入困境或文化背景相似的收购企业，采取了以我为主、覆盖对方的模式；对中外双方以股权对等方式成立的合资企业，则借鉴吸收各方优秀文化和管理方法，培育形成新的

文化管理模式。同时，在国际化发展过程中，始终践行理念内涵，维护公司使命及价值准则，促进了业务所在国经济、环境、社会和谐发展。

强化品牌建设，推动构建良好企业形象。相继制定品牌建设“十四五”规划、《品牌建设指导意见》等文件，科学指导品牌建设。按照“单一主品牌+少量优质子品牌”的架构原则，持续强化品牌与业务融合发展，抓好业务品牌建设，“易捷”“易派客”“长城润滑油”等一批优秀子品牌不断成长，市场影响力和占有率不断提升。借助展销会、博览会、行业论坛等，全面加强品牌传播，中国石化品牌美誉度不断提升。

（三）以阵地典型打造为支撑，增强企业文化教育实效性

持续打造文化代言人。持续加强各级各类典型选树宣传工作，推出了闵恩泽、陈俊武、田明、薛梅、宋丽萍等一批国家级重大典型，选树了一批公司技能大师、精神文明建设标兵和廉洁从业、敢于担当的先进典型，打造了人格化的文化名片。

持续培育文化教育基地。加强文化载体、阵地的培育和打造，推动南京永利化学工业公司、胜利油田功勋井、北京化学工业研究院3个项目入选国家级工业遗产基地，五七油田会战指挥部旧址等5个项目入选中央企业工业遗产基地，镇海炼化展馆等3个项目入选中央企业爱国主义教育基地，广东石油历史文化馆等6个项目入选中央企业红色资源网络展览项目，还评选发布了中国石化十大红色教育基地，打造了一批具有较强国内影响力的文化教育基地。

持续打造精品文化传播项目。深入推进“开门开放办企业”“情暖驿站·满爱回家”“爱心加油站”“司机之家”等责任、公益类主题文化活动，对塑造和提升中国石化负责任、敢担当、有作为的良好企业形象起到了促进作用（见图2）。

图2　中国石化“为美好生活加油”

（四）以审计管控为抓手，助推企业文化建设科学化规范化

打造石油石化优良传统教育践行机制。石油精神、石化传统是中国石化文化的核心因子，公司始终将其作为企业文化建设和教育培训的重要内容，从总部、事业部（专业公司）、企业各个层面系统推进。现已初步形成了招聘有测试、入厂有教育、节点有仪式、培训有内容、使用有导向、身边有榜样、年度有考核等“七有机制”，对推动石油精神、石化传统入脑入心、落地生根起到了保障作用。

将企业文化建设纳入内外审计。外部独立审计机构，每年对集团公司企业文化建设进行年中、年末两次审计，考察价值准则等的教育传播和执行落地情况。公司内部，将企业文化建设的主要措施纳入内控体系，确保各项措施落到实处。内外审计的定期开展，较好地保障和提高了集团公司企业文化建设的科学化规范化水平。

适度管控，引导各单位规范开展企业文化建设。定期组织企业文化专题培训，将企业文化建设重点措施纳入年度党建考核，确保各单位更加重视企业文化建设。探索试行企业文化建设专项考核及管理，从组织保证、工作落实、工作效果三方面进行考察，提升了各单位企业文化建设工作的系统化、科学化、规范化水平。

二、培育文化、助力发展，“党和人民好企业”形象更加鲜亮

（一）培育优秀员工队伍，爱国爱企、无私奉献的文化氛围更加浓厚

公司重视传承石油精神、弘扬石化传统，强化“站排头、争第一”意识，营造了爱国爱企、无私奉献的文化氛围，培养造就了一支注重实干、勇于担当的员工队伍，为推动中国石化打造世界领先洁净能源化工公司提供了重要支撑。2020年，新冠肺炎疫情突然爆发，面对“一罩难求”的紧张局面，中国石化广大干部员工发扬“有条件要上，没有条件创造条件也要上”的艰苦奋斗精神，12天建成一条熔喷布生产线，76天建成全球最大的熔喷布生产基地。为化解疫情和油价暴跌带来的双重压力，公司眼睛向内、苦练内功，迅速扭转了经营困局，取得了跑赢大市、好于预期的经营业绩。

（二）助推高质量发展，中国石化品牌价值持续增值

公司积极践行“为美好生活加油”的企业使命，以更先进的技术、更优质的产品、更周到的服务，围绕能源保障、生态环保、“一带一路”等重大议题，进行了油品质量升级、绿色企业行动计划、加入全球废塑联盟行动等具有较强社会影响力的责任实践。其中，“绿色企业行动计划”，以建设“清洁、高效、低碳、循环”的绿色企业为目标，从绿色生产、绿色服务、绿色文化等6个方面筑牢企业绿色发展根基。到2020年底，有76家生产

性企业完成绿色企业创建，8833个基层单位完成绿色基层创建，11家企业获工信部国家级“绿色工厂”称号。“能效提升”计划也在持续推进，累计实现节能548万吨标煤，减少温室气体排放1348万吨。这些高质量发展举措和成效，推动中国石化品牌价值持续增值，2020年，以334亿美元居Brand Finance全球品牌价值排行榜第42位，“十三五”期间品牌价值增长了65%。

（三）助力社会和谐发展，“党和人民好企业”形象更加鲜亮

公司坚守“报国为民、造福人类”的责任价值，在履行好国有企业经济、政治责任的同时，也认真履行好相应的社会责任，为增进民生福祉和社会和谐作出了突出贡献。面对脱贫攻坚艰巨任务，中国石化发挥集团优势，实施产业帮扶项目127个，惠及18.5万人，带动5.2万人脱贫，对口支援和定点帮扶的8个县、705个村全部脱贫。还在28个省（区市）建成2617座“环卫驿站”，连续九年开展“情暖驿站·满爱回家”活动，连续17年开展“中国石化光明行”健康快车公益活动。在业务所在国，公司通过援建基础设施、加强职业技能培训、修建医院和卫生网点、捐资助学等措施改善当地的生产生活条件，增强自我发展能力，促进了业务所在国的经济、环境、社会和谐发展。这些惠民助民举措，塑造和提升了中国石化“党和人民好企业”“负责任国际化大公司”的好形象。

中国石化将继续以创新思维优化工作路径和措施，围绕核心价值理念落实落地，优化企业文化工作体系，做实做优专项文化、基层文化和跨文化融合管理等重点任务，推进企业文化与生产经营管理有机融合，为“打造世界领先洁净能源化工公司”提供有效支撑（见图3）。

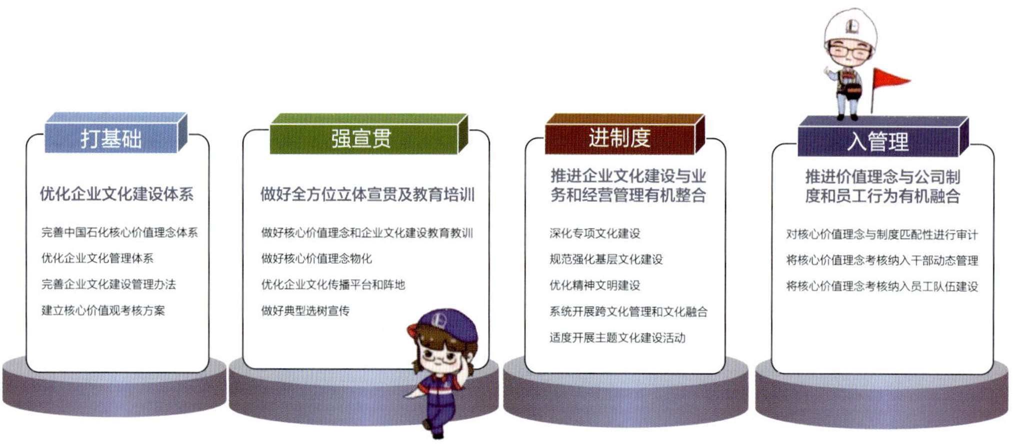

图3 中国石化企业文化建设路径示意图

经验启示

（一）要传承好优秀传统文化基因

企业发展，短期靠产品，中期靠人才，长期靠文化。新中国成立后，石油石化人在党的领导下，从小到大、从弱到强，在创办企业、管理企业、发展企业过程中，沉淀下来的石油石化优良传统，是极其重要的文化基因。公司历届党组都十分重视对这些优良传统文化的传承和弘扬，且近年来更加强化，健全工作机制，加强学习宣传，注重典型示范，创新实践载体，教育引导广大员工传承石油精神，弘扬石化传统，为党分忧、为国尽责、为民奉献，为打造世界领先洁净能源化工公司提供了强大精神动力。

（二）抓住文化管理的本质特征设计谋划工作

文化管理是企业管理的最高阶段，是企业的塑魂工程；市场竞争的最高层次是文化竞争，是文化力的竞争。集团公司近年来始终注重按照企业文化的本质——组织管理属性的要求，设计谋划工作，为做实做优企业文化建设并逐步过渡走向文化管理奠定了基础。特别是抓住21世纪文化管理以人为本、与社会互利、与经济社会和谐发展的突出特征，有效助力了集团公司实现有质量、有效益、可持续发展，提高了市场竞争力和国际影响力。

（三）注重专业性、有效性和可操作性

集团公司借鉴国际一流大公司文化管理的有效方法，以价值理念为内核，建立了较为完整的企业文化建设体系。从专项文化、基层文化、跨文化融合管理以及文化教育基地、文化示范项目和先进典型选树等角度系统推进企业文化建设，路径清晰、方法明确，可操作性强，让企业文化的示范引领作用看得见摸得着，有效保障了企业文化工作融入发展、融入业务、融入管理，为改善企业基础管理起到了助推作用。

以“4+1”共享模式助力集约化财务管控

中国石化共享服务公司

中国石化积极响应国家“互联网+”战略和两化融合部署要求，2018年赴壳牌共享服务中心深入调研学习，2013年全面部署推进财务共享服务建设工作，并在摸索实践中初步建立了“4+1”财务共享运营模式（见图1），取得了较好成效。成立以来，共享服务公司被授予“中国企业财务共享建设卓越成就奖”“中国石油石化企业数字化转型创新成果特等奖”，展示了中国石化共享服务专业形象，树立了央企共享服务标杆典范。

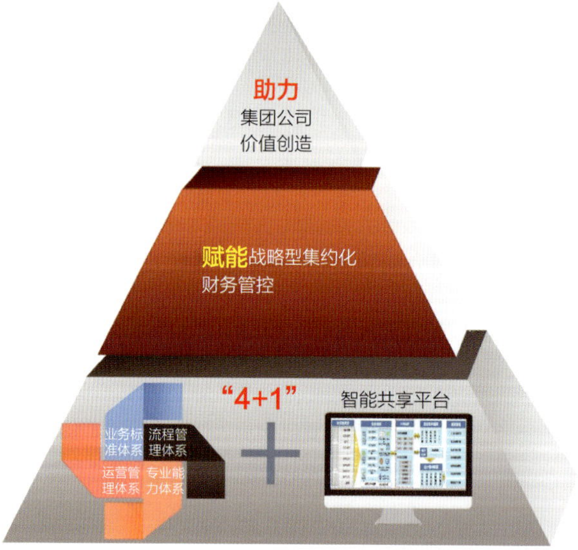

图1 “4+1”财务共享运营模式逻辑图

一、主要内涵

构建战略型集约化财务管控体系，核心就是一切为战略服务，同质业务共享，个性业务分权。中国石化财务共享以壳牌共享服务为标杆，历经试点先行、全面推广、优化升级三个发展阶段，持续深化财务转型，形成了“4+1”（4个体系、1个平台）财务共享运营模式，即建立统一规范的业务标准体系，建立一体管控的流程管理体系，建立卓越高效的运营管理体系，建立多维立体的人才培养体系，完善创新引领的智能共享平台，持续构建战略型集约化财务管控体系，促进资源和管理纵向集中、业务与财务横向集成，为支撑集团公司发展方略、促进企业高质量发展提供有力支撑。

二、主要做法

（一）夯实业务基础，建立统一规范的业务标准体系

设计基于业务场景的服务目录。中国石化作为特大型能源企业，体量大、产业全、链条长，涵盖国民经济行业96个大类中的66个，梳理业务场景至关重要。共享公司以ERP财务模板为基础，结合企业现状及国际共享服务经验，共设计一级目录8个、二级目录54个、三级目录146个、四级目录119个，界定操作清单327项、操作节点689个，为规范统一共享服务范围提供明确依据。

制定业务标准化操作指南。以中国石化《会计手册》为基准，分板块和业务场景建立9000多个标准化模板，制定《财务共享服务业务操作指南》，以《会计手册》修订为抓手，以业务场景为单元，以操作指南地图搭建业务标准化框架，做到每一项业务、每一个岗位都有指南，一切要求形成制度，一切制度形成指南，一切指南落实到标准执行。

建立行业级共享服务标准。积极推动共享行业高质量发展，制定发布《企业财务共享服务》团体标准，涵盖规划建设、信息技术、业务规范、运营管理、人才培养等系列标准，推动共享服务企业级标准上升为行业标准，实现行业领跑和标准引领。

（二）持续优化提升，建立一体管控的流程管控体系

明确规则设计流程。强化信息技术自动集成，设计财务共享交互流程22个，以共享服务交互流程图、相关职责分工图、岗位操作细则图、内部控制图、流程相关政策法规制度表述“四图一表”的形式展示流程，确保信息交互顺畅无误，提高流程自动化水平。比如，建立财务公司电子回单与付款凭证对账规则，单证自动对账归档，纸质单据匹配工作量锐减。

明确目标优化流程。推进端到端流程优化，组织业务流程写实，诊断流程瑕疵，构建“流程+系统+数据+人员”财务共享流程管理体系，建立涵盖采购付款、销售收款、费用报销、总账报表的全流程、一体化组织运行体系，支撑流程、整合流程、优化流程，促进提升共享端与企业端管理效能。比如，实施物资采购三单自动匹配（见图2），集成业务、合同、增值税系统和共享平台，打通供应商、企业、共享三方线上流程，自动汇集订单、入库单、

发票、合同信息，供应商发票直送财务共享，利用OCR技术匹配校验，实现一键提报、系统审核、智能制证，全程无需人工干预，达到“让信息多做功，让员工少跑路”的目的。

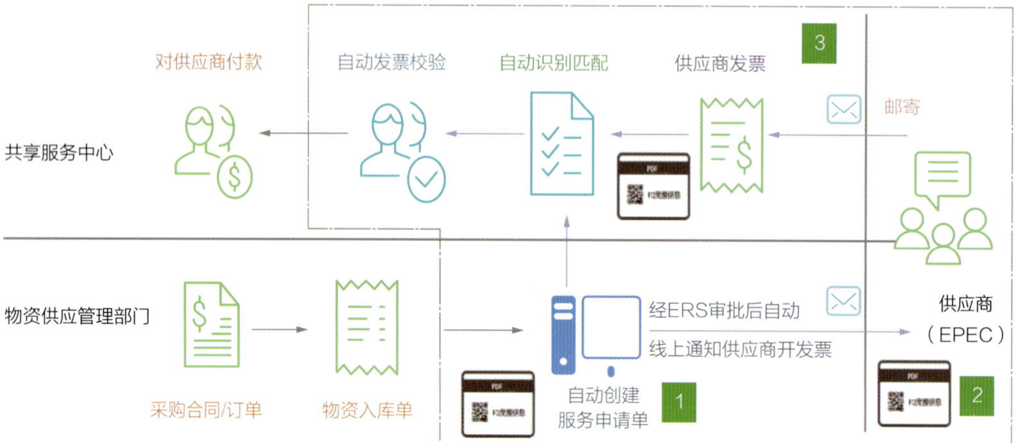

图2 物资采购三单自动匹配业务流程图

（三）坚持客户导向，建立卓越高效的运营管理体系

围绕“客户价值最大化”的目标，不断创新和完善运营管理体系，提升运营管理水平。

严格落实质量管控。顺利通过ISO9000/9001质量管理体系认证，业务运营引入六西格玛管理工具，基本实现了“信息质量零差错、业务处理零等待、运营过程零隐患、优质服务零投诉”的“4Z”运营目标。

强化客户关系管理。以客户满意度提升为目标，建立定期沟通机制、问题快速响应机制，搭建客户服务平台，实现7×24小时的全天候在线客户服务，持续提升服务满意度和客户体验。

（四）聚焦专业能力，建立多维立体的人才培养体系

抓实专业能力建设。坚持分层分类培养原则，建设与基础操作、中坚骨干、高端精英人才相匹配的专业课程库，实施导师带徒、岗位练兵、技能大赛、挂职交流、课题研究、项目实践等形式多样的人才培养方式。专注“专家型”人才培养，搭建胜任能力框架，实施卓越运营专家、流程专家、业务专家培养计划。

推动专业人才转型。适应数字化、智能化时代的要求，推动传统财务人员向跨域专业人才转型。从“全局思维、精进专业、拥抱技术、引领创新”四个维度，着力培养数字化时代“人、财、业”一体化的复合型专业人才，为客户价值提升和转型发展赋能。

（五）强化技术创新，完善创新引领的智能共享平台

在云上建平台。以石化工业互联网为支撑，建成以共享自助、共享运营、费用报销三大系统为主体的财务共享系统平台，业务申请、业务处理、影像管理、任务分派、服务评价均在线操作，形成前台业务交互、中台业务处理、后台运营管控的一体化系统架构，达到业务运行自动化、流程化和专业化。

在系统间建串联。财务共享平台与中国石化统一建设的ERP、会计集中核算、HR、报表、资金集中、关联交易、合同等系统集成融通，贯通财务共享全流程，推动业务与财务协同共享。

从源头上挖数据。建立财务域数据治理机制，搭建数据实验室，强化数据驱动，从业务源头获取原始数据，牢牢把握核心元数据、根数据，交互生成财务数据，加快数据资产积累，释放数据价值，用数据说话、用数据管理、用数据决策，实现“炼数成金”。

（六）推进财务转型，构建战略型集约化财务管控体系

多年来，中国石化持续推进财务转型，明确提出转型目标就是构建战略型集约化财务管控体系（见图3）。财务共享为财务转型夯实了三大基石。

夯实战略型管理新格局。实施财务共享后，解放了财务生产力，战略财务、经营财务、共享财务分工更加明晰，总部侧重战略管理，企业专注价值管理和经营绩效，共享致力于会计核算，在合作中各司其职，在分工中精益求精。

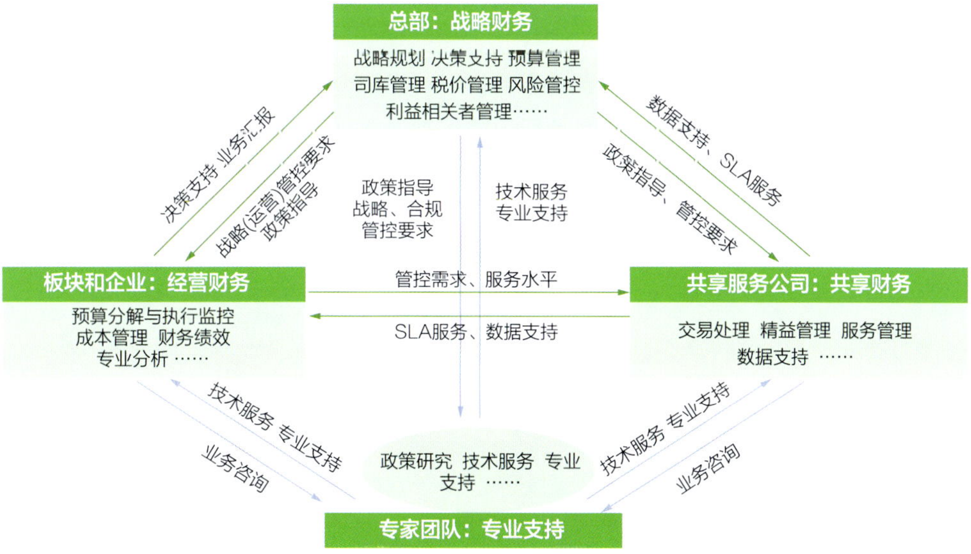

图3　基于共享模式的财务管理架构

夯实集约化运营新模式。经过多年来的持续建设，激活了财务创新力，共享服务开启升级版，坚定创新、节约、高效的价值取向，推动财务共享从基础化、标准化、流程化的业务处理，向自动化、智能化、数字化全面升级，推动实现企业价值最大化。

夯实业财融合新途径。共享服务一端连业务，一端接财务，打通业务流和财务流，整合了数字资源，彰显了财务配置力，纵向贯通全流程、全业务链条，横向集成财务、业务各方信息，为生产经营、管理决策提供数据支撑。

三、主要成效

（一）突出目标导向，有力推动转型

推动财务管理转型。通过财务共享建设，进一步重塑、优化、简化财务组织和业务流程，将财务延伸到企业价值链的各个环节，实现财务和业务流程有效融合，为构建战略型集约化财务管控体系夯实组织基础。

推动财务人员转型。财务共享实施后，全系统22%的财务人员承接了企业40%的财务业务工作量，中国石化财务人员由2014年的1.97万人降至1.52万人，从事会计核算人员占比持续降低，有效推动了财务专业队伍结构优化，企业财务人员更加专注于业财融合、决策支持和价值引领工作。

推动数字化转型。中国石化共享建成智能、开放、共享的服务平台，促进数据共享互联，充分挖掘数据价值，打造全新的数字化组织，促进财务部门从小数据集转化成大数据中心，为生产经营管理提供坚实的财务支撑。

（二）强化标准规范，推动从严治企

提升会计信息质量。中国石化建立基于业务场景的财务共享会计操作标准体系，统一会计业务流程和数据标准，确保同标准输入数据、同口径输出信息，让数据更加可比较可借鉴，总结提炼先进企业的最佳业务实践，迅速复制推广，让标杆变标准、示范变规范。按照统一标准操作，财务核算更加规范、标准、透明，如实反映生产经营情况、经营成果，会计信息质量进一步提高，财务共享业务准确率达到99.9%以上，会计凭证整体自动化率超过85%。

提升风险防控能力。建立业务、系统、流程三位一体的风险排查机制，健全以数据安全为主的商业秘密防护体系，形成企业与共享风险防控双向反馈机制，梳理出企业和共享端业务风险点13类2150个，制定180项防范措施，开展常态化业务稽核与全方位风险防控，为企业提供事前识别、风险预警及分析服务，有效提升风险管理水平。

（三）深化创新驱动，显著提升质效

部署了229个业务流程的“享当当”RAP机器人，共享端业务处理效率提升80%以上，月节约人工时1.4万个，减轻清账人员50%以上工作量。实施物资采购三单自动匹配后，单笔业务处理时间缩短至2分钟以内，单笔业务记账降低至3分钟以内。推广情景化提报后，单据平均流转时间缩短3.81天，企业外协单据比例降低32%，效率提升40%。OCR发票自动识别技术提升效率46%～58%，会计凭证自动化率达到70%，整体业务及时率和准确率均达99.99%。

（四）示范价值明显，树立标杆典范

形成可复制可推广经验。财务共享实施过程中积累的丰富实践经验为大型央企提供了可复制可推广经验。近三年来，先后有70余家央企、国企赴共享公司交流学习共享服务建设经验，20余家企业提出了合作意向，目前已成功为多家大型企业实施了财务共享咨询和项目建设。有关经验材料多次在国资委国有企业经济运行动态刊发，供企业间经验交流与参考借鉴。

打造央企共享服务品牌。中国石化积极推动建设中国企业财务共享标准体系，与中财协、ACAA共同推出GBS（全球商业服务）人才认证，2020年被授予“中国企业财务共享建设卓越成就奖”，展示了中国石化共享服务专业形象。

经验启示

（一）转变思想、理念先行是推进财务共享的前提

实施共享服务既是管理变革，也是流程再造，推动阻力多、难度大，需要统一思想，转变观念。中国石化成立由党组成员任组长的共享服务建设领导小组，对共享服务建设重大问题、重点工作进行决策和部署，加强形势宣贯和任务指导，形成了“总部—企业—共享”上下一体、协同推动的良好建设态势。

（二）建立团队、项目管理是推进财务共享的基础

建立“财务部门专业牵头、信息部门综合协调、IT队伍技术支持”的项目管理模式，形成分工明确的项目实施团队和运转有力的项目协调机制，财务部门牵头负责业务需求、流程梳理和规则制定，信息部门负责组织规划和项目实施的综合协调，IT队伍负责项目实施和系统维护，形成了一套良性运转模式。

（三）标准先行、流程优化是推进财务共享的关键

根据共享服务范围，详细梳理各项业务，制定各板块业务标准化模板，推动企业规范

化、标准化整改，确保流程操作先标准后上线，逐步形成全集团基本统一的业务流程操作标准和规范。

（四）稳妥实施、人员优化是推进财务共享的保障

共享公司一方面按照“人随业务走”的原则，积极吸纳企业人员到共享公司工作，另一方面，加快推动人员转型，鼓励财务人员转型为管理会计人员，优化人力资源配置，不但承担了作为超大型国企的社会责任，而且在整个集团内部形成了良好融洽的氛围，有利于企业文化的建设和集团长远的发展。

探索技术攻关新模式　激发创新活力结硕果

中石化安全工程研究院有限公司

中石化安全工程研究院有限公司（简称安工院）作为中国石化唯一专门从事HSE技术研究的直属研究院，历经40余年发展，逐步成为国家危险化学品和能源化工行业安全生产保障的重要技术力量。近年来安工院主动对标世界一流提升科研管理水平，积极探索前瞻性应用技术攻关创新管理方法，并以中国石化直属研究院“科改示范行动”试点为契机，加快布局基础前瞻科技领域，建立前瞻性应用技术创新团队（简称创新团队或团队）运行模式，大力推进科技体制机制改革，努力激发科技创新活力。

前瞻性应用技术攻关创新管理新模式（见图1）围绕HSE技术领域研发需求，以创新团队为实际运行主体，根据安工院学科发展战略规划要求，按照自我管理、自设目标和自定政策的“三自”原则制定科研管理“特区”政策，形成“发现问题—开展研究—形成技术—支撑转化”的良性科学循环，提升了创新能力，搭建了创新平台，构筑了知识体系，培养了人才队伍，以灵活高效的管理机制为保障，以先进的平台与资源为依托，以前瞻性

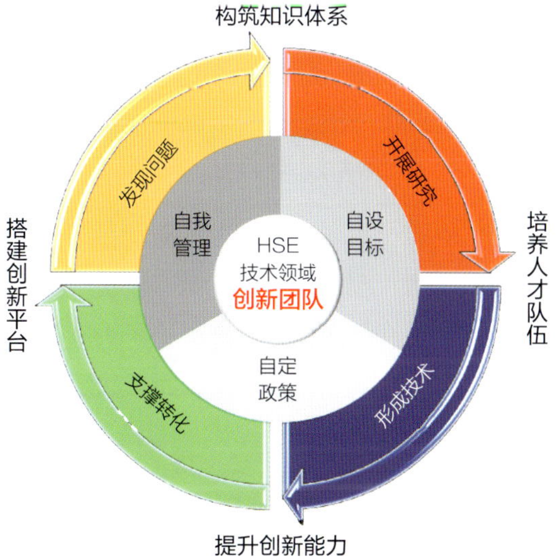

图1　前瞻性应用技术攻关创新管理新模式

创新技术研发为导向，充分激发了科技人才的创新活力，为石油化工行业安全、健康和环保科技进步持续注入新动能。

一、明确目标定位，坚持“三自”原则建设科技创新“特区”

（一）坚持公开选聘，自我管理

创新团队根据HSE基础前瞻领域布局，设定研究方向，明确负责人专业背景、学历及职称基本要求，面向院内和社会公开选聘。2019年以来，先后在8个专业领域开展3次团队竞聘，在“微纳材料与微反应”“气相燃爆”“等离子体治理VOCs”“HSE功能材料”“氢能安全”领域组建5支创新团队。公开选聘的团队负责人直接聘任为院级专家，按照专业领军人才进行培养。

▲ 前瞻性应用技术创新团队及专业领军人才竞聘

创新团队拥有充分的科技创新自主权和差异化的薪酬激励政策。在业务管理方面，比照研究室主任授予团队负责人科技资源的调配使用权限，相关科技人员、科研经费和物资装备的管理由团队负责人全权负责，改变创新业务管理挂靠相关研究室的旧模式，让团队科技人员专注于科技创新活动。在薪酬激励方面，赋予团队负责人绩效考核及奖金分配权限，实施与团队绩效挂钩的负责人年薪制，强化团队成员薪酬结构的保障性设计，确保团队成员能够安心开展重大基础研究和核心科技攻关。

（二）坚持解压松绑，自设目标

创新团队严格执行项目制管理模式，团队负责人拥有技术路线决策权和资源调配权。

团队负责人围绕专业领域未来发展方向，自我设定具有挑战性的三年总体工作目标、年度工作计划和科技创新“里程碑”。

以微纳材料与微反应创新团队（见图2）为例，该团队提出将微流控、MEMS和纳米材料等先进技术进行拓展并应用于HSE领域的总体思路，自主制定建立智能型气体传感器、便携式复杂水体多参数快检系统、本质安全微反应工艺研发及应用等三年总体技术目标，同时在平台建设、成果奖励、人才培养等方面分年度制定具体工作计划及实施措施，从而鼓励员工通过自我加压和公平竞争成为创新活力的主体。在争取到必要的科技创新资源配置和技术权限的同时，也全面激发了相关学科发展的内驱力。

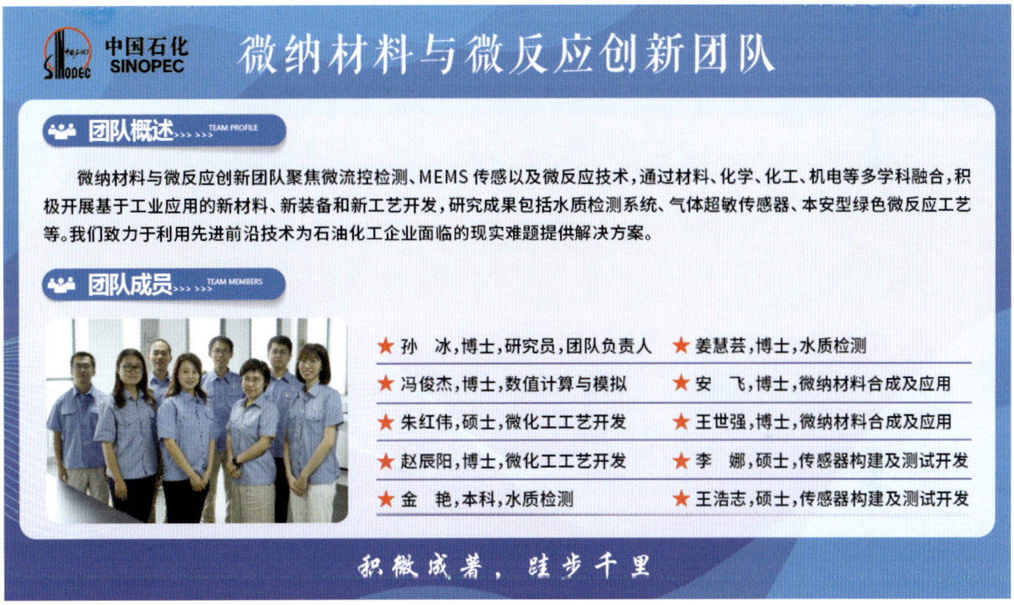

图2 微纳材料与微反应创新团队

（三）坚持鼓励探索，自定政策

创新团队积极推进落实科技“放管服”，主动提出和申请“特区政策”。在研发支持方面，在国际合作、科技外协、设备定制、学术交流、专利申报等方面开启“绿色通道”，在经费、计划、名额等方面给团队相关创新事务提供便利。在绩效考核方面，创新团队考核指标体系单列管理，聚焦科技创新主线，淡化效益性指标、强化创新性指标，淡化过程性指标、强化结果性指标，同步关注团队的科技规划、创新平台、创新能力与创新文化建设。在创新激励方面，对于创新团队主导开发的通过技术转让或许可方式实现转化的科技成果，可提取不低于技术转让或许可净收入的50%直接奖励给团队，特别对于解决“卡脖子”技术问题的，可适当提高奖励比例；通过科技公司等平台实现成果转化的，科研骨干人员可享受超额利润分享、项目或岗位分红、跟投和员工持股。通过科改试行的中长期激励政策，提高团队自主创新热情，使团队成员能够“敢于啃硬骨头，敢于涉险滩”。

二、持续优化提升，坚持不断探索促进创新机制走深走实

（一）优化创新团队管理，完善和固化科研管理新模式

创新团队运行管理机制不断优化提升，针对更好地激发依托部门积极性、进一步厘清创新团队的目标定位、持续加大已有政策的落实力度等方面内容，定期组织创新团队开展专题座谈，梳理运行过程中出现的问题并研究对策，不断总结创新团队的管理运行经验；持续优化创新团队的绩效考核、人员流动和技术孵化突破机制，通过制度修订方式在《前瞻性应用技术创新团队管理办法》中固化科研管理新模式，形成可复制、可推广的经验做法。

（二）实施“揭榜挂帅”机制，寻求关键核心技术单点突破

基于创新团队建立经验，深入探索以“揭榜挂帅”项目为依托的科技创新授放权机制，围绕氢能安全、新材料、人工智能、设备国产化等研究方向，发布第一批攻关技术榜单，鼓励创新团队在本专业领域关键核心技术、新技术等项目攻关中实施“揭榜挂帅”，营造“能者上、智者上、谁有本事谁上”的氛围。揭榜成功的科研项目被纳入院重点科技创新项目，实施“中榜人”全面负责的项目制管理，项目负责人参照创新团队管理获得特别授权，项目享有科技资源配置优先权，核心成员享受差异化的考核和激励政策，相关成果转化以内部市场化模式运行。启动实施“揭榜挂帅”机制，在创新团队机制基础上进一步拓宽了科技创新授放权的范围，并在HSE关键核心技术的研究开发和应用转化方面形成单点突破之势。

（三）打造科技孵化平台，畅通成果转化“最后一公里”

依托中国石化直属研究院“科改示范行动”试点工作，成立全资科技孵化平台——青岛安工院科技孵化有限公司，将“多参量水质检测仪”“高效阻火抗爆装备”两项创新团队主导研发的科技成果纳入首批入孵成果，委托专业机构明确市场需求，与产业合作方和科技创新发展基金确定合资合作方案，探索通过建立员工持股平台的方式，实施核心科研骨干的中长期激励，加速成果孵化与商业转化（见图3）。

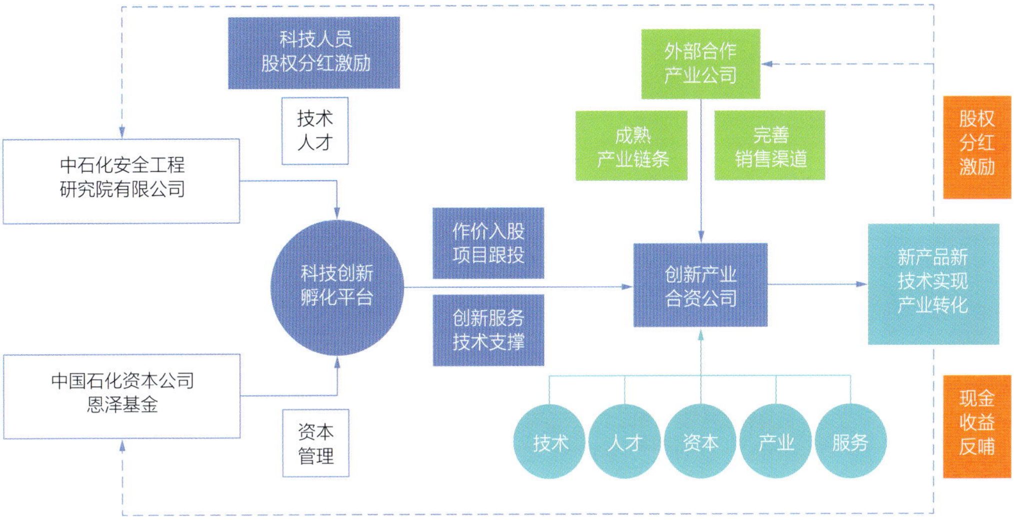

图3　科技孵化平台的管理运行模式

三、强化人才引领，坚持成果导向驱动创新活力释放

5支创新团队共包含博士21人、博士后3人和具备海外留学背景6人，并根据实际需求引进高层次人才进入团队，在基础研究、成果产出和成果转化等方面切实发挥了引领作用，为进一步发展科技生产力注入“推进剂”。

（一）引领基础前瞻性研究

2020年，创新团队新立项基础前瞻性课题10项，约占安工院新开中国石化科技部课题的一半；微流控团队与气相燃爆团队成员围绕“石墨烯气敏传感器”和“气云爆炸破片模拟”方向成功申报2项青年科学基金。团队先后主持参与近10项国家自然科学基金、国家重点研发计划等国家级科技项目，大幅增强了团队原始创新、集成创新和引进再创新能力，使安工院的综合科研实力得到提升。此外，创新团队积极主导参与各类学术活动，加强本学科前沿科技信息收集与研究，定期开展内部研讨，主动为院学科建设、高质量发展建言献策，为营造浓厚学术氛围发挥了积极作用。

（二）引领高水平成果产出

2020年，创新团队SCI三区以上论文发表数量占全院50%，境外PCT专利族占全院62.5%。微流控团队在顶级期刊ACS Sensors上发表封面文章，等离子体团队牵头“十条龙”项目以国际领先水平通过鉴定。微流控团队牵头完成的“微通道尺度效应作用下传递反应机制研究及本质安全化调控”项目荣获中国化工学会基础研究成果一等奖，标志着团队在微反应基础研究领域已处于国内前列；参与完成的“功能性高分子膜材料关键技术攻关”项目成功申报中国石化科技进步特等奖，为具有自主知识产权的新材料研发与应用提供了关键安全保障。

（三）引领高科技成果转化

创新团队坚持“产学研”相结合，提高专业技术水平和创新能力，加快实现科技成果转化，不断创造新的业绩。气相燃爆团队完成第Ⅱ代和第Ⅲ代抗爆材料、复合抗爆板及抗爆庇护所的开发，并形成石化建筑物抗爆能力提升成套工程方案，配合完成多家企业控制室抗爆改造工程应用，合同额达4500余万元。HSE功能材料团队研发的加油站地下油罐内衬防渗漏技术已在全国4000多座油罐大范围应用，合同额累计达9000余万元，节省投资近10亿元，制定的国家标准已成为全国加油站防渗漏的主要依据。

经验启示

（一）激发创新活力要立足学科布局，突出主流特色

创新团队始终围绕国家危险化学品安全监管和能源化工行业安全生产科技需求以及安工院发展方向，坚持自身在HSE专业技术研发领域的特色与优势，立足于前瞻性新领域技术研究。面向应用型新业务培育，围绕安工院在氢能安全、化工园区安全、智能传感、流程工业信息安全等研究方向的学科布局，聚焦HSE的热点和痛点问题，突出重点学科领域和关键核心技术，使科技资源得到有效利用，机制改革的导向性和针对性得以体现。

（二）激发创新活力要落实授权放权，不断改革创新

设立创新团队是落实国家和集团公司加快实施创新驱动发展战略和科技“放管服”建设的重要改革举措。团队不断优化管理运行模式，保障基础应用研究投入，持续推进以项目为主体的授权放权，使创新团队成为自我驱动、自主创新的重要载体，激发了科研人员的创新发展内驱力，并在此基础上进一步探索和完善科技创新管理机制，为打造技术先导型公司提供了制度保障。

（三）激发创新活力要秉持人才战略，打造核心团队

创新团队的发展需要始终坚持正确的人才观，把企业发展建立在队伍建设基础之上，关注领军人才的选拔和培养，建立起科学的选人机制。通过团队竞聘、“揭榜挂帅”等方式，强化“一人一策”的用人机制，优先推荐团队成员参与科技人才培养计划，创新人才培养模式，拓宽科技人才成长通道，努力成为高层次人才培养的“孵化器”。

聚焦核心科技引领　树立技术创新典范

中国石化江汉油田分公司

涪陵页岩气公司以天然气、页岩气勘探、开发、开采、销售等业务为主，目前日产气量近2000万立方米。截至2021年10月8日，累计产气量突破400亿立方米，创造中国页岩气田累产新纪录。公司现有员工225人，平均年龄34岁。公司紧紧围绕“建成示范，走在前列”目标，面对页岩气开发这一世界级难题，从零起步，创新形成国内领先、国际先进的海相页岩气高效开发三大基础理论、六大核心技术、六大关键工具及材料，优质高效建成了我国首个百亿方产能大型页岩气田，实现3500米以超压页岩气藏高效开发、3500至4000米页岩气藏有效开发，为国内页岩气产业发展做出了示范，有效推动我国页岩气勘探开发进程（见图1）。第五届世界页岩油气峰会授予中国石化页岩油气国际先锋奖，涪陵大型海相页岩气田高效勘探开发项目获国家科技进步一等奖。

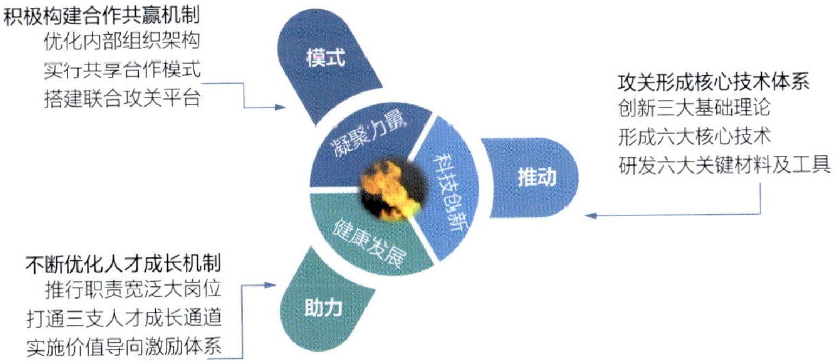

图1　页岩气科技创新管理逻辑图

一、广泛凝聚力量，积极构建合作共赢机制

建立健全以“市场化运作、专业化管理”为核心内涵的“管理型+技术型”油公司管理模式，坚持统筹协调，推行联合攻关，着力为建成建好国家级页岩气示范区创造条件，凝聚力量。

（一）优化内部组织架构

以人力资源管理新模式试点为契机，成立专业科研部门——技术中心，结合产能建设、采气管理核心业务，下设气藏地质所、气藏工程所、钻完井工程所、试气作业工程所、采气工艺所、综合信息所等部门，员工以主干专业硕士研究生以上学历人员为主，组成多支专业涵盖广、素质能力强的内部科研团队。

（二）实行共享合作模式

充分发挥集团公司和江汉油田的整体优势，通过内部市场化，实行服务大协同、大协作、大保障，管理上实行与油田机关部门协同管理模式，技术上实行与油田研究院、工程院、物探院“三院”协作攻关、与总部工程总院、勘探总院、物探总院“三院”技术合作模式，有效拓宽了合作渠道、增强了科研力量。

（三）搭建联合攻关平台

以国家科技重大专项“涪陵页岩气勘探开发示范工程”为主线，成立国内首个页岩气院士工作站，重点攻关页岩气差异富集机理、页岩气电驱压裂工艺技术等基础性、前瞻性科研项目。广开“英雄榜”，吸引国内顶尖人才，与院士专家团队开展联合攻关，努力实现“技术落地、成果落地、人才落地”目标。

二、坚持科技创新，攻关形成核心技术体系

针对勘探开发瓶颈问题，按照借鉴吸收、自主攻关、先导推进、整体集成的思路，大力推进基础理论创新、核心技术创新、工具材料创新。先后获得国家科技进步一等奖1项、二等奖1项，各类省部级以上奖项合计17项；获得国家专利授权139件；建立页岩气勘探开发技术标准、规范142项；涪陵页岩气开发技术品牌入选集团公司十大技术品牌。

（一）坚持机理研究，创新三大基础理论

创新南方海相页岩气“二元富集”理论，揭示了页岩气“早期滞留，晚期改造”动态保存机理，形成深水陆棚相优质页岩发育是页岩气成烃控储基础，良好的保存条件是页岩气成藏控产的关键的新认识。建立页岩气选区评价体系，有效指导页岩气勘探开发选区。研发页岩储层孔渗饱测试、开采模拟等多种页岩气开发实验设备，构建页岩压裂物理模拟试验评价系统，实现不同尺度岩样压裂缝室内再现和裂缝形态量化。

（二）坚持问题导向，形成六大核心技术

针对复杂地质—地表区地球物理预测精度低、页岩气井开发规律不清、开发环境风险防控要求高等难题，通过强化实验室分析及储层预测技术，跟踪分析试采开发规律，攻关差异化压裂、重复压裂及分区分阶段采气工艺，研究固液废弃物处理、碳减排、土地复垦环保开发技术，建立了页岩气层精细表征与评价、页岩气开发设计与优化、长水平井优快钻井、高效缝网压裂、页岩气井全生命周期采气和绿色开发六大核心技术。地震甜点预测结果吻合率大于85%，钻井平均机械钻速比开发初期提高40%，压裂工艺成功率98%，重复压裂井测试产量可恢复到初期产能75%以上，采气井生产时率提高21%。

（三）坚持自主攻关，研发六大关键材料及工具

围绕持续提高钻井、压裂材料性能，降低成本，通过优化常规油基钻井液体系配方，研发低油水比油基钻井液体系，单井柴油用量减少18.75%~33.33%。研选弹韧性材料，形成长效密封弹韧性固井水泥浆体系，减少环空带压情况。基于地质特征进行优化，形成低成本、可重复利用的减阻水压裂液体系，减阻率74%，成本降低75%以上。研发开启压力系列化、延时时间可调、耐温150℃、耐压135兆帕的趾端滑套，与常规连续油管首段射孔相比，成本降低34%（见图2）。攻关可溶材料溶解速率控制方法，自主研发系列全可溶桥塞，与进口可溶桥塞相比，成本降低65%以上（见图3）。攻关水平井产气剖面测试基于温度的定量解释模型、计算算法和配套软件，单井成本降低40%，工时缩短30%。

图2　自主研发趾端滑套

图3　白主研发可溶桥塞

三、聚焦健康发展，不断优化人才成长机制

配套建立人才流动竞争机制、激励机制，高效吸纳国内外页岩气高端创新人才，致力打造一支页岩气高效开发关键技术团队。先后培养集团公司级高级专家5人，油田级首席、高级专家17人，各类学科带头人45人，科研骨干166人。可承担不同地质条件下的开发选区评价、开发优化调整、钻井压裂工程、绿色环保评价等系列技术工作。

（一）推行职责宽泛大岗位

按照体现部门核心职责模块，一人一岗、一岗多责、团队灵活协助的原则，将储层评

价、地质导向、开发规律等专业性质相近、复杂程度相近、对任职者能力要求接近的核心职责模块进行组合，设置成能够体现部门核心职责模块的地质研究大岗位。公司岗位设置由238个压缩至116个、减幅51%。

（二）打通三支人才成长通道

根据部门及岗位性质，将岗位分为管理类、职能类和技术类，初步建立以岗位为基础，绩效和能力为导向的职业发展标准和流程，实现职数设置由“人员定编”转变为“按岗设置”，成长路径由“单线成长”转变为“多道并行”，人员配备由“职数选人”转变为“实绩选人”。通过民主推荐、答辩竞聘等程序，一批优秀的年轻干部脱颖而出，2017年以来先后选聘管理人员48人，其中35岁以下29人，占比60%。

（三）实施价值导向激励体系

按照体现岗位价值、职位层级、业绩能力原则，科学设置薪酬元素，淡化行政级别，以岗位定薪酬，充分体现不同岗位价值的差异，同一层级不同岗位年度目标薪酬最大相差8%。部分员工年度目标薪酬标准与其原有年度工资收入相比增幅20%，告别了以行政级别定薪酬、平均主义发奖金的时代。

经验启示

（一）气田科技引领得益于先进管理模式，为技术创新打造良好环境

对标一流搭建先进油公司管理模式，总结提炼出国内首套页岩气勘探开发井控实施细则等一系列制度标准，走出一条体制先进、技术自主、装备国产、环境友好的涪陵特色页岩气开发之路。

（二）气田科技引领得益于研发攻关平台，为技术创新提供强大支撑

充分发挥国家级页岩气示范区页岩气勘查开发示范基地等资源和政策优势，利用页岩气产业技术研究院、院士工作站等平台，创建了页岩气藏综合评价、水平井组优快钻完井、长水平井分段压裂试气、试采开发、绿色开发五大配套技术体系，持续升级为六大核心技术，支撑涪陵页岩气田持续高效开发。

（三）气田科技引领得益于高科人才队伍，为技术创新注入充沛活力

借助国家重大专项、中国石化“十条龙”等项目，精心培育一批掌握页岩气开发关键技术的核心人才，通过人才流动竞争机制、激励机制等，高效吸纳人才、留住人才，为气田增储上产高质量发展夯实智囊基础。

锚定创价值控风险　推动国际化经营提质增效

中石化（香港）有限公司

中石化（香港）有限公司作为集团国际化经营的桥头堡，始终坚持“立足香港，拓展亚太，辐射全球”的发展战略，致力于拓展成品油（气）的境外终端销售与国际贸易。目前公司已成为香港地区最大的成品油和石油气供应商，在亚太地区成品油终端和贸易市场的竞争力和话语权不断增强。

按照集团公司对标一流的行动部署，公司锚定价值创造与风险防控两大目标（见图1），全面推进规范化运营、精细化管理、信息化转型，建立了一套符合境外销售特点的经营风控一体化管理模式，通过优化多品种、多模式销售的经营协同，实现了整体创效能力提升，同时针对业务中面临的国际油价波动、计价敞口、客户信用等风险进行有效防控，实现了国际化经营的提质增效。

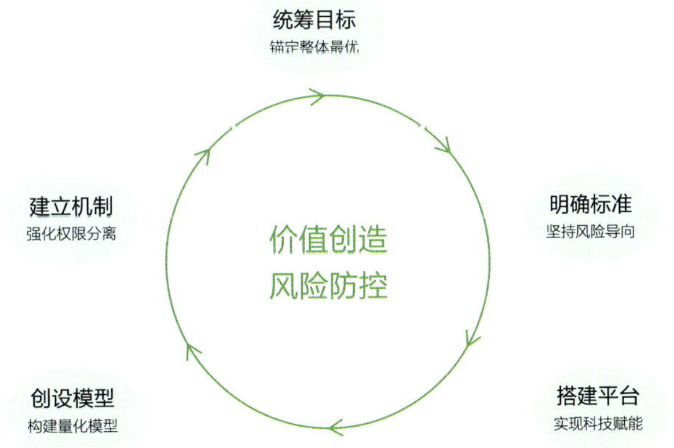

图1　五位一体，保障境外经营提质增效

一、聚集创效风控两大目标，构建一体化管理模式

经营风控一体化管理模式，主要是通过统筹目标、建立机制、明确标准、创设模型、搭建平台等举措，实现经营提质增效。

（一）统筹目标—锚定整体最优

以公司整体效益最大化为“立足点”，强化系统性思维，着力于公司各地区、各品种、各销售模式的协同创效。每周召开经营例会，研判国际油价走势和区域市场供求，结合库存规模、计价模式等信息，拟定风险可控整体效益最优的经营总预案，统筹安排各业务板块的销售模式、敞口头寸、衍生品套保比例等重大经营事项，下好整体经营的“大棋局”。各业务部门在预案授权范围内，做精做细自主经营，统分结合做好协同创效。

（二）建立机制—强化权限分离

以适应公司关键业务特征为出发点，以分工协作、流程监管、权限分离为指导思想，梳理公司经营管理架构，优化部门职能，建立适应性管理机制。针对金融衍生品业务，明确市场信息分析部门、经营部门、交易信息执行部门、风控部门及清算分析部门的相关职能，形成经营决策、经营操作、数据录入、风险监控、效益测算等关键环节相分离的运行机制（见图2）。建立经营情况“日例会”机制，每天对经营情况进行回顾与跟踪优化；建立经营风险预警机制，市场环境变化时及时“扯扯袖子”，提示风险，防患未然；强化经营业绩刚性兑现机制，让部门员工在KPI考核中“知冷知热”，确保经营决策的有效执行，实现在经营创效的同时绷紧风险防控弦。

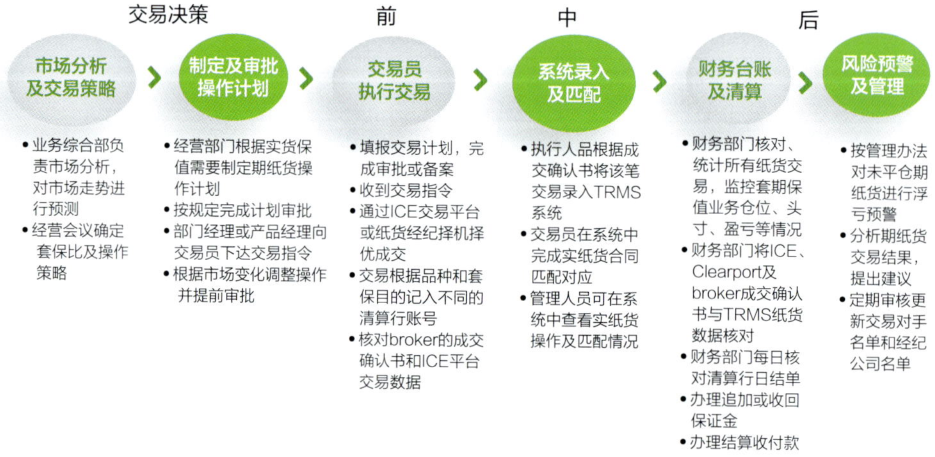

图2 衍生品管理职能设置

（三）明确标准—坚持风控导向

以风险防控为导向，构建公司、部门、岗位三级制度规章体系，全面树立运营标准。在公司层面，针对经营决策、采购销售、套期保值、仓储管理、商品定价、经营信息收集与录入等环节出台一系列规章制度构建基本制度框架；印发中、英双语版《员工守则》（见图3），明晰不同国别员工职业道德与纪律红线，筑牢红线意识。在部门层面，根据各业务部门特点，出台流程标准化指引，明确执业规范。石油产品部根据业务要求和岗位职责，制订业务操作手册，按直销业务、批发业务、船加油业务和物流操作等分门别类，分别从销售计划管理、客户管理、销售业务环节、应收账款管理、售后服务等关键环节明确操作要求。在岗位层面，拟定岗位说明书，明确岗位职责、履职标准、岗位风险表现与防控措施等要素，引导员工规范履职。

《員工守則》是依法制定的公司員工行爲規範，適用于公司所有員工。

《員工守則》對您的從業行爲作出了最基本的規定和要求，是您在公司從業的行爲指南，請您認真閱讀和遵守。同時，您還需遵守中國及業務所在國家（地區）的法律法規和公司的各項規章制度。如果您違反了《員工守則》，公司將依據《中國石化職工違紀違規行爲處分規定》等規章制度，給予相應的處理或處分。涉嫌違法犯罪的，將依法移送當地司法機關追究法律責任。

The Staff Code is the code of conduct for employees set forth in accordance with the law. It applies to all staff members of China Petrochemical Corporation ("the Company").

The Staff Code sets out basic regulations and requirements to guide the occupational behavior of staff members, and is to be read thoroughly and observed strictly. Staff members are also required to abide by applicable laws and regulations of China and other countries or regions where they work, and comply with the rules and regulations of the Company. Any staff member who violates the Staff Code, depending upon the seriousness of the infringement, shall be liable to disciplinary measures of the Company.Any law-breaking behavior shall make the wrongdoer subject to local legal liabilities.

图3　《员工守则》部分内容

（四）创设模型—构建量化模型

建立油价波动压力测试模型，定量测算国际油价变动对公司整体效益的影响。积累全经营环节采购成本、运营费用、实际利润与商品损耗等指标数据，搭建跨境运输、滞期费管理、外租库管理等重点环节数据库，为追求利润最优方案提供科学依据。按月组织召开经营分析会，量化分析经营环节中产生的各项数据，分析各业务环节的盈利点与出血点，实现资金、库容、运力等资源向效益最好的品种和模式倾斜。

（五）搭建平台—实现科技赋能

结合业务实际，量身定制TRMS（贸易风险管理系统），搭建经营决策与风险防控并重的信息化管理平台（见图4），实现国际贸易业务、区域市场批发直销业务、喷气燃料加注业务及商品类衍生品管理等关键业务的全覆盖管控；实现合同管理、订单录入、信用审核、货款支付、物流衔接等关键节点的全覆盖管理；实现运营信息一次录入、自动流转与全程共享，有效提升了运营效率，降低了数据差错率与操作失误率。

在创效方面，通过每笔采销数据的日清日结录入系统，实现各业务板块进销存数据实时采集汇总。通过将仓储费、航运费、代理费、滞期费等贸易环节费用集中纳入系统，形成费用数据库。以海量数据为依托，为科学决策经营策略提供技术支撑。

在风控方面，将各项管理要求固化到信息系统节点，推动“人控”向“机控”转变。设置客户信用限额，超限交易自动终止；设置金融衍生品持仓规模、保证金占用、止损限额三级预警线，超限自动发送提示邮件；设定所有合同付款由合同系统发起，杜绝线下审批等技术性限制，将各项管理要求嵌入操作流程，实现管理制度的刚性执行。

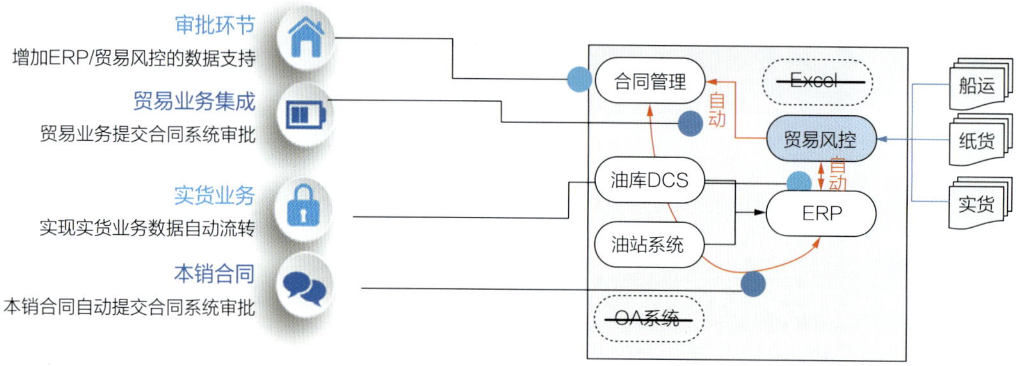

图 4　信息平台数据流转流程

二、创效、风控能力显著增强，保障公司行稳致远

（一）低迷的市场环境下，创效能力显著增强

2020年，受新冠肺炎疫情影响，亚太地区油品市场持续萎靡，油品经营举步维艰。在低迷的市场环境下，公司始终坚持价值创造与风险防控并重经营理念，聚焦精细调控库存运营节奏、零售市场创效等突破口，全年圆满完成经营奋斗目标并实现了公司历史第二高的经营业绩。

（二）严峻的风险形势下，风险抵御能力显著增强

2020年新冠肺炎疫情暴发初期，国际油价处于阶段性高位，公司多次召开专题会议分析油价走势，研判油价存在较大的下跌风险，坚决增加套保比例，有效对冲了国际油价断崖式下跌引发的库存减值风险。疫情蔓延后，市场环境持续恶化，公司在持续攻坚创效的同时，始终秉持经营创效与风险防控并重的理念，不断强化客户信用管理，严把交易对手准入关口，严防外来风险输入，实现了坏账损失“零新增”、重大风险事件“零新增”。

经验启示

（一）风险防控是企业生存发展之本

目前世界政治经济格局的不稳定已成为常态，境外疫情形势依然严峻，中美贸易摩擦持续，多边主义和自由贸易受到冲击，经济全球化势头逆转，国际化经营形势持续严峻。近年来，公司运营始终平稳运转，成功化解了“兴隆集团”破产事件、“中远集团”制裁事件等风险，其关键便是时刻秉持风险防控的底线思维。

（二）管理创新是企业生存发展之源

企业发展必须解放思想勇于创新，要紧跟时代步伐，持续探索机制创新、制度创新、技术创新、管理创新，深入探究当前百年未有之大变局下国际化经营态势，将体制架构制度化、制度体系流程化、流程管理信息化理念贯彻到底，为公司提质增效提供动力。

（三）整体化运营是企业生存发展之基

要打造世界一流企业必须立足于整体化运营策略。发挥好公司进销存运全环节自有资源优势，做好集中采购、系统资源配置、自有保税库运营、自有资金运作、终端市场营销等环节资源配置，一体化协同推进经营创效，抵御市场风险。

实施人才强企战略　打造石化人才高地

中国石化党组组织部（人力资源部）

中国石化坚持党管人才原则，以新时代党的组织路线为统领，牢固树立“人才是第一资源、第一资本、第一推动力”的理念，运用工程模式，融合财务观点，创新实施人才强企工程，打造吸引人才强磁场，搭建干事创业大平台，加快构筑人才高地，以人才优势支撑和引领创新发展优势（见图1）。

图1　打造工程样板

一、搭建“四梁八柱”，支撑工程建设

围绕实施世界领先发展战略，构建“一基两翼三新”产业格局，把人才强企纳入公司“六大发展战略”之中，依托四大人才计划“搭梁”，聚焦八类人才群体“立柱”，推动人才强企工程细化实化、落地见效。人才强企“四梁八柱”详见图2。

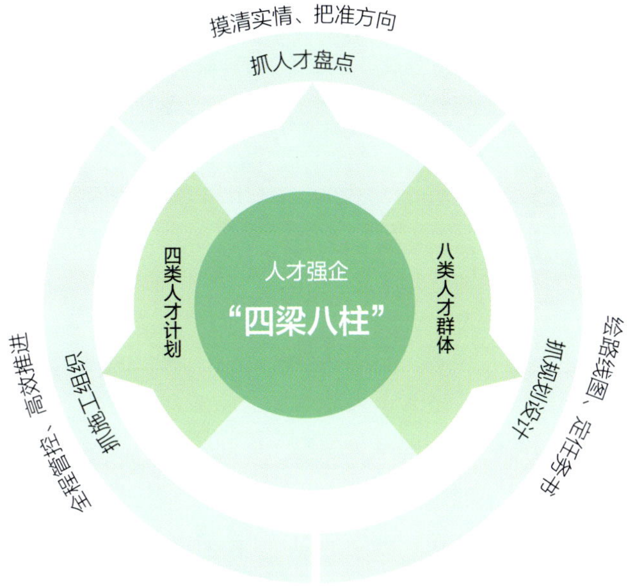

图2　人才强企“四梁八柱”

（一）抓人才盘点，摸清实情、把准方向

紧扣打造世界领先洁净能源化工公司这一愿景目标，坚持人才布局与战略目标、业务发展相协调、相统一，对标跨国公司、领先企业，全面盘点人才队伍规模、结构、素质现状，深入剖析战略型、领军型、创新型人才短缺矛盾以及人力资源结构性矛盾等突出问题存在的原因，围绕领导人员、战略科学家、科技专家、专业精英人才、高技能人才、国际化人才、新兴业务人才、青年人才等八类人才，形成“1+N”人才盘点成果。

（二）抓规划设计，绘路线图、定任务书

制定人才强企工程战略规划和行动方案，按照公司向前推进世界领先企业的时间安排，2025年前，聚焦解决突出问题，强基础、补短板、调结构；2035年前，聚焦打造人才高地，强活力、增优势、创一流，绘制清晰的路线图。衔接财务预算、投资发展、生产经营三大计划，制定人才强企工程三年滚动计划，细化领导人员高素质专业化锻造、专业技术人才高端引领、技能操作人才提质强基、专项人才培养集聚等四大人才计划措施，绘制详细的任务书。

（三）抓施工组织，全程管控、高效推进

逐级成立由“一把手”任“施工队长”的领导小组，签订人才培养工作责任书，统筹组建条块结合、上下联动的“施工队”，构建形成了党组（党委）统一领导，组织人事部

门牵头抓总，总部各部门、专业公司、直属企业密切配合、上下联动、齐抓共管的工作格局。设立人才培养计划专项经费，强化工程组织和基础保障。采取自查自评、氛围测评、专家考评等方式，全覆盖开展专项督导，开发信息系统定期监测进度，探索将人才价值增值纳入各级班子和领导干部年度考核，确保工程计划、质量、投入、进度全面受控。

二、秉持“生聚理用”，强化工程管理

严格贯彻落实习近平总书记关于“构建具有全球竞争力的人才制度体系，聚天下英才而用之”的重要指示精神，将财务管理理念应用于人才强企工程，建立“生聚理用”特色人才发展机制（见图3），推动人力资源管理向人力资本经营转变。

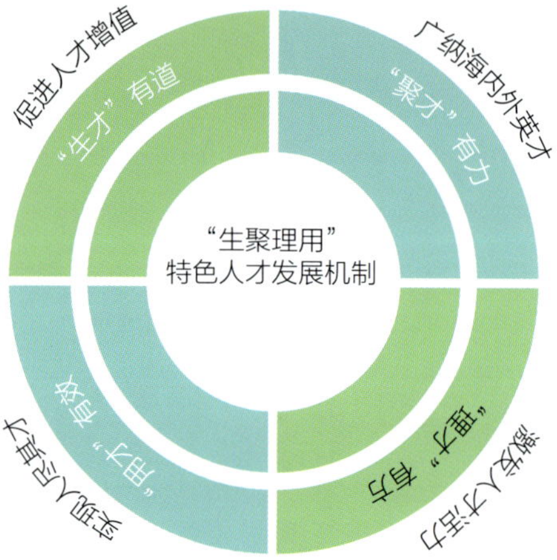

图3 “生聚理用”特色人才发展机制

（一）“生才”有道，促进人才增值

基于岗位任职资格标准和职业发展路径，建立“四类对象层次”（后备→骨干→领军→战略）、“四级提升阶梯”（适应→胜任→优秀→卓越）、“四环培育链条”（培训→实践→评估→使用）的人才培养体系，分层分类开发“学习地图”，举办战略科学家高级研修、拔尖技能人才创新研讨等培训班，重点打造一批系列化、梯次化人才培训品牌项目，开发应用在线培训系统与课程，实现人才培养精准滴灌。

（二）“聚才”有力，广纳海内外英才

坚持不唯地域引才，创新实施人才引进“双百”计划，面向全球选聘科技领军人才和新兴业务骨干人才各百余名，拓宽引才渠道。完善政策红包，实行差异化引才政策，确保薪酬水平、保障措施与市场接轨，保持较强的人才吸引力和竞争力；实施“朝阳工程”储备计划，面向世界排名前30的高校招聘176名优才，与英国帝国理工学院分5批联合培养40名科技精英。完善职业经理人、职业化员工、成熟型人才、柔性引才引智等政策措施，形成了灵活开放的引才聚才体系。建立党组（党委）联系专家人才制度，加大在高层次人才和骨干人才中发展党员力度，积极推荐“两代表一委员”人选。落实重要工作会议制度，畅通建言献策通道。

（三）"理才"有方，激发人才活力

深入实施国企改革三年行动方案，制定人才分类评价办法，健全全员绩效考核体系，实施骨干员工股权激励、岗位分红、超额利润分享等中长期激励政策，构建多元化激励机制，推进关键岗位和核心骨干人员收入与劳动力市场价位接轨，推动实现员工素质提升、劳动生产率提高、员工待遇改善的良性循环。着眼激发岗位员工建功热情，提升高技能人才待遇。全国乙烯行业"技术大拿"张恒珍创立了以个人命名的先进操作法，直接创效2.6亿多元，个人连续当选党的十八大、十九大代表，并入选十九大会议主席团参政议政。提升科技奖励额度，科技创新功勋奖励提高到每人100万元，科技进步特等奖奖励提高到每个项目300万元，真正让做出贡献的优秀人才名利双收。

（四）"用才"有效，实现人尽其才

出台人才成长通道建设实施意见、三支人才队伍成长通道横向贯通办法，形成纵向畅通、横向贯通的职业化、差异化、梯次化职位管理体系，使各类人才成长有通道、发展有空间，打破"天花板""隔离墙"，促进人才跨序列合理流动。修订科研项目管理和经费使用等管理办法，推进科技领域放管服改革与科技人才体制机制改革协同，赋予科技领军人才更大的技术路线决策权、经费支配权、资源调动权。坚持人才"一盘棋"调配，制定人力资源优化配置激励、阶段性人事调动等措施，建设人力资源优化配置平台，打破人才流动壁垒，鼓励和引导人才向艰苦边远地区、基层一线和创造更高价值的单位、岗位流动，推动实现人才效能最大化。

三、聚焦"高精尖缺"，打造工程样板

严格贯彻落实习近平总书记关于"要培养造就一大批具有国际水平的战略科技人才、科技领军人才、青年科技人才和高水平创新团队，建设知识型、技能型、创新型劳动者大军"的重要指示，坚持重点突破、高端引领，加快"高精尖缺"人才培养和集聚，带动人才整体开发（见图4）。

图4　"高精尖缺"人才培养和集聚

（一）打造高素质专业化领导人员队伍

突出政治标准和专业能力，分类实施“一把手”政治能力提升计划，领导人员专业能力提升计划，着力建设政治过硬、具有现代企业治理能力的领导人员队伍，为保障国家能源安全、引领石化工业高质量发展提供坚强组织保证。制定年轻干部队伍建设“三步走”计划，推进实施领导人员梯队培养计划、三百三千实践锻炼计划，坚持把火热的实践作为最好的课堂，选派优秀年轻干部到艰苦地区、基层一线、吃劲岗位经风雨、见世面、扛大事，建设一支忠实践行习近平新时代中国特色社会主义思想、数量充足、素质优良的年轻干部队伍。

（二）培育战略型科学家

实施院士后备培育计划，分层分类构建战略领军人才后备库，采取院士带培等方式，加大一人一策精准培养力度。着眼服务国家战略，保障能源安全，以国家科技重大专项、重点实验室、“万人计划”科学家工作室为牵引，以国家级示范工程、千万吨级炼化基地建设为平台，通过实施“十条龙”攻关、“大协同”创新，聚集炼就人才，形成了以两院院士为主体，战略领军专家后备人才为补充的战略科学家队伍。近年来，在这支队伍的引领下，相继攻克一批“卡脖子”技术，国家级科技奖项、授权专利数量位居央企前列。

（三）打造领军型带头人

构建2层6级领军专家职位体系，选聘培养集团首席专家和高级专家215名、直属企业首席专家、高级专家和专家3688名，形成了专业齐全、梯次完备的科技领军人才队伍。推进专家能力标准体系研究，梳理形成以战略思维能力、辩证思考能力、开拓创新能力、统筹协调能力、团队引领能力等5大能力为主要内容的标准体系。制定专家管理办法，完善选聘、使用、考评、激励机制，充分发挥专家智囊参谋、决策支持、创新攻关、解难释惑及人才培养作用。强化专家考核，考核结果强制划挡，聘期考核有9名集团公司高级专家解聘，实现能上能下、竞争择优。

（四）壮大创新型人才群

实施“未来科学家”培养计划，设立青年科技人才专项课题基金，举办青年科技创新大赛，涌现出“闵恩泽青年科技人才”1572名。实施“专业精英”开发计划，分专业构建精英人才能力素质模型，采取参与重大改革方案制定、管理创新研究等方式深度培养，近三年获10项国家级管理创新成果。实施“石化名匠”锻造计划，以技术研修、案例分享、难题会诊、匠心传承为重点，优选有潜力的高级技师，量身定制、跟踪培养，强化实践实战，练就绝活绝技，培育出6名中华技能大奖获得者、94名全国技术能手，着力打造具有现场实操“一招鲜”和扎实奉献情怀的拔尖技能人才队伍。

经验启示

（一）支撑战略、推动发展是实施人才强企的根本要义

推进人才工作必须坚决贯彻落实习近平总书记重要讲话精神和党中央重大决策部署，确立人才推动发展的战略地位，把实现公司战略目标作为人才强企的出发点和落脚点，在集团公司打造世界领先企业、推进改革发展大局中统筹谋划、超前布局人才队伍建设工作，打造人才长板、发挥人才优势、释放人才红利，全面推动事业发展。

（二）高端引领、统筹推进是实施人才强企的核心方法

人才强企是一项系统工程，面广量大、知易行难，必须突出重点、统筹兼顾，整体开发、全面推进。在队伍建设上，必须突出高精尖缺导向，加大高层次人才培养聚集，引领撬动三支队伍素质整体提升，建设与打造世界领先相适应、相协调的人才队伍；在机制建设上，必须聚焦问题、创新突破，遵循社会主义市场经济规律和人才成长规律，全链条推进“生聚理用”人才工作机制创新。

（三）工程牵引、合力驱动是实施人才强企的重要保障

坚持工程思维，运用工程模式，科学编制规划图、路线图、施工图，严抓工程过程督导、质量监控，实现对人才强企顶层设计“最先一公里”问题、中间层次“中梗阻”问题、基层落实“最后一公里”问题的有效控制。通过集聚总部部门与基层单位、人事部门与业务部门整体合力，压实责任、齐抓共管，实现人才强企工程高效运行、全面落地。

基于石化智云工业互联网平台的信息化管理模式

中国石化信息和数字化管理部

信息和数字化管理部聚焦建设世界领先洁净能源化工公司战略目标，加快数字化转型、促进高质量发展为核心，统筹推进信息化“432工程”建设，自主打造的服务于能源化工行业的工业互联平台“石化智云”，具备基础设施服务能力和数字化服务能力，服务范围覆盖经营管理、生产制造、客户服务、金融科技等各个领域。为全面推进业务应用上云上平台，推行“数据+平台+应用”的信息化建设新模式，消除信息孤岛，降低开发、运维成本，有效汇聚数据资产。按照国资委对标一流管理提升行动部署要求，开创了ABCD运营管理新机制（见图1），提高响应速度、服务质量，提升项目交付质量。石化智云标准化的平台服务能力、多样化的支撑能力、流程化的管理能力，形成了完备的工业互联网平台运营体系。

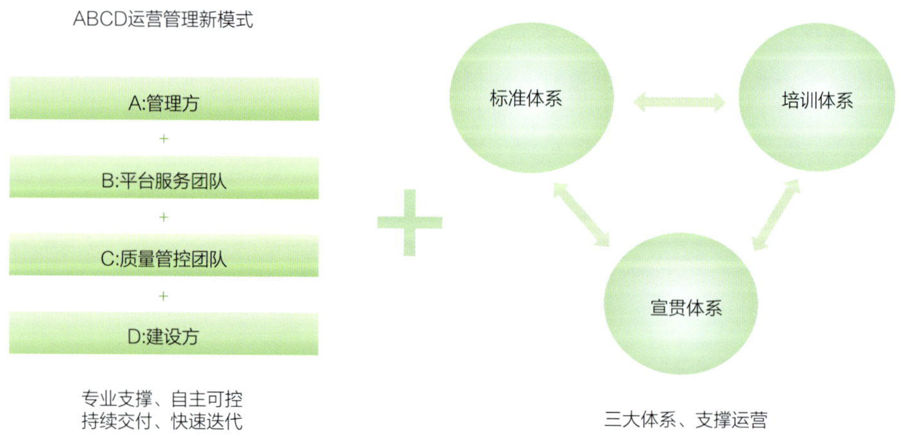

图1 ABCD运营管理新模式

一、基于平台的信息化管理新模式

（一）强化领导，构建运营新模式

在推进集团公司数字化转型和“数据+平台+应用”的模式转变过程中，创造性提出采用职责分明的ABCD运营新模式（其中A：管理方，B：平台服务团队，C：质量管控团队，D：建设方），支撑新时期信息化建设和运行（见图2）。由A方主导石化智云工业互联网平台的应用建设和运营，B方提供标准化的平台资源和组件服务，C方负责组件、App的质量管控、发布，D方负责需求分析和代码开发。结合集团公司业务模式和特点，将石化智云从业务角度划分了12个开发测试区，由专业化的服务团队和质量管控队伍负责各个开发测试区支持工作。2020年11月，正式召开运营队伍的启动会。2021年5月，召开石化智云运营工作汇报会，石化智云开始正式规范化运营。

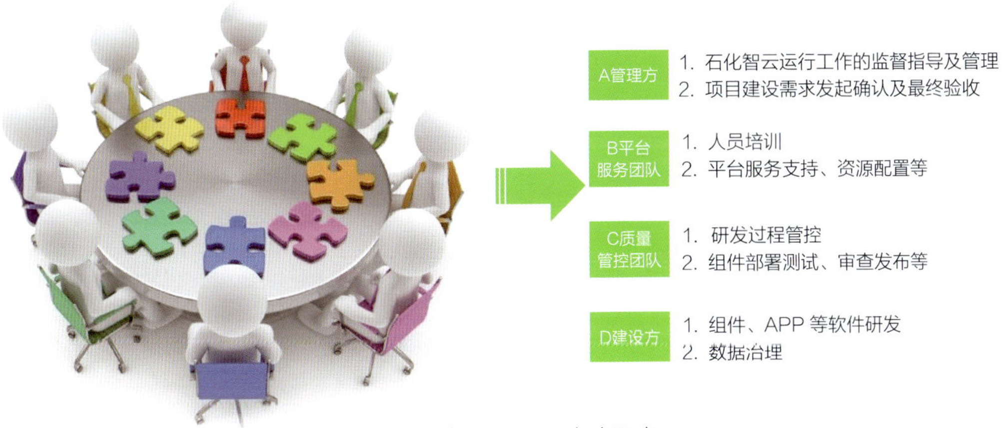

图2　石化智云 ABCD 各方职责

（二）协同攻关，共建一体化管理机制

在“数据+平台+应用”的开发模式下，遵循项目管理方、平台服务团队、质量管控团队、项目建设方职责不相容的原则，设计石化智云服务流程。通过石化智云ABCD四方的职责分离和协同工作，保障未来各个基于石化智云建设的信息项目按照总部要求高质量地完成交付。石化智云服务流程覆盖项目建设过程的主要环节，包括立项阶段、准备阶段、研发阶段和上线阶段。

（三）统一规范，支撑运营工作开展

建立标准体系，支持规范运营。为有效规范石化智云的管理、建设、使用和运营，确保石化智云在推广过程中的平台一致性，遵循中国石化信息化标准体系，建立了石化智云标准体系。根据实际要求编制了基础标准、服务标准2大类共29个相关标准规范。石化智云基础标准，用于统一石化智云的认识，指导石化智云其他标准的制定。石化智云服务标准，主要为石化智云的管理、建设、使用和运营提供指导。形成了较全面、有针对性的石化智云标准体系，有助于提升中国石化信息系统建设质量（见图3）。

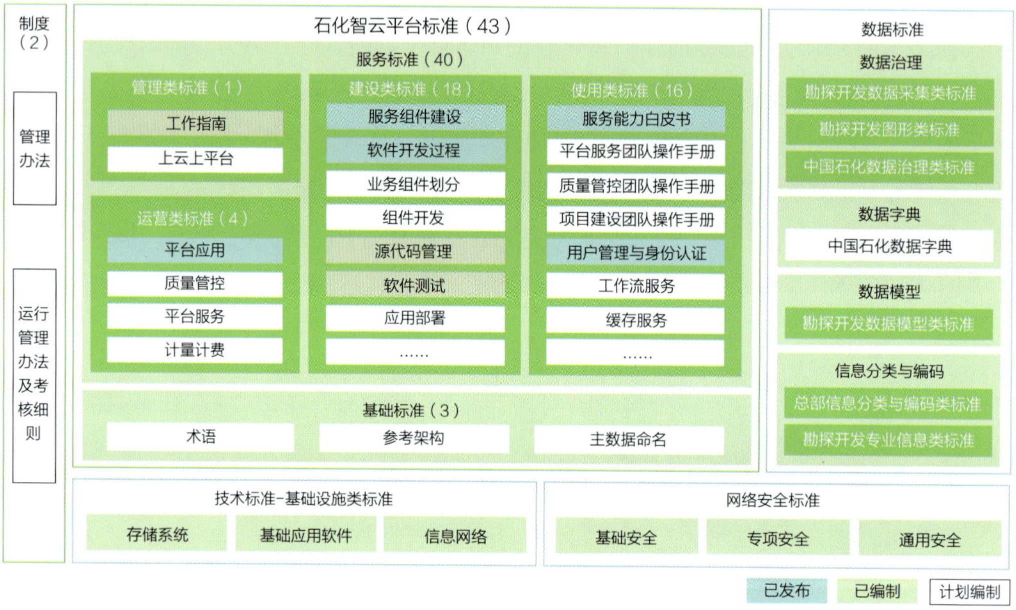

图3　石化智云标准体系

完善培训体系和宣贯体系，提升平台影响力。为提升全员数字化意识，提升信息化建设队伍专业能力，打造了石化智云培训体系，开展面向ABCD四方的培训，开设数字化转型战略、基础理论、开发与应用、平台运营、标准规范、网络安全、数据治理7门培训课程，共编制30门培训教材，为当前ABCD培训提供保障。成立专门的培训讲师团队和宣贯团队，为石化智云操作人员提供专业化培训，提供专业的技术、能力宣贯资料，提升信息化从业人员的数字化认知，为石化智云推广应用奠定基础（见图4）。

（四）提升能力，重构数字化转型体系

对标业界先进水平，石化智云打造了以能力开放、持续交付和服务管控为核心的研发运维一体化能力，持续积累和沉淀业务中台、数据中台和技术中台服务能力，形成从底层资源到技术组件、业务组件的统一管控，统一发布，统一调用和监控能力，进一步促进交付质量提升，支撑ABCD运营新模式的有效运转。通过持续交付中心强化项目过程监管，确保过程资产的完整性和一致性，提升了交付与运维效率。通过能力开放中心，实现规范

化、标准化的系统集成和业务整合，建立基于API的开放共享新生态。服务管控中心支持云资源、云服务、云应用的分级分权管理，为费用分摊提供基础支撑。石化智云工业互联网平台技术架构见图5。

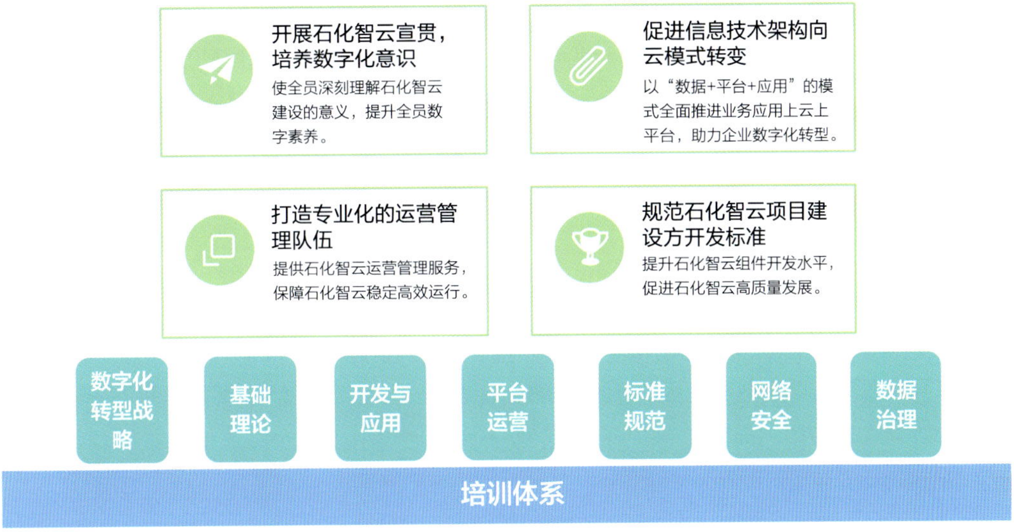

图4 石化智云培训体系

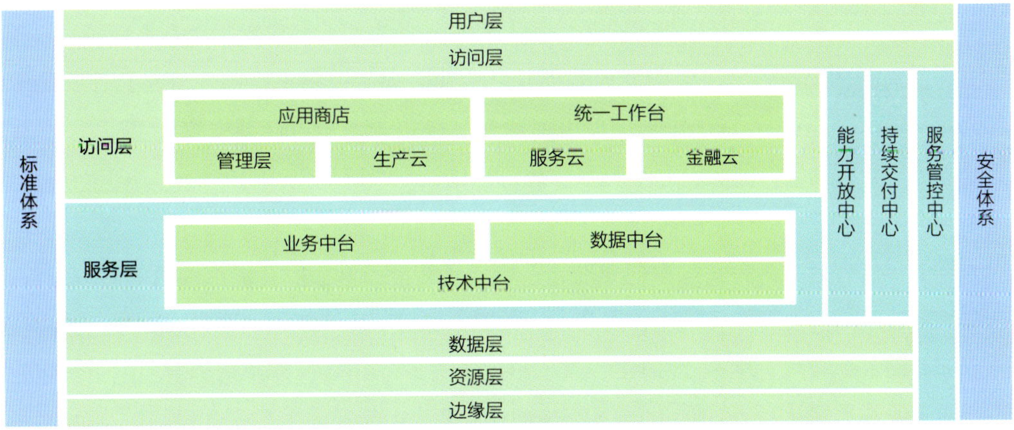

图5 石化智云工业互联网平台技术架构

二、基于平台的信息化管理模式实施效果

基于石化智云工业互联网平台，打造信息化管理新模式，进一步提高了以信息技术提升传统产业的认识，推动了管理机制变革、管理效率提高，经济效益提升，构建协同发展的新生态，提升了企业发展的质量和效益，集团整体竞争力显著提升，实现了提质增效升级。

（一）以石化智云为总抓手，着力推动统筹管控新成效

基于石化智云工业互联网平台，打造信息化管理新模式，推动了管理机制变革，管理效率提高。石化智云在总部监督指导下已提供了70个项目的运营服务，支撑了总部和企业近600多个应用系统运行，提供了上万个技术服务实例。持续交付中心服务范围已经覆盖总部、企业及外部开发商，支持了智能工厂、统一CRM等在建系统的研发全过程管控，使用自动化部署效率提升86%，测试效率提升80%。能力开放中心日均访问量达2000万次以上，满足了中国石化内部单位与上下游合作伙伴互联互通的业务场景需求。通过云平台实现信息化创新技术的积累和共享，不断提高研发效率，实现管理效益最大化。

（二）以石化智云为强引擎，着力提升经济效益新突破

基于石化智云，中原普光、西北三厂2家油气田企业完成了智能油气田试点建设。建成了单井、管网等7大业务应用，形成油藏指标智能巡检、管线泄漏智能识别等智能化功能。企业异常发现由小时级缩短至分钟级；人均开井数量由0.99口/人增长至1.54口/人，开井率由82.7%上升到90.1%，躺井率由1.2%下降到0.7%，主要设备年故障率降低3%。

基于石化智云，燕山石化、镇海炼化、茂名石化、九江石化4家试点企业智能工厂上线运行，目前正在上海石化、金陵石化等6家企业推广。通过智能工厂建设，建成了炼化一体化优化、生产集成管控、资产全生命周期管理三条主线业务应用，企业全面感知、优化协同、预测预警、科学决策能力显著提升。企业劳动生产率平均提升30%以上，万元产值能耗降低了8%。企业先进控制投用率达到90%以上，重点环境排放点实现100%的实时监控与分析预警，能源管理实现了能源可视化、在线可优化，生产优化实现了从局部优化向全局优化、在线优化的转变。

基于石化智云，结合新零售商业理念，增设了智能摄像头、智能加油机等智能设施，打造智能加油站，为加油站赋能，提高人均劳效，通过线上+线下，融合、共享、跨界实现“加油站+互联网+跨界”，构建“人·车·生活”综合型服务驿站。全国电子钱包正式开通服务站数累计27786座，全国开户数1010万人，交易笔数达6133万笔，交易额已达125亿元。中国石化近3万座加油站推广实施“电子钱包”，并面向全社会开放，全面实现无接触加油、无接触支付、无接触开票、无接触购物。

（三）以石化智云为融合点，着力构建协同发展新生态

石化智云涵盖中国石化信息化各方面，需要广泛开展沟通交流合作，形成联合体共同建设石化智云，构建石化智云生态体系。通过石化智云ABCD各方的共同建设，坚持“数据+平台+应用”新模式，推进集团公司信息化发展，改变烟囱式、竖井式的信息系

统建设模式，促进消除信息孤岛，有效支撑企业数字化转型。完善的平台服务能力，能够支撑石化信息化应用的百花齐放、百家争鸣，提高响应速度、服务质量，提升各项目交付质量、实现更好的用户体验，构建出一个共建、共创、共享、共赢的石化行业工业互联网生态。

下一步，中国石化继续立足新发展阶段、贯彻新发展理念、着眼新发展格局，大力推进产业数字化转型，为打造世界领先洁净能源化工公司注入新动能。按照“数据+平台+应用”的新模式，提升石化智云工业互联网平台服务能力，积极推广智能油气田、智能工厂、智能加油站和智能研究院的推广建设，推进“工业互联网+设备管理”“工业互联网+安全生产”建设。加强与各大央企、合作伙伴和科研机构合作，重点对石化智云的平台运营能力、开发能力、平台支撑能力等进行全面提升。以平台为支撑，促进内外协同、跨界融合，实现跨行业、跨企业的研、产、供、销、融等各环节资源汇集、数据共享、协同创新，构建开放、共享、共创的石化智云工业互联网生态。

经验启示

（一）平台化理念，引领新发展趋势

通过构建开放、共享、共创的石化智云工业互联网平台生态，实现信息化建设基于平台建设，运行，达到沉淀数据，统一标准的要求，能够有效推动“数据+平台+应用”模式的转变，有效促进了数字化转型工作。

（二）专业化团队，确保组织能力提升

以专业化的服务队伍和质量管控队伍，负责平台的应用和组件的推广，数据治理工作的开展，能够高效开展平台理念、平台功能的推广和应用。同时专业、独立的质量管控队伍，能够有效地促进信息化建设质量提高，为共同构建协同发展的新生态提供组织保障。

（三）生态化建设，推进数字化转型

按照“数据+平台+应用”的新模式，通过石化智云工业互联网平台支撑强化项目过程监管，能够提升信息化建设应用的标准化、规范化、自动化水平，促进内外协同、跨界融合，实现跨行业、跨企业的研、产、供、销、融等各环节资源汇集、数据共享、协同创新，构建一个开放、共享、共创的石化智云工业互联网生态。

标杆基层单位

中国石油化工集团有限公司油田、炼油、化工、油品销售、石油工程、炼化工程、科研等 7 个业务板块对照“经营状况良好、管理能力提升明显、管理体系健全、信息化水平较高、具有良好示范性”5 个方面，择优打造一批示范性强、引领带动能力突出的标杆基层单位。

建设国家级示范区 打造页岩气行业标杆

江汉油田分公司涪陵页岩气公司

涪陵页岩气田是中国首个实现商业开发的页岩气田，是川气东送管道重要气源之一，也是中国石化“气化长江经济带”行动的重要资源基础。2013年11月投产以来，建成产能超百亿方。截至2021年10月8日，累计产气突破400亿立方米，创造中国页岩气田累产新纪录，源源不断的绿色“涪气”惠及长江经济带沿线6个省、70多个城市、2亿多居民，为保障天然气供应、助力长江经济带沿线企业高质量发展提供坚实基础。曾获评中国石化“十三五”高效开发油气田、“十三五”规模上产增效项目特别贡献奖、焦石坝区块一期工程产建项目获得国家优质投资项目特别奖、国家优质工程金奖，入选新中国成立70周年百项经典工程。

一、对标一流模式，精心打造精益管理高地

积极主动从管理理念、管理模式和专项指标三个维度对标世界一流油公司，不断优化完善运行模式，争创行业标杆。涪陵页岩气公司管理模型见图1。

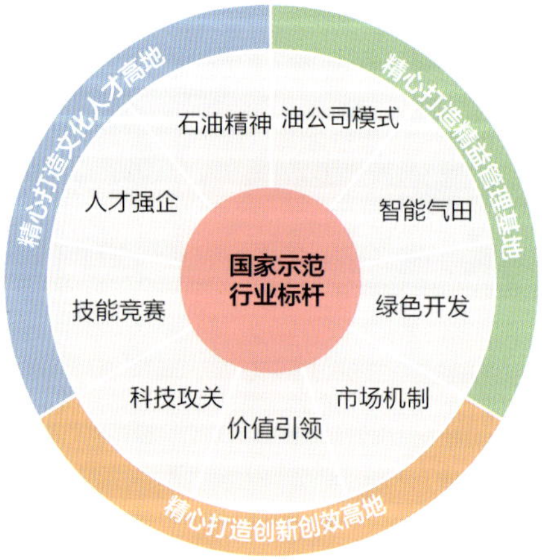

图1 涪陵页岩气公司管理模型逻辑图

（一）构建特色涪陵模式，夯实管理体制基础

构建扁平化组织架构。坚持新区新模式的油公司建设思路，突出产建、采气、集输等核心业务，搭建以钻井、试气、地面、运维、采气等5个项目管理部为责任主体，职能部门和技术中心提供服务的组织架构，构建了扁平化架构、专业化管理、市场化运营、共享化服务，独具特色的“涪陵模式”。

创新3P人力资源管理体系。公司以“四个优化”为手段，以岗位为基础、以能力和业绩为准绳，建立系统化、专业化、市场化、高效能的3P（岗位Position、薪酬Payment、绩效Performance）人力资源管理新体系，严控用工总量，公司225名员工管理着百亿方产能的大气田，人均油气当量保持中国石化一流水平。

（二）创新数字气藏管理，助力气田智慧运营

按照“效益为先、业务驱动、集成协同、智能引领”总体思路，以支持产能建设快速发展、提升安全管控能力为目标，应用物联网、大数据等先进ICT技术，高起点谋划、标准化设计、精准化施策，将气田信息化分为SCADA系统、通信安防系统、信息系统三大系统进行建设，形成了具备高度自动化、可视化、集成化、流程化、模型化特征的数字化管理模式（见图2）：一是利用生产物联网络，实现现场全面感知；二是搭建应急联动平台，保障气田安全生产；三是综合运用信息系统，实现管理模式转变；四是深化信息数据应用，服务气田效益开发，实现了“井站无人值守、区域集中监控、电子智能巡检”，打造了“人在干、数在转、云在算”的数字气藏管理新模式，人均管井数2.76口，达到行业先进水平。

（三）完善HSE管控体系，打造绿色开发典范

坚持走好安全生产工作可控、在控、能控的安全发展之路和节约资源、保护环境的绿色发展之路。全面推行自主监督、异体监督、政府监督、社会监督相结合的“四位一体”HSE监督方式和“减量化—再循环—再利用”的清洁生产方式，应用网电钻机、电驱压裂取代传统柴驱钻井、压裂，采用“丛式井”设计、“井工厂”施工有效节约单井土地征用面积；浅表层和二开直井段采用清水钻井，生产废水处理后配置压裂液重复利用，油基钻屑无害化处理后资源化利用，实现废渣不落地、废水不外排、废气不上天，公司连续9年保持安全环保“四无”目标，被自然资源部评价为页岩气开发“绿色典范”。

二、对标一流业绩，精心打造创新创效高地

以科技攻关为引领和支撑，不断优化管理机制，传导压力、落实责任，持续创新、提质、降本、增效。

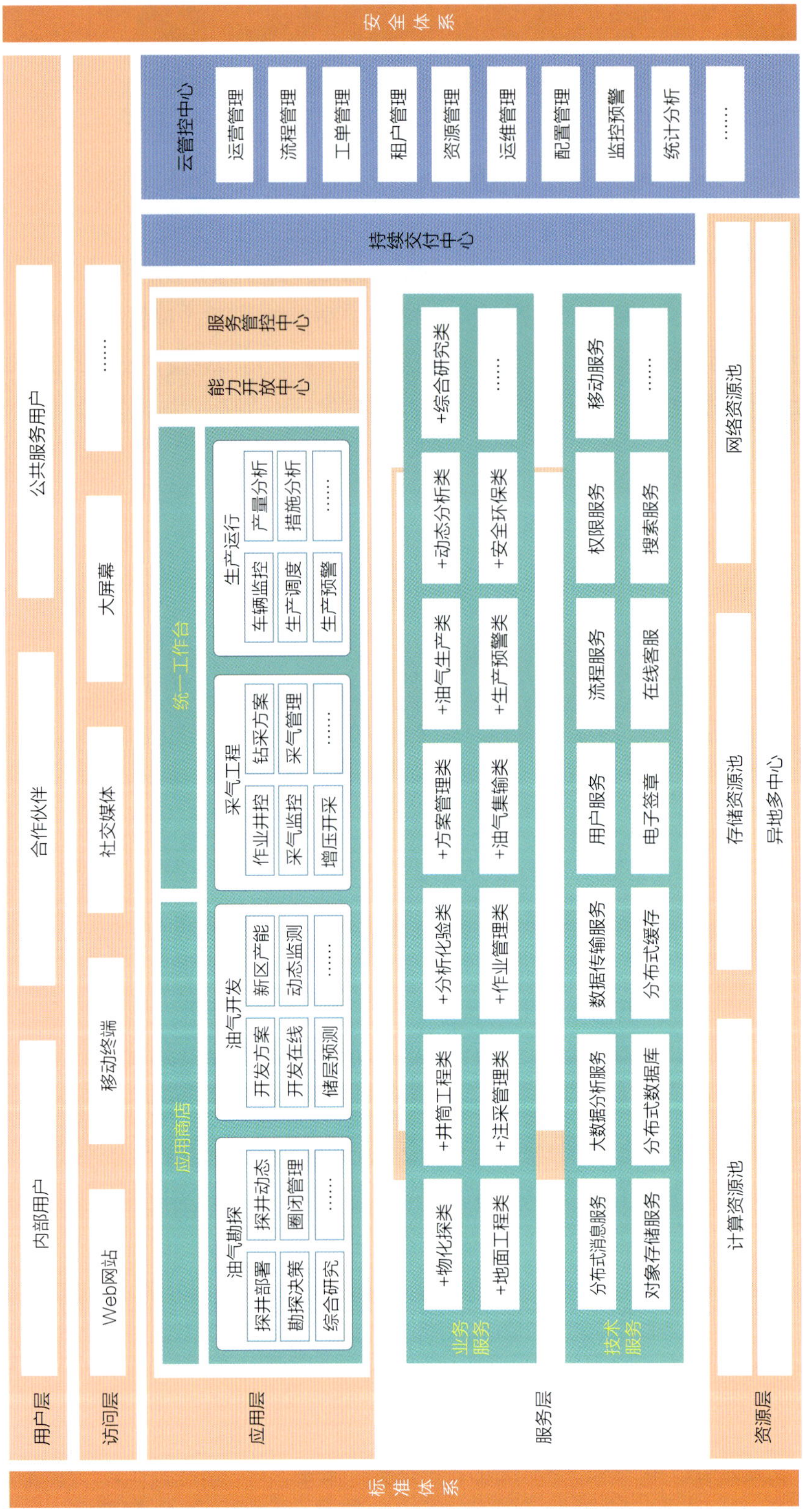

图 2 智能气田系统架构图

（一）加大科技攻关力度，担当技术领先示范

秉持“技术创新是页岩气效益开发的灵魂”理念，聚合油田“三院”科研力量，实行共享合作，搭建“创新能力提升工程”平台，组建专业攻关团队，致力于页岩气关键开发技术和装备的攻关和集成。立足地质工程一体化攻关，创新集成页岩气藏综合评价、长水平井分段压裂试气等五大技术体系，有力支撑国家级页岩气示范区建设；创建地模—数模一体化储量动用评价、复杂缝网高效体积压裂、复杂山地条件下立体开发新模式等三项关键技术，在国内率先探索页岩气三层立体开发，支撑焦石坝立体开发区采收率最高为39.2%，达到国际先进水平；研发和集成了配套装备和材料，基本实现了工具的国产化，平均单井投资相比产建初期下降40%以上；创新气藏—井筒—地面一体化控递减关键技术，焦石坝一期气井生产时率提高到89%，形成了可复制、可推广的页岩气开发技术体系。

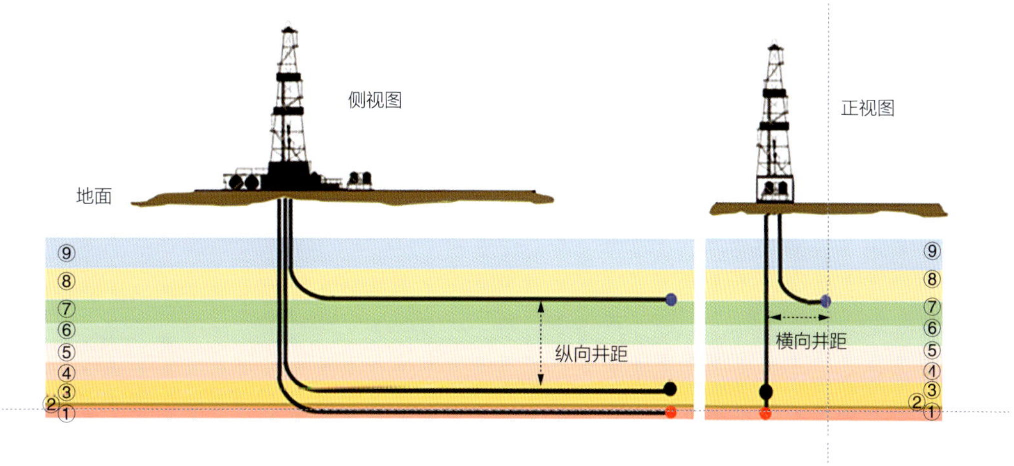

▲ 焦石坝区块立体开发调整侧视图和正视图

（二）强化价值考核引领，注入创新创效动力

突出价值引领和效益导向，构建分类分档考核指标体系，完善风险防控激励约束机制，指标分解到部门、责任压实到部门，注重过程控制与结果实现相结合，坚持激励与约束并重，奖优罚劣，实行考评结果与部门绩效、员工绩效“双挂钩”，激励工区全体员工立足岗位比贡献、多产多销创效益。“十三五”期间，气田探明储量、年产量实现两个翻番，累产页岩气保持全国第一。

（三）深化市场运行机制，争当提质增效尖兵

以强化甲方管控能力为导向，开展承包商月度质量考核，充分调动承包商的积极性。

激励石油工程队伍优化井身结构、钻具组合和钻井液体系，平均钻井周期缩短16.5%，一趟钻覆盖率接近50%；推行全电驱压裂，相比柴驱设备，能耗降低33.2%，工效提高70.9%；优化支撑剂和新型低成本减阻水体系，单井压裂费用节约200万元。指导采气承包单位建立“两册”，规范现场管理，创造了焦页1HF井连续生产3000多天、焦页6-2HF井累产超过3.3亿方新纪录。

三、对标一流队伍，精心打造文化人才高地

充分发挥党建引领优势，传承石油精神、弘扬石化传统，打造素质、作风双过硬一流队伍。

（一）传承石油精神传统，铸造思想文化魂魄

全体会战员工传承石油精神、弘扬石化传统，发扬为中华民族争气、为中国石化争先、为江汉油田争效，牢记使命创业、敢为人先创新、严细实恒创效、追求卓越创造的“三为四创”气田精神，公司党委主动联合参建单位党组织，打造党建共建平台，在思想教育、企业文化、人才队伍等方面，整合资源、责任共担、协同共进，实现甲乙共建双方融心、融廉、融才，全面提升工区凝聚力、战斗力。

▲ 页岩气井钻井平台

（二）实施人才强企战略，赋能气田高质量发展

充分利用页岩气院士专家工作站、国家重大专项、中国石化“十条龙”项目等平台载

体，通过院士培养、师带徒、技术交流、进修学习等方式，抓好青年员工素质提升，加快科技领军人才、核心技术人才培养，先后培育推出全国五一巾帼标兵、中央企业青年岗位能手、中国石化闵恩泽青年科技人才、巴渝工匠等一大批先进典型，36人次在省部级技能竞赛中获奖。

（三）提升技能以赛代练，激发队伍创效活力

注重对标实效，制定阶段性提升计划，细化具体提升措施，实现自我管理提升。开展示范集气站、“三标”班组、“标杆”项目评比，通过企地携手、甲乙联动、党群共促等方式，激励员工抢时争先、建功立业。

经验启示

（一）油公司模式是提高资源配置效率效能的活力源泉

百亿方气田开发建设是一项系统工程，需要多专业、多兵种参与，大规模、大场面施工，油公司扁平化管理体制机制，从源头上统筹协调各方优质资源，集中优势兵力投入开发建设，充分发挥了勘探开发一体化、科研生产一体化、地面地下一体化、产输销售一体化的整体优势。

（二）技术创新是掌握核心助推科技兴企的强劲引擎

页岩气作为新兴战略资源，初期国内没有现成的开发配套技术，缺乏相关重点施工装备和工具，涪陵页岩气公司大力推进工程工艺技术集成创新，形成了具有涪陵海相页岩气特色的五大配套技术体系，促进了页岩气开发关键装备和工具的全部国产化，实现了页岩气累计产量保持国内领先的工作目标。

（三）政治引领是筑牢气田可持续发展根基的基本保障

坚定不移全面从严治党管党，把气田开发建设的重点难点作为党建思想政治工作的着力点，把广大员工关心的热点焦点作为党建工作的落脚点，为建好国家示范、建设效益工程提供了有力的组织保障、思想保障、纪律保障、人才保障。

改革创新瘦体强身　压扁层级赋能增效

华东油气分公司泰州采油厂

华东油气分公司泰州采油厂（以下简称采油厂）成立于1973年，共有员工292人，管理油田区块6个，油水井770口。近年来，采油厂抢抓集团公司对标一流管理提升行动良好机遇，对标国内上游先进油公司管理模式，推进油田信息化、智能化建设，建立以生产指挥中心为核心的高效运行指挥系统（见图1），撤销采油管理区，实现采油厂直管班（站）。采油厂原油产量自2016年起实现5连增，2020年末生产原油46万吨，厂级原油盈亏平衡点36.23美元/桶，实现利润1.85亿元。2015年起连续三届荣获“全国文明单位”称号，连续五届被授予“红旗采油厂”，第九届五项劳动竞赛荣获股份公司“先锋采油厂”称号。

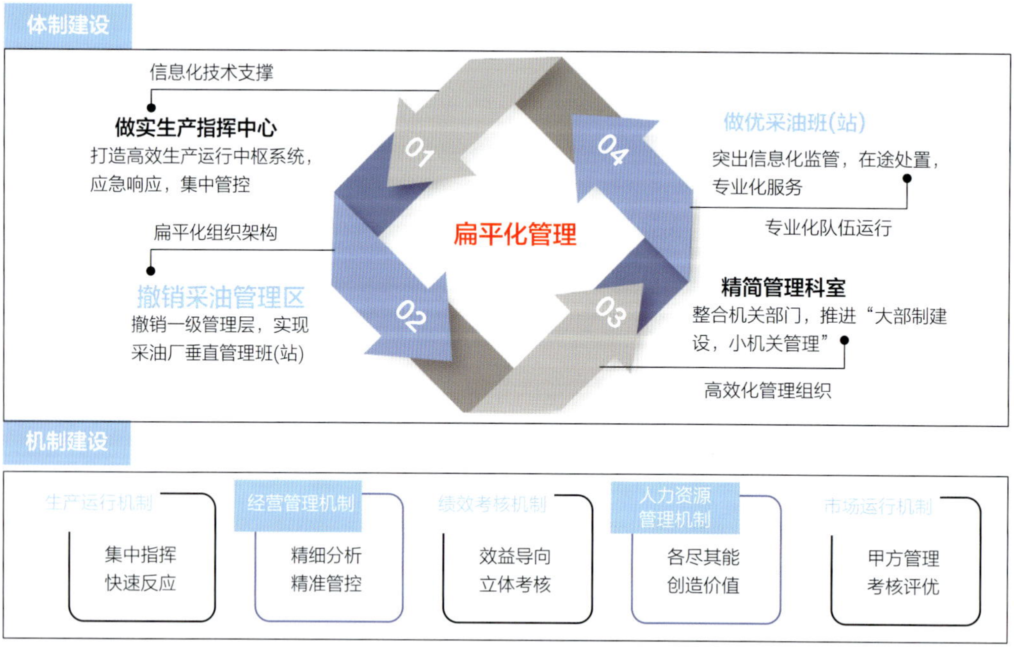

图1　泰州采油厂扁平化管理逻辑图

一、向外“对标”定方向，体制创新促转型

（一）客观“析标”找差距

2014年，采油厂只有年产35万吨的规模，却拥有作业、特车、维修、汽修、餐饮、医务所等配套服务机构，辅助专业人员高达1000余人，“注、采、输”核心业务人员只有600人，深层结构矛盾突出，是典型的“小而全”单位。低油价大背景下，采油厂陷入生存困境，亟待转方式调结构，通过体制创新带动管理转型升级。

（二）精准“对标”定方向

2015年，采油厂在认真调研分析国内油田企业“大庆油田扁平化管理，中原油田两级机关管控一体化管理，西北油田整建制油公司管理”三类高效管理模式基础上，结合自身发展实际，主动“对标”西北分公司整建制油公司先进管理模式，提出以信息化为支撑，压扁管理层级，再造制度流程，高效管理的路径和对策。以“信息化提升、扁平化架构、专业化管理、效益化考核”为目标，推进“压扁管理层级”改革实践。

（三）力求“达标”稳践行

做实生产指挥中心。采油厂生产指挥中心于2016年开始运行，主要负责信息化建设、生产（应急）指挥、远程监控等职能。信息化手段变事后处理为事前预警、变分散管理为集中管控、变滞后研判为实时决策。中心成立后，调整“厂生产运行部门—管理区—班组—单井”运行流程为“生产指挥中心—班站”运行流程（见图2）。原流程下，异常井

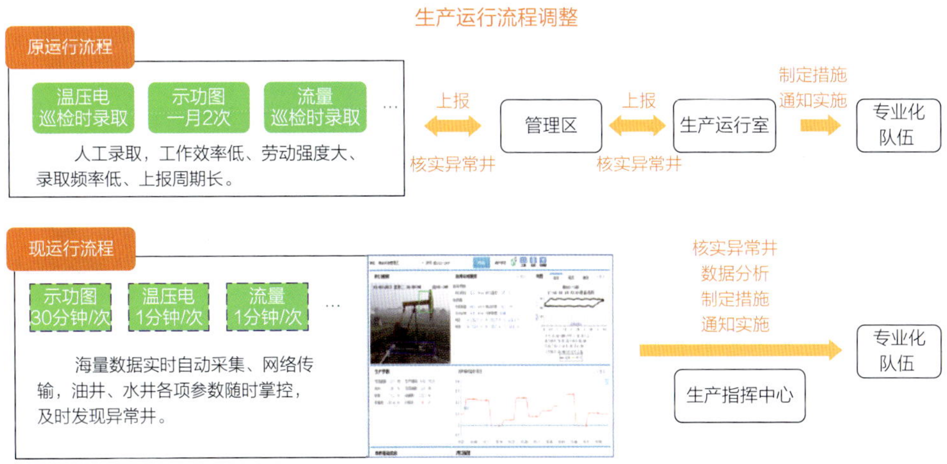

图2　生产运行流程调整

生产资料从录取上报到处理分析再到措施实施，需经过三个环节；现流程下，通过信息化手段第一时间同步录取资料、综合分析、制定措施，只需一个环节，极大地提高了生产效率。

撤销采油管理区。打破传统观念，撤销采油管理区层级；剥离维修；巡护等辅助业务，做强采油主业；依据区块目标管理原则设置八个采油班（站），六个专业班组；将原采油管理区职能进行分解，生产技术室、经营管理室、生产运行中心职能分解上移至厂级相关部门，综合管理室党建职能分解落实到工区党支部和班站党小组，实现采油厂直管班（站），集中管控（见图3）。

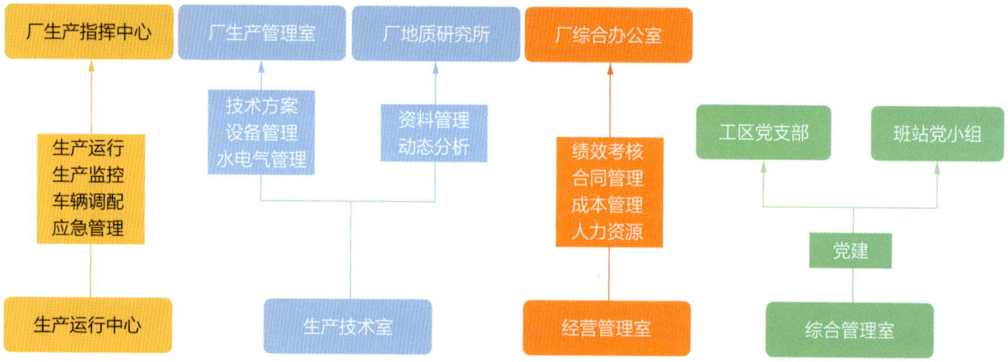

图3 采油管理区职能划分图

精简机构人员。将23个机关部门（直属中心）压减至6个，“五室一中心”的“大部制”设置（见图4），工作量更加饱满，缩短管理路径，管理效率大幅提升；有序剥离辅业，富余人员通过内部转岗、外部就业等渠道妥善安置，优化用工至292人，降幅82%。

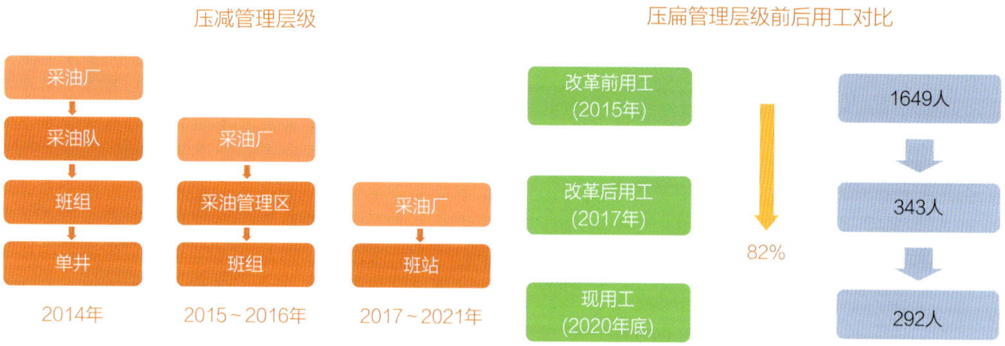

图4 组织机构压减及人员优化图

（四）提质“树标”增效能

采油厂通过油公司体制变革，成功树立中小型油田“厂直管班站”管理标杆模式，同时带来组织效能提升。2021年二季度，采油厂在参与组织效能对标的37个采油厂中综合排名第5。人均利润53.4万元/人，对标西北油田采油一厂58.4万元/人，差距逐步缩小。人均管井数由2018年0.96口增长至2020年1.17口，超出对标单位0.5口；人均产量由2018年861吨增长至2020年939吨，处于中上游水平。

二、向内“追标”挖潜能，精细管理提效益

泰州采油厂运行“厂直管班站”实践中，对标胜利油田基层“两册”精细管理模式，奋起“追标”，强化内部精细管理，深挖内部经营潜能，巩固提升改革成果。

（一）基层管理标准化，优化机制夯基础

编制推行“两册”（《基层管理手册》《岗位操作手册》），推行“管理集成化、操作标准化”。对采油厂制度、流程、部门职能等管理内容进行规范，完善了“生产技术、人力资源、物资设备”等38项管理制度。按照大岗位建设原则，归并岗位164个为102个。坚持“业务流决定岗位设置”，对原采油管理区业务进行优化归并（见图5），采油班站只保留油水井生产及联合站运行实操业务。岗位归并后，采油班站岗位由原采油管理区19个减少到7个。

机关部门优化归并小类业务，由“小类业务专职”转“小类业务兼职”，合并机关管理岗位35个。财务资产室原岗位设置11个，通过优化整合归并为5个。实际运行中，财务资产室职能发挥并没有因为岗位减少而缺失。“大岗位”建设减少了职责重叠、人浮于事，使岗位职责更加饱满，员工自我管理能力明显增强。将原采油管理区200小类台账整合成为“党支部资料、交接班报表、安全设备记录”三大类23小类台账，极大程度减少班站资料多、负担重的现象。

（二）油藏管理一体化，区块承包解难题

为提升油藏经营效益，有效实现生产技术一体化、机关现场一体化、科研应用一体化，采油厂推行“技术管理、生产运行、经营管理、设备管理、党建加采油班站”的“5+1”承包团队。承包团队紧盯月度考核指标，定期召开指标分析会，就指标运行、创新项目设置、关键核心问题进行探讨，确保运行平稳、指标受控。抓实月度考核，员工绩效考核收入差距比例最高可达50%。区块承包经营以问题为导向，高效解决管理、

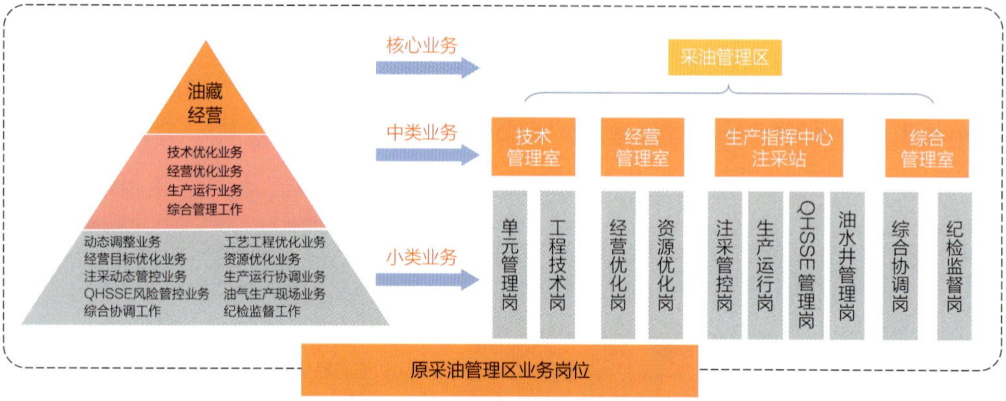

图5　采油班站岗位优化归并

技术、生产难题。张家垛区块2014～2017年持续亏损，亏损总额在全厂占比40%，是效益漏失重点治理对象。采油厂为张家垛团队配备最强技术和生产骨干，承包团队紧盯区块扭亏目标，实施“技术创新稳产、精细管理降本”系列措施，成功阻止效益漏失，区块经营于2018年实现扭亏为盈，当年经营利润773.72万元，区块综合治理取得显著成效。

经验启示

（一）“打破旧常规”是勇于改革的核心精神

在油公司建设历程中，采油厂直面发展困境，不限固有标准模式，不被传统思维禁锢，在探索中前行，在实践中发展，在创新中提升，大胆探索出独具特色、契合企业发展实际的“一级”管理模式。实践证明，该模式有效增强了企业的综合竞争力。

（二）“上下齐步走”是实践改革的良好基石

在改革发展过程中，采油厂拿出动自己奶酪的自觉和勇气，注重政策宣传，营造良好氛围，凝练出“敢为人先、创新不止”的泰州精神，领导把方向、敢作为，员工讲大局、甘奉献，统一思想，统一行动，一张蓝图绘到底，顺利推动各项改革举措全面落地。

（三）“创新驱动力”是深化改革的有效支撑

在高质量发展进程中，采油厂大力推进信息化、智能化油田建设，使效率提升、管理优化、转型发展成为现实。与此同时，配套灵活高效的运行机制进一步激活全员创新创效活力。技术与管理的创新为油田深化改革、效益开发提供有力支撑。

跑出准噶尔高质量发展加速度

胜利油田分公司新春石油开发公司

胜利油田分公司新春石油开发公司组建于2015年4月，主要负责新疆探区准噶尔、吐哈2个盆地16个区块的物化探、地质勘探、油气开发及原油生产销售任务，探区面积4.23万平方千米。现有员工270人，油井1051口，累计生产销售原油926.5万吨。新春公司始终聚焦勘探开发核心业务，大力实施创新驱动战略，不断深化油公司建设，五年时间建成百万吨油田，创造了“新春速度”，打造了“新春模式”（见图1）。连续7年获得山东省文明单位称号，连续3届被评为中国石化红旗采油厂。2021年上半年，中国石化国内上游组织效能评价位列第三。

图1 跑出高质量发展加速度新模式

一、扁平化架构、专业化管理，打造新区油公司建设新标杆

坚持走精干高效油公司之路，专注核心业务，以扁平化架构提效、以专业化管理提质、以价值化考核提气，全面提升公司核心竞争力。

（一）压扁层级，提升组织管理效能

将传统采油厂三级组织压扁为一级，构建“一个层级、三大系统”扁平化架构，缩短

管理半径，实现公司指令直达。以业务为主线，厘清部门业务界面，优化业务流程，构建表单化、流程化责权体系。2021年，继续精简审批节点65个，招标、合同、结算效率提升一倍以上，上半年公司劳动生产率达历史最高，在中国石化采油厂中名列前茅，全口径人均管井同比提高20%，位居第三。

（二）做强专业，提高油藏经营质量

适应“十四五”高效增储上产需要，持续精干组织架构、优化人员配置。精简管理部门3个，加大勘探、开发等核心专业力量配置，新设勘探管理部、开发管理部、钻完井管理部3个部门，整合成立采油工程管理部、生产保障中心（地面工程），成立储层改造室、气藏研究室、跟踪评价室，做强准噶尔盆地高效增储建产主力军。做实管理区存量油藏自主经营，制定管理部门事权下放清单，赋予管理区七大经营优化权，建立五项机制，全面落实存量油藏经营管理主体责任、创效责任（见图2）。

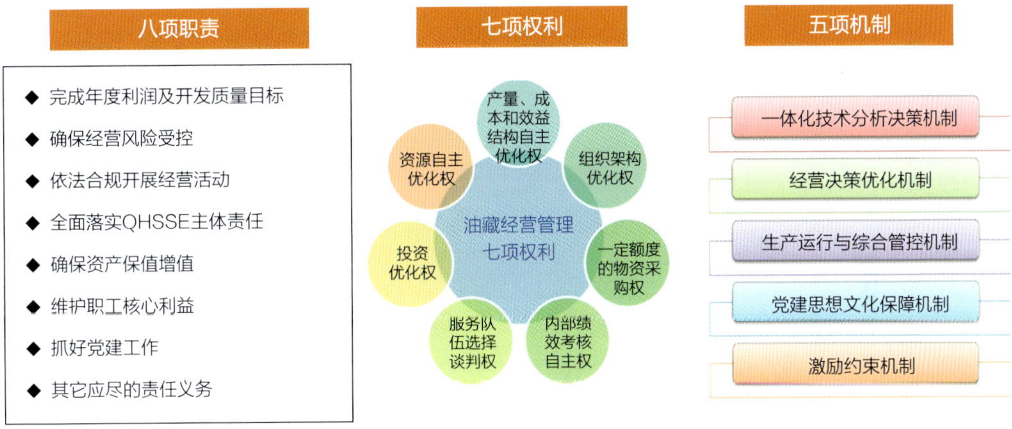

图2　做实管理区存量油藏自主经营机制内涵

（三）加大激励，提振干事创业士气

构建效益化、多元化激励机制。制定科技与管理创新创效奖励办法，对取得重大勘探开发突破、重大工艺技术创新、老区采收率提升及重大管理创新成果的团队和个人进行重奖，单项奖励达到100万元。2020年，科技、管理创效专项奖励占公司总绩效的30%。建立赛马机制，对边远、零散井、效益差、管理难度大的区块实施“揭榜挂帅”，一批想干事、能干事、干成事的优秀人才脱颖而出。坚持不养队伍管队伍，建立承包商“3+3”激励约束机制（见图3），鼓励承包商比质量、比速度、比效益，与公司保持目标同向。2021年上半年，人均利润位居中国石化采油厂第二名。

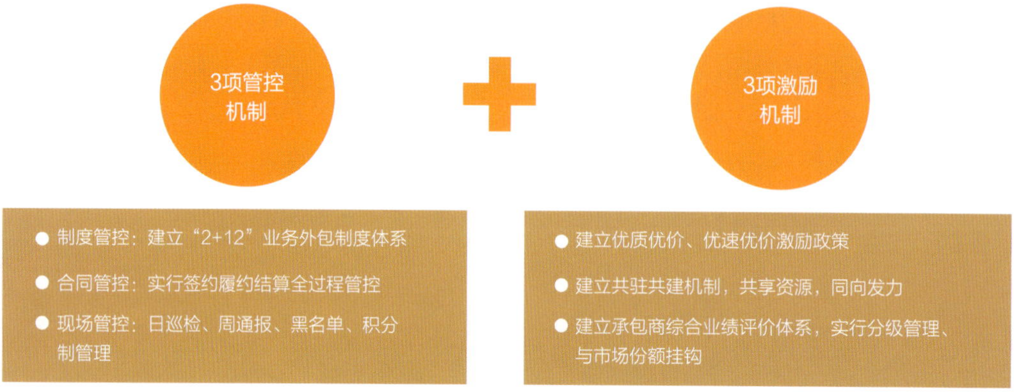

图 3　承包商“3+3”激励约束机制

二、市场化运营、多元化合作，构筑胜利西部发展新平台

坚持以市场为纽带，整合优质资源，推进西部区域、甲乙方、东西部多元合作，互利共赢，全力构建利益共同体。2021 年上半年，吨油完全成本在中国石化采油厂排名第三。

（一）做实中—中区域合作

打破矿权限制，与新疆油田全面合作，打造中国石油、中国石化在新疆西部区域“技术 + 资源”共享平台。实施“物探采集处理解释、重点领域联合攻关、联合井位部署”深度合作，定期开展学习交流，复杂隐蔽地质体成像及描述技术、浅层稠油提质增效技术、深层高效钻完井技术等方面工作取得新进展，加深了对永进地区油藏认识，拓展了资源潜力和建产空间，达成了永进油田规模开发后油气运输、销售渠道合作意向，成果丰硕。

（二）做优油地兵企协同合作

践行混合所有制改革，按“99+1”模式与新疆维吾尔自治区股权合作，成为中国石化上游第一家属地注册企业，通过在当地纳税、提供就业岗位等方式，积极支持地方经济发展，体现了央企责任担当。建立与政府、兵团常态化沟通机制，及时掌握政策法规，积极争取政策支持，环评文件审批周期压缩到最短。与地方应急救援中心建立大型应急救援联动机制，与地方化工企业开展 CO_2 保供合作，支撑准中区域深层气驱开发。与参建承包商构建以“五联”为核心的共建平台（见图 4），培育了胜利发电厂、现河采油厂等多家战略合作伙伴。

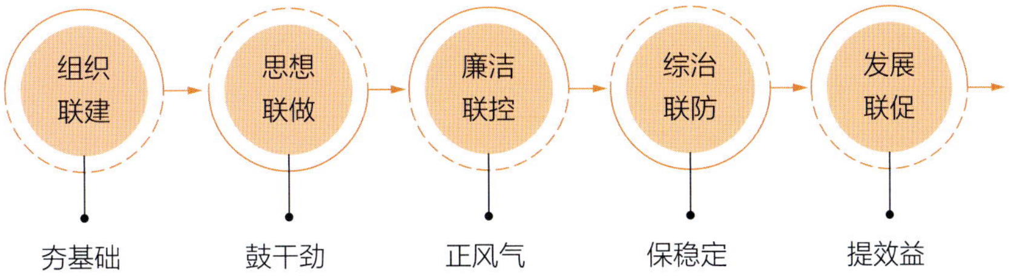

图4　承包商“五联”共建平台

（三）做强厂—厂（院）合作

发挥胜利东部采油厂人员技术和管理优势，部分采油管理区实施整体承包，赋予承包方油藏生产、经营管理自主权，充分调动其积极性，分担公司老区稳产压力，将原公司人员解放出来，补充到新区建设，确保生产规模大幅扩大、用工总量基本不变。引智借智，联合攻关，构建开放式科研体系，内部与油田三大研究院一体协作，外部与高等院校、科研院所深度合作，实施前瞻性研究，多渠道攻克瓶颈难题。

三、一体化组织、信息化提升，创造增储建产新速度

瞄准“两个翻番”奋斗目标，创新构建一体化运行机制，加快推进数字化转型，以油气生产组织方式变革推动准中新区高效增储、快速建产。

（一）勘探开发一体化

以价值创造、价值增长为目标，促进勘探开发“上统下分，两头延伸”，将勘探向后延伸至开发实施信息反馈阶段，开发向前延伸至勘探评价决策阶段，实现“勘探中有开发，开发中有勘探”一体化管理（见图5）。建立联席会议制度，强化勘探开发资料信息双向传递与反馈，有效防范开发部署落空，实现“以最少的井控制最多的储量、以最少的储量建成最多的产能”，提高资源开发价值和增储建产效能。

（二）地质工程一体化

以单井产量为核心，强化基础地质数据研究，构建“三类模型”实现精细化油藏描述，促进“三类工程”方案优化，完善后评价制度，确保“用最少的产能拿到最多的产量，用最少的产量创造最多的效益”。建立学习曲线迭代更新下一轮施工，促进地质工程一体化管理水平螺旋式提升（见图6）。强化关键技术攻关，对“3大类9方向”钻完井等技术开展攻关，推动技术装备升级，实现施工成本综合降低30%～35%。

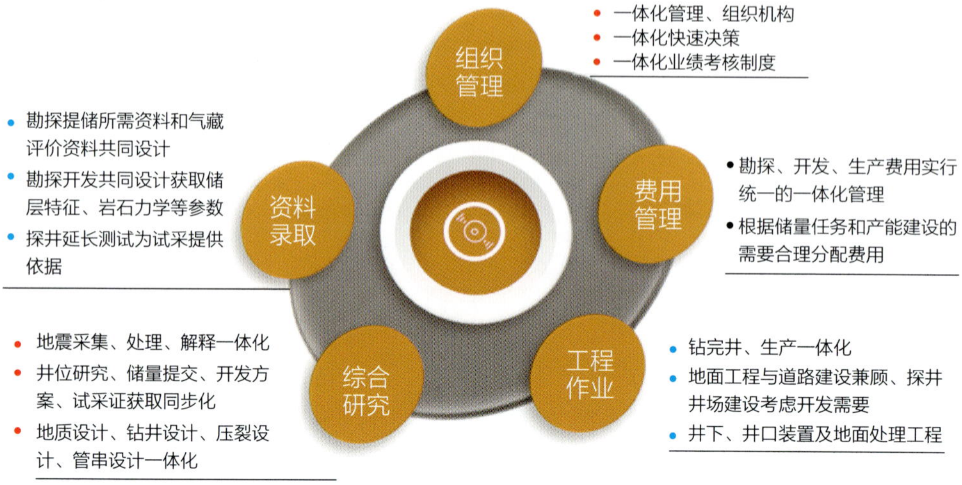

图5 勘探开发一体化

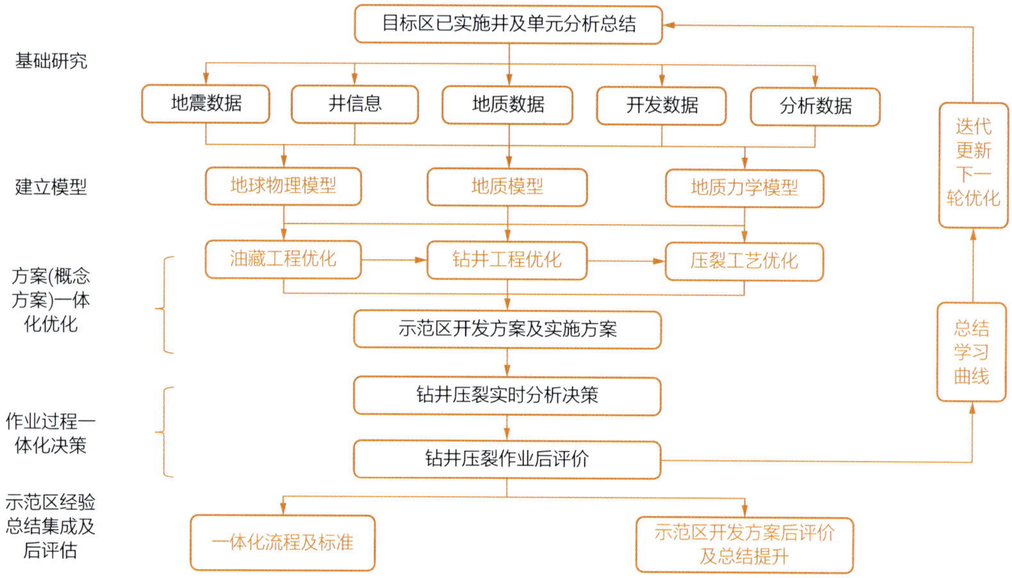

图6 地质工程一体化工作流程

（三）组织运行一体化

结合开发“探评同步、分期建产”部署，地上地下协同推进，基于一体化协同运行平台，落实“井工厂”“五化”等重点建设要求，不断提升地质、开发、工艺、工农、钻井、作业等部门之间一体化配套联动水平（见图7）。地面工程建设周期较常规建设缩短16%，投资成本降低6%以上。2020年，钻完井周期同比缩短34.8%，钻井米费同比降低20.9%。

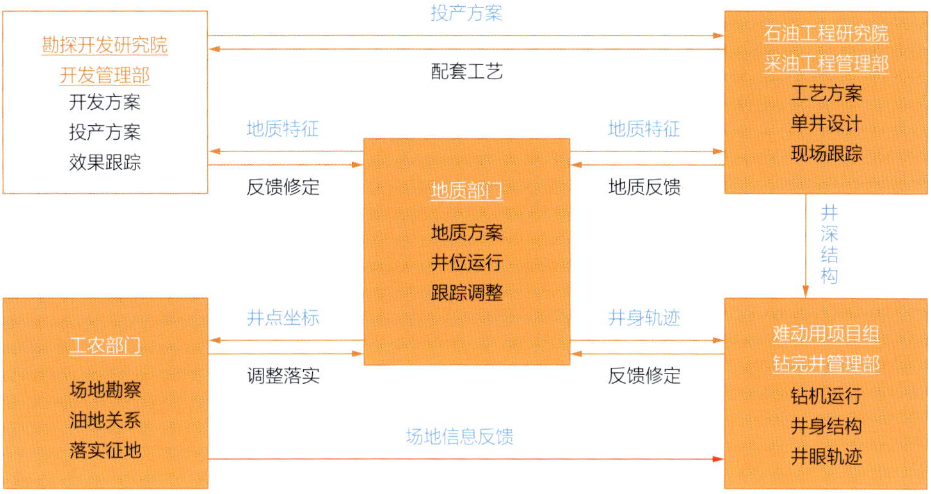

图 7　组织运行一体化

（四）油田管理智能化

按照“生产管理少人化、分析决策智能化”思路，以问题和需求为导向，深化智能油田建设。应用“智能控制、橇装集成、循环利用”核心技术，做到现场设备设施数字化全覆盖，实现了油水井智能控制、管道自动巡检、现场实时监控、增压站无人值守；实施建模数模一体化，深化数据集成应用，实现了站库智能管控、油藏智能分析、风险智能识别、经营智能决策。

经验启示

（一）高质量发展必须聚焦价值创造

聚焦企业核心价值创造能力，围绕勘探开发、生产经营，找准体制机制的梗阻点，持续推进改革创新，强化人才支撑、技术支撑，不断优化激励机制、分配机制，激发全员价值创造动能，提高创新驱动的价值效能。

（二）高质量发展必须强化科技支撑

科技是第一生产力，也是核心竞争力。油公司高质量发展必须紧盯石油行业科技前沿，结合自有地质条件、开发现状，坚持问题导向，强化科技引进、转化和吸收。必须加快信息化与科技建产的相互融合，用科技手段打通油公司发展的“奇经八脉”，实现高质量发展。

（三）高质量发展必须坚持市场导向、合作共赢

坚持走精干高效的油公司建设之路，充分依托国内外广阔市场，构建公平公开的市场竞争平台，引进更优秀的承包商队伍、更先进的技术和装备，广泛开展区域合作、油地合作、甲乙方合作，以合作共赢共建发展阵地、共享信息资源、共克科技难关，实现“1+1＞2”的共赢目标。

三位一体　四化融合　勇当油公司改革“排头兵”

西北油田分公司采油四厂

西北油田分公司采油四厂是中国石化最年轻的采油厂，管辖国内仅有的超深断溶体油气田——顺北油田，是西北油气资源接替重要阵地。采油四厂以打造“用工最少、成本最低、机制最优、效益最好”的新型采油厂为己任，突出“聚焦核心、完善市场”，形成“三位一体、四化融合”的顺北模式（见图1），实现70余人管理百万吨产能规模的油气田，矿区面积达2万平方公里，人均产量、人均利润、吨油完全成本、用工成本占比四项指标持续保持中国石化上游。

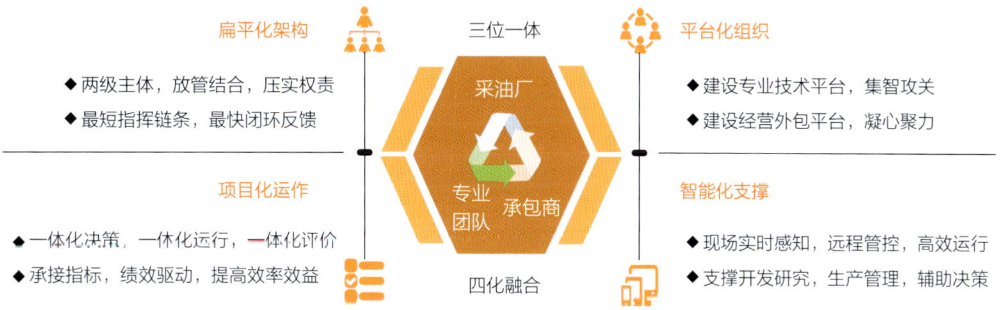

图1　“三位一体、四化融合”管理模式

一、重塑关联，统一目标，打造“三位一体”组织生态

聚焦核心主业，以高质高效运营为前提，持续提升市场管理现代化水平，塑造基于分工授权的“无层级”管理格局，组建“采油厂、专业团队、承包商”全口径的三大职能主体，高效支撑顺北新区勘探开发。

（一）明确关联定位，理顺管理关系

将采油、集输等油气生产运行业务以项目化形式移交市场，形成区域业务承包主体；将管理与技术辅助业务采用职能外包的模式移交市场，形成专业化支撑主体。两大市场化主体共同支撑采油厂这一油藏经营管理主体，构成“三位一体”关联体系。

（二）明确职能分工，厘清管理界面

通过不断优化调整，明确采油厂决策部署和指导监督的管理职能，专业团队参谋建议、辅助服务和基础支撑的业务职能，以及区域承包商“生产、技术、经营、安全”一体化的业务职能。各主体管理界面清晰，极大提升管理运行效率。

（三）统一价值目标，实现互利共赢

根据专业团队和承包商业务属性的不同，制定差异化绩效考核兑现机制，既分解落实油田公司核心绩效指标，又体现业务差异性，有效统一三方价值目标，构建形成利益共同体，持续激发市场活力。

二、扁平精干，高效协同，构建“四化融合”体制机制

（一）压实权责，构建扁平化架构

采油厂内部设置三个中心十个岗位，生产现场派驻监督，促使岗位员工聚焦核心业务、专注核心职能，履行核心决策，实现机构精干、人员精简的目标（见图2）。

打铁还需自身硬，更高的市场化程度，需要更强的管理能力。采油四厂坚决走“精兵路线”，从流程机制、个体素质两方面提高队伍能力。在个体素质方面，重点培育岗位员工规划计划、监督监管、专业知识、沟通协调4项能力，支撑平台型组织建设（见图3）。

在流程机制方面，通过流程固化、优化、再造，强化制度化、流程化管理。

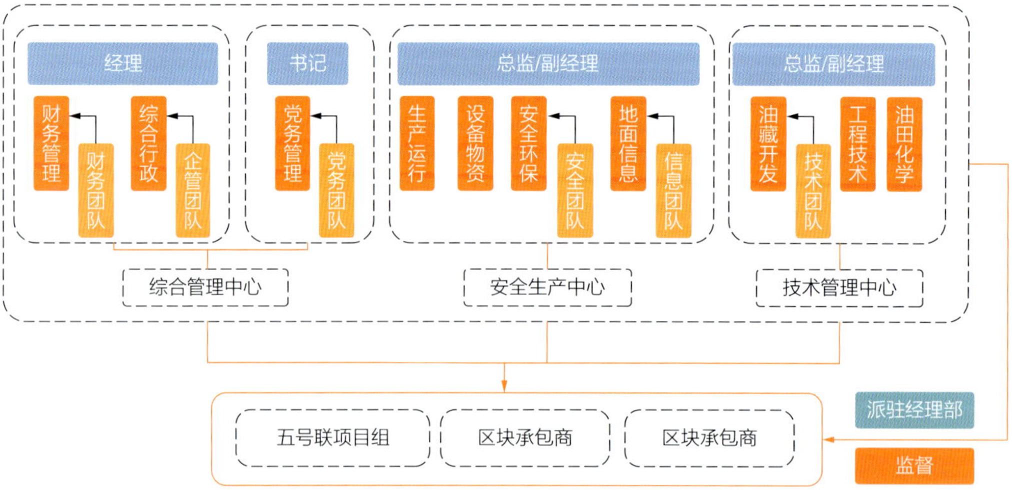

图2 组织架构

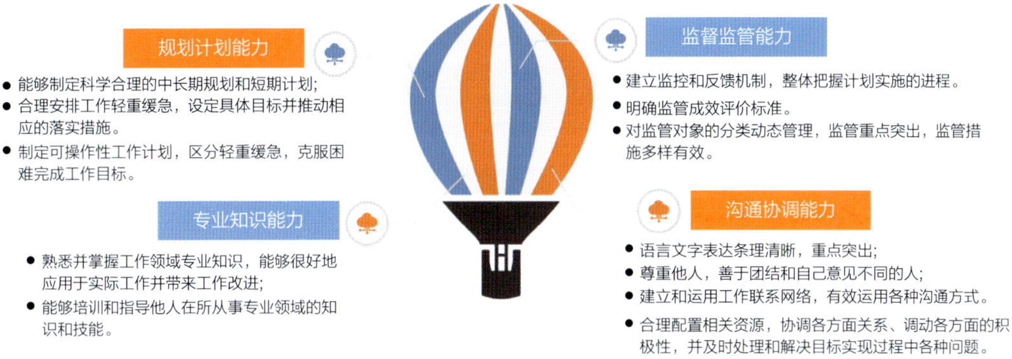

图 3　岗位员工能力提升方向

（二）集智攻关，打造平台化组织

依托社会资源，打破行业、地域界限，引入专业支撑团队，构建内核、外核、外延三层专业技术平台。

内核团队，长期驻扎采油厂现场，建立团队工作标准和人才标准，合理设置人才引进门槛；同时加快推进专家支撑团队建设，引入高水平专家，发挥智囊参谋、决策支持、创新攻关、人才培养作用（见图4）。

	综合行政团队	会计核算团队	技术支撑团队	外部宣传团队	安全支撑团队	信息支撑团队
日常支撑	综合管理日常工作支撑，合同、招投标、市场、行政，指导承包商规范管理行为	会计核算工作支撑，指导承包商规范经营行为	油藏动态分析、动态监测、工艺技术分析等日常工作支撑，对承包商进行技术指导	联合党支部和顺北全体党建工作支撑，做好外部宣传工作	日常生产运行安全监督检查、重点施工安全监督检查，对承包商进行技术指导	生产指挥平台运行管理、生产数据统计的优化提效、智能化油田建设的规划建议、信息化知识培训，信息化团队的管理
专项研究	体制机制设计、业务流程管控体系、绩效考核体系、内控、风险防控等	经营管理体系设计，完善外包价格体系，建立弹性预算机制，建立成本决策机制	专业研究和技术革新区块技术支撑等	各类专项主题活动、企业文化打造等	安全标准规范等相关规程和制度的制定	智能化油田建设的规划建议，立项提议。智能化的新工艺、新技术的调研，先导试验的意见建议
单位人员	江苏油田 5人 进驻:2019年5月	辽宁智维 8人 进驻:2017年5月	江苏油田 10人 进驻:2018年2月	河南油田 7人 进驻:2017年5月	辽河油田 10人 进驻:2018年12月	新疆瑞网 6人 进驻:2019年1月

图 4　内核团队

外核团队，依靠机关处室指导、两院前瞻研究、专业化中心现场保障及作业监管，发挥智能助力、开发先导作用（见图5）。

研究方向和成果

油藏方面	完井方面	储改方面	井筒方面
存在难题	存在难题	存在难题	存在难题
合理产能评价方法和合理采速制定方法 油藏精细描述 中长期稳产开发技术政策	井壁易坍塌 储层易污染 井筒易腐蚀	高温下，酸盐反应速度快，作用距离短 施工压力高，地层有效作用压力小 施工排量小	井筒内存在结端堵塞 井筒内存在沥青质堵塞 井筒内存在复合堵塞
取得成果	取得成果	取得成果	取得成果
进一步明确顺北1，5条带储集体发育特征 建立通用产能方程，对顺北产能进行评价，明确各种评价方法的适应性 顺北5条带开发取得5个方面新认识	井壁支撑完井技术 清洁完井技术 高温环空保护液技术	双160℃指标交联酸研制成功 配套140MPa井口+41、21m油管 提升作业能力 初步构建走滑断裂应力场建模方法 完善了酸压裂工艺，有效解除深部漏失污染 探索了3类酸压工艺，明确了下步改进方向	井筒蜡质堵塞原因分析 井筒 沥青堵塞机理研究、沉积位置预测 井筒复合堵塞成分分析

图5 外核团队

外延团队，依托高等院校、科研院所等外部优质技术力量，发挥前瞻研究、瓶颈攻关作用。

遵循市场规律，对标先进油公司模式，以“激发活力、提高效率、提升效益”为目标，建设经营外包平台。根据承包商能力、外部市场环境和甲方管理需求，推行区块项目化整体外包，合理划分总包、直包业务，构建外包价格体系，配套建设业务流程、内控等管控机制、关联方考核评价机制，逐步培育复合型区块承包商，引进外部优质资源，激发各业务主体市场活力，增加用工弹性，提升效率效益。

（三）承接指标，推进项目化运作

在纵向实现管理集约优化的基础上，采用项目化管理手段，贯通横向业务流程，打破专业壁垒，组建老井稳产、措施上产、天然气上产、经营保障4个一体化项目组，承接指标，绩效驱动，实现一体化决策、一体化运行、一体化评价。根据整体工作部署，坚持效益导向，各项目组积极组织开展专题研究，细化分解目标，落实责任分工，提高决策的针对性和实效性。项目运行过程中，推进一体化统筹协调，做实旬分析、月总结工作机制，保障项目高效运行、任务目标高质量完成。同时，依据月度目标完成情况进行项目评价，纳入月度岗位“双积分”，实现项目闭环管控。2021年，实施措施11井次，累计增油3.5万吨，全周期吨油成本同比降低36元/吨；天然气商品率较下达指标增加5.7个百分点，低压天然气回收实现创收406万元。

（四）辅助决策，提供智能化支撑

按照“无人值守、集中监控、故障巡检、应急联动”的总体思路，以物联网、大数据等信息技术为支撑，开展单井无人值守、阀组站无人值守、生产站场自动化和全面感知四类建设，完善两级集中监控、无人机深化应用、场站数字化和传输链条四项配套，织密顺北油田物联网，规划以厂、区两级监控中心为核心的“井—线—站”一体化管控模式。同时，以业务为中心，加强技术手段运用，做到管理流程信息化，提升多方协同运行效率，实现业务流程自动推送、工作量线上签认和考核自动形成等目标（见图6）。

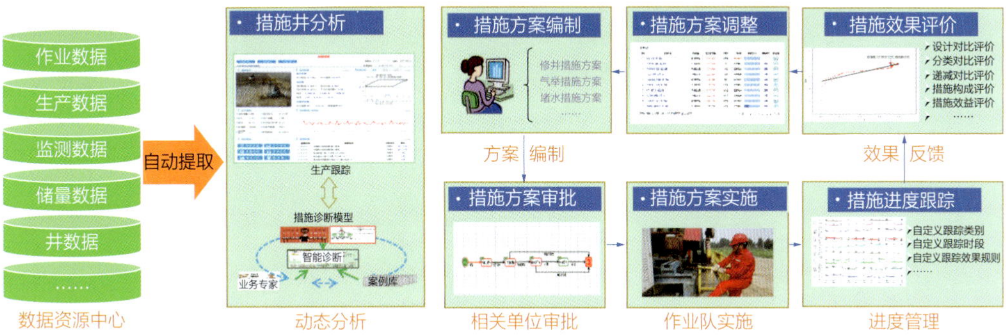

图6　辅助决策智能化

以油藏经营管理为核心，以大数据、人工智能等信息技术为支撑，贯通从方案、预算、任务、施工、监督、结算、分析全业务链，为单井管理、措施运行提供全过程管理。搭建协同研究一体化工作环境，夯实综合研究过程数据、成果等信息贯通基础，实现油井管理、油藏分析等业务功能从定性分析向定量超前控制转变。

经验启示

（一）坚持低成本战略是深化油公司改革的充分条件

在推动生产单元向效益单元转变的进程中，不是单纯的精简机构人员和缩减业务，再将这部分空缺移交市场，而是要在转型过程中实现“采油厂省钱、承包商挣钱”的共享共赢。在大力引入市场队伍的同时，同时充分利用西北油田内部管理和技术资源进行内部挖潜，发挥低成本优势，进而降低运营成本。

（二）把握市场管控尺度是实现市场化的必要条件

区块外包的模式固然能大幅降低人力资源的投入，但效益最大与风险管理并重。一方面，整体区块外包对承包商技术、管理水平提出新挑战，承包商极有可能无法立即融入到新的管理模式中来，因而不能一次性、简单化地完全托管，只能分步实施、逐步放手、边试边干，确定理顺关系后才能扩大承包商自主经营权。另一方面，采油厂要时刻把握好外包业务范围，要注重自身核心管理与技术人才培养，确保核心竞争力，规避“承包商不可替代”的风险，形成“把关键、控全局”的良性发展态势。

（三）注重外培市场与内强实力的协同提升

对外培育市场合作伙伴，对内增强采油厂核心实力，应该是市场经济下打造油公司建设升级版的两个方面，相辅相成，缺一不可。在持续深化油公司改革中，采油厂要积极培养全面协同发展和合作共赢的理念，合理界定采油厂与市场的边界，对内注重强身健体，推进采油厂高质量发展；对外注重培育市场合作伙伴，激发市场竞争活力，共同推进运营效率提升，实现全价值链的资源配置最优。

以“3+3+3”体系打造一流天然气净化厂

中原油田普光分公司天然气净化厂

中原油田普光分公司天然气净化厂是亚洲第一、世界第二大净化厂，年设计净化处理高含硫天然气（H_2S含量15.8%，CO_2含量8.6%）120亿方、年产硫黄240万吨，实行“油公司”管理模式，在册职工565人。建厂以来，深耕特大型高含硫天然气净化运行管理，累计荣获省部级及以上科技成果15项，形成专利40项，制定国家、行业标准13项，建立了国家高含硫天然气净化标准体系，获得全国“工人先锋号”、国资委“中央企业先进集体”、集团公司“红旗净化厂”等荣誉。近两年来，普光分公司天然气净化厂聚焦行业领先指标，探索形成了以对标提升路线图、机制图、作战图“三图”为引领，以新时期“三基”落实机制为载体，以高含硫“三维”安全管控为保障的“3+3+3”管理提升体系（见图1）。

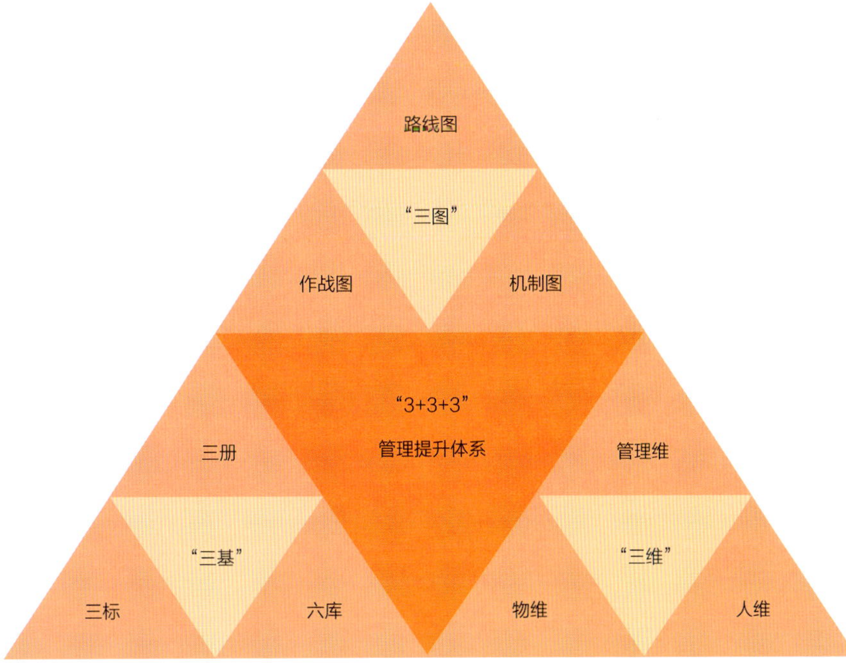

图1　“3+3+3”管理提升体系

一、以“三图”为引擎推动对标提升行动增动力

（一）绘制对标提升路线图

消化吸收集团公司对标提升思路和方式方法，立足高含硫天然气净化运行管理水平提升，综合分析世界一流、行业一流、历史最优标杆指标，融合“五项劳动竞赛”、组织管理效能对标等指标，建立党建引领、管理效能、专业技术、安全环保四大类22项标杆指标，梳理确定“夯基础、转作风、强管理”工作提升措施36项，定事、定标、定人、定责、定时，为对标管理提升提供了行动指南。

（二）建立对标提升机制图

以对标提升为主线，推进HSSE考核、生产考核、设备考核、产品气收率考核、精神文明考核、目标绩效考核与“五项劳动竞赛”深度融合，建立专业月（季）度+厂年度的综合考评机制，按月（季）考核，当月（季）兑现，年终总评重奖，保证了对标提升和竞赛活动高质量推进。建立高含硫净化装置能源管理体系，确定系统、单元、设备三层级33项能效评价指标，创建能效评价方法，实现“有计量—有定额—有标杆”的对标管理，通过一系列技术创新改造和管理提升，单位油气综合能耗、千方气操作成本、千方气天然气加工损失率、硫黄回收率、烟气二氧化硫排放浓度等指标创历史最优，达到行业领先水平。

（三）精准效益提升作战图

瞄准增效创效关键点，深化实施“长周期、高效率、创标杆”创标夺旗劳动竞赛，收率细分5个档次进行达标奖励，加大长周期标杆装置奖励力度，2021年前8个月多增收产品气1690万方，六联合创造长周期稳定运行历史最优标杆值。推进硫黄拓市增效，铁运、汽运、船运齐发力，抢抓价格高点加大销量、保持“零”库存运行，前8个月累计销售硫黄122.1万吨，同比多增收创效7.7亿元。积极优化生产组织，建立健全生产大数据库，制定调产4大原则、36种方式，持续完善“高负荷+调峰+休眠”经济运行模式，开发净化装置低负荷运行能耗控制技术，调峰模式较均分模式单位油气综合能耗年节约12%以上。

二、构建“三册”导向+“三标”驱动+“六库”支撑的新时期“三基”工作互促提升机制

（一）推进“三册”创新应用

以岗位责任制高质量落地为主线，坚持实用、好用、管用原则，以党建“三基本”+聚魂、暖心、堡垒“三行动”为核心编制《基层党务手册》，把生产的事、岗位的人、经营的果有机融合，持续提升车间（站）战斗力、凝聚力。突出管理协调职能，优化净化车间3大类12个专业岗，按照“管理概况+职责清单+QHSSE清单+X专业制度流程目录”四大模块编制《基层管理手册》。实施大岗位管理，按照“岗位说明+岗位工作标准清单+X操作规程+Y应急处置卡”四大模块编制《岗位操作手册》。以基层管理和岗位实需为导向，业务骨干牵头负责，大力建设“六库”，打造集团公司基层规范化管理示范单位。

（二）推进“三标”高水平建设

实施标准化班组建设。固化班组人员配置标准，推行班组长“竞聘上岗”“一用一备”制，通过党员培养、轮岗实习、跨班组历练，推进班组建设和党员发展共建互促，实现“四好、五型”班组率100%。实施标准化现场建设。按照“目视化管理全区域覆盖、定置管理全空间布局，看板管理、标识管理、识别管理精准搭配”建设思路，打造“三统四清”（标识统一、颜色统一、标准统一，场地风险清、警戒等级清、介质流向清、运行状态清）标准化现场。实施标准化岗位建设。聚焦应急处置精、标准操作精、自我保护精“三精”标准，立足“五懂五会五能”抓实基本功训练，创新实施“分级巡检”“表单保养”“读卡操作”“唱票复诵制”等岗位标准化操作法，建成投运集团公司首个高含硫天然气净化实训基地，累计开展培训20余期800人次，近两年，培养技师68名，有多人荣获全国操作技能大赛1金2铜、团体二等奖（见图2）。

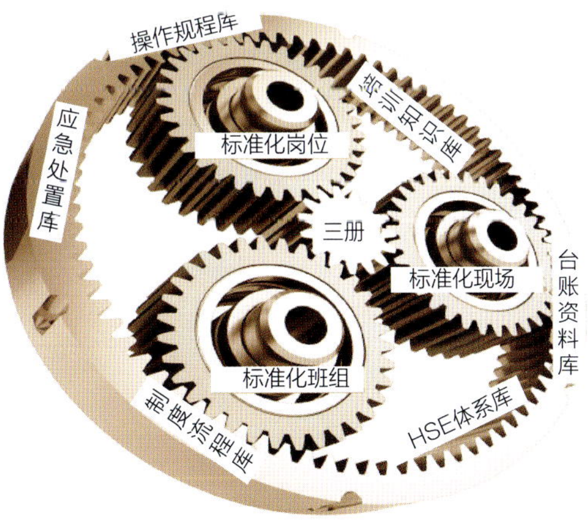

图2　新时期“三基”互促提升机制

三、构建以预防性管理为核心的“三维”安全管控立体网

立足高含硫天然气净化安全管理，以安全性、可靠性为目标，瞄准“夯实基础、双重预防、泄漏防控、异常管控、应急管理、设备本质安全、承包商管理”七大关键点，以人、物、管理“三维”构建安全管控立体网，全方位全过程实施预防性管理。突出“抓在先”，以“三单两册”风险管理为载体，深化“每班一识”活动，实施“三查三奖四同”隐患排查治理机制，将问题解决在萌芽之时、成灾之前。突出“抓在小”，深化泄漏常态化排查整治机制，优化排查频次、加大排查力度、细化排查范围，加大定力矩紧固等成熟技术推广，加快LDAR、甲烷遥测等新技术应用，完成超39万个密封点检测，泄漏技防能力全面提升。突出“抓在常”，优化DCS报警功能，实现4级异常预警，做到提前预判、早期处置，建立异常事件案例库，抓实异常事件回头看活动，编制《生产异常事故典型案例汇编》，将其纳入日常应急处置培训，推进突发事件常学、常思、常练。突出“抓在细”，首创行业硫化氢三级管控模式，根据厂区含硫介质分布、泄漏风险及影响情况，实施H_2S三级防控，分级落实防控措施、动态调整防控等级，该管理办法在集团公司推广应用。突出“抓在实”，首创基层单位“一图十卡”安全管控体系，通过矩阵图和10个定位卡，分解工作步骤，锁定岗位职责，实现各级岗位HSE管理界面和权责清晰明确。突出“抓在严”，开发直接作业电子票证管理系统，通过RFID刷卡及系统的权限控制，规范作业许可证办理流程，通过防爆手持终端、现场作业位置点、人员卡等硬件工具，强制要求现场确认、票证审核、审批人员到场，确保作业危害识别和安全措施得到有效落实（见图3）。

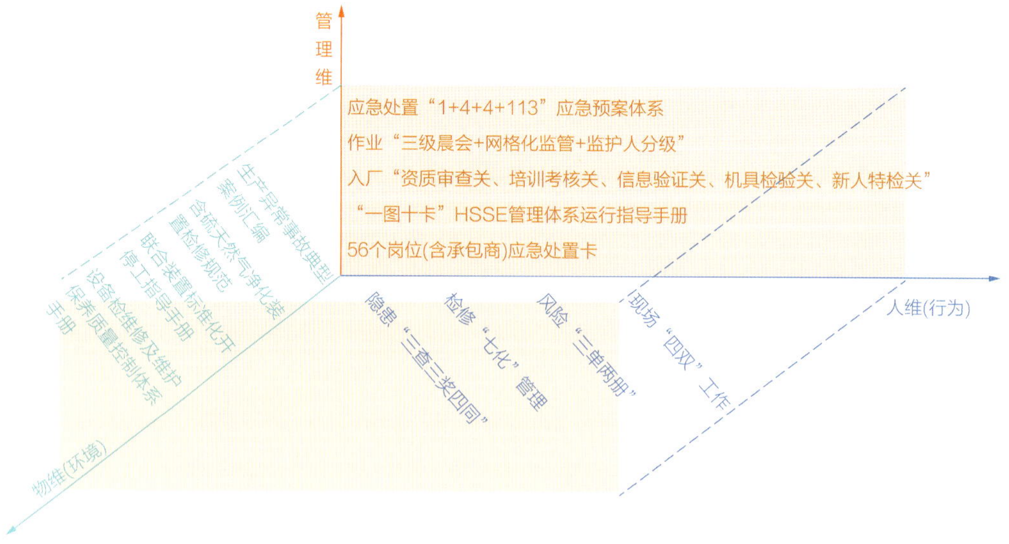

图3 “三维”安全管控立体网

经验启示

（一）科技创新是提升管理水平的“关键一招”

普光净化厂坚持创新驱动战略，聚焦实现特大型高含硫天然气净化装置自主研发，持续提升自主创新能力，按照“先导试验+逐步推广”思路大力实施设备国产化，创新研发国内最大单体20万吨/年克劳斯炉等装备，实现静设备国产化率100%，累计完成817台（套）设备国产化，节约资金超3亿元，为管理水平提升提供了硬支撑。

（二）“三基”是提升管理水平的“三大法宝”

普光净化厂坚持“三基”强基战略，立足现场、立足岗位、立足实效，敢于做管理的减法，对基层管理问题剥丝抽茧，抓主要矛盾、抓矛盾的主要方面，创新形成了以“三册”导向+“三标”驱动+“六库”支撑的新时期“三基”工作互促提升机制，实现基层管理规范化、标准化，为管理水平提升提供了软实力。

（三）安全环保是提升管理水平的“定海神针”

普光净化厂坚持安全环保固本战略，牢固树立“安全第一”理念，认真落实“不安全就不生产”“泄漏就是事故”等要求，坚持严、实、细，突出先、小、常，构建以预防性管理为核心的“三维”安全管控立体网，全方位夯实可持续发展基础。

聚焦主业 彰显特色 打造一流LNG企业

天然气分公司天津液化天然气有限公司

中石化天津液化天然气有限责任公司是中国石化天然气有限责任公司与天津市南港开发公司合资注册的新能源公司，主要负责天津液化天然气（LNG）接收站及码头的建设与运营，接卸进口LNG。LNG船舶到港后，由码头卸料设施输送至LNG储罐储存，通过工艺增压及气化装置（SCV/IFV）气化为高压天然气进入下游天然气管网。2020年，全国进口液化天然气（LNG）6713万吨，其中天津液化公司全年接卸LNG 767万吨，完成年度任务指标111.63%，实现利润9.19亿元，完成年度利润指标135.89%。天津液化公司一期工程建设规模600万吨/年（按照国家发改委核准批复），2018年建成投产；二期工程正在抓紧实施中，预计2023年全面建成投产，接转能力达1080万吨/年；远期工程前期规划筹备工作正在进行中，预计接转能力将达2000万吨/年。

天津液化公司始终以打造“国内领先、国际一流”LNG接收站为目标，聚焦生产主业，从安全生产、推行国产化、建设企业文化等方面全面展现管理特色。公司先后荣获国家现代化管理创新，集团公司管理现代化创新、优秀项目管理团队、优质工程奖，天津市战略性新兴产业领军企业，连续三年获评天津市经济技术开发区百强企业、税收50强企业，为推动区域经济发展发挥了积极作用（见图1）。

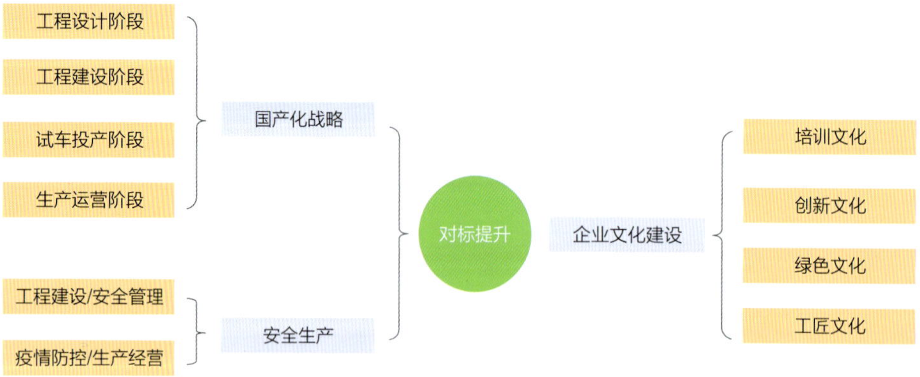

图1 天津液化公司创新特色管理体系

一、聚焦安全生产双管双控，服务主业争创一流

（一）聚焦疫情防控和生产经营双战双胜

天津液化公司始终严格秉承“工作有计划、任务有清单、操作有步骤、检查有节点”的工作标准。对比国内其他成熟的LNG接收站运营模式，天津液化公司结合自身工作实际，在疫情严峻时期首创采用“零接触”接船模式，从码头、接收站门禁及槽车出入口处全方位“严防死守”，有效规避场外尤其境外人员的接触，实现疫情防控和平稳接船两不误。2020年，单码头接卸116艘次、其中现货92船次，均居全国首位；2021年上半年，接卸量363.4万吨，位居全国首位；成功接卸全球最大LNG船型Q-max，在集团公司及天津地区均为首次。

▲　1号码头航拍

（二）聚焦工程建设和安全管理双促双成

天津液化公司以对标提升行动为契机，充分吸取近年来石油化工行业事故教训，重点对比国内已投产优秀接收站，积极开展自查整改，确保工程建设与安全管理双目标实现。细化优化施工方案，重点对比行业过往施工高危区域、重大风险作业环节，组织编制专项施工方案，确保施工质量；建立值班人员24小时轮班在岗及夜间巡检制度，重点管控高危作业环节，确保生产与施工交叉区域全过程监护管理到位。2014年开工至今，无任何工程、生产事故发生。

天津液化公司二期扩建工程紧抓实施进度，多项工作较批复节点提前完成：与系统内其他LNG接收站对比，同规模储罐气顶升节点提前30余天；储罐桩基完成较批复节点提前20天，为后续工程的顺利实施打下良好基础。

二、大力实施国产化战略，助力民族产业发展

天津液化公司坚持“引进学习—吸收消化—自主研发”三步走战略。充分对标石油化工行业的国产化工作现状，大胆尝试探索，从设计、施工、试车及运营全方位对比学习，考察调研国内外优秀企业，同时结合天津LNG接收站实际情况对国产化全面推进工作进行合理规划。

（一）产学研一体化平台助力国产化攻坚

工程设计期，天津液化公司着力构建了产学研一体化平台，组织国内设计团队积极开展成套包核心工艺技术及关键设备材料国产化研发，最终由国内团队独立自主开发具有完全自主知识产权的LNG接收站成套包工艺技术，并建成中国石化首座自主设计、建设、投产及运营的LNG接收站。同时，它也是国内国产化率领先（90.7%）的LNG接收站。

（二）全过程统筹管控推动科学制定施工方案

工程施工阶段，天津LNG项目部依据设计方案，以资源集约化利用及关键环节全过程管控为目标，对一期工程、二期预留工程统筹规划、优化布局；统一编制各单位工程细化实施方案、施工作业规范、标准及要求，形成书面材料推广下达；开展包括施工工法、气顶升工艺及焊接工艺在内的专项核心技术评定与研究，最终汇总形成总体施工方案和专项施工方案。

（三）一体化优势保障开车投产一次成功

试车投产阶段，天津液化公司发挥建管一体化优势，从成立完全国内团队试车投产机构、细化投产实施方案到严把试车投产过程控制，最终实现了自主开车投产一次成功，创造了国内首船靠岸调试在港时间最短的纪录，6天20小时，较国内其他LNG接收站平均用时12天缩短了5天；槽车首车外运最快7天22小时，较国内其他LNG接收站用时15天缩短了7天。

（四）对标先进持续优化设备运行

生产运营阶段，天津液化公司综合考虑国内设备厂家现有技术情况，对标学习同行业企业国产设备运行，培养出了一支技术过硬、经验丰富的设备维修团队，已基本实现场内关键设备自主维修，每年有效节约外委检修费用60余万元；开展国产化设备及备品备件替代，目前已实现BOG压缩机、罐内泵及高压外输泵备品备件的国产化，掌握了备件

储备的主动性，每年节约采购费用30余万元；优化设备运行、降低运行费用，合理优化了气化器运行组合，最大程度利用IFV设备的低能耗特点，每年有效降低运行成本80余万元。

三、着力党建+文化引领，提升特色经营管理水平

通过对标提升行动，天津液化公司力争打造一支具有特色管理文化的新型团队，大力推动党建标准化、规范化、信息化建设，将党组织的政治优势转化为工作优势；以文化建设作为对标提升行动的亮点工作，挖掘特色做法，综合提升管理水平。

（一）着力培训文化，提升专业技术水平

通过对标提升行动，公司深知专业技术人才的重要性，公司一方面围绕核心专业知识，开展了全员综合技能普及培训，独立编制培训教材，确保培训内容的实用性，并填补了国内LNG行业领域培训教材的空白。另一方面，建立了有效激励机制，公司领导率先垂范，做到同培训、同考核；采取线上、线下双轨学习，并通过闭卷考试和现场认知双重考核进行取证。

（二）着力创新文化，提升站场管理水平

2019年以来，天津液化公司参照其他LNG接收站的生产运行经验，首创IFV+SCV并联运行，年节约150万立方米燃料气，完成节能降耗减排；同时，公司充分学习了其他站场的智能化改造，及时上线了视频云监控、信息云传输等功能；正在推进的智能装车管理系统、生产一体化管控系统，将在改造完成后有效提升生产经营效率。

（三）着力绿色文化，提升站场生态水平

通过对标学习国内优秀企业的站场环境建设先进经验，天津液化公司将生态环境提升提到工作日程，大力开展了小微湿地示范区、循环经济示范区建设，在美化站场环境、为职工创造优美环境之余，有效节约资源，降低企业运行成本，提升“双碳”水平。天津LNG接收站水循环系统投用以后，全年可回收利用11万立方米生产和生活污水，节约全部绿化用水6万立方米以上，节约水费40万元以上，真正实现污水零排放。

（四）着力工匠文化，提升队伍素质水平

天津液化公司倡导敬业、精益、专注和创新的新时代工匠精神。公司组织干部员工自力更生创造优美的工作和生活环境，开展排碱通道改造和土壤改良，动手栽种树木、打造

小微湿地，建成春有花、秋有果、绿树成荫、鸟语花香的花园式站场，有力保障和促进公司各项工作不断实现新的突破。

▲ 绿色生态场站建设

经验启示

（一）企业深化改革必须坚持中心目标不放松，在经济领域为党工作

天津液化公司主要业务在于生产外输及工程建设，公司始终坚持“安、稳、长、满、优”生产运行，安全高效工程建设，向经营要效益，向发展要效益。公司将持续贯彻落实集团公司“改革、管理、创新、发展”重要方针，力争二期工程尽快投产，建成国内最大的LNG中转基地。同时按照目前三期扩建工程规划，未来公司接收站日外输能力可达1亿立方米，并配套建设乙烷储运、空气分离、冷能利用等多种装置，实现差异化经营。

（二）企业深化改革必须坚持国之大者不放松，切实履行国企社会责任

天津液化公司始终胸怀国之大者，成为华北地区天然气保供主力，为民生保障和生态改善贡献了自己的力量，同时充分发挥现有经验优势，大力践行国产化战略，助推民族工业发展。在总结一期工程建设先进经验的基础上，国产化工作已在二期扩建工程继续深入推进，包括卸料臂、罐内泵、气化器等核心工艺设备及备品备件均开展了国产化替代与维修。天津液化公司将充分利用已有设备运行经验，参照学习国内其他LNG企业的运行情况，在确保二期工程顺利建设的基础上，在三期工程中继续挖掘国产化潜力。

（三）企业深化改革必须坚持特色创新不放松，有效提升企业核心竞争力

对标同行企业，天津液化公司深知夯实核心业务“硬实力”的同时，推进提升特色经

营管理模式也将成为公司高质量发展的重要因素。公司将继续推进全员技能普及培训，重点培养专业技术操作人才，着力完善生产智慧化系统，提高生产管理效率，有效降低运行成本；持续推进绿色站场建设和冷能综合利用，助力“双碳”目标实现，提升公司核心竞争力。

聚焦价值引领　打造油藏经营服务标杆

胜利油田分公司注汽技术服务中心

注汽技术服务中心成立于2018年，负责胜利油田东部油区蒸汽、氮气、二氧化碳注汽（气）施工设计、生产运行管控及配套技术研发应用。注汽技术服务中心主动聚焦油藏经营价值最大化目标，积极践行“五大战略、三大目标”“六个走在前作表率”要求，全力推进建体系、明机制、强对标、细管理，努力打造油藏经营专业化服务标杆（见图1）。

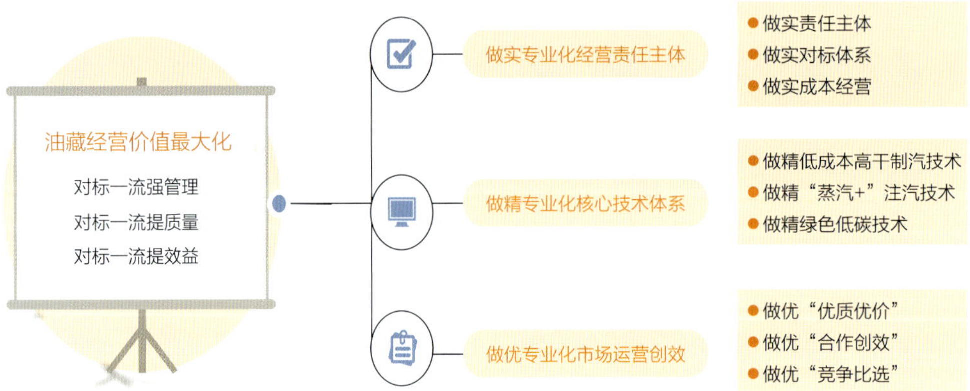

图1　聚焦油藏经营的专业化经营、技术、运营体系

一、聚焦油藏经营价值最大化，做实专业化经营责任主体

坚持一切工作向价值创造聚焦，一切资源向价值创造流动，加快构建适应油公司模式的专业化经营责任体系，强化成本经营、对标挖潜，质量效益水平稳步提升。

（一）做实责任主体

紧跟油公司体制机制改革步伐，加快推进“管理中心+技术服务项目部”体制机制优化调整，压扁注汽队一级管理层，实现项目部直管到基层班组和注汽设备。管理中心履行好协调服务、监督监控责任。技术服务项目部履行好经营创效主体责任，细分注汽、注氮、注二氧化碳技术服务项目部，按业务范围、队伍规模优化配置生产装备和技能操作人员，真正实现让专业的人干专业的事。推行标准化管理，结合专业化特点，逐步建立技术分析、经营决策优化、生产运行及综合管控一体化运行机制，完善注汽、注氮、注二氧化碳72项操作规范，细化基层“班站、岗位、现场”三类管理标准，保障标准化管理、规范化操作扎实落地。

（二）做实对标体系

锚定“增强动力、提高效率、提升价值”目标任务，建立包括中心、项目部、注汽班站三个层级，覆盖注汽优化运行、质量过程管控、资源优化配置、市场合作创效、成本经营挖潜5个方面、17项指标的效能对标评价体系，固化月度对标分析机制，比目标、比先进、比进步，找差距、定措施，强化效能对标治理追踪，盯落实、盯进度、盯效果，月度评价、滚动考核。丰富效能对标考核内容，按总绩效的10%对完成基本目标、提升目标，达到中心领先水平、行业先进水平的单位执行分级考核，激励基层单位、员工自主开拓市场、优化经营、对标挖潜，提升全要素生产效率和创效能力。

（三）做实成本经营

推行单锅炉效益核算平台，在细化财务核算的基础上，实施业务量、工艺技术、过程质量指标等价值管理全要素覆盖。建立“五线六区”效益评价模式，按“红、黄、绿灯”分级显现单锅炉实时经营创效状态，精准指导全业务、分因素对标分析，推动“无效变有效、低效变高效、高效再提效”。2020年，平均注汽干度同比提高7个百分点，单井故障停炉次数降低50%，边际贡献提高2.7元/吨，油气比提高0.18，实现在保障稠油产量基本持平的基础上，注汽量减少21%，提质提效取得明显效果（见图2）。

二、聚焦支撑油藏效益开发，做精专业化核心技术体系

发挥专业化单位集成攻关、规模应用优势，围绕稠油注汽“高效制汽、精准注汽、绿色低碳、蒸汽+、两化融合”核心技术需求，建立“专家+团队”技术研发及成果转化一体化运行机制，组织首席专家、高级专家“揭榜挂帅”领衔重点课题立项攻关，对自主技术研究资源、外部高端科研院校、战略装备改造服务商等技术要素进行优化配置，协同推进技术研发、试验应用及装备服务团队统筹运行，全力打通技术研究向效益转换“最后一公里”，引领质量进步、标准提升、行业发展。

（一）做精低成本高干制汽技术

瞄准油田稠油难动用储量和工程技术瓶颈，在提升采收率上下功夫，攻关突破基于燃

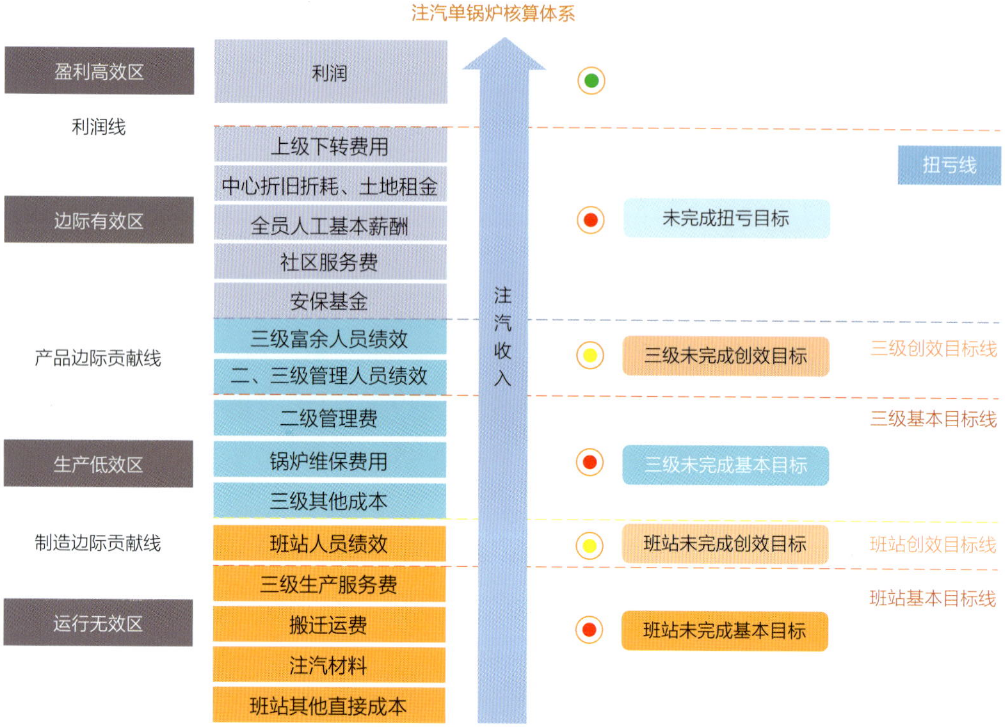

图 2　注汽单锅炉核算体系

气锅炉换热面优化的分区控温技术，掌握安全提干关键机理，确定传统注汽锅炉的干度极限和安全条件，成功研发小型高干锅炉，在实现利用常规水达到干度90%、热效率96%技术突破的同时，做到提干不增耗。该技术填补了国内外空白。2020年完成15台锅炉升级改造，施工24井次，平均单井增油量较上周期提高近20%。

（二）做精“蒸汽+”注汽技术

紧盯稠油油藏开发中后期多轮次注汽吞吐后开发效果变差的问题，攻关形成

▲ 烟气处理与注入现场图

“蒸汽+”多元化辅助增效技术，根据不同区块开发需求，优选实施注氮、二氧化碳、复合热流体等工艺配套技术，实现加合增效。突破锅炉烟气辅助蒸汽提高热采效果技术，整合利用闲置制注氮设备，研发新型锅炉烟气处理与注入装置，在注入蒸汽的同时，通过捕集、净化、分离等技术，实现锅炉烟气高效回注，既节能减排、提高热量利用率，又补充地层能量，实现变废为宝。

（三）做精绿色低碳技术

践行绿色发展理念，创新开展二氧化碳注入技术、装备及地面配套建设方案研究，优化实施存储模块、注入模块、分配计量模块标准化设计，形成可移动撬装式注入站建设模式，实现现场施工的快速拆装、灵活组合、数据远传，最大限度压缩建站周期，降低工程投资成本。2020年建成二氧化碳注入站4座，建站周期从30天缩短至5天，地面工程投资减少30%。

▲　二氧化碳注入标准化现场图

三、聚焦服务油藏经营，做优专业化市场运营

发挥市场在资源配置中的决定性作用，依托油田市场运行管理平台，构建更加广泛的内外部、甲乙方市场化运营机制，按照市场化的原则、市场化的方式运营，对内促进资源高效流动、对外加强市场合作，不断提高资源效率、资本效率和劳动效率。

（一）做优“优质优价”

建立以注汽干度、故障停炉、燃气单耗等指标为主要评价内容的优质优价结算体系，打破传统单一定额结算模式，对实际运行质量高于合同约定的标准部分，进行优价结算，以质量进步撬动效益提升。2020年，在平均注汽干度提高7个百分点的基础上，保持燃气单耗持平，实现“优价”增收2000余万元。

（二）做优“合作创效”

建立市场合作创效运营新模式，与开发单位签订市场合作创效协议，实施以“基础劳务承包服务、基础劳务+投入比例增值共享、全增值共享”为主的“组合优选”合作方案，实现目标同向、增值共享、风险共担，打造稠油效益开发利益共同体。2020年，完成合作井114口，与上周期对比，实现增油11%。

（三）做优“竞争比选”

搭建注汽市场运行管理平台，对开发单位工作量需求，由内、外部注汽队伍开展市场公平“抢单”，通过有效竞争比选，倒逼质量进步、标准提升、服务升级。全面推行“注汽精品工程”，“比能力”，加大存量资产盘活，组合利用低效设备，增加可用锅炉9台，年增有效注汽能力50万吨；“比效率”，建立基层一线支撑点，实行跨区域联保机制，提高运行时率8个百分点；“比服务”，强化“安全风险管控、质量标准、市场运行”，实现安全提干、提质提效。2020年自营注汽市场占比同比提高4%。

经验启示

（一）建设一流专业化服务队伍要始终坚持价值引领

紧紧围绕支撑油田高效勘探效益开发全业务提质提效开展实践探索，持续发挥油藏经营、价值目标牵引作用，在保障实施油田整体高质量发展的同时，体现了专业化责任担当和价值贡献。

（二）建设一流专业化服务队伍要始终坚持创新驱动

创新是企业发展动力之源，技术、管理创新直接决定核心竞争力的高低，关乎可持续发展。针对制约油藏效益开发瓶颈问题，加大技术集成攻关，形成完备的专业技术核心体系，提升技术服务品牌形象，增强市场核心竞争力。

（三）建设一流专业化服务队伍要始终坚持市场导向

就像“鱼离不开水”，专业化服务队伍发展离不开市场的运营和考量。要充分发挥市场在资源配置中的决定作用，以市场运营模式的创新激活全要素创效潜能，倒逼内部资源和劳动效率的优化调整、转型升级，走出专业化改革发展的成功之路。

打造一流采油气服务品牌“改考创”模式

中原油田分公司采油气工程服务中心

中原油田分公司采油气工程服务中心现有员工3994人，设备846台套，是一支以井下作业、特种工程车辆和潜油电泵采油技术服务为主的专业化队伍。采油气工程服务中心，始终坚持以打造国内一流采油气工程服务品牌为目标，积极推进对标管理，抓实机构改革、效能考核和管理创新（见图1），单人创效能力持续增强，单台设备创效水平持续提高，产值、利润逐年增长，万元操作成本连年下降。井下作业业务收入利润率、万元收入成本两项指标处于中国石化国内上游领先水平。

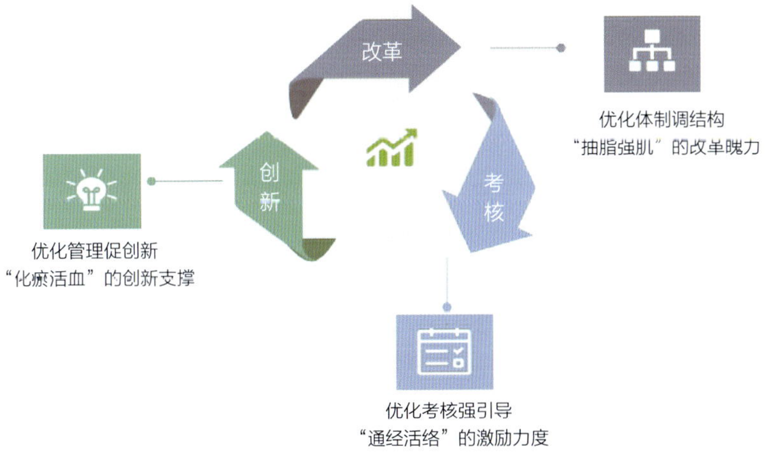

图1　改革、考核、创新模式图

一、优化体制调结构，抓实对标提升“发力点”

把核心业务专业化、市场化、特色化发展作为破解管理提升难题的重要举措，助力企业核心竞争力提升。

（一）刀刃向内，压缩管理机构挖“效”

对标胜利油田油气井下作业中心，大力实施“瘦身健体”，机关职能部门压减25%，机关管理人员压减13%；组建作业区，实施作业、特车区域一体化运行，基层三级单位整合压减43%，作业区机关组室减少52.4%；改革后形成“9室6区6中心”的高效管理模式，从根本上改变了机构臃肿、人浮于事、效率低下的现状，管理成本大幅下降。2021年上半年，管理及专业技术人员人工成本同比减少612万元。

（二）内部挖潜，盘活富余人员创“效”

推行“大岗位”模式，兼岗、并岗压减两级机关管理人员71人，充实到生产一线，管理人员占比由17.4%下降至7.8%；积极引导离岗人员回流，144名员工返岗再就业，承担搬家准备等辅助施工任务，减轻一线队伍负担。立足“劳务+技术”方式外闯市场，187人承揽油田普光、通南巴、内蒙等业务，年创收增长70%。

（三）优化重组，专业化运行提“效”

组建搬家看井队，将作业队从搬家、准备、开工、交接井等繁杂工作中解脱出来，专项从事作业施工，加快生产运行效率；组建作业联队，作业动力增加7部，月度多交井50余口，月产值增幅14%。组建修保队，专业从事设备维护保养及项修业务，外委修理费用年降低10%，有效提升设备保障能力（见图2）。

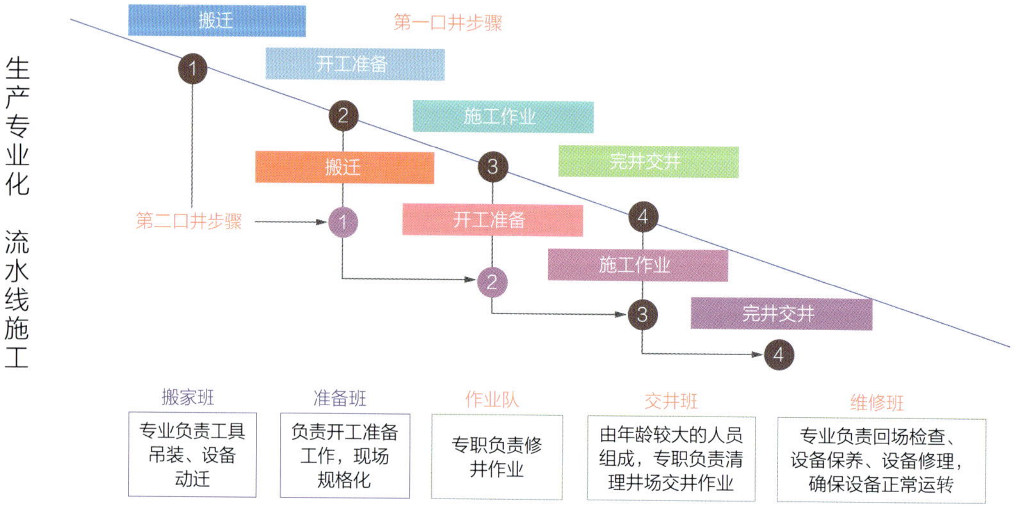

图2 井下作业“流水线”作业流程图

二、优化考核强引导，抓实对标提升“切入点”

把激发员工主观能动性作为提高生产效率的关键，细化分解对标管理指标，构建科学有效的激励机制，持续提升企业创收创效能力。

（一）建立以“人均创效”为核心的绩效考核体系

按创效贡献比例月度滚动累计考核兑现，完成基本目标，核发基本绩效；超目标部分按照10%核增绩效，上不封顶；未完成目标，按照10%核减绩效，最低扣减至50%。2021年上半年，濮城作业区人均利润指标在中心排名第一，绩效兑现是效益最差的濮东作业区3倍，体现了多创效、多收入。中心人均利润指标连续保持集团公司行业领先水平。

（二）建立向“艰苦岗位”倾斜的精准激励机制

开展作业基层队伍激励专项考核，月度以“人均创收、安全、质量”三项指标评分排名，对作业基层队按排名顺序差异化考核，分别按人均600元、400元、200元的标准兑现。同时，针对不同阶段的上产活动、重点工作，制定相应的激励政策，先后出台了“配合采油厂上产、储气库建设、抢扶躺保上产”激励政策，截至8月底，一线艰苦岗位员工人均收入比其他人员多1.5倍。

（三）建立以“创标争星”为核心的对标考核机制

对标中国石化先进指标，深入开展组织效能对标评价，奖先进、奖进步、奖标杆。先进奖，是对进入集团公司排名前10的基层队每队奖励1万元，10～20名的奖励0.5万元；进步奖，是作业区50%基层队在集团公司排名进步，奖励0.5万元；创标奖，是每创集团公司1项标杆挂1颗红星，每颗红星给予0.2万元奖励。同时，对位列集团公司排名后20名的基层队扣减绩效0.3万元；对连续2次排名后10名且整改提升无效的队伍予以整合撤销。“1+3”绩效管理机制见图3。

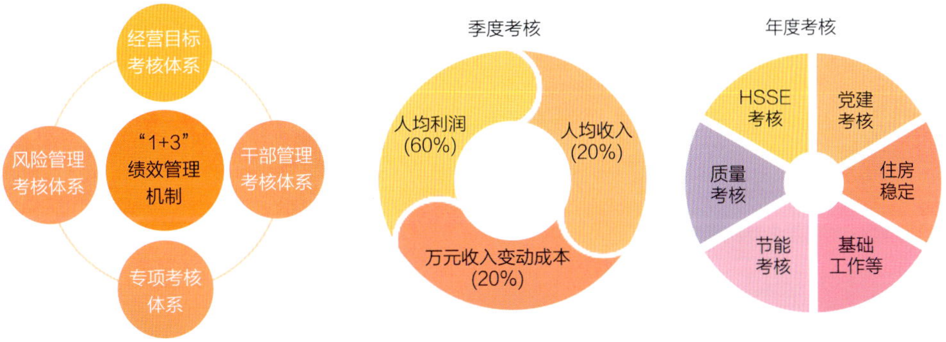

图3　“1+3”绩效管理机制图

三、优化管理促创新，抓实对标提升"着力点"

把增强自主创新能力作为企业可持续发展的有效手段，全力打造"运转高效、管理精准、业绩优良"的国内一流采油气工程服务品牌。

（一）创新生产管理模式，提高运行时率

创建"区域化服务、一体化运行、中心总协调"的生产运行机制，变"一对一"传统保障方式为"多对一"新型服务模式（见图4）。2021年，跨区域调派作业队伍63队次、调派特种车辆2109台次。作业队实行"等停穿插施工""班组看井互动"等生产方式，运行上做到"四提前、四及时"，提前探明井场道路、审查施工设计、运行施工计划、协调工农关系，及时安排施工井号、进行技术交底、调派各种车辆、组织生产施工。作业时效同比提高近11个百分点，维护井施工周期缩短0.42天；措施井施工周期缩短0.57天。

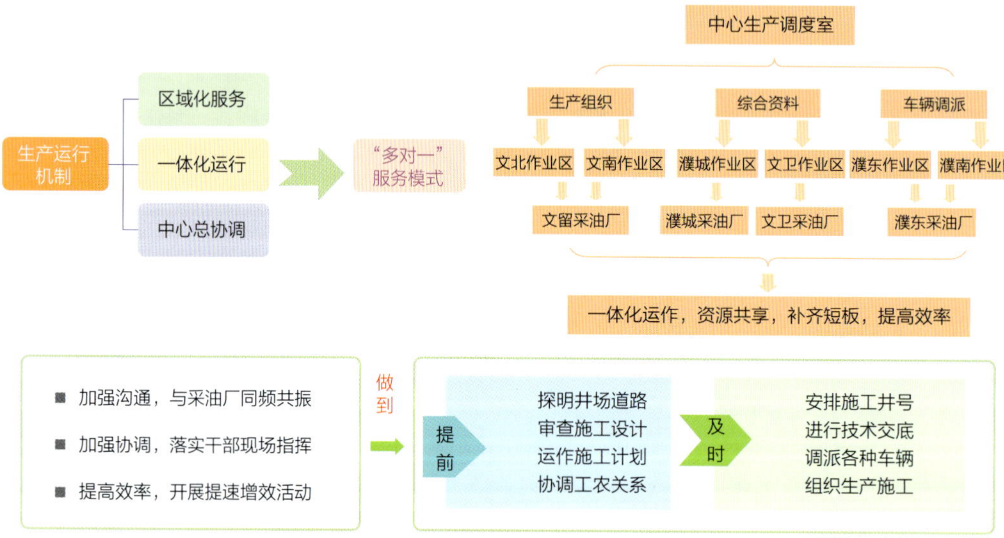

图4 "区域一体化"生产运行模式图

（二）创新质量管理模式，提供优质服务

秉持"井深千米、负责到底"的质量理念，按照高、中、低质量风险等级，建立"中心—作业区—作业队"分级负责、过程管控、重点攻关的质量管理机制，做到67个施工工序、302个质量控制点全覆盖。班组采用"上道工序为下道工序负责"管理模式，实行"6321"质量控制工作法，严把设计审核、技术交底、入井材料、管杆丈量、刺洗清洁、试抽完井6个关键环节，执行现场工序验收、重点井监控和完井质量考核3项制度，落实

技术干部跟班、关键工序过程控制2项措施，坚持每季度召开1次质量分析会。坚持以提效率、降成本为科技创新主线，攻克带压钻顶塞技术实现防喷防顶、马7井高压试气成功、震击解卡技术成功率85%以上等8项“卡脖子”难题，有效提高了修井效率和质量。2021年上半年，施工工序一次合格率提高2.1%、大修成功率提高6.7%、完井全优率提升1.8%，平均检泵周期延长65天。

（三）创新安全管理模式，提升本质安全

建立事故案例教育“学查考”机制，坚持开展“每天学习1个案例、每周进行1次检查考试、每月进行1次考核通报”，提升员工防范事故和突发事件处置能力。建立风险动态管控机制，编制事故分类风险动态管控卡，识别中心施工作业存在的全部工业事故风险15项，明确风险存在的场所和施工工序，制定针对性管控措施，严格落实到岗到人，中心重大风险受控率100%，年排查事故隐患数量降至1000个以下，降幅40%以上。建立作业现场标准化管理机制，包含井场设备设施布置、开工验收、过程操作、施工资料、安全目视等5个标准化单元，开展以班组为单位的月度检查、季度评分、年度评优的考核评比活动，累计选树金牌班组147个、红旗班组25个。创建“五个一”安全工作法，利用互联网、视频监控和大数据，实现“百队千里一键看，千站万井一键到，千人万证一键查，百岗千人一键考，违章信息一键询”，安全管理效率明显提高（见图5）。

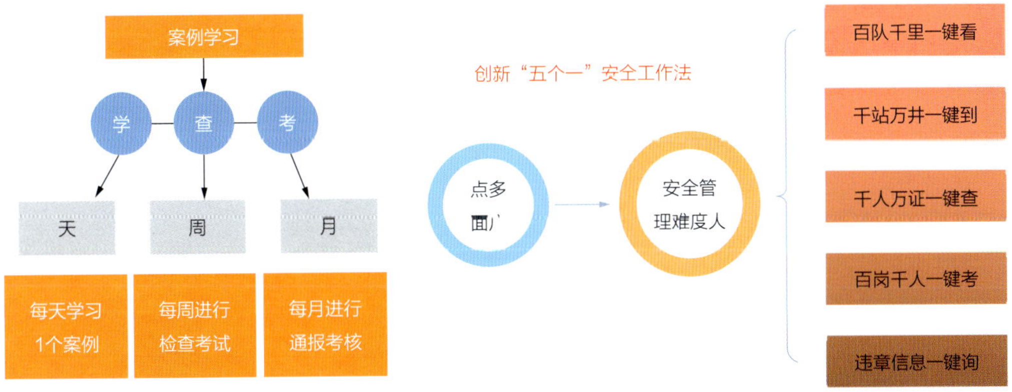

图5　“案例教育”及“五个一”安全工作法

经验启示

（一）对标提升必须要有“抽脂强肌”的改革魄力

突出问题导向，在对标中深入查找自身存在的突出问题和不足，对“症”下药，以对

企业、对职工高度负责的态度，以脱胎换骨的新思维新举措，敢做开路先锋，攻坚克难，方能切实补齐长期制约企业发展的短板。

（二）对标提升必须要有“通经活络”的激励力度

抓住关键指标，坚持重点突破，以点带面，力争“一子落而满盘活”。围绕管理增收创效的重点岗位和关键人群，开展劳动竞赛，配套完善考核激励机制，方能活跃全局，激发全员比学赶超、争优创标的积极性。

（三）对标提升必须要有“化瘀活血”的创新支撑

坚持创新驱动，着力抓好“三提一保”，通过优化组织运行提速、聚力技术攻关提质、深化机构改革提效、风险提示保安全，方能提升管理能力水平，以领先管理模式支撑标杆基层单位建设，推动更高质量发展。

实施对标管理　建设一流电厂

胜利石油管理局有限公司胜利发电厂

胜利发电厂始建于1988年，现有4台热电联产机组，装机总量1040兆瓦，供热能力2600万平方米，员工1454人，是中国石化规模最大的自备电厂，担负着胜利油田生产生活用电和区域集中供热任务。近年来，胜利发电厂锚定“绿色、一流、智慧、和谐电厂”发展目标，开放式寻标、定点式对标、递进式追标，有效提高了热电专业化管理水平。先后荣获国际一流火电厂、全国电力行业优秀企业等荣誉称号，16次获得中国石化热电竞赛第一名（见图1）。

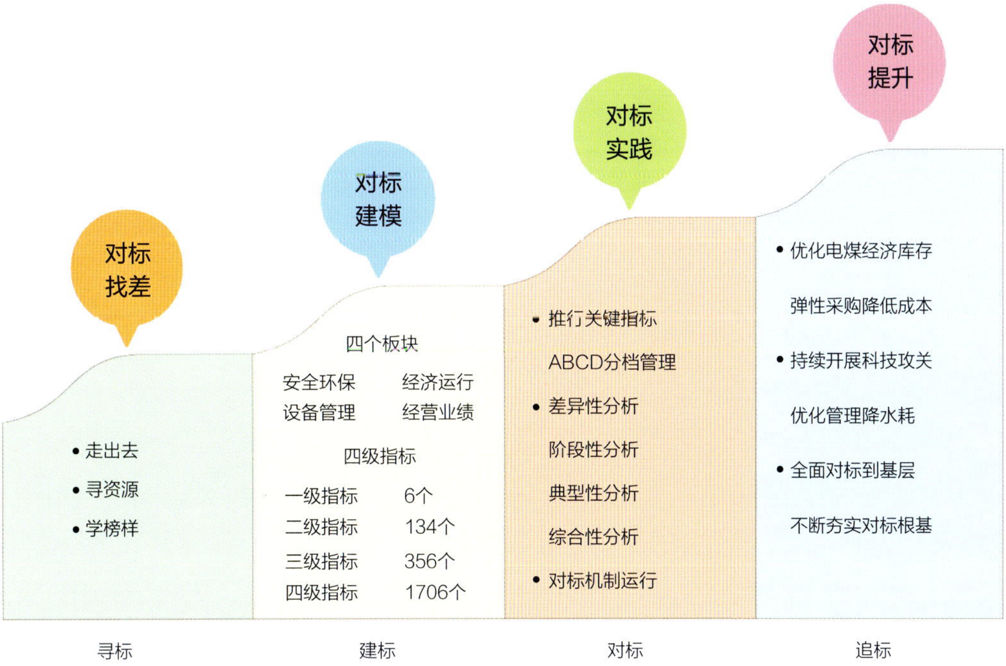

图1　对标管理运行模式

一、开放式寻标，构建四级对标体系

（一）锚定先进企业，明确对标追赶方向

走出去阔视野。厂领导带领各级管理人员分四批次、120人先后到国电费县电厂、国华宁海电厂等国内先进电厂学习取经，撰写考察报告52份、15万字，收集到上万个指标数据。

找平台寻资源。依托全国火电能效对标竞赛平台，寻找国内200兆瓦、300兆瓦机组经济技术指标标杆，共搜集334台发电机组的运行数据，健全对标指标数据库。

学身边好榜样。连续17年参加中国石化热电竞赛，在竞赛过程中找准对标对象，不断消化、吸收对标企业的好经验、好做法，为我所用，如学习镇海炼化“低头捡黄金”、西北油田“三标”建设、“三五”模式等管理实践。

（二）宝塔式设计，建立层级相连的对标体系

按照分级、分专业的原则，建立以安全环保无事故、供电煤耗、发电设备等效可用系数、供电成本为龙头，涵盖安全生产、经济运行、设备管理、经营业绩四大板块的四级指标体系，以“金字塔”形式层级分解，其中一级指标6个、二级指标134个、三级指标356个、四级指标1706个，确保“大指标罩小指标，小指标保大指标”（见图2）。

决策层控一级。由厂主要领导挂帅，在决策层面上统筹策划，制定切实措施，及时调控二级指标，确保一级指标可控在控。

专业组控二级。明确牵头部门、成员部门，实行联带考核，通过每天汇总指标动态、每周关注指标异常、每月分析原因，落实查弊纠偏措施，并下沉一级抓基层，确保二级指标及时改善、三级指标同步优化。

基层单位控三级。各单位做好指标原始数据采集、统计、分析，根据运行动态，在目标值控制、专业技术措施上实行“一条龙”运作，确保三级指标保持最佳水平。

基层班组控四级。各班组把每个小指标作为一个控制节点，落实到岗，责任到人，通过深入开展小指标竞赛，做到岗位创优和个人争先同举并重，提高班组人员对标挖潜的积极性。

二、定点式对标，推行关键指标ABCD分档管理

（一）实施分档管理

牢固树立“指标就是效益”“指标的潜力就是效益的潜力”理念，在煤、水、油、

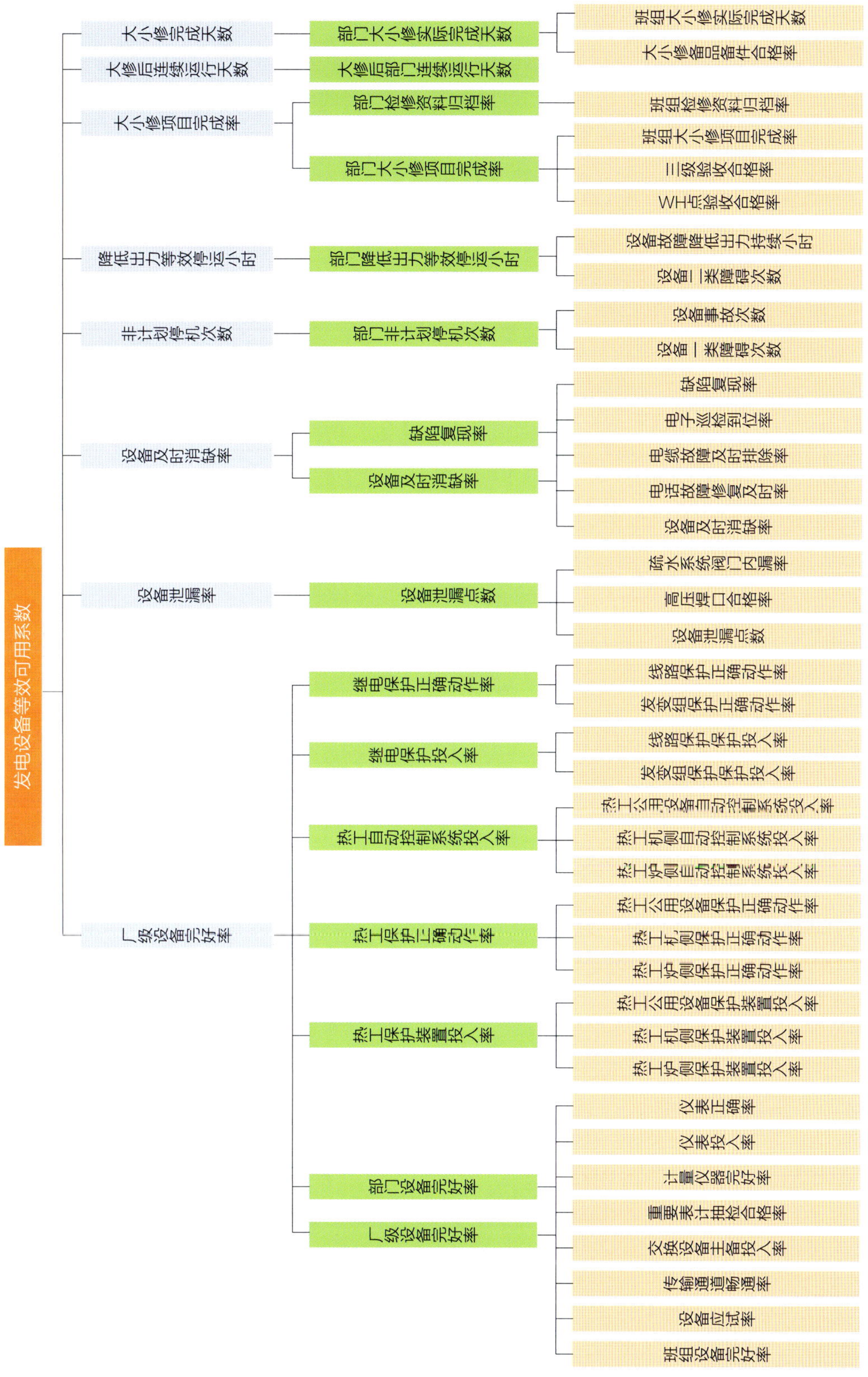

图 2　2021 年指标体系（节选）

电、氨、石灰石浆液等22个专业系统中，设立供电煤耗、厂用电率、发电水耗、脱硫单耗等55项关键指标，明确指标的年度、月度A、B、C、D分档目标及绩效考核金额。将近3年来最优指标设定为B档目标，作为绩效考核的基础奖励；把国内同类型机组先进指标设定为A档目标，绩效奖励额度较B档提高50%；C档目标设定为近3年平均完成值，不进行考核奖励；达不到C档指标划定为D档，参照同B档等额处罚。

（二）注重动态提升

每月开展差异性、阶段性、典型性、综合性分析，对异常指标“不通报不放过、责任不落实不放过、整改措施不到位不放过”，做到偏差管理常态化。每月组织专家团队现场核查、实证评价、分档奖励，形成了A档力求保持，B档力求提升，C档力求转化的对标态势。如灰水部2019年脱硫电耗、脱硫石灰石浆液单耗均为C档指标。该部针对脱硫塔喷淋层、旋流器、氧化风机等系统、设备开展技术攻关、综合治理，优化运行管理措施，2020年，脱硫电耗同比降低26%，脱硫石灰石浆液单耗同比降低15%，实现了从C档到A档的转化，月度绩效考核两项A档指标奖励2万元，典型突出工作奖励1万元。2021年上半年，全厂55项关键指标A档达标率76%，同比提高36%（见图3和图4）。

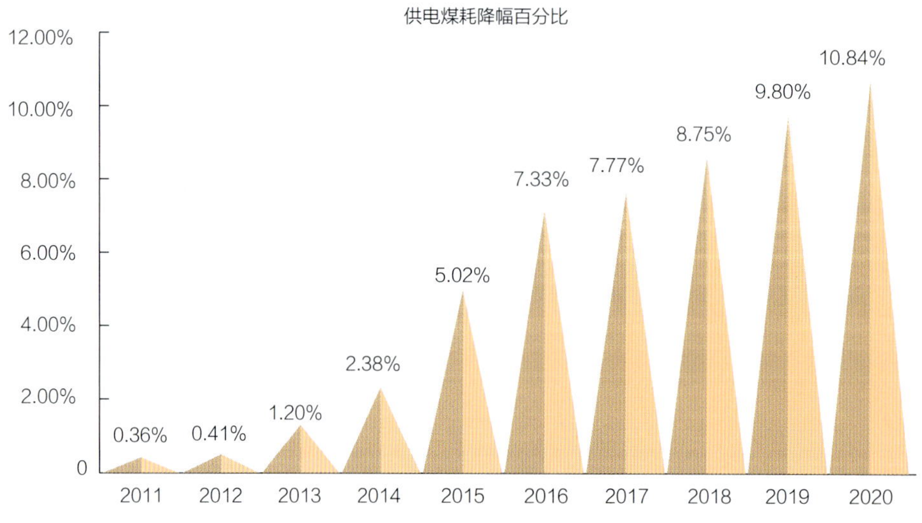

图3　供电煤耗优化趋势图

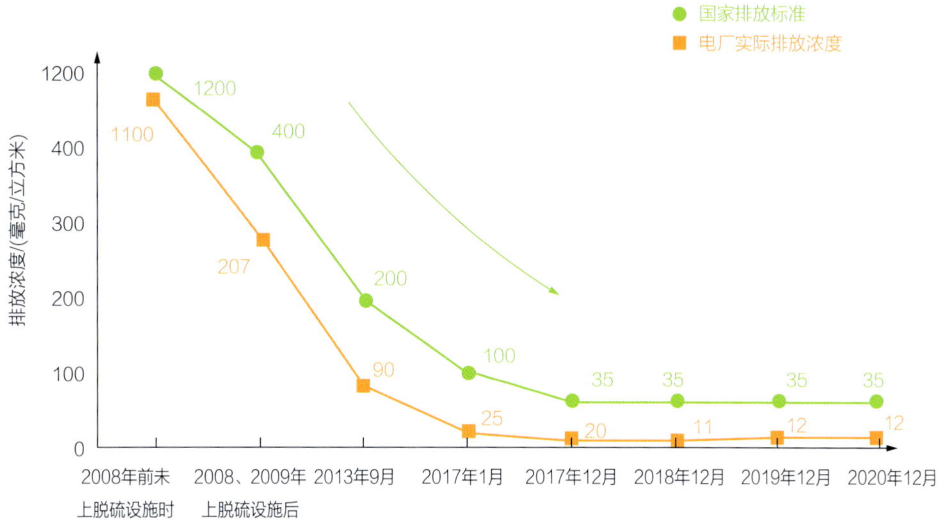

图 4　二氧化硫减排优化趋势图

三、递进式追标，从“对指标”向“对管理”延伸

（一）优化电煤经济库存，弹性采购降成本

把对标重心由“对指标”向“对管理”延伸，统筹考虑煤炭月度的消耗量、安全库存、采购价格三条曲线，依据市场行情规律及月度采购价差变化幅度，在保证安全库存的情况下，实时动态调整库存曲线，测算资金利用效率后形成经济库存曲线，实现低价多进多储高库存、高价少进多耗低库存的错峰采购，最大限度利用采购价差和调节库存量降低全年煤炭采购资金。2020年底，利用经济库存模型推算，实施错峰采购策略，抢抓煤价低位期提高库存8万吨，2021年初煤价创近十年新高时，通过减少进煤调节库存，有效节约了采购资金。

（二）持续开展科技攻关，优化管理降水耗

面对水耗偏高、成本攀升、环保升级等压力，深入开展工业水系统优化调整，提高废水复用率，实现发电水耗连续10年降低。对全厂生产水网系统全面调查研究，摸清各专业、各系统用水量、排水量、水质及对水质要求，将各专业分散独立的水系统分区块整合，实施梯级利用改造17项；建立数字化水网，制定用水管理制度，实现全厂工业用水梯级利用、分级管控、科学调度，对各个用水区块持续跟踪、分析、调整，最大限度挖掘节水潜能，全厂发电水耗由2010年的3.24千克/千瓦时降至2020年的1.92千克/千瓦时，降幅达到40.74%。

（三）全面对标到基层，不断夯实对标根基

坚持人人对标、事事对标、时时对标，全面推进基层对标全覆盖。以《基层单位管理手册》《班组管理手册》《岗位工作手册》为统领，把核心业务、重点工作层层分解到班组、到岗位，建立以标准化班组、标准化岗位、标准化现场为核心的“三标”建设管理体系。把安全、环保、经济运行四级指标纳入标准化班组建设，把巡检、监盘、操作、检修等日常业务纳入标准化岗位建设，把现场设备设施标准化、设备可靠性指标、设备经济性指标纳入标准化现场建设。今年以来，创建标准化班组32个、标准化岗位234个、标准化现场198个。截至目前，胜利发电厂安全生产3505天，创历史纪录。

经验启示

（一）对标就是对差距

对标是一个不断缩小差距、挖掘潜力的过程，最重要的是要有直面现实的勇气和不怕揭短亮丑的魄力。胜利发电厂通过与国内先进电厂对比，不仅找到了自身差距，也实现了差距向潜力的良性转变。

（二）对标就是对措施

找到差距是第一步，能否缩小差距，关键要靠措施。指标差距是浮在水面上的“冰山”，要透过数据异常，洞察隐藏在“冰山”下的工作差距、管理差距。要克服“对标就是对数”现象，既要“对结果”，更要“对措施”“对责任”“对细节”，通过切实可行的措施和脚踏实地的行动，增强“长板”，补齐“短板”，真正把潜力挖掘出来。

（三）对标就是对精神

对标说到底就是就对精神，就是要“永无止境的探索，不甘落后的拼搏，更高水平的追求”。胜利发电厂面对的对手有两个：一个是同行先进标杆，另一个是自己。只有敢于比肩同行、勇于超越自己，才能展现“对标一流、追求卓越”的精神内涵。

聚焦管理提升　打造服务标杆

江苏石油勘探局江苏紫京有限公司

江苏紫京有限公司是中国石化集团江苏石油勘探局有限公司下属全资子公司，是一家以物业为主体，酒店、农业、商贸为支撑的综合性后勤服务企业，拥有国家一级物业管理资质、OFDC有机大米认证等中高端资质，市场遍布国内16个省自治区直辖市、海外13个国家，营收规模近4亿元。近年来，公司以对标一流管理提升行动的实践，深耕服务主业，聚焦管理价值提升，构建"以体系凸显价值、以动力激活价值、以平台共创价值"的三维立体管理构架，推动人财物等市场资源要素向更大价值领域流动，在更大的市场格局、更优的市场口碑中，持续擦亮"中国石化优秀服务品牌"（见图1）。

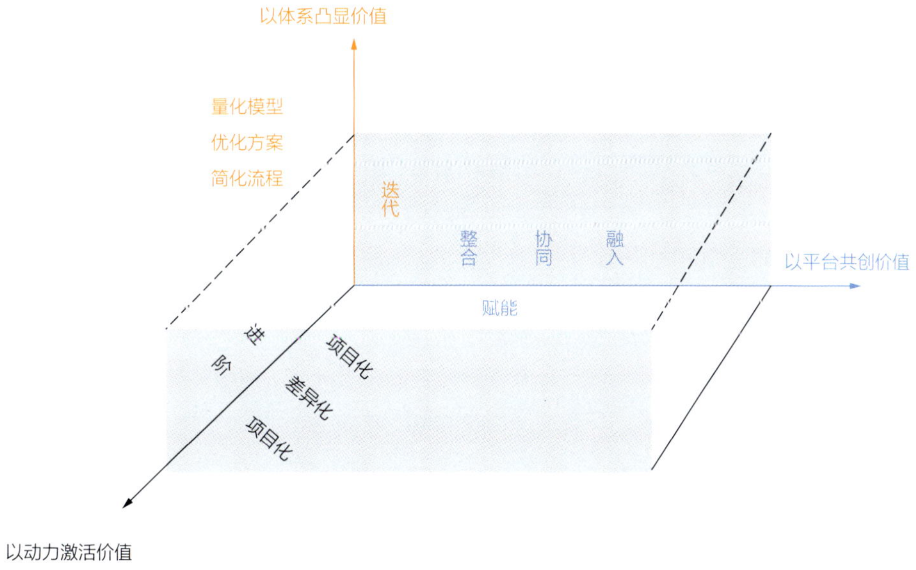

图1　三维价值管理构架

一、以高标准，精心构建优质服务的管理体系

紫京以服务为根，因服务而兴。通过对标所在地区、所属行业更高级别的服务标准，

明确改进目标，建立健全各业务、各层级的服务体系，带动管理的更大效益。

（一）简化全过程的管理流程

紧盯现场，加强体系顶层设计，精炼现有制度标准，编制了以《现代新型企业后勤管理与服务规范》为基本遵循，以“常规范、常检查、常整顿”等七常管理为基本标准，形成物业、酒店、农业、商贸四大业务板块，全业务、全产品、全岗位的“1+1+4”标准体系。目前，紫京已从三级标准体系总体压减为两级，压减率32%，有效提升管理效率，以统一服务标准、统一服务形象，打造“一店一品”服务样板。

（二）优化全领域的管理方案

扎根市场，不断提升15年高端服务的管理成果，不断总结疫情期间中科炼化、广州工程等高质量服务保障的管理经验，不断完善消防、安全等新增服务领域的管理方法，构筑了石油石化、电力等厂矿物业细分领域更专业的管理“堡垒”。同时，打造餐饮、农产品、酒店从信息沟通、产品交易、客户管理，一站式“在线”管理平台，形成自有电商和社会电商相互促进的服务终端，打造紫京服务的综合解决方案。

（三）量化全价值的管理模型

通过对市场运营大数据的积淀和分析，归纳提炼出“六标一链一提升”管理模型（见图2），以市场类别、服务等级、管理配额等六项标准化模块，以全生命周期服务指标的量化，延伸从项目投标到项目对接，到项目运营的价值链条，形成了高效服务的响应机制，在北部湾港务集团等多个项目运营中，实现了快速启动、精准保障、品质服务，项目平均利润率提升15%以上。

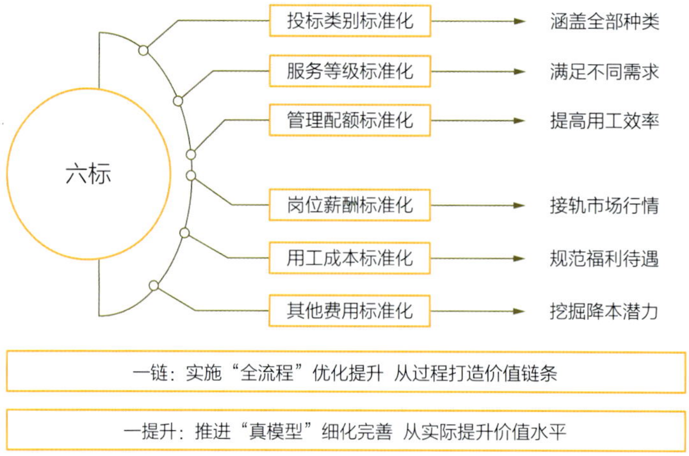

图2 “六标一链一提升”管理模型

二、以改革创新，持续完善市场化的管理机制

紫京在油田改革中应运而生、不断壮大，通过对标市场化运营机制，持续深化改革，加强数字化运用，不断提升管理效率。

（一）建立项目化运营单元

压缩管理链条，优化法人治理层级至2级；按照“公司—项目”的管理模式，搭建直接面向客户终端，直线型、扁平化的组织构架，公司领导班子成员副职兼任分子公司总经理，推动执行力更高、引领力更强。积极推进自主经营、自负盈亏的项目化运行模式，将管理集中上提，减少基层创效主体的管理压力，减少末端管理层的无效行为，将创效机构变成利润中心。持续为市场运营项目和单元赋权赋责，除项目负责人薪酬、选聘、考核外，充分下放项目团队组建权、绩效考核分配权等10项自主权和执行权，重点项目人均劳效整体提升35%。

（二）完善市场化经营机制

健全公司法人治理结构，建立健全以公司章程为核心的制度管理体系和董事会向经理层授权管理制度；以任期制和契约化管理为基础，推行公司经理层成员任期制和契约化管理，在3个区域分公司和5个重点项目经理岗位推行模拟职业经理人，以契约化管理实现干部“能上能下”、以刚性考核实现员工“能进能出”、以目标业绩实现薪酬“能增能减”。同时配套“人力资源池”运行模式，通过竞争上岗、转岗培训等举措，推动油田39名富余员工向域外市场一线等缺员和价值创造更高的岗位流动。

（三）实施数字化信息联动

全力构建“经营管理综合数据系统”（见图3），构筑“一体化视频监控网络”，通过整合各市场、各业务、各项目经营情况，订单、销售、库房动态数据，供应商、甲方、消费者信息资料，提前预警，搭建在信息化支撑下，成本管控、考核把控、财务掌控的经营决策和风险监督平台。

以信息资源的随时联动，持续推进区域集中采购、多法人税务筹划、资金分灶吃饭等管理举措，及时终止对外付款、业务外包、合同履约等管理风险，实现管理既注重结果，又关注过程，既完成当期考核指标，又注重长期发展的积累。

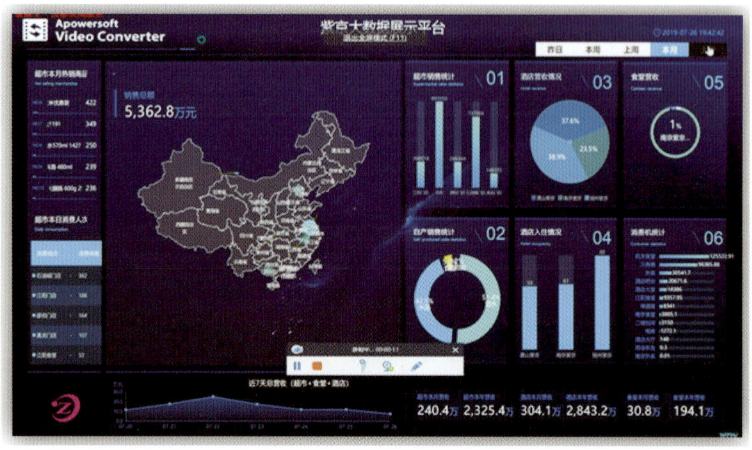

图3　经营大数据平台

三、以有效联接，精准搭建协同共赢的管理平台

紫京立足市场一隅，联接市场一片。通过对标系统管理的理念，打造“跨板块、跨企业、跨产业”开放管理平台，把分散的要素和力量汇聚到价值创造上来，实现管理效能最大化。

（一）整合内部资源

站位公司层面，打造物业、酒店、农业、商贸全产业链发展战略和拓市联合体，通过增资、注册紫京物业管理集团有限公司，将原各分子公司的资质、营收等资源集中起来，形成大物业平台，具备了进军所有中高端物业市场的投标资质，不断筑牢广西、北京、江苏等5大区域核心市场。同时，建立以契约为纽带的市场经济关系，按照市场交易的原则，在形成市场区域化、业务专业化的基础上，对资源进行重构、融合、运营，实现了国家管网、东油沥青、南京工程、金陵石化等重点市场的不断延伸。

▲　与石化团购网签订战略合作协议

（二）协同优势资源

发挥土地、酒店、品牌等资源优势，加强与相关企业的战略合作，与石化员工团购网打造共商共建的合作

链，推进双方线上线下市场渠道的深度合作。与广西自贸区巴沙燕窝公司合作开发“紫京巴沙燕窝”品牌，搭建连接东南亚燕窝、榴梿等特色主产区和本地消费者的服务纽带。与北港商贸签订战略协议，以委托授权、管理输出等管理方式，共同探索酒店、商贸等业务领域更大的发展空间。以商业模式创新，加强社群经济建设，逐步形成品牌+市场、产品+渠道、便利+餐饮等经营模式，推进了市场共建、价值共赢。

（三）融入社会资源

开展精准扶贫，通过消费扶贫为广西钦州定蒙村销售当地富硒软香紫米。承担江苏淮安“有机水稻社会化服务”重点课题攻关，践行绿色低碳，引领带动当地农业共同致富。疫情期间，以坚强有力的服务保障，全力做好居民小区生活必需品的保供，高质量为入住紫京酒店138名隔离人员提供优质服务，实现了紫京服务更广的联接、更大的价值、更强的赋能。

经验启示

（一）让管理提升成为成就更大品牌的实力

管理是从标准到品牌不断进阶的基层实践。作为门槛低、竞争激烈的服务行业，紫京公司持续完善制度化、精细化、系统化的管理体系，筑牢管理根基，凸显服务价值，实现了从最初做服务，向做标准，进而向做品牌的提质升级，打造紫京服务的核心竞争力。

（二）让管理提升成为实现更多熵减的张力

管理是打破也是创新，是活力更是动力。紫京公司始终坚持市场化发展之路，不断破除旧有机制的惯性，以差异化的势能，不断推动人力资源、信息资源的价值流动，营造以奋斗者为本的组织氛围，驱动管理更加顺畅，更加高效。

（三）让管理提升成为联接更广资源的能力

管理不仅是点上的效率，是线上的效率，乃至面上的效能。紫京公司着眼更大战略平台，从市场项目的单点创效，到整体服务的解决方案，到企业之间的协同发展，乃至融入更大的产业生态，在点线面的动态联动中，推动管理价值再创造。

作为石油石化系统较早走向市场的服务企业，紫京公司在对标一流、创新赋能的高质量发展道路上，将持续打造中国石化大后勤管理的标杆，努力为集团公司服务产业发展贡献更大智慧和力量。

创新“3455”管理法　助力标准化建设

金陵分公司炼油四部

中国石化金陵分公司位于江苏南京，是中国石化第三大原油加工基地。金陵石化炼油四部作为公司主要生产单位之一，现有员工284名，所辖装置包含800万吨/年常减压蒸馏、350万吨/年催化裂化、180万吨/年及200万吨/年渣油加氢、260万吨/年蜡油加氢、10万吨/年及15万吨/年硫黄回收，承担公司60%以上的成品油供应任务。在基层标准化建设过程中，总结出“3455”管理工作法，系统谋划，创新实践，全面提升管理源动力、向心力和影响力，激发基层标准化建设效能。

一、丰富内涵，提升管理源动力

根据国企改革三年行动部署和对标提升行动的要求，构建三维立体管理架构（见图1）。用“严细实恒”诠释企业管理发展内涵，推动基层标准化建设持续深入。

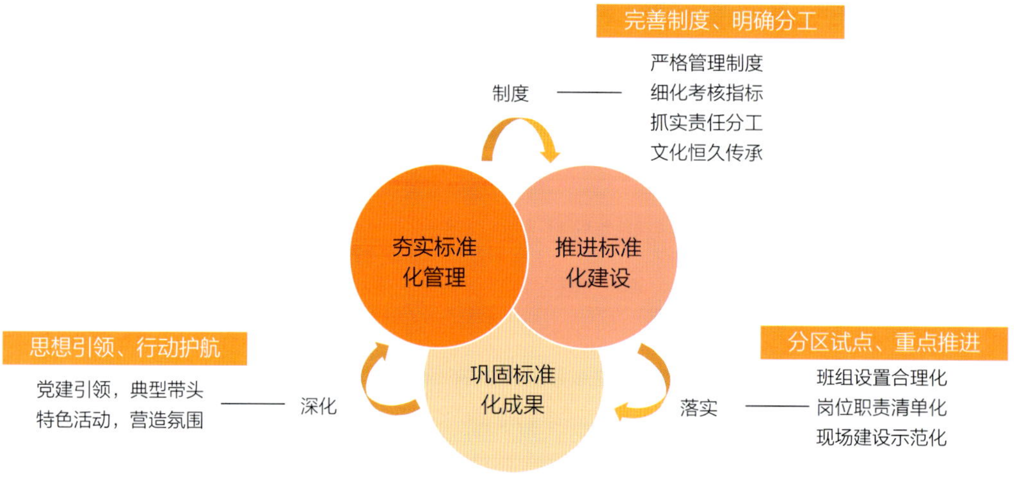

图1　三维立体管理架构

（一）管理强调“严”，保障制度落实到位

全面实施“1+2”制度，即《“三标”工作手册》和《炼油四部基层领导人员管理制度》《炼油四部管理人员绩效考核制度》，细化管理规范，夯实“三标”工作。

（二）考核着眼“细”，过程管理压实责任

基于岗位职责开展KPI绩效考评，固化通用绩效指标，量化细化每日、月度、季度、年度工作考核内容，开具“执行力奖惩单”，推动实现“马上就办、办就办好”。

（三）工作执行“实”，领导干部带头推进

开展两级干部“跟班倒”活动，领导班子每半年、工区主管每季度进班组倒班，与班组员工同工作、同生活、同管理，充分激发专业人员和班组员工的主观能动性。

（四）文化影响“恒”，优良传统永葆活力

大力传承石油精神和石化传统，制作《青年传承石油精神》短视频，在人民网、中国石化视频号等平台播出，播放量达20万人次。创建炼油四部系列新媒体账号，及时推送班组、现场和岗位动态。以运行部职工阅读组织“芈阅会”为依托，营造阅读氛围。将革命精神融入文化建设，开展“朗读红色家书，传承革命精神”等主题活动，让文化建设作用更加突出。

二、创新方法，凝聚管理向心力

通过分区试点、重点推进的方式，总结出“3455”管理工作法，推进“三标”建设，全面提升标准化建设水平。

（一）聚焦“三化”目标，推进班组标准化建设

班组设置合理化。按照生产装置劳动定员标准，考虑班组成员年龄、操作技能、个性等多方面因素，对班组进行优化配置，推动班组设置合理化。

党小组作用示范化。结合四班两倒工作模式，在工区党支部合理设置党小组，做到党员班组全覆盖，党员班组长覆盖率达到92%，充分发挥基层党组织和党员作用。

班组长培训系统化。定期开展规范化的班组长培训，组织“走出去、请进来”活动，鼓励班组长与同行业先进单位相互观摩交流，将标准化理念和管理经验带到基层班组。

（二）强化“四定”举措，推进岗位标准化建设

岗位执行定清单。修订管理人员标准化工作清单，提高管理人员岗位履职意识和尽责执行力。完善电子化交接班记录内容和条目，分章节固定内容顺序，形成交接班目录清单，使电子交接班内容更加适应标准化管理需要。

现场操作定标准。由首席技师牵头，技师联谊会、班长联谊会组织讨论、收集实际操作经验，编写《标准化操作法口袋书》（见图2）及应急处置卡，按照“手指口述”的要求，强化操作标准化，提高操作准确性、可靠性，保障班组各岗位工作质量。

图2　在现场使用《标准化操作法口袋书》

专项检查定任务。推广应用智能巡检仪，设置巡检路线，定制巡检任务，分析巡检数据，实时上报故障隐患。利用智能化手段，对每个阀门设置动态档案、巡检记录、维修记录等专属二维码信息，实现了在移动终端监控和管理的目标。

全员培训定目标。结合“135”原则完善应急预案，持续开展预案盲演和沙盘推演，提升应急处置和安全保障能力（见图3）；持续开展“周末加油站”“事故回头看”等活动，提升专业管理人员技术水平；开展基层班组“四个一”全员岗位大练兵活动，通过每班一问、每日一答、每日一课、每日一查，提升班组员工岗位技能水平。

图3　开展应急预案演练

（三）“五抓实五提升”，推动现场标准化建设

抓实目视化管理，提升示范性。进行现场标准化改造，编制具体实施方案，完成了动设备测振点、加油点、油雾润滑标识、大机组加油点标牌、现场管线标识、环保管理标识、办公场所视觉标识等示范性样板打造。

抓实信息化管理，提升平稳性。以现有设备为基础，通过总线通讯技术实现机泵运行

工况实时显示、数据汇总分析功能；利用机泵群在线监测系统分析机泵劣化趋势，为预防性维修提供依据，保障转动设备长周期平稳运行，降低故障率。

抓实施工作业“三机制”，提升安全性。通过进一步规范现场一般作业、特种作业等各类作业环境的安全措施，优化作业许可标准化审批机制；加强直接作业环节安全监管，建立违章承包商约谈和停工整顿机制，强化承包商管理；建立“安全时刻10分钟”事故分享机制，提升全员安全管理意识。

抓实电仪管理，提升可靠性。推进现场照明、机柜间、配电间标准化建设，强化现场设备色标管理和可视化管理。

抓实区域管理，提升实效性。进一步落实区域管理网格化，实行区长负责制，压实管理责任，明确工作目标，推进“低老坏”整治和装置标准化建设工作开展。

三、着眼发展，彰显管理影响力

通过实施“3455”管理模式，运行部管理水平逐步提升，在公司岗检中连续多次获得“流动红旗”，多个重点项目在先进管理模式中不断推进。2020～2021年间，完成7套大型装置全部参与检修工作，实施创新技改项目10余项，全年装置检修均达标并一次开车成功，创新改造项目在为装置节能降耗中发挥重要作用。近年来，炼油四部获得江苏省QC成果优秀奖1篇、南京市二等奖2篇，发表各项专利成果4项，先后荣获江苏省工人先锋号、南京市“五一劳动奖状”、公司先进基层党组织等集体荣誉；多人获得中央企业、集团公司、南京市个人荣誉。“3455”管理模式在人才培养道路上发挥了重要作用，形成人才与发展相辅相成的良性循环，促进基层标准化建设持续提升。

经验启示

（一）扎好人本之根，筑牢标准化基石

基层标准化建设注重以人为本，人员既是标准化建设的重要组成部分，又是标准化建设的参与者。只有扎好人才强企之根，才能促进企业向上发展。开展多项提升自我、丰富身心的主题活动，使得员工将生活与工作有序协调，更好地服务企业、提升价值。同时，注重人才培养，开发各类课程促进员工技能水平提高，培养全能型人才，助力企业高质量发展。

（二）打好制度之桩，稳固标准化成果

制度是衡量企业标准化建设的标尺，有合理的制度规范，才能让标准化建设桩粗叶茂，营养充分，从而更好地提升企业管理水平。全面精准地制定并完善制度，在对各类工作制

定相应的考核细则后，通过KPI指标督促执行，大幅提升工作效率。“多点发力、目标统一”的管理方式，使得工作更加细化突出，领导职工齐上阵，共同参与企业标准化建设。

（三）理好创新之叶，提升标准化效能

创新如同标准化建设之树的叶子，集大成于一身，将汲取的养分凝结成新方法，不断推动企业标准化建设走出新路径。在“3455”管理模式中，信息化手段的开发与应用使得建设质量有了一次大的飞跃。智能巡检仪、无泄漏检测设备、机泵在线监控系统等信息化技系统让装置管理更便捷，化繁为简，大幅提升企业标准化建设的先进性。

强基础重传承　打造管理典范

茂名分公司化工分部苯乙烯车间

茂名分公司化工分部苯乙烯车间拥有一套在运10万吨/年苯乙烯装置，以及在建润滑油装置和40万吨/年粗裂解气制苯乙烯装置。车间始终坚持“责任在领导、重点在基层、关键在岗位”的理念，传承“责任、团队、严细、超越”的文化，发扬“责任至上，事争第一，追求卓越”的精神，以强化“三基”工作为核心，抓实过程管控，促进基础工作标准化、基层建设规范化、基本功训练常态化，构建“三标”管理体系，打造先进文化品牌，推进车间精益管理持续升级，实现连续25年安全生产零事故。车间先后获得全国青年文明号，广东省先进集体、工人先锋号等荣誉称号，并先后3次被集团公司评为“三基”工作先进基层单位、9次被评为公司模范车间（见图1）。

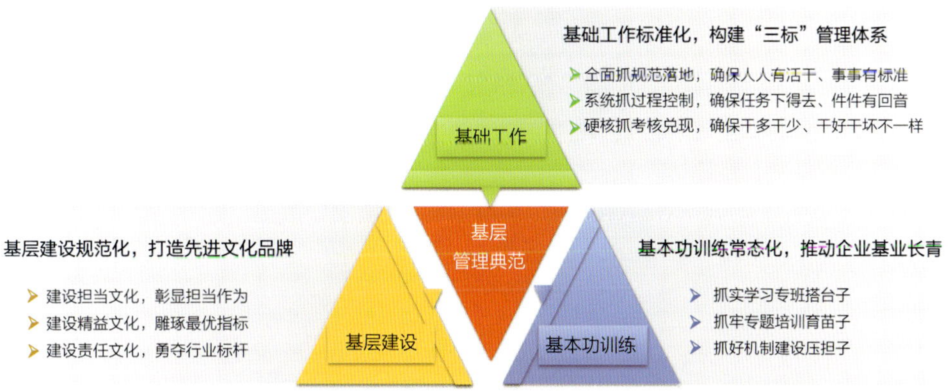

图1　苯乙烯车间强基础重传承打造基层管理典范

一、基础工作标准化，构建“三标”管理体系

车间20年如一日，坚持从建立标准入手，不允许任何一个问题说不清，不放过任何一个低标准，不原谅任何一个小差错，一环扣一环抓基础工作，以标准化塑造过硬战斗力。

（一）全面抓规范落地，确保人人有活干、事事有标准

编制《苯乙烯车间“三标”手册》《车间标准化管理手册》《车间标准化作业指导书》《“三标”班组建设指导书》，作为车间的教科书。抓实基层建设标准化、专业技术管理标准化、班组内部管理标准化、作业环境标准化、岗位操作标准化，让职工交标准班、上标准岗、干标准活，做到“有岗必有责、上岗必担责、在岗须尽责”，有效提升职工执行力和工作效率。

（二）系统抓过程控制，确保任务下得去、件件有回音

车间践行“管理过程必须科学规范，管理行为必须优化到位，管理结果必须事争第一”的理念，对照制度梳理程序，以车间“三会六表”为抓手，抓过程控制。通过交接班会、调度会和月度综合会，把两级下达的工作目标和生产任务逐级分解，做到从车间主任到班组操作工人人肩上有指标。通过生产日报表、每日工作安排表、周检通报表、举一反三表、工作督办表、考核竞赛表，有效实现了对装置生产的实时掌控及监管（见图2）。

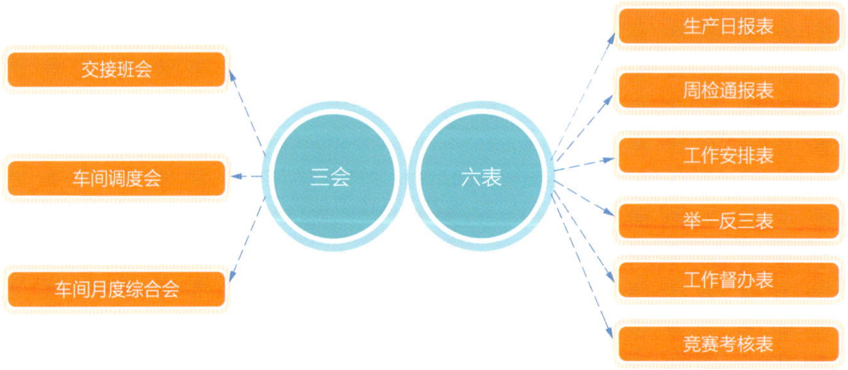

图2　三会六表

（三）硬核抓考核兑现，确保干多干少、干好干坏不一样

车间在考核管理方面形成了较为完善的标准化管理制度，很好地解决了“干什么、怎么干、干到什么程度”的问题。车间从1999年开始坚持实施周检考核，有效推动了专业管理提升。开展班组绩效竞赛，每一项考核都对班长进行连带考核，形成了精准问责、共同担责的考核机制，提高了员工责任心和向心力，员工主动查找各类安全隐患、整治现场低标准问题的热情高涨。

二、基层建设规范化，打造先进文化品牌

车间从“苦干实干”“三老四严”为核心的石油石化精神中汲取养分，经过多年沉淀和发展，形成了具有苯乙烯车间特色的车间文化品牌，并作为“传家宝”代代相传（见图3）。

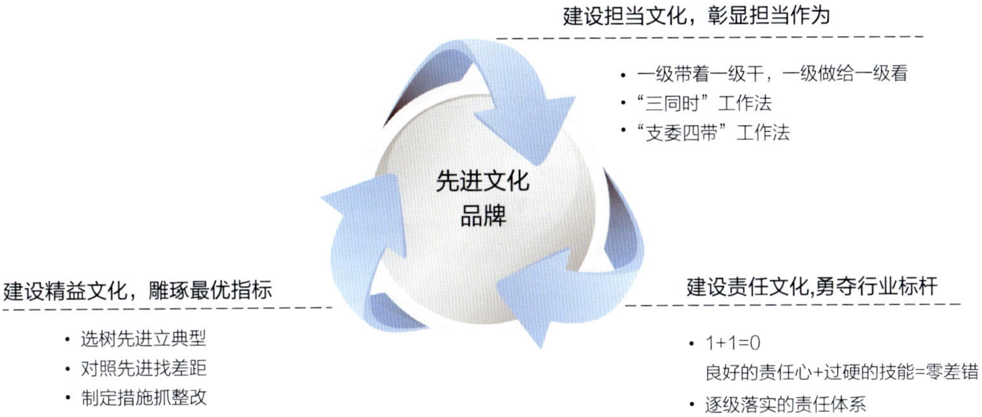

图3　打造先进文化品牌

（一）建设担当文化，彰显担当作为

车间发扬“严、细、实”的优良作风，坚持“一级带着一级干，一级做给一级看”，开展同吃饭、同学习、同劳动“三同时”活动，抓示范引领，打造过硬作风。开展“支委四带”（带思想、带纪律、带“三基”、带幸福），每名支委挂钩一个班组，施行支委带头与班组员工一起巡检、一起排查隐患、一起专班学习、一起攻克生产难题的机制。面对新苯乙烯装置和润滑油装置建设时间紧、任务重的挑战，车间领导班子自发立下“十个好自我考核两万元”的军令状。多年来，车间党支部在分部党建考核中稳居前列，被评为茂名石化标杆党支部。

（二）建设精益文化，雕琢最优指标

车间叫响“精益管理向我看齐”口号，通过选树先进典型、对照先进找差距、制定措施抓整改等方法，持续把精益管理深化到全员、全过程、全方位、全天候，真正做到人人精益、事事精益。践行“优化不到位就是不尽职”理念，运用MES系统数据进行日统计优化，从源头控制生产成本，实现装置能耗和物耗指标逐步下降。实施蒸汽余热回收等节能改造项目，节能创效466万元，2020年苯乙烯产量达到设计产量121%，增效2431万元。

（三）建设责任文化，勇夺行业标杆

车间践行“1+1=0”（良好的责任心+过硬的技能=零差错）理念，开展“月度责任员工”和“季度党员之星”评选，引导职工提高“人人都是装置主人”的主人翁意识。围绕“打造行业标杆车间”的目标，建立逐级落实责任体系，实施日检查、周通报、月考核、年评价，通过小任务的不折不扣落实保证大目标的高质量实现。装置综合能耗指标在中国石化同类装置竞赛中取得十九连冠。

三、基本功训练常态化，推动企业基业长青

车间坚持常态化抓好员工基本功训练，久久为功，确保人力资源保值增值，有效提升车间整体发展力（见图4）。

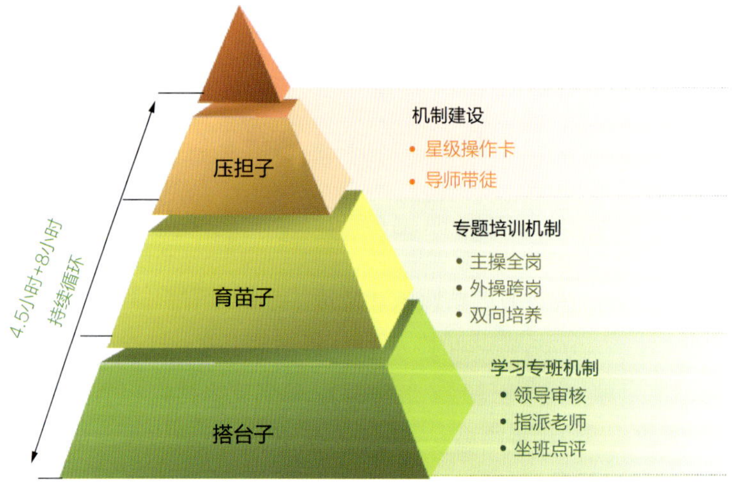

图4 基本功训练常态化

（一）抓实学习专班搭台子

车间将每月4.5小时的学习专班作为提升员工技能的重要抓手。车间一把手亲自审核专班计划、指派老师、坐班点评，提升整体效果。车间注重创新培训形式，在新冠疫情期间，运用云课堂开展专班；同时，针对不同时期，采取“桌面推演+现场演练”或查隐患等多种方式开展培训，有效提升培训效果。

（二）抓牢专题培训育苗子

车间实施“主操全岗学习、外操跨岗学习”全流程操作，强化“4.5小时+8小时”培

训，采用应急演练、案例分析、视频教学等灵活多样的培训方式，因事制宜抓好培训。大力开展“双向培养”，构建党员、技术骨干“双向结对”常态化互学互补机制。实施管理岗位见习锻炼，挖好“三大员”人才储备池，优先应聘技术管理岗位。

（三）抓好机制建设压担子

车间以“五懂五会五能”为目标，制定《技能操作人员积分评星管理方法》，找准员工技能短板，制定学习题库、设计星级操作卡，及时将员工学习情况上墙公示，调动员工“我要学”的积极性。对于新员工培养，车间做好导师带徒活动，采取“五个一”的一张聘书、一份师带徒协议、一杯茶、一束鲜花、一张合影形式，确定师徒关系，抓好传帮带。车间青年职工韩善雷、麦扬帆获得“2020全国乙烯装置操作工作竞赛”金牌；韩善雷被授予“全国技术能手”称号。

经验启示

（一）强基础管理必须坚持头雁作用不偏离，引航引领管理方向

苯乙烯车间践行“一级带着一级干，一级做给一级看”的优良作风，强化“三基”建设，制定建成“一个好班子、带出一支好队伍”的目标，深化带人就要带思想、管人就要管责任、帮人就要帮难点的工作意识，及时解决职工诉求，寓管理于服务，打造和谐幸福队伍促进团队发展，不断增强组织的创造力、凝聚力、战斗力。

（二）强基础管理必须坚持精益管理不动摇，织紧织牢管理网络

苯乙烯车间践行“严从细中来，实在严中求”，“严”就是要严格标准、严格要求、严格监管、严格考核，“宁要一个过得硬、不要九十九个过得去”；“细”就是做任何一项工作都要从细微细小细节入手，要细化到每个节点、每个工序、每个步骤，要落实到每个岗位、每台设备和每个控制点，积小胜为大胜、积跬步至千里；“实”就是目标要实、措施要实、效果要实，不能哗众取宠，不做表面文章。

（三）强基础管理必须坚持优良传统不丢弃，固化深化经验传承

优良传统重在传承、贵在发展。苯乙烯人代代坚持、传承、发扬“责任、团队、严细、超越”精神，形成苯乙烯车间严谨的工作标准、办事流程、责任文化。事实证明，发扬并不断实践优良传统，能够引导广大干部员工凝心聚力、真抓实干，把严细实的优良作风转变为攻坚克难的强大正能量。

"三亮三抓"夯基础 落实"三化"促提升

长岭分公司炼油一部

长岭炼化炼油一部现有员工305人（其中党员84人、高级工程师11人、高级技师13人、技师44人），负责管理催化焦化、加氢脱硫2个片区的催化裂化、延迟焦化、加氢、脱硫、污水汽提等10套炼油生产装置，被树为长岭炼化"三基"工作样板单位，2018年获评集团公司先进党组织，同年获评"全国模范职工之家"；与此同时，涌现出全国劳动模范、全国"五一劳动奖章"获得者、湖南省劳动模范、集团公司劳动模范等一大批优秀人才。近两年来，炼油一部以对标提升行动为契机，结合长岭炼化"建设走在前列的优秀企业"部署，在夯实岗位责任、提升工作实效、强化队伍能力上持续发力，取得一定的成效（见图1）。

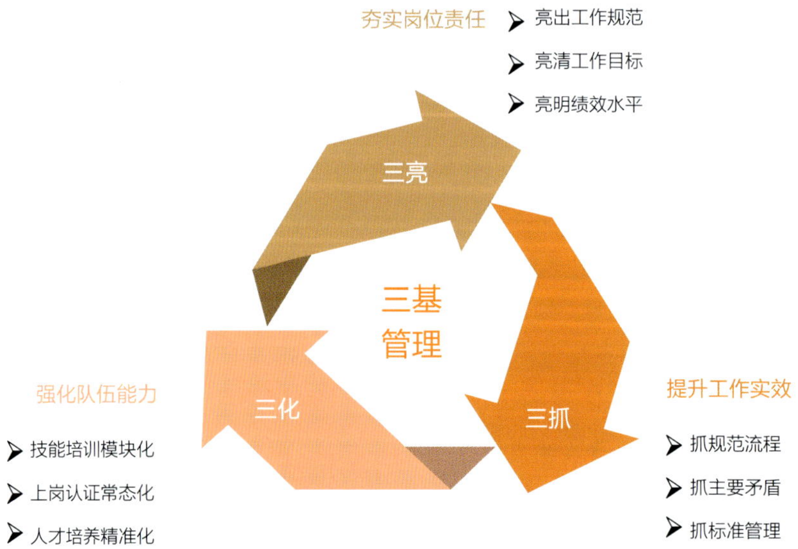

图1 "三亮三抓三化"工作模型图

一、以“三亮”为基础，夯实岗位责任

炼油一部积极推动各岗位工作显化、量化，引导员工明责、履责，提升“三基”工作水平。

（一）日常工作表单化，亮出工作规范

编制班组日常工作“一单、一卡、一册”，即班组业务清单、岗位工作明白卡、班组业务职责划分手册。以表单化的形式明确班组各岗位每年、每季、每月、每天完成的工作任务，明确每项工作的工作标准、制度依据、注意事项，让班组人员明晰要“做什么、怎么做、做到什么程度”，真正实现“上标准岗、干标准活”，员工依法依规清洁生产、按章办事的工作习惯逐步养成。

（二）关键指标信息化，亮清工作目标

将运行部年度KPI指标分解至装置，细化至班组及关键岗位，深化IP21和LMIS等手段在生产管理层面的应用，搭建班组“班班核算”平台（见图2），集中展示班组KPI指标完成情况（见图3）并动态跟踪，即时显示与目标任务、其他班组的差距。

同时强化价值与绩效关联效应，使班员能够对当班期间操作优化和效益提升有更加直观的了解，提高班员对装置运行指标的关注度。

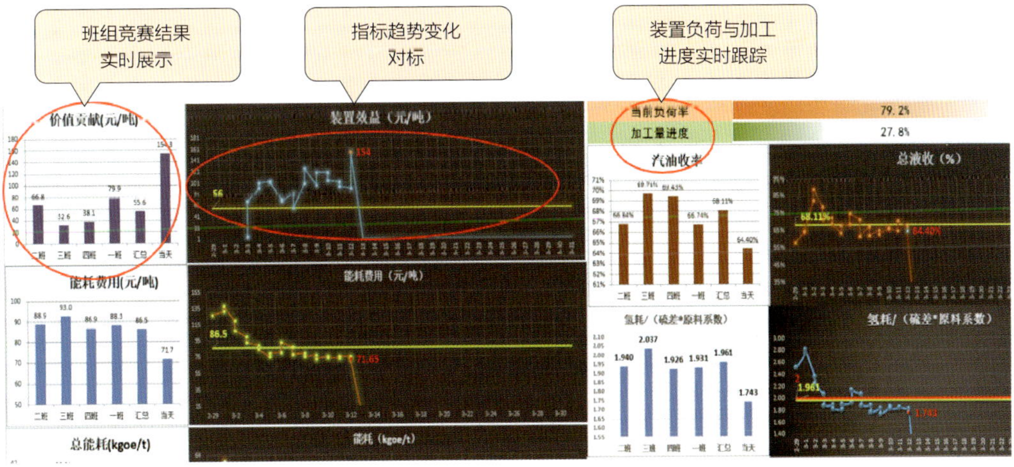

图2　班班核算展示图

在班组KPI竞赛亮化推动下，炼油一部2020年辅剂费同比节约643万元，催化和焦化装置平稳率竞赛奖牌数量明显增长。1号催化汽油辛烷值同比增长0.71，增效约3200万元；汽油收率同比增长2.84%，增效约3200万元；吨油能耗下降至43.34元/吨。

2020-12-30 13:25	当班	三班	班组偏差(本班值-月完成)				班组完成值				班组排名			
KPI项目	当班值	月完成	单位	一班	二班	三班	四班	一班	二班	三班	四班	一班	二班	三班	四班
汽油+LPG	63.62%	63.31%	%	-0.08%	-0.07%	-0.04%	0.09%	63.24%	63.24%	63.27%	63.40%	4	3	2	1
汽油收率×RON	42.22	41.89	%	-0.06	-0.08	-0.05	0.13	41.83	41.81	41.83	42.01	3	4	2	1
评比收率	68.28	67.63	%	-0.07	-0.08	-0.04	0.10	67.56	67.55	67.59	67.73	3	4	2	1
丙烯收率	5.17	5.80	%	-0.19	0.34	-0.61	0.41	5.60	6.41	5.19	6.20	3	2	4	1
掺重比	32.23%	22.82%	%	0.29%	0.19%	0.06%	-0.58%	23.11%	23.01%	22.88%	22.23%	1	2	3	4
能耗	59.81	61.77	kgE0/t	0.00	0.13	-0.26	0.12	61.77	61.90	61.51	61.89	2	4	1	3
C302用汽	43.71	46.59	t/h	-0.24	0.51	0.05	-0.32	46.36	47.10	46.64	46.27	2	4	3	1
3.5产汽	48.43	37.41	t/h	0.10	-0.25	0.48	-0.31	37.51	37.16	37.89	37.10	2	3	1	4
电机功率	497	768	kW	0.79	25.79	-55.69	26.73	769	794	713	795	2	3	1	4
能耗费用	-1.98	12.08	元/吨	-0.05	0.48	-0.93	0.46	12.02	12.56	11.15	12.54	2	4	1	3
装置效益	160.4	150.7	元/吨	-1.53	-1.28	0.18	-0.37	149.1	149.4	150.9	150.3	4	3	1	2

图3 催化装置班组 KPI 统计表

（三）重点工作显性化，亮明绩效水平

开展红旗班组竞赛，把网格化、班班核算、平稳率、自控率、安全争先、质量考核、加热炉竞赛、绿企抽考、岗位认证、报警消减等十项班组重要工作进行量化考评，按月评价，根据排名在评比栏分别粘贴红旗、蓝旗、绿旗、黄旗，在各外操室及中控室张榜公布评比结果晒成绩。每月班组联评会分享优秀班组经验，排名靠后班组找问题、定措施。坚持问题导向、价值导向，解决好班组“干得怎么样”的问题，形成“我要绩效”的良性竞争局面。

二、在“三抓”上发力，提升工作实效

炼油一部以标准化建设为目标，聚焦主要矛盾，实行清单管理，提升专业工作水平。

（一）抓流程规范，推动专业管理转型

安全环保专业由现场检查转向体系驱动，实行清单化管理，进一步融入日常工作；综合专业由监管转向服务，加强运行部PDCA循环管理；工艺专业完全融入片区，支撑片区生产作业；设备专业从科室条块转向团队矩阵，下沉到装置现场（见图4）。

（二）抓主要矛盾，夯实安全生产根基

突出直接作业环节管控，把整改落地见效与长效机制建设结合，把“当下改”的举措完善成“长久立”的机制。持续集中整治安全环保领域顽瘴痼疾，实行网格化管理，各层级压实责任，定人定时定措施，整改情况上墙公布、闭环管理，接受全员监督，保障本质安全。

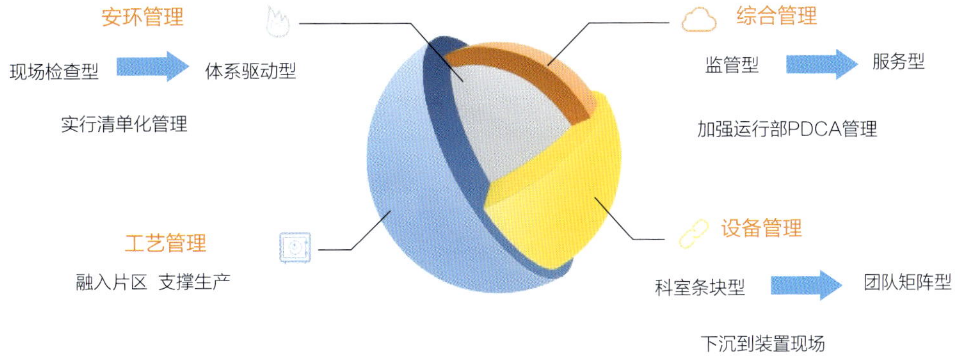

图 4　推动专业管理转型示意图

（三）抓标准管理，打造现场工作样板

建设标准现场，先后在1#催化、焦化和脱硫三个泵区、100万加氢压缩机区和泵区、液化气脱硫醇塔器区等创建标准化现场样板，树立标杆、践行标准，让老装置焕发新活力。拟建标准模板，所辖6个配电间和6个机柜间全面开展标准化建设，统一规划、配齐器具、归类布置、摆放成线、线图上墙、操作可视、制度图解、控制优良，为控制系统运行、生产运行保驾护航。推进标准建设，分12个项目全面推进装置现场5S建设，提升管理标准，改善员工工作环境，形成现场管理体系（见图5）。

图 5　推行 5S 管理标准化创建现场

三、向“三化”要支撑，强化队伍能力

炼油一部注重“以人为本”，着力抓实培训、促进成才、优化使用，夯实人才队伍基础。

（一）技能培训模块化，精准服务学习需求

运行部成立了由片区长、专业主管、技术员组成的岗位模块认证小组，摸准班组技能真实情况，准确做好培训方案和对应题库编制。将以前笼统的内操、外操模式，按照催化、焦化、加氢、脱硫四套装置，依据员工的技能情况，精准细分为23个模块，将大目标分解成小模块，让班组员工学有标准、学有方向。

（二）上岗认证常态化，营造浓厚竞争氛围

以全员持证上岗为基础，抓实岗位取证、抓牢认证效果，保证上岗员工素质。经过技师团队反复讨论优化，由班组开会评审定稿，共编制3450个实操题目。建立多岗多得机制，用绩效杠杆调动员工的学习积极性，岗位模块认证与红旗班组评比挂钩，与班长竞聘挂钩。建立模块认证长效机制，岗位模块认证结果有效期为一年，每年循环认证，督促员工终身学习，为岗位合并、装置平稳运行打下基础。

（三）人才培养精准化，推动员工岗位成才

组织制定《炼油一部人才培养五年规划》，对各类人才分层分级开展培训，尤其是加强新进大学生培养，“因材施教，精准滴灌”，采取一对一、多对一导师带徒培养方式，加速培养成生产骨干。每年开展班长竞聘、技术员竞聘活动，打破终身制。近3年先后有9名青年骨干通过竞聘进入班长岗位，8名85后、90后走上技术管理岗位，畅通了人才成长通道，为年轻骨干提供展示才干的舞台。

经验启示

（一）在功能定位上，要进一步强化以岗位责任制为核心的“三基”管理

企业改革和转型发展的深入推进，带来员工需求和诉求的变化多样，特别是随着员工数量缩减、信息化水平提升、部分非主营业务外包，赋予了企业“三基”管理新的要求和内涵。新形势下，要进一步打造更具时代特征、更富生机活力的新的岗位责任制，将驱动型岗位责任制向机制型岗位责任心转变，引导员工明责、履责，提升“三基”工作水平。

（二）在体系运行上，要进一步建立以“三基”工作为基础，各管理体系相互融合的一体化管理体系

新形势下，要进一步促进HSE体系、工艺平稳性体系、设备完整性体系等与“三基”工作的有效融合，在强调管理体系符合性的同时，实现不同体系的有效性、针对性，在实际工作中化繁为简、优化流程，将现代管理理念与传统管理方法有机融合，正确处理综合管理与专业管理、“规定动作”与“自选动作”的关系，发挥整体合力，提升工作实效。

（三）在队伍建设上，要进一步有的放矢，系统谋划，确保基本功训练务实管用

新形势下，要落实健全培训体系、丰富培训内容、创新培训手段，提高干部职工的操作技能、业务素质和实战能力。全面提升管理人员的技术水平、操作人员的技能素质。区分不同培训需求，因材施教，努力做到“干什么学什么、缺什么补什么”。

抓思想　强机制　奋力打造高质量团队

沧州分公司炼油二部

沧州分公司炼油二部共有160万吨/年汽柴油加氢、40万吨/年连续催化重整等7套装置，生产清洁车用汽柴油，高纯度苯和氢气等产品。近年来，炼油二部以双提升、双激励、双促进的“三双”运行机制，激发全员自主赋能管理，员工“站排头、争第一”的精气神持续高涨。2020年，炼油二部实现攻坚创效1805万元。先后获得集团公司先进基层党支部、青年文明号，河北省模范职工小家，公司先进单位等荣誉称号（见图1）。

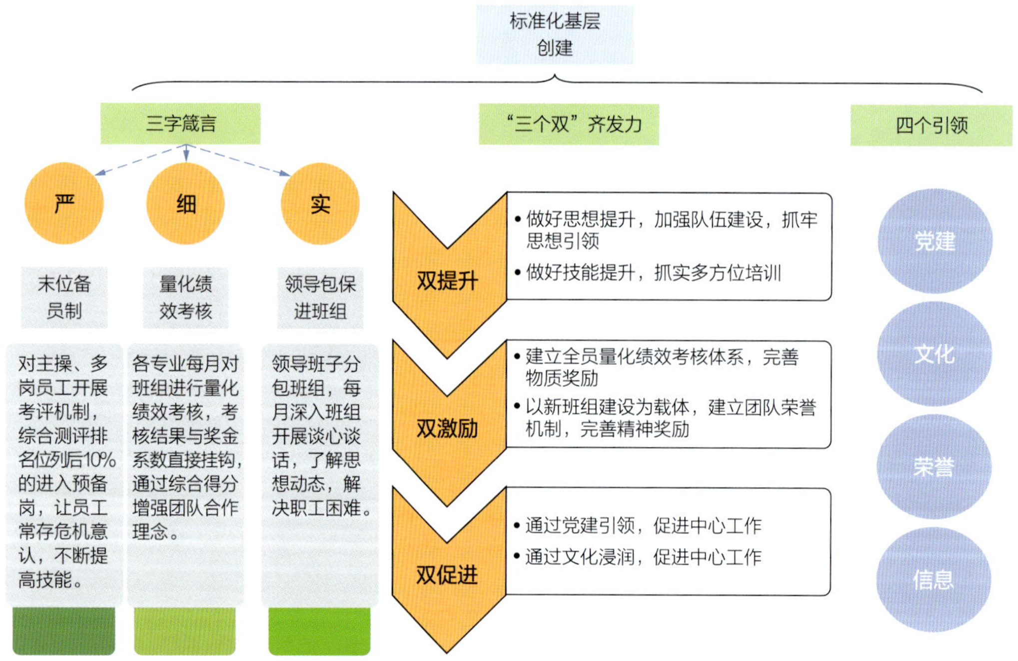

图1　标准化基层建设

一、建立“双提升”机制，夯实发展根基

（一）突出教育主题，强化思想提升

坚持每日一教育。充分利用交接班会议，强化全员思想政治意识。支部书记重点传达

上级会议精神，让职工第一时间了解厂部工作要求、生产动态、重点任务；运行部经理重点强调车间生产工作、下一步攻关方向，使职工充分了解自己的任务和目标。在思想宣传教育中，努力做到让全员思想统一、行动一致，保持队伍昂扬向上的精气神。

坚持每月一主题。根据实际生产情况、工作重点，每月策划开展一次主题党日活动，主题鲜明、聚焦中心、服务生产。例如："百日安全无事故"专项行动期间，开展"隐患大排查，现场大整治"主题活动；"百日攻坚创效"专项行动期间，开展"鼠标底下有黄金"主题活动；针对装置大检修、环保停工风险大的问题，开展"我为环保停工做诊断"主题活动。

（二）抓实精准培训，强化技能提升

推行主操考评常态化。以理论考试、技能操作笔试（现场流程和内操模拟操作）和360度评价（工作态度、工作能力、日常行为）为基础，每年开展一次考评，主操岗位综合能力评价排名位列后10%的员工进入预备岗，让员工常存危机意识，不断提高技能。

实施多岗培训学习考评机制。多岗位考核主要包含理论考试（30%）和实际操作（70%），分数达到85分（满分100分）视为合格。内操侧重日常调整、产品质量控制，外操侧重流程切改、设备切换。多岗人员实行持续测评机制，对于已取得多岗资格的员工，车间每季度按照10%的比例进行再复核，考核不合格的取消多岗资格。

开展员工岗位技能矩阵分析。采取自评、互评、综合评定的方式，从工艺、设备、安全、综合4个板块、26个单元对班组人员能力进行评价，每季度根据测评结果及时调整矩阵内容，精准识别出每名员工工作中的薄弱点，有针对性地制定学习提升计划。

建立小课分享机制。技术管理人员每周讲一堂课，主要针对装置生产运行中的问题和难点进行剖析、讲解并组织讨论，促进管理人员技术能力与装置运行水平同步提升。每月各班组推荐1名操作人员上讲台，车间领导参加并做讲评。授课课件在班组间分享，并根据课件质量给予授课人不同额度奖金激励，有效促进了操作人员相互交流、主动学习，实现班组成员操作技能共同提升。

二、建立"双激励"机制，实现目标引领

（一）强化物质激励导向，绩效考核体系不断完善

建立管理人员专业量化绩效考核表。主要以装置产品质量合格率、装置平稳率、装置能耗、环保达标率、现场管理、直接作业环节管理、事故演练等指标为依托进行量化考

核，每月根据各专业所负责业务得分情况进行绩效考核评价。

建立班组绩效考核表。工艺运行、设备管理、安全生产三大模块主要以管理人员专业量化绩效考核内容为依托，基层建设模块主要以精神文明建设、文体活动、党员示范责任区管理、和谐班组建设等内容为依托，形成考评体系。

以绩效大表为基础，设立装置用能进步奖及降本增效意识奖。从工艺、设备、安全三个专业入手，每月管理人员绩效得分是其所负责专业量化绩效得分60%+其他两个专业负责人量化绩效得分各20%（例如工艺专业人员绩效得分为本专业绩效得分60%+负责相同装置的设备、安全管理人员绩效得分的各20%），绩效得分代表奖金系数与奖金挂钩，通过综合得分增强专业管理团队的合作意识。

（二）强化精神激励导向，班组凝聚力持续增强

设立炼油二部光荣榜。对为企业建设发展做出突出贡献的员工挂榜表彰，唱响劳动最光荣的主旋律，树榜样、扬正气，引导激励员工奋勇向前。依托班组绩效考核表四大模块，评选工艺红旗、设备红旗、安全红旗、精细化管理红旗班组。在个人层面评比智慧之星、安全之星、环保之星、质量之星、健走之星“五星”，鼓励员工立足本岗、争创效益。管理人员根据绩效量化考核得分评选出绩效之星，所负责相同装置的三大专业管理人员绩效得分总合最高的，评选为月度最佳优化团队，每月在荣誉墙进行公布，培养团队荣誉精神。

三、建立“双促”机制，树好价值导向

（一）通过党建引领，促进中心工作

开展政治理论学习教育，做好员工动员，提高思想站位。成立以党员为组长的技术攻关团队，党员带头抓重点、克难点、做表率，在工作中不断创新工作方式方法，发挥旗帜作用。搭建比学赶帮超平台，利用“比看板”，明措施、盯进度、晒成效；设置轮值能源管理员，班前会通报用能情况，督导岗位接班后落实重点调整方向。以节能看板内容、降本增效措施为基础，在交接班会上设置知识问答环节，在一问一答中调动员工的积极性和主动性。深化运用“成本核算”“PARS云”“安全生产＋互联网”“生产巡检”等信息系统，实现管理数字化、信息化，引导激励全员聚焦效益、提质增效。

（二）通过文化浸润，促进中心工作

设立文化建设展示栏。坚持推行“依法合规、安全环保、产品优良，勤俭节约、和谐

友爱，健康快乐”的行动准则，持续推进从严管理、精益管理的运行部精神。开展规矩文化、勤俭节约文化、安全环保文化、质量文化、家文化、健康快乐文化建设，浓厚基层氛围、夯实基础工作。

▲ 文化建设展示栏

经验启示

（一）建立“双提升”机制，夯实发展根基

做好思想提升，抓牢思想引领，根据生产实际，明确每日一宣传和每月一主题内容；做好技能提升，抓实多方位培训，推行主操考评常态化，健全多岗培训学习考评机制，完善岗位学习奖励制度；设立多岗奖励基金，建立小课分享机制。

（二）建立“双激励”机制，实现目标引领

构建全员量化绩效考核体系，完善物质奖励，建立管理人员专业量化绩效考核表和细化建立班组绩效考核表；形成团队荣誉机制，建立炼油二部光荣榜，评选装置团队。

（三）建立“双促”机制，树好价值导向

通过党建引领，开展政治理论学习教育，党员带头抓重点、克难点、做表率，促进中心工作；通过文化浸润，持续推进从严管理、精益管理的运行部精神，促进中心工作。

聚焦特色发展 不断提升市场竞争力

荆门分公司特油部

荆门分公司特油部成立于2019年，现辖酮苯脱蜡脱油、糠醛精制、润滑油高压加氢等15套装置。近年来，特油部对标BASF、德国汉胜等世界一流特种品公司，坚持人无我有、人有我特、人特我精，推进产销研用一体化管理，突出市场、客户的决定性作用，创新驱动、内涵发展，全力做大特色产品总量，高端引领、激发潜能，推进荆门石化特种油发展进入快车道。新特产品产销量比2018年增长50%，白油产销量翻一番，特色产品成为荆门石化最大的利润增长点；环保型100号高档白油、5号彩色油墨专用白油填补中国石化空白，全国市场占有率超过50%，替代进口；2021年6月高档白油开始出口，打入国际市场（见图1）。

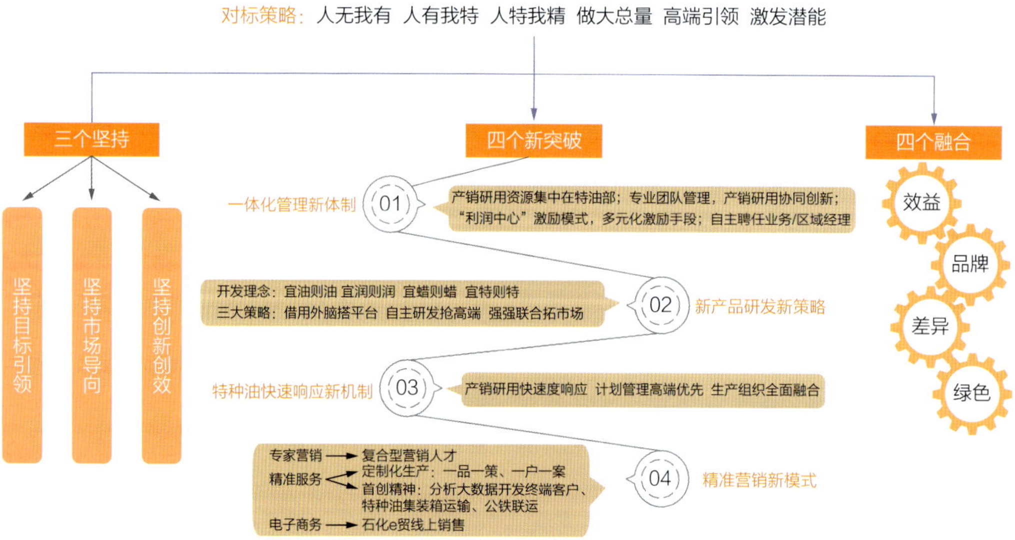

图1 特油部产销研用一体化管理

一、以改革激活力，建立产销研用一体化新体制

（一）优化治理架构

匹配资源，打通堵点。将原分属于炼油三部的特种油生产、原分属于计划经营部的特种油销售、原分属于技术质量部的特种油研发团队，归集成立特油部，采取直线管理，产销研用一体化，实现生产型向生产经营型组织转变。突出党建引领，将特油部打造成转型发展、特色发展先行先试的试验田，党政负责人交叉任职，行政班子成员全部进入党总支委员会，党支部书记与区域主管一肩挑，将党的领导融入生产经营各环节，将党建工作内嵌到基层治理架构中。配强领导班子，经理层“去行政化”、岗级分离，增设营销专职领导并兼任计划经营部副经理，通过双跨任职，统筹协调特油产品计划、生产、销售、研发与原料外购。实行专业管理团队模式，组建“生产专业管理、产品销售研发、党务行政管理”3个团队，打破专业隔阂，发挥协同创新优势。实行专职纪检监督员和财务核算员“双派驻”，强化合规经营和效益监督。

▲ 部分特种油生产装置

（二）改革激励机制

价值引领，业财结合。模拟市场化运作，构建效益考核模型和独立财务核算体系，实施全口径的利润价值考核，实行“利润中心”考核模式；探索建立工资总额总量及工资增长决定机制，采取多元化的激励手段，推动薪酬与效益同增同减；班组业绩奖金与指标竞赛挂钩，对绩效奖的80%动态考核；设立新产品开发专项奖、稳产拓销专项奖，“揭榜挂帅”、联合作战，最大限度激励团队创新；推行项目制管理，按新产品类别对营销人员与生产人员进行捆绑考核，激发团队协作创效潜力；拉开收入分配差距，实行骨干激励，业务骨干收入是员工平均水平的1.5倍。

（三）用好自主权限

授权授信，激发活力。为最大限度推动特种油发展，荆门分公司对特油业务、选人用人等赋权配责。特油部不断强化主体意识，对标先进管理团队，主动担当作为。突出市场，集中产销研用管理资源，自主承担特种油生产经营主体责任；代表荆门分公司，自主

与总部业务管理部门、炼销公司、润滑油公司等进行计划、价格、客户等业务对接，提升管理效率；根据团队业绩和个人业绩，自主聘任销售/研发业务经理、区域副主管，充分调动员工干事创业积极性，特油部白油创新团队获总部“优秀创新团队”称号。

二、以研发做支撑，打造企业竞争比较优势

（一）借用外脑搭平台

集成创新，增长实力。按照“开发一批、建设一批、应用一批、储备一批”的思路，联合科研院所和高等院校，利用其技术优势，开展新产品生产工艺、催化剂应用、产品配方等方面的精准合作，搭建新产品应用技术平台，开发生产特种油品和白油系列、基础油系列、蜡系列、再生剂系列等近30个品种。

（二）自主研发抢高端

高端引领，绿色高效。遵循“宜油则油、宜润则润、宜蜡则蜡、宜特则特”的新产品开发理念，实行市场调研—新品研发—工业生产—产品投放—技术服务“五位一体”的新产品开发机制，研发高端产品并迅速投放市场。公司领导、特油部经理带队走访重要客户，掌握第一手市场信息；及时开展工艺技术研究，制定新产品研发方案和生产优化方案，迅速组织新产品试生产和工业生产。近两年共研发新特产品15个，产品开发周期缩短50%，新特产品创新能力显著提升。开展高端特油产品技术攻关，2021年“高端特种油集成技术与工业应用”项目入龙总部“十条龙”科技攻关，推进特种品集成创新和专利体系建设，进一步开发在新能源、特高压领域应用的高档专用油品，打破国外垄断。

（三）强强联合拓市场

优势互补，合作共赢。依托特色产品资源，推动高端市场特种油产品下游企业强强联合。销售研发团队主动与全球最大的纺织油剂商合作，联合开发高端纺织专用白油，仅用时一个月，成功完成从项目立项到新产品研发并投产，极大地拓展了白油产品市场。

三、以市场为导向，建立特种油快速响应机制

（一）产销研用快速响应

市场先导，客户至上。管理资源向特油转型靠拢，“特油部吹哨，管理部门报到”。通过特油部改革支持小组工作机制，及时协调解决各类问题。专业团队之间日常工作深度融

合，“让听得见炮声的人指挥战斗”，销售团队敏锐捕捉市场信息，及时向生产团队反馈，双方对接并协同优化生产方案，及时生产适销对路的产品。

（二）计划管理高端优先

优化资源，统筹协调。原料资源向特种油集中，特油部直接对口总部相关部门，协调专业公司，提出特种油生产计划，在公司总体效益、生产总流程“两个优化”前提下，荆门分公司优先安排特油生产计划；对计划外高端特种油产品，特事特办，先备案组织生产，再按程序调整计划，让团队在高端特种油市场站稳脚跟。

（三）生产组织全面融合

精益生产，精准控制。生产管理向做特做精发力，科学制定生产方案，优化生产操作条件，利用生产经营协调会推动特种油生产；发挥特种油生产装置齐全优势，根据客户对产品质量的不同要求差异化组织生产，生产满足不同行业的新特产品（见图2）。

图2 装置员工优化操作条件，提高润滑油料收率

四、以客户为中心，创立精准营销新模式

（一）专家营销，提升客户认可度

特油特销，全链服务。从具有生产管理、科技研发、产品销售经验的员工中选拔、培养复合型营销人才，实行专家营销，做到懂生产、懂工艺、懂流程、懂研发、懂市场、懂客户、懂物流，在开拓市场、配合生产、服务客户等方面充分发挥主体作用。特种油生产专家深度参与营销，走访客户，为客户解决产品使用深层次问题，用技术提升用户体验。

（二）精准服务，提升客户满意度

个性提升，优质保障。提出并践行“市场就是调度令，服务就是竞争力”的经营理念，全力培育稳定、优质的客户队伍。实行“一品一策”“一户一案”，不断细分市场，为重要客户定制化生产特种油产品。2020年受疫情交通管制限制，特油产品出厂受阻，特油部创新制定产品交付解决方案，首次通过大数据开发终端客户，首次实现特油产品集装箱运输、公铁联运，圆满完成特殊时期特种油销售和出厂任务。

（三）电子商贸，打造营销新业态

信息推动，平台发力。利用中国石化国内工业品网上交易平台，进一步拓展新特产品线上营销渠道。选派业务员参加网上交易培训，收集客户和产品基础数据，上传产品信息，开展客户推介，打通网上交易流程。今年6月特种蜡在石化e贸上线交易，实现了新特产品“风险管控、简便服务、公平交易、数据挖掘和开拓用户”的营销新业态。

经验启示

（一）必须始终坚持“绿色化高端化”目标引领，在企业特色发展战略中发挥生力军作用

特油部以荆门石化特色发展战略为引领，担当改革先锋，率先在体制机制上突破，激发活力，释放动力。认真落实“双碳”战略，充分发挥自身技术和管理优势，全力推进“减油增特”，用好盘活特油资产资源，提高特油装置负荷率和开工率，增加绿色化、高端化特色产品总量，推动产品向功能化、精细化、差异化方向发展，有效助力企业打造百万吨特种油基地。

（二）必须始终坚持“让销售和服务呼唤炮火”的市场导向，实现生产型向生产经营型的根本转变

特油部以市场为导向，调动各生产要素，不断优化配置，提高一线销售人员话语权，“让销售和服务呼唤炮火”；依托装置安稳优运行，聚焦经营管理，打破产销研用各环节之间的壁垒，推进管理生产型向生产经营型转变，构建以满足客户需求、给用户创造价值为目标的产销研用快速联动机制，大力推进产品研发、质量提升、结构调整、市场拓展，实现特色产品规模化、高端化、功能化、差异化的目标。

（三）必须始终坚持“创新驱动、价值先导”理念变革，敢与国际一流特油公司论伯仲比高低

特油部坚持价值引领、创新驱动，培育优势品牌，打造特色和高端产品，抓住特色产品标准的引领权、市场话语权。充分发挥优势资产创效能力，持续完善特种油盈利模式，不断推进管理创新创效，巩固荆门石化华中地区特种油产能布局优势，闯出了一条“差异、品牌、效益、绿色”紧密融合的特色发展之路。

牢记总书记嘱托　打造世界一流乙烯

镇海炼化分公司烯烃一部

镇海炼化烯烃一部是100万吨/年乙烯工程主要生产运行部。习近平同志在浙江工作期间曾三次视察镇海炼化，亲自指导和推动镇海炼化大乙烯工程立项、核准和建设，圆了浙江省的“乙烯梦”。2006年11月6日，习近平同志出席镇海炼化100万吨/年大乙烯工程的奠基仪式并发表重要讲话，提出了“早日把镇海炼化大乙烯工程建成‘世界级、高科技、一体化’的具有国际竞争力的标志性工程，为我国石化产业和浙江经济社会的和谐发展谱写新的篇章”的殷切期望。

镇海炼化烯烃一部牢记嘱托，在打造世界一流乙烯的道路上，以中国石化、镇海炼化的管理体系和管理文化为依托，不断摸索基层管理经验，提升基层管理能力，以“建设一流装置、开出一流水平、打造一流团队”为目标引领，为镇海炼化的炼化一体化转型和跨越升级作出重要贡献（见图1）。

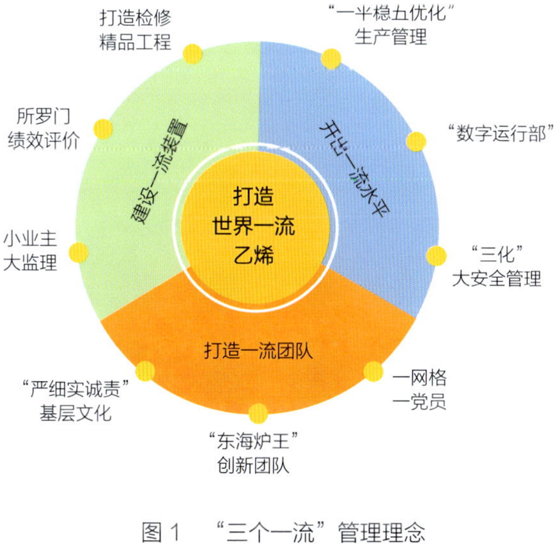

图1　“三个一流”管理理念

一、对标行业最高标准，建设一流装置

镇海炼化百万吨乙烯工程于2009年12月建成，由11套主装置和公用工程系统组成，分为乙烯东、西、北三个区进行管理。烯烃一部负责管辖乙烯裂解、环氧乙烷/乙二醇等7套主体生产装置（见图2）。

100万吨/年乙烯裂解装置　1套
乙烯工程龙头装置
采用中国石化和美国ABBLUMMUS公司合用技术

65万吨/年环氧乙烷/乙二醇(EO/EG)装置　1套
采用美国DOW化学公司技术

中国石化自有技术装置　5套
①70万吨/年裂解汽前油加氢 ②60万吨/年芳烃抽提 ③16万吨/年丁二烯
④11/4万吨/年MTBE/丁烯-1 ⑤2.7万吨/年裂解汽油抽提

配套装置　1套
①16万吨/年干气预精制

图2　烯烃一部管辖的7套主体生产装置

（一）创工程建设标杆

对标国际先进水平，建立起“业主+监理+施工承包商”三个层次的安全质量管理体系，明确各责任主体职责，网格化签订目标责任状，形成对工程安全质量全方位、全过程的管理和控制。全新打造的“小业主、大监理”现场管理模式，创造了当时规模最大、国产化率最高、业主管理人员最少、建设工期最短、中交到产出合格产品时间最短等纪录。荣获了国家优质工程金奖、菲迪克工程项目优秀奖等奖项，被中国施工企业管理协会评选为新中国成立70周年“百项经典工程”。

（二）创绩效评价标杆

主动参评所罗门、汤森等国际专业权威机构组织的绩效评价活动，与国际先进企业论伯仲、找差距，寻找装置挖潜增效方向。建立了7套主体装置12项对标项目，推进矩阵式对标提升工作。以“资源利用循环化、能源利用高效化”为抓手，积极创新实践节能管理，推进能效提升计划。投产十年来，乙烯装置综合能耗呈逐年下降趋势，连续8次被中国石油石化行业协会评定为“乙烯能效领跑者标杆企业”，装置绩效连续5次经所罗门评估在石脑油行业处于世界领先水平（见图3）。因对环氧乙烷/乙二醇装置优越的操作水平和对催化剂性能管理，镇海炼化烯烃部多次荣获专利商奖牌，创造了全球同类型装置九项纪录，荣获“陶氏-国际奥委会碳减排挑战赛”优胜奖，碳减排性能绩效在全球同类型装置中排名前三、减排幅度优于模型预测。

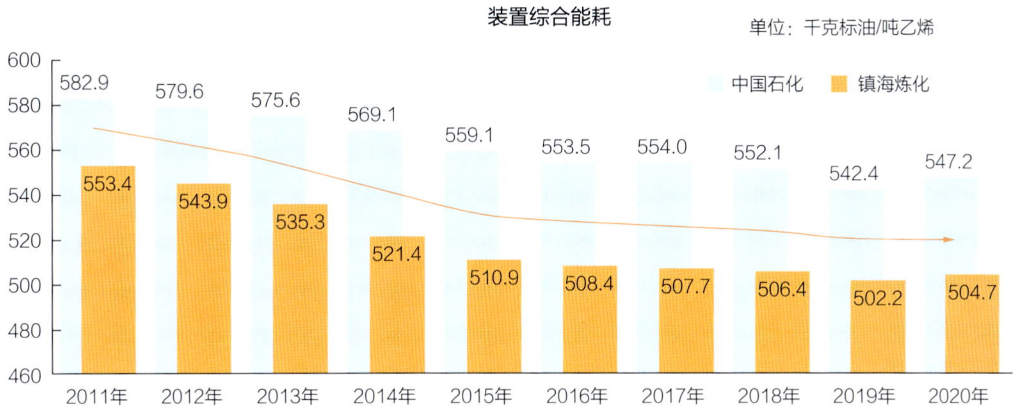

图 3　乙烯装置主要经济技术指标

（三）创检修精品标杆

面对更高的安全环保要求，更严峻的舆情形势，通过“一网格一党员”“党建共建”“3+X 主题党日”活动，做实大修专项保廉，推动大修党建与检修改造中心工作同频共振。严把风险关、现场关、质量关，做细做实大修三级“网格化”管理，确保人员廉洁、管理高效、风险受控，顺利完成四年一修检修改造任务，实现“高架火炬零排放、停开车一次性成功”高标准安全环保目标，夺取了2018年镇海炼化乙烯检修大会战的全面胜利，打造“百万吨大乙烯安全环保检修精品工程”完美“亮剑”。

二、瞄准国际领先指标，开出一流水平

对照乙烯装置优秀应用案例，瞄准世界先进水平，树立“谁优秀就向谁学习”的强烈意识，建立“运行部、班组、装置、岗位”的多层次持续对标提升体系，明确对标对象、问题短板、提升目标、具体措施、责任人和责任领导等，指标设置坚持目标导向、问题导向、结果导向，形成浓厚的“比学赶帮超”氛围。

（一）抓实“一平稳五优化”统筹优化

持之以恒抓实“一平稳五优化”工作，即“平稳运行，优化装置布局、优化原料结构、优化装置运行、优化产品结构和优化公用工程”。创新应用在线实时优化（RTO）项目，成为全国首套实现全流程闭环优化的大型乙烯装置，仅此一项措施就每年为企业增加效益2000多万元。2020年4月镇海炼化乙烯投产10周年，累计生产乙烯1068万吨，创造利润425亿元，投资回报率超200%。

（二）建设“数字运行部”智能管理

持续推进数字运行部建设，从生产销售、报警信息、现场管控、人员管理等方面着手，全面提升运行部智能化管理水平。生产方面，完善生产管理系统、智能巡检系统、质量管理系统，推动日常生产管理向数字化全面转型。设备方面，推行设备二维码，通过设备管理App实现管理“移动化”；完善机泵无线传感系统，实现设备运行状态监控“无线化”。安全方面，实现安全票电子化，使安全业务管理效能升级。人脸识别电子考勤、视频交接班、炼化彩云App的应用，使人员管理更加科学，提报问题更加精准。持续推进工序龙头乙烯裂解炉行业领先的智能化项目实施，加大与科研院所合作力度，以最终实现裂解炉自动投料、RTO+APC优化运行、自动退料、自动快速烧焦一体化数字化操作为目标，为增产增效提供智能化支撑。

（三）抓实“三化”管理夯实安全基石

以“网格化+专业化+规格化”大安全管理为抓手，层层分解落实三级网格长责任。实施“每周研1天、现场2小时、会前5分钟”安全领导力行动，持之以恒筑牢风险防控的“铜墙铁壁”。建立“五个不一样”的网格责任落实即时奖励机制，引领全体员工全过程、全方位、全天候做好“安全风险”防控（见图4）。

图4 “五个不一样”奖励机制

三、探索先进管理经验，打造一流团队

在“人本、责任、诚信、精细、创新、共赢”企业价值观引领下，烯烃一部在推动世界一流乙烯建设的进程中，搭建干事创业大舞台，不断淬炼“铁军”作风。2013年4月，荣获全国“五一劳动奖状”。2018年7月，荣获“中国石化成立35周年·感动石化人物”集体荣誉称号。

（一）“严细实诚责”基层文化理念淬炼“铁军”

烯烃一部成立初期就喊出“新兵打硬仗”的响亮口号迎接挑战和机遇，明确提出“两抓两不出”，即“抓管理从细节入手，抓队伍从小事做起；区域能处理的事情不出区域，运行部能处理的事情不出运行部”。坚持人文关怀，形成了“三谈四看五不做”班前文化（见图5）。压实责任，迅速形成了以“严筑基、细求精、实行事、诚立部、责托底”为核心要义的“严细实诚责”基层文化。多年来，烯烃一部始终坚持文化引领推动管理体系的高效运转和管理制度的严格执行。

图5 “三谈四看五不做”班前人员状况分析

（二）“东海炉王”创新团队“超常规”人才培养

“东海炉王”创新团队融合了工艺、设备、仪表、电气、信息等多专业，以提升裂解炉运行管理水平、信息化水平、能效、安全环保运行水平，达到和保持国内领先为目标，致力于乙烯裂解炉创新管理和后备人才库建设。2018年11月，以这支队伍被命名的浙江省省部属企事业高技能人才创新工作室，成立成为镇海炼化一张响亮的“名片”。针对乙烯装置急冷油塔压差持续上升危及长周期运行的业界难题，该团队勇于创新，首创精准定位开孔在线高压水力清洗法，成功避免装置停工风险，有效解决了这一乙烯行业的技术难题，给企业带来近2亿的效益，并获得国家发明专利。目前，烯烃一部已拥有国家专利9项。

（三）“1+2”党员旗帜工程强化组织保障

通过“一网格一党员”任务分解模式，全面推行三级网格党建，将工作任务分解到每一个细胞，充分发挥党员在工作网格中提升指挥协调、整合资源管理、控制过程管理、推进综合保障示范带动力量，构建“一党员一旗帜、一网格一堡垒”的战斗体系。党员带头历经13个月精心特护、10个月检修消缺周密准备、4次检修网格优化，于2021年5月精心组织实施了一场“乙烯装置心脏手术”，仅用13天精准消除乙烯裂解气压缩机运行缺陷并一次开车成功。

经验启示

（一）牢记初心使命，打造“两个样板”

对照习近平总书记对镇海炼化提出的“世界级、高科技、一体化”的殷切期望，烯烃一部始终按照“世界领先”要求，贯彻“以最少的人管理特大型项目”管理思路，下好油化一体化“一盘棋”，成功打造了国内百万吨大乙烯“首个生产运行周期”和“大修改造”两个样板，从“追一流”到“创一流”，不断超越。

（二）坚持创新思维，激发“数学活力”

数字化转型的核心是管理的变革，烯烃一部在生产管理实践中坚持创新思维，先试先行，以数字化转型为牵引，撬动各专业领域变革，让“人事物”智能互联，让生产管理更精简、装置运行更高效，激发了数据的价值活力。

（三）持续赋能未来，锻造“人才队伍”

人才梯队建设是提升企业核心竞争力和可持续发展的源动力。镇海炼化以锻造高素质专业化干部队伍和培养领军人才为重点，持续给人才赋能赋智，传承企业核心文化，从技能操作、专业骨干、行业领军，层层推进打造一流的劳动生产率。

精益求精　开拓进取　打造基层对标新样板

镇海炼化分公司炼油五部

镇海炼化分公司炼油五部现有员工389人，平均年龄35岁，负责管理对二甲苯、连续重整、加氢裂化、渣油加氢等13套大型炼油化工装置。在“三标”建设、安全管理、科技创新、党的建设等方面持续对标、建标、追标，并不断取得成效，曾两次获评集团公司“三基”工作先进集体，2019年荣获中央企业先进集体。涌现出了浙江省劳动模范、浙江省优秀共产党员、中国石化技术能手等一大批优秀人才，取得一项国家科技进步特等奖，一项国家科技发明二等奖（见图1）。

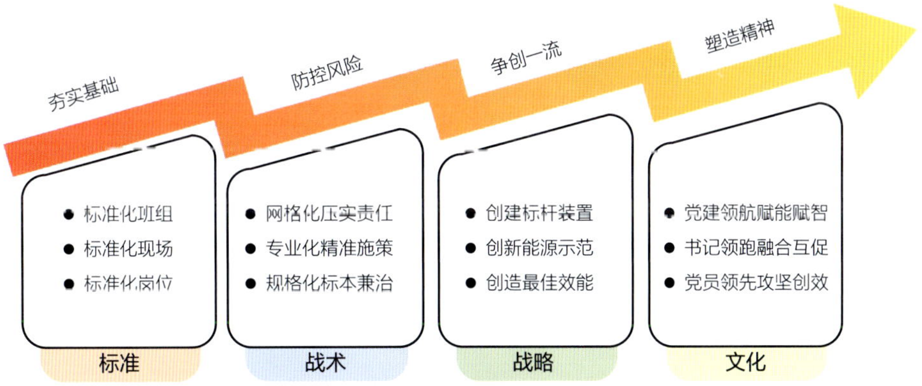

图1　打造基层管理对标提升体系

一、以“三标”建设强“三基”，做精益管理的先导者

炼油五部以“三标”建设为支撑，不断夯实“三基”工作，形成踊跃争先、奋力夺标的氛围。

（一）精细管理、价值导向，建设标准化班组

从规范上岗、标准化作业、量化个人KPI三个方面入手，构建从分工执行到检查考核的班组管理体系。编制推行《“三标”工作手册》，每天组织召开“七位一体”放心会，强化班组作业的风险识别和防控。作业标准化见图2。

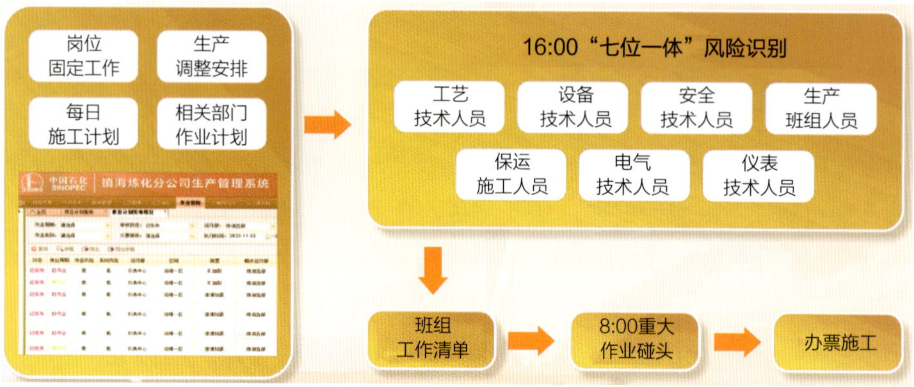

图2　作业标准化

建立从运行部、区域、班组到岗位的全员KPI绩效考核机制，全员KPI量化考核详见图3。以价值创造为导向，借助班组经济核算竞赛平台，实时对标找差距、精打细算出效益。2021年上半年，炼油五部通过优化操作节能2277吨标煤，在公司“比学赶帮超”竞赛中获得了7金、3银、5铜的成绩。

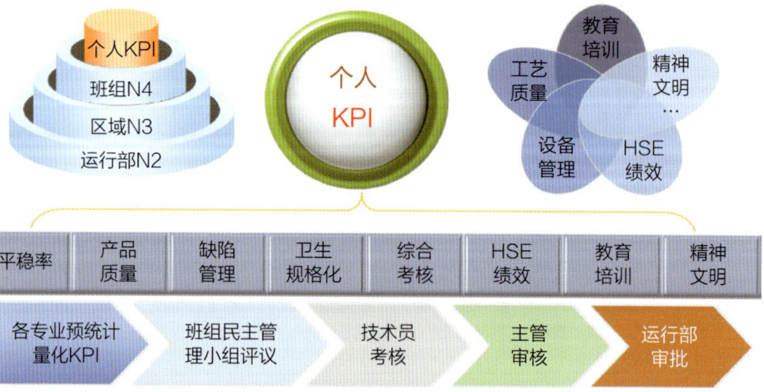

图3　全员KPI量化考核

（二）定制设施、系统管控，创建标准化现场

坚持对标一流从细节抓起，将精细传统贯穿于工作环境的每个角落。对现场常用设施

及器具、化工原材料、现场标识、岗位工作文件、操作室物品等实施定制化管理，开展30余类设施标准化工作，设置流程提醒示意图、重要阀门操作提醒牌200余个，极大改善了班组的作业环境。同时牵头试点开发作业管控系统，实现作业计划上报、评估、审批全过程闭环管理。

（三）规范行为、固化提升，打造标准化岗位

炼油五部细化每个岗位的工作内容和标准，形成岗位责任工作清单，使员工“上标准岗、干放心活”。实现采样、循环水检查等20余项操作标准化，编制操作票165份。针对43项重要流程动改作业编制《系统操作可视化操作手册》，班组人员看一眼就知道怎么做，有效降低现场操作风险（见图4）。

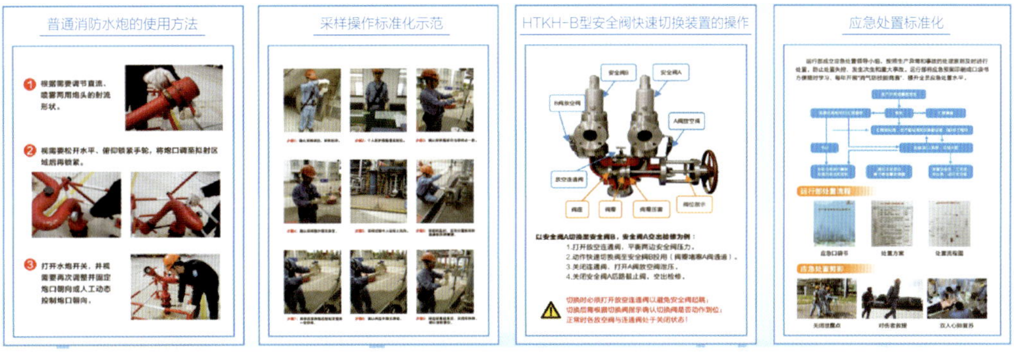

图4　操作标准化

二、以“三化”管理保安全，做风险防控的担纲者

炼油五部以“网格化+专业化+规格化”大安全管理为抓手，努力实现“人人尽其责、管控全覆盖、事事争第一、对标创一流”的目标。

（一）网格化压实责任，人尽其责对标争先

以定人、定格、定责的原则确保安全生产职责分解横向到边、纵向到底。以领导干部参与一次安全巡检、参加一次班组安全学习、开展一次安全研讨、组织一次安全检查“四个一”行动提升安全引领力。以全员参与、职责明确、风险识别评估、隐患排查治理多种实施形式相结合确保网格全覆盖。网格图现场立牌，全员覆盖，明确职责，压实责任。建立“三化”大安全管理每月通报机制，将网格全专业量化评比与个人大安全积分管理相结合，每月评选优胜网格及网格员，让员工在安全自主管理上对标争先，形成齐抓共管的工作局面。

（二）专业化精准施策，科学治理对标争先

坚持“管业务必须管安全”，围绕运行平稳、隐患排查、风险管理、作业管控等方面，多措并举促进生产安全平稳运行。通过控制回路PID整定等手段消除DCS高频报警，各装置小时报警数从103.3次降至30.4次。管控高风险作业，对作业许可提效减量，检维修用火量同比下降39.6%。提高日常检维修计划性，检维修抢修率由10%降至3.8%。

（三）规格化标本兼治，本质安全对标争先

将现场“规格化”水平作为设备完整性管理体系的重要衡量标准。不断优化设备承包责任制，编制设备完好性标准12类142项，每月对800多台机泵进行4个维度的量化评比，给每台机泵装上了规范化的“度量器”，让班组工作有方向、管理检查有尺度、考核评价有数据，不断提升全员规格化管理水平，让员工在设备本质安全上对标争先。

三、以“三创”举措促发展，做科技创新的探路者

以“三创”举措提升自主创新能力，努力做科技创新应用的标杆。

（一）创建标杆装置，“嫩扁担”扛起“新红旗”

平均年龄只有29岁的“嫩扁担”团队稳稳地扛起了管理操作中国石化首套沸腾床渣油加氢装置的重担，2019年实现装置开车一次成功。该团队积极开展重油加工链攻关，探索加工多达23种设计和非设计油种，还攻克了常减压系统结焦的行业难题，换热器切换周期延长10倍，创造了同类型装置无非计划停车运行的新纪录，被工艺包专利商Axens评为全球20多套同类型渣油加氢装置的典范。

（二）创新能源示范，“新能源”焕发“新生机”

炼油五部发扬“熔喷布”精神，“氢”尽全力，主动作为，进行了六轮专题研究，实现核心设备国产化，节约投资1150万元，攻坚完成19处项目甩头。创造了仅用75天建成一座加氢站的国内最短时间纪录。

（三）创造最佳效能，“新装置”拥有“新使命”

炼进五部勇担国内最大规模的新建400万吨/年加氢裂化装置的建设任务，助力公司老区物料平衡和降低全厂柴汽比。加氢裂化装置从基础设计批复到装置建成中交仅15个月，为常规建设周期的一半。

四、以“三领”行动强“三力”，做组织过硬的领航者

突出“责任、质量、实效”，以党建领航、书记领跑、党员领先“三领”强政治“三力”，争做组织过硬的标杆。

（一）党建领航，精准因材施教，加速人才培养

强化党建引领，狠抓人才培养赋能赋智工程，打造高素质员工队伍。针对技术人员培训，抓好“六个一”（见图5）；针对班组人员，抓牢“技术分析、技师讲堂、技术课堂、OPL培训”四个环节，累计完成技术分析1741篇，技术讲堂567讲，OPL培训卡438项，6名职工在集团公司、全国技能竞赛中获得金、银牌，近4年在公司“最强操作”竞赛中，获得1金、1银、2铜的好成绩。

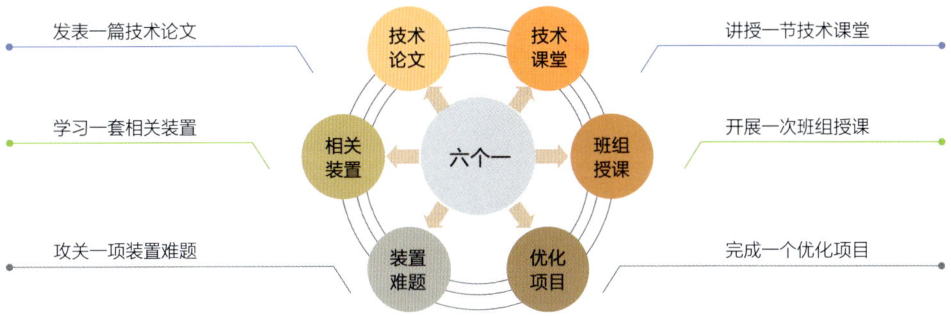

图5　技术人员培训“六个一”

（二）书记领跑，提升履职能力，打造过硬队伍

突出头雁效应，书记挂帅，围绕“三基”工作、检修改造、新装置建设等开展七项党建共建，为项目解决难题150多项。《打造党建融合系统化标准化工作平台》工作案例荣获公司现代化管理成果一等奖。提炼的“五四强三基”工作法（见图6）等3个案例在公司范围内展示推广，渣油加氢区域党支部连续两年获评集团公司先进基层党组织。

（三）党员领先，提高先锋指数，推进攻坚创效

通过党建KPI让支部成绩“量”起来，搭建组织力提升模型及考核细则，设置44项加分条款，26项扣分条款，KPI积分与年度评优及考核挂钩，提高党员先锋指数。以党建网格深化“我先行”，结合“急难险重”开展党员示范岗、党员责任区活动，发动党员啃硬骨头、当排头兵，2020年，炼油五部围绕“百日攻坚创效”和“持续攻坚创效”行动制定25项措施，确立6个重点攻关项目，党员骨干以更强的担当聚力攻坚克难，全年实现降本逾1亿元。

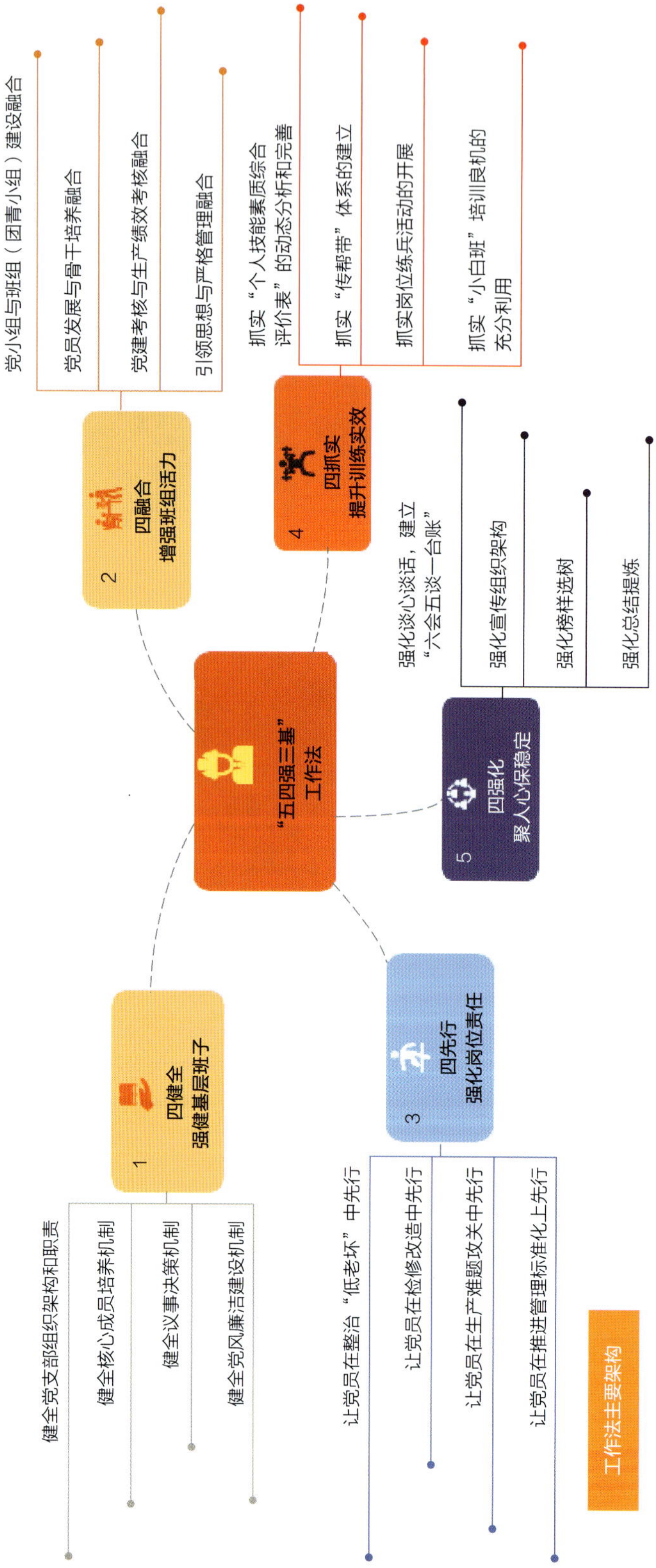
“五四强三基”工作法
1 四健全 强健基层班子
健全党支部组织架构和职责
健全核心成员培养机制
健全议事决策机制
健全党风廉洁建设机制
2 四融合 增强班组活力
党小组与班组（团青小组）建设融合
党员发展与骨干培养融合
党建考核与生产绩效考核融合
引领思想与严格管理融合
3 四先行 强化岗位责任
让党员在整治“低老坏”中先行
让党员在检修改造中先行
让党员在生产难题攻关中先行
让党员在推进管理标准化上先行
4 四抓实 提升训练实效
抓实“个人技能素质综合评价表”的动态分析和完善
抓实“传帮带”体系的建立
抓实岗位练兵活动的开展
抓实“小白班”培训良机的充分利用
5 四强化 聚人心保稳定
强化谈心谈话，建立“六会五谈一台账”
强化宣传组织架构
强化榜样选树
强化总结提炼
工作法主要架构

图6 “五四强三基”工作法

经验启示

（一）打造基层管理对标提升新样板，必须提高标准，担起责任

求木之长者，必固其根本，国有企业要全面做优做强，离不开基层运行单位的持续对标提升。镇海炼化分公司炼油五部始终坚持“严、细、实”的工作作风，以“三标”建设为支撑，在提高标准、夯实基础上细之又细，以“三化”大安全管理为抓手，在压实责任、防控风险上实之又实，努力实现“人人尽其责、管控全覆盖、事事争第一、对标创一流”的目标。

（二）打造基层管理对标提升新样板，必须创新变革，追求一流

镇海炼化分公司炼油五部在集团公司“一基两翼三新”产业格局引领下，以创新攻关“三创”举措为推手，勇于突破关键核心技术和“卡脖子”技术，在创新变革、追求一流上“精益求精”，努力让每一步都踏准节拍、跟上节奏、干在实处、走在前列。

（三）打造基层管理对标提升新样板，必须培育文化，传承精神

企业的生存和发展离不开文化的滋养，一个企业没有自己的文化就等于没有灵魂。镇海炼化分公司炼油五部始终坚持以高质量党建推动高质量发展为主线，突出“责任、质量、实效”，以党建“三领”行动为引领，在培育文化、塑造精神上“好上加好”，不断激发干部员工不待扬鞭自奋蹄的动力源泉。

强基固本树标杆　四轮驱动创一流

天津分公司化工部芳烃车间

天津分公司化工部芳烃车间成立于1999年6月，生产装置主要包括加氢、重整、吸附等7个单元，采用美国环球油品公司（UOP）专利技术，以石脑油为原料，年产能对二甲苯30.4万吨、苯10万吨。现有在岗职工96人，其中党员41名、高级职称6人。成立以来，车间连续8次获评集团公司“三基”工作先进基层单位，2018年荣获“中国石化先进集体”，车间党支部是集团公司首批50个基层党支部建设示范点之一。近两年，芳烃车间积极对标先进，以健全管理体系、创新培训机制、智能工厂建设、强化精益管理为抓手，不断夯实基层安全环保根基，提升经济运行水平，狠抓责任落实，强化制度落地，工作成效显著（见图1）。

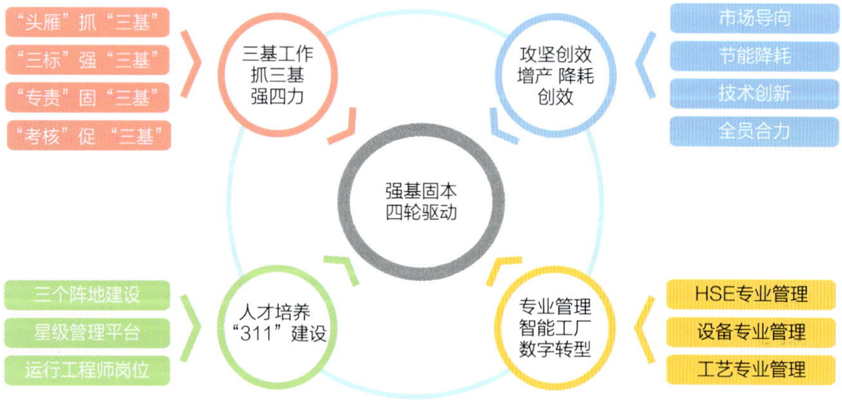

图1　强基固本　四轮驱动

一、以健全管理体系注入“三基”工作新动能

（一）以头雁抓“三基”，强化引领力

坚持推行“三同三进”，班子成员与员工同工作、同劳动、同学习，带头进班组、进

现场、进课堂。建立“四点联动”机制，领导班子带头深入现场巡检，每月到班组当一天操作工，每人承包一个班组，强化“一岗双责”，将HSE、TPM、党建和“三基”工作全部纳入联系点范畴，全面推进各项责任落实。

（二）以“三标”强“三基”，强化管控力

作为集团公司“三标”建设试点单位，在公司一体化管理体系架构下，车间依据各级制度、工艺技术规程及岗位操作法，采取“模块化+清单化+信息化”管理模式，实现了车间管控和班组操作的结构性优化、岗位工作内容和标准的系统性优化，各级制度、文件、标准的信息化联动，建立了内容简洁、规定具体、流程清晰的基层执行标准，有效打通了管理体系及各项规章制度落地见效的“最后一公里”。三标管理体系详见图2。

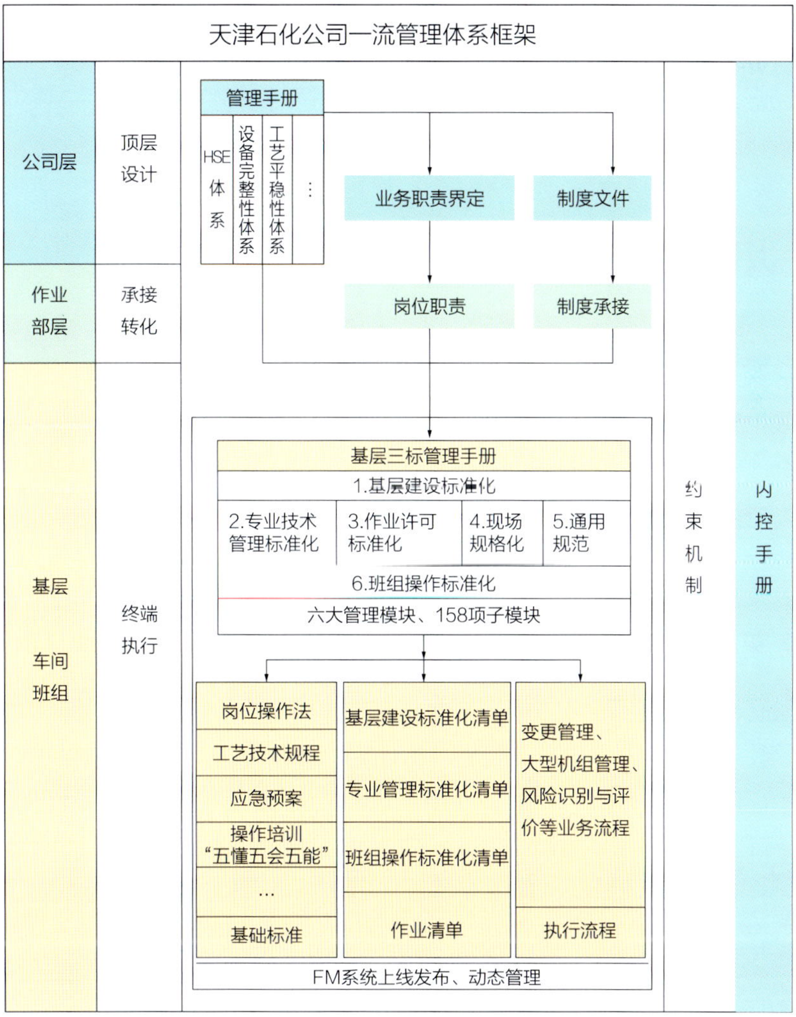

图2　三标管理体系框架图

（三）以专责固“三基”，强化执行力

本着“以岗定责、专责专管、以责管人”的思路，以班组岗位专责制为模板，梳理岗位工作内容，制订车间各专业组及班组“精益管理程序”，通过梳理每日、每周、每月、每季、每年工作内容，制订工作标准，实现车间各项管理工作标准化，制订全员全岗位周期性工作及责任清单，把基层管理人员、属地、专业、操作等责任落实到岗位压实到人，做到事事有人管、人人有专责、奖惩有依据。

（四）以考核促“三基”，强化推动力

建立全员绩效考核机制，细化分解“一车间一表”，编制“一班组一表”“一人一表”，明确关键成果指标、绩效指标、专项指标、约束性指标、制度符合性检查事项以及奖励事项。实行量化积分考核，将所有常规、应急工作等内容纳入积分管理，由绩效考核组和值班长根据个人工作表现打分排名，并在月度预兑现中予以体现，形成班组自主考核和职能组专业考核的“双考核”机制，达到“工作好派，班组好管，队伍好带”目的。

二、以智能工厂建设提升专业管理效能

（一）实施装置现场“天眼”智能监控，筑牢HSE管理根基

车间共设置关键点位视频监控27处，炉火视频监控点8处，实现要害部位全方位、全天候、全过程监控。有效应用初期火灾报警系统，通过分析视频中火源特征，秒级精准定位目标火源，及时发出报警，实现早期火情智能识别。投用后，及时发现消除火灾隐患20余起。

（二）实施基础管理数字化转型，提升基层治理能力和治理水平

车间建成、投用环保地图、应急协同平台、电子签票、数字化防腐等一批专业信息系统，依托“数采”“LIMS”等基础数据平台，通过大数据分析，推动车间安全、环保、工艺管理数字化转型，有力提升车间管控效力。

建立了机泵震动群监测、过负荷报警、关键机组远程诊断信息化系统，实现设备运转实时监测，及时发现设备运转早期问题，推送报警信息，确保在1分钟内应急响应。智能工厂建设提升专业管理效能如图3所示。

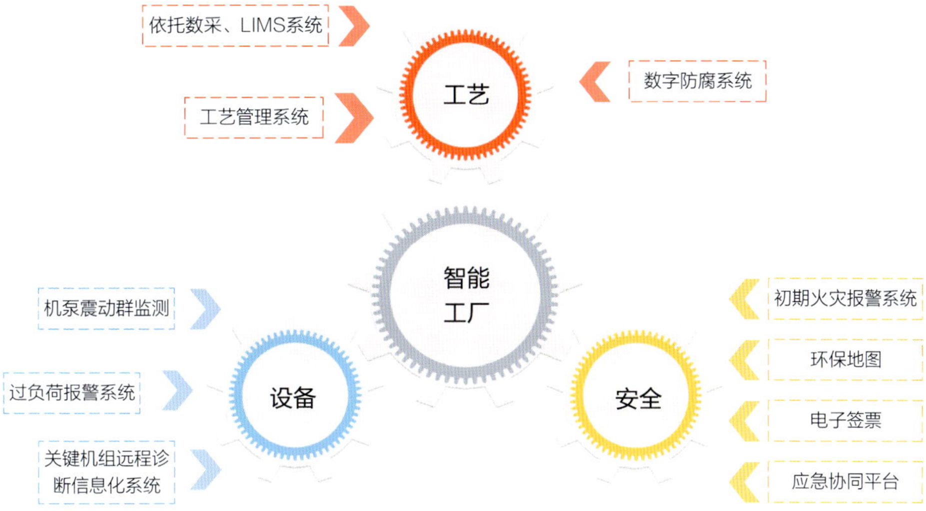

图 3　智能工厂建设提升专业管理效能

三、以创新培训机制提升队伍素质能力

（一）创建“三个阵地”培训平台

创新培训手段，丰富培训内容，建立了“劳模工作室”“实物大课堂”“仿真教室”三个培训阵地。发挥“劳模工作室”作用，采取导师带徒、课题研讨、技术攻关等形式，积极为车间培养技术骨干和高技能人才。“实物大课堂”采取“实物展示、动漫模拟、DV影像”三位一体的方式，让专业技术人员更加直观地学习掌握设备构造、工艺流程等专业基础知识。“仿真教室”贴近生产实际开发装置开停工、应急处置等40项模拟流程，满足职工对于异常工况学习的实际需求，创新开发“应急处置能力提升一站式解决方案”视频模拟教学案例，着重靶向提升各级人员应急处置能力。

（二）构建“星级管理”员工成长平台

通过笔试、现场实操、工作业绩评价相结合的方式，对班组成员技能水平进行五星综合评定，实行年度定星、动态管理、能上能下，三星以上按星级高低给予不同绩效奖励，并召开授星大会，公布星级光荣榜，提升职工的荣誉感和自豪感，激励班组职工立足岗位学技能，争星加薪。

（三）设立“运行工程师”战训岗位

为把优秀青年人吸引在基层，稳定在基层，精心培养选拔理论扎实、技术突出的一线大学生担任班组运行工程师，比照值班长给予相应待遇。建立动态选拔机制，在技术攻关、改善经营管理建议、学术论文、管理成果等方面，明确具体考核指标，每年全体起立，竞争上岗，拓宽一线青年的成长通道。近两年，3名运行工程师成长为车间副主任，3名运行工程师成长为车间专业技术骨干。

人才培养“311”建设示意图如图4所示。

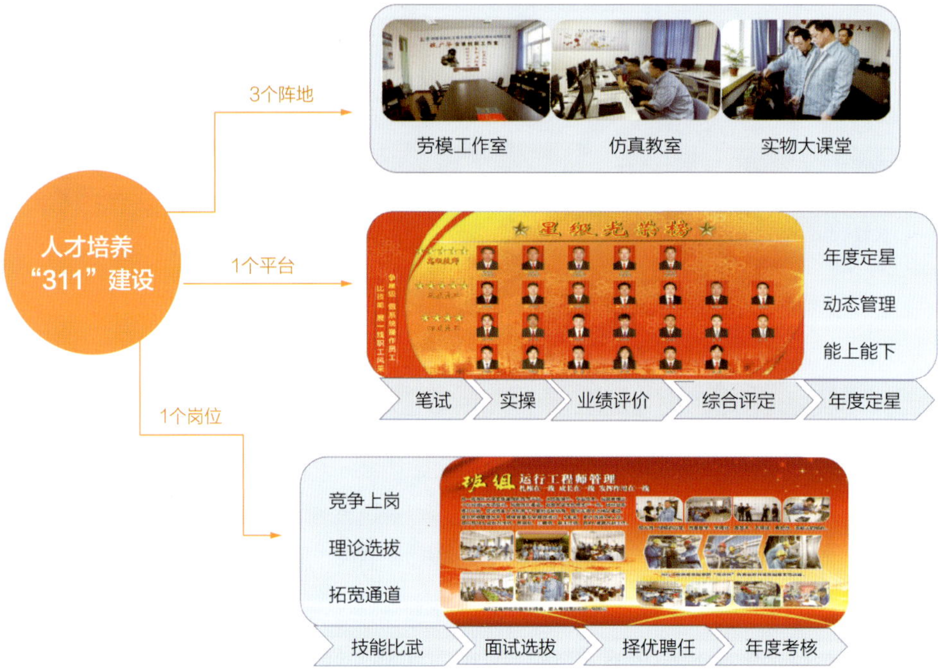

图4 人才培养“311”建设示意图

四、以强化精益管理促“小”装置创“大”效益

（一）紧盯市场抢效益

建立不同工况效益测算模型，以市场为导向，积极调整产品结构，努力提升装置效能。充分发挥炼化一体化优势，抢抓苯产品涨价时机，调整原料配比、强化过程管控，苯生产能力由8975吨/月增至11048吨/月，提升23%，累计创效超千万元。

（二）节能降耗挖效益

贴合“分析+实操”两个维度，针对公用工程消耗，逐项打开成本，逐级分解指标，逐个论证评估，以班组小指标竞赛为载体，分级落实目标、措施、责任，最终转化为日常操作。重点围绕“三水三气”精心开展优化，新鲜水、冷冻水、循环水的小时单耗同比降低43%、50%、10%；3.5兆帕蒸汽、天然气、氮气单耗分别下降2%、6.3%、25%。

（三）技术创新增效益

2020年首次更换国产RAX-3000型吸附剂、首家试点完成HAT-199型歧化催化剂工业应用，实现一次开车成功。实施后，大幅提高了PX产品、歧化装置目标产品产量，创造了PX日产量980吨、苯日产量380吨、月累计综合能耗595千克标油/吨PX的历史最好水平，在系统内同类规模装置中处于先进水平。发挥人才优势，组建抽提装置优化运行和芳烃装置产业链优化2个创新团队，持续提升装置运行水平。

（四）全员合力创效益

以价值为导向、以业务为中心、以流程为主线，积极推进业财融合，创新实施班组成本核算“五步法”（见图5），日汇报、周分析、月考核，实现人人肩上扛指标，人人手中有效益。把经济活动分析会开进班组，抓牢成本发生的关键点和效益增长点，讲现象、摆事实、挖根源，提高全员成本效益意识。

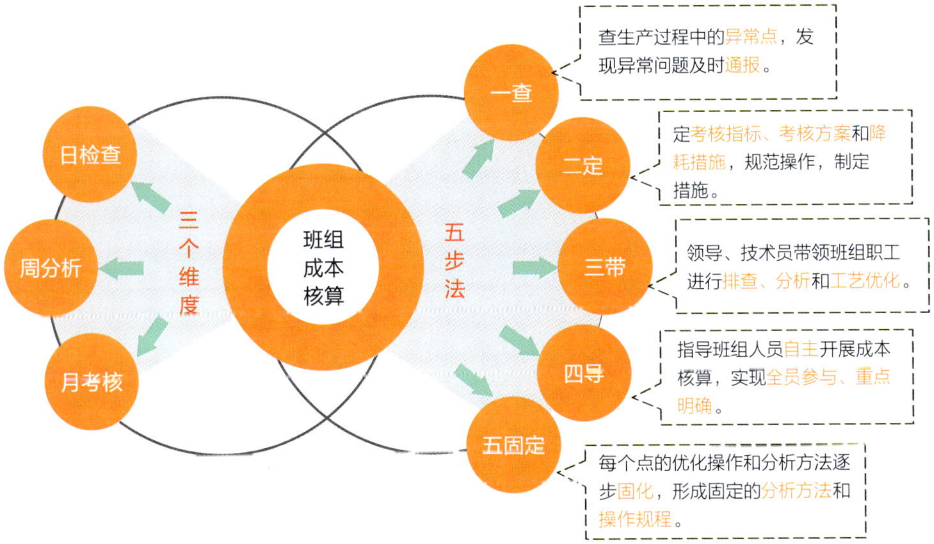

图5　班组成本核算“五步法”

经验启示

（一）“三基”工作筑牢发展基石，是车间发展的根基

以基层党支部建设为核心的基层建设，以岗位责任制为中心的基础工作，以岗位练兵为主要内容的基本功训练是车间一切工作的基石。芳烃车间牢牢抓住“三基”工作不放松，不断提升党支部的引领力，完善管理机制，压实岗位责任，创新考核方式，筑牢发展根基。

（二）创新驱动激发内在活力，是车间发展的动力源

芳烃车间坚持“技术创新谋发展，机制创新激活力，管理创新增效益”的理念，不断推进智能工厂建设和数字化转型，积极创新管理机制、运行模式、操作方式，统筹谋划、未雨绸缪、紧盯市场、攻坚创效，为车间发展注入强劲动力。

（三）人才培养铸就未来发展，是车间发展的保障

芳烃车间始终坚持“以人为本”工作理念不动摇，强化培训阵地建设，建机制、搭平台，不断拓宽人才成长通道，坚定不移以“人才强企”价值导向为出发点大抓培训工作，为车间发展提供坚强的人才保障。

锚定“三高”　打造化工装置“常青树”

上海石化公司塑料部聚乙烯联合装置

上海石化公司塑料部聚乙烯联合装置拥有3条超高压管式法工艺生产线，年生产能力20万吨，分别投产于1976年、1992年。装置锚定安全环保高标准、装置运行高效率、党建工作高质量，各项技术经济指标、长周期运行水平居集团公司同类装置前列。技术部自主研发生产的轻膜料、电缆交联基料等11大类14个牌号在市场供不应求，与北京化工研究院等16家单位共同承担的《功能性高分子膜材料关键技术攻关》科研项目，并荣获2020年度中国石化科技进步特等奖。装置团队及成员2020年获全国“质量信得过班组”、上海市劳模、上海市杰出技术能手等集体和个人荣誉。联合装置2020年实现盈利2.5亿元，2021年上半年，实现盈利1.45亿元，被业界称为化工装置行业的“常青树”（见图1）。

图1　打造化工装置行业“常青树”

一、从严从实从细，安全环保高标准

（一）“三级”巡检从严保安稳

建立岗位巡检、专业巡检、综合巡检“三级”巡检制度，落实过程安全管理。规定巡检每2小时一次，由操作人员负责，检查装置运行期间的工艺参数、设备运行情况，发现问题及时上报专业管理人员；专业巡检每天不少于两次，由安全、生产、设备专业人员负责，对发现的异常情况及时处理，做到“日事日毕、日清日高”；综合巡检每周进行一次，主要针对已发现的缺陷进行现场分析，制定对策措施，落实解决方案。

（二）“四化”建设从实强班组

强化安全教育常态化、现场操作标准化、危害辨识系统化、技术培训规范化“四化”建设（见图2），以班组安全例会、现场5S管理、隐患精准识别、每周一练、网上练兵为抓手，推动班组安全工作，使员工安全意识不断增强，操作行为更加安全规范。联合装置管理团队先后被评为上海市、全国“质量信得过班组”、上海石化“三基”工作优秀基层单位。

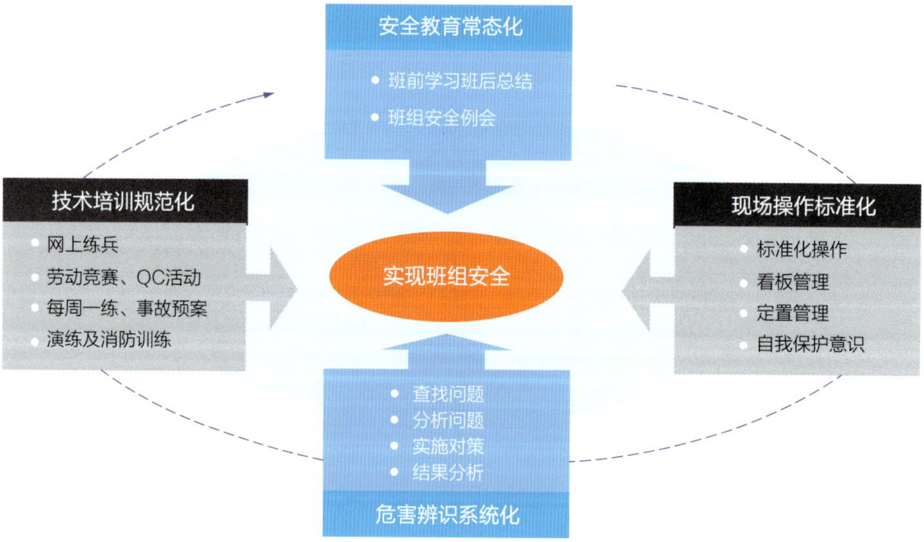

图2 建设班组安全“四化”

（三）技术创新从细促减排

坚持自我加压、对标先进，以高于国家、行业和地方的标准，扎实推动节能减排，促进企业绿色转型发展。针对非甲烷总烃排放量波动的情况，开展技措技改。历时一年，建成两套高温催化燃烧炉，对非甲烷总烃进行高温催化氧化处理，使总烃排放量稳定地控制在60×10^{-6}以内，低于上海市、国家的排放标准。

二、提质提效提速，装置运行高效率

（一）问症把脉提高设备运行质量

装置的3条生产线已投产运行30年以上，各种问题接踵而来，成了日常运行的拦路虎。装置结合严控“三小”、杜绝“三非”活动，采取预防性检修，精心维护这些“老宝贝”。对巡检结果、测振数据定期汇总分析，争取异常问题早发现、早确认、早整改。做好大型机组状态监测，将测温、测振频度由原来的每周改为每日，针对可能发生的问题预先制定落实相关措施。2020年，1号聚乙烯装置1系列实现连续正常运行199天，接近建成投产45年来的最好水平。装置3条生产线在集团公司同类装置中停车次数排名居前三位。

（二）“优良日”活动提高生产运行效率

开展班组“优良日”创建活动，制订了9大类19项否决指标，按照日记录、周汇总、月评选的方式，实现班组保装置、装置保单位、单位保公司的目标。基层班组主动作为，树立“优良责任心、优良工作日”理念，制订和实施“优良日”工作法，将责任压实到每天、每名员工，不断提高巡检质量和工作效率，保障生产作业安全，做到每个工作日都是无事故、无伤害、无环境损坏的“优良日”。2020年，装置“优良率”达到98.81%，两个班组被评为“优胜班组”。

（三）自主创新提高转型升级速度

装置主力产品Q281轻膜料，多用于普通食品包装，自投放市场以来，以其优异的性能和质量，受到客户信赖，成为一款长盛不衰的盈利产品。装置组建新产品研发团队，对主力产品不断优化，开拓更广阔的市场。经过不断改进配方，实验生产，研发团队研发出小分子正已烷析出物更小、产品纯度更高、安全性能更好、用途更广泛的升级版Q281D产品，成功实现了产品从食品级向医用级的转变，成为了市场中的“王牌”。同时，研发团队积极参与功能性高分子膜材料关键技术攻关，开展聚合装置及工艺开发，为中国石化实现“产销研用”一体化功能性高分子膜材料全产业链技术创新和建立产业平台作出了积极贡献。

三、融入融合融汇，党建工作高质量

（一）党建融入，夯实“三基”工作基础

装置发挥党支部引领作用，以“三标”建设为融入中心载体，抓实“三基”工作，按照基层单位标准化建设等六大模块要求，形成《聚乙烯装置“三标”工作指导手册》《聚乙烯装置班组标准化工作操作手册》。制定94项装置级管理条款，22项班组级管理条款，全面覆盖装置、一线班组的日常工作。推行《日工作标准流程》《日标准工作法》（见图3），为管理人员、班组长和岗位操作人员充分履行岗位职责提供了依据。

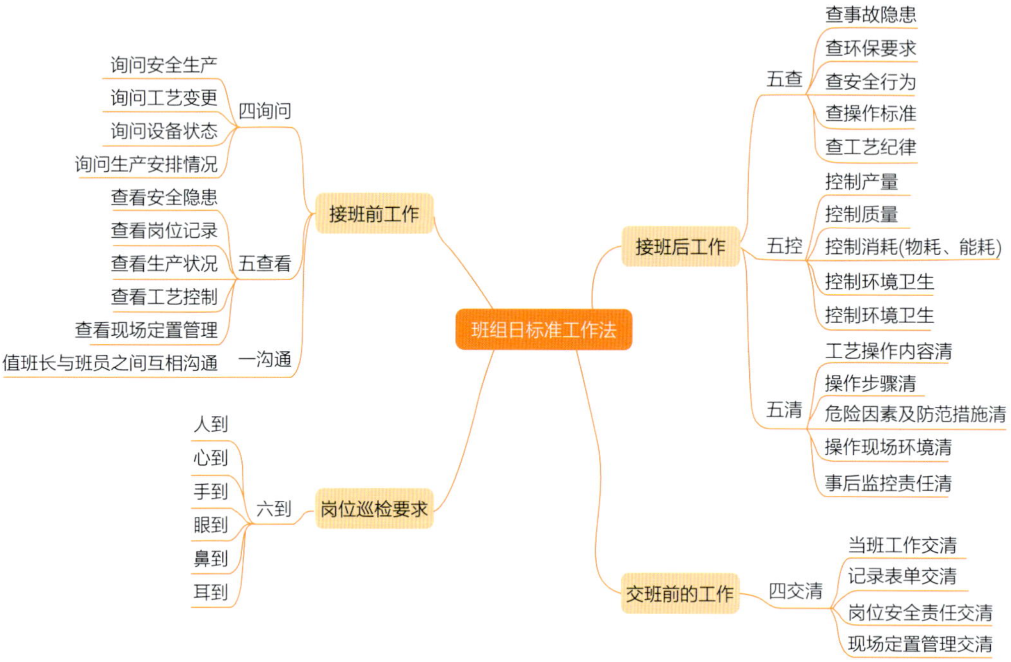

图3 班组日标准工作法

（二）党建融合，打造高素质员工队伍

党支部融合党建赋能，以党员攻关为抓手，结合员工培训需求，制定“点+面”的精准化技能培训方案（见图4），对骨干人员开展导师带徒、“一岗多能”带教，鼓励员工争做操作“多面手”，做到“精一岗、会两岗、学三岗”；组织开展“班组小课堂”学习，充分利用工作之余的碎片化时间，由党员骨干带头，将日常工作中积累的“小心得、小技巧、小办法”传授给班组长及一线操作人员，加快岗位人员技能水平提升，提高员工突发事件处置能力，全面提升“管控+赋能”效果，为装置安全稳定高效运行提供有力支撑。装置员工先后获上海市杰出技术能手、上海石化技术状元等称号。

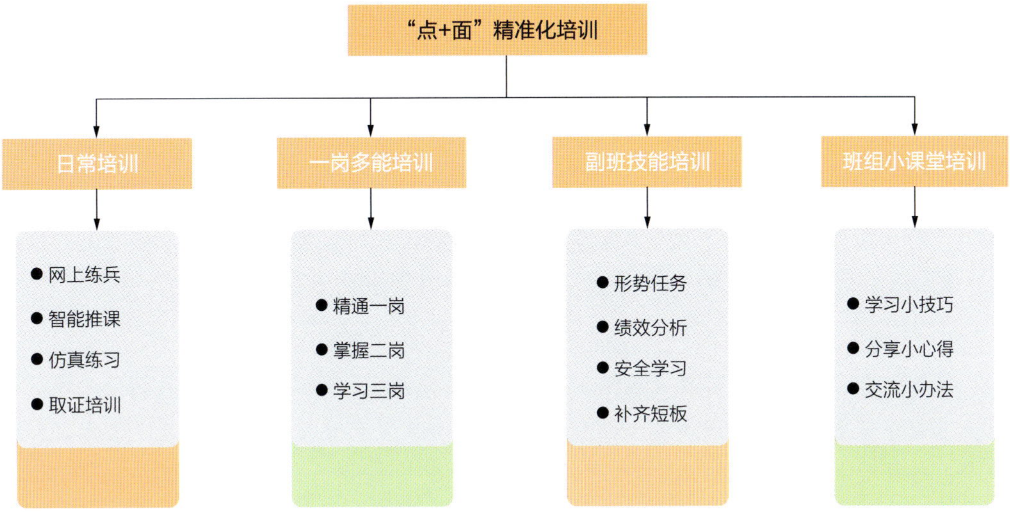

图 4　“点 + 面”精准化培训

（三）党建融汇，激励党员攻坚克难

党支部以组织力建设为抓手，融汇员工队伍建设，持续开展支部班子带建行政班子、党小组带建班组、党员带建群众的“三带”活动。搭建“创党员责任区”“创党员示范岗”“创青年文明岗”等平台，党员骨干在“降低装置边界VOC含量”“提升产品质量”和“降低蒸汽消耗量”等多个项目攻关中发挥了重要作用。在2020年开展的“百日攻坚创效”“持续攻坚创效”行动中，装置党支部以“降低PE装置压缩机内部油使用量”等4个行动项为载体，认真对照先进指标，积极查找自身薄弱环节，主动落实整改措施，节约压缩机内部用油12吨。党支部先后获上海石化塑料部先进基层党组织、“五好”基层党组织等荣誉称号。

▲　聚乙烯联合装置全景

经验启示

（一）打造“常青树”必须守住安全环保“基本面”

建设世界领先企业，安全是题中之义，洁净是鲜明特征。聚乙烯联合装置始终将安全环保作为生存发展的“基本面”“基本盘”，从标准化班组、标准化现场、标准化岗位入手，真正把HSE工作作为先于一切、高于一切、重于一切的工作抓实抓好。

（二）打造“常青树”必须跑出提质增效“加速度”

提升精益管理水平，推进提质增效，持续开展生产运行优化，加快产品转型升级，是企业长盛不衰的源泉，根深才能叶茂。聚乙烯联合装置聚焦提高运行效率、聚焦创新驱动，以提质增效的“加速度”，为老装置增添新活力。

（三）打造“常青树”必须转化党建优势“高质量”

加强基层党的领导和党的建设，强根固魂，把政治优势、组织优势转化为发展优势，实现高质量发展。聚乙烯联合装置坚持融入中心抓党建，抓好党建促发展，把中心工作的重点难点作为谋划推进党建工作的着力点，在“三标”建设、员工培训、攻坚克难上协同发力，抓实党建融入中心促发展。

打造国内丁辛醇行业领军品牌

齐鲁分公司第二化肥厂丁辛醇车间

齐鲁分公司第二化肥厂丁辛醇车间成立于1984年，现有职工101人，其中党员37人。主要管理13.5万吨/年丁辛醇、19.1万吨/年辛醇异丁醛两套大型装置，主要产品有辛醇、正丁醇、异丁醇、正丁醛、异丁醛等。荣获齐鲁石化先进基层车间、山东省青年安全生产示范岗、中国石化先进班组、中国石化先进基层党组织等荣誉称号。在此次对标提升行动中，车间以“打造国内丁辛醇行业领军品牌”为目标，通过寻标、对标、追标，重点在装置运行、管理改进、技术创新方面找差距、查不足，学习先进、补齐短板，从跟跑、并跑，到最终实现超越，“齐鲁丁辛醇”成为2021年影响丁辛醇市场的重要风向标（见图1）。

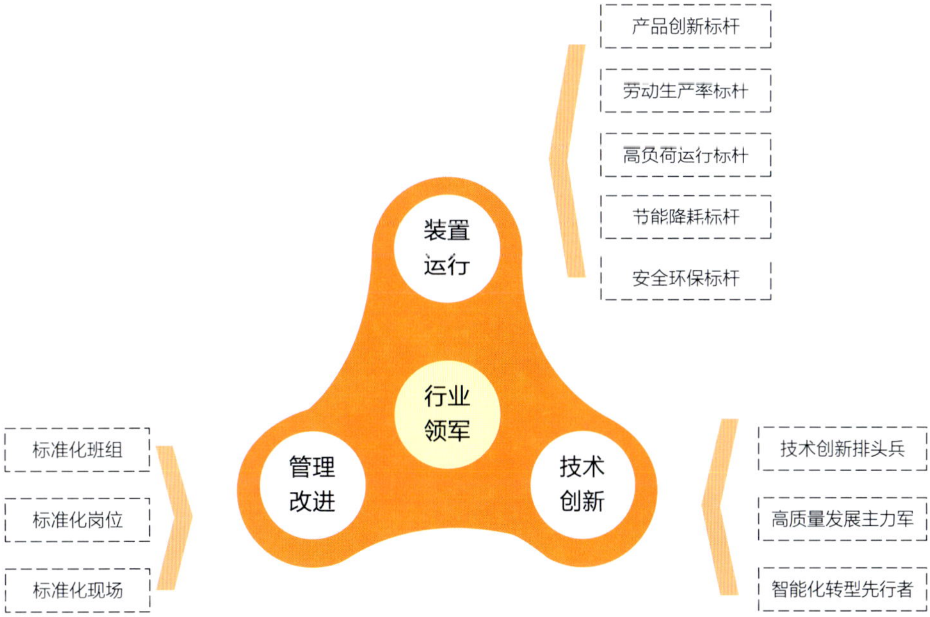

图1　对标提升行动

一、以装置运行为对标提升方向，打造“五项”标杆

精准对标行业内数家企业，取长补短、促优促改，打造出产品创效、全员劳动生产率、节能降耗等5项重要装置运行指标标杆。

（一）打造产品创效标杆

积极对标天津渤海永利化工、扬子巴斯夫等同行业先进企业，结合市场产品价格波动，创建了“宜醛则醛、宜醇则醇、宜丁则丁、宜辛则辛”的产品产量调整机制和效益预测模型（见图2），实现了效益最大化。2021年1～8月份，在停工大检修40天的情况下，仍创造利润11.7亿元。

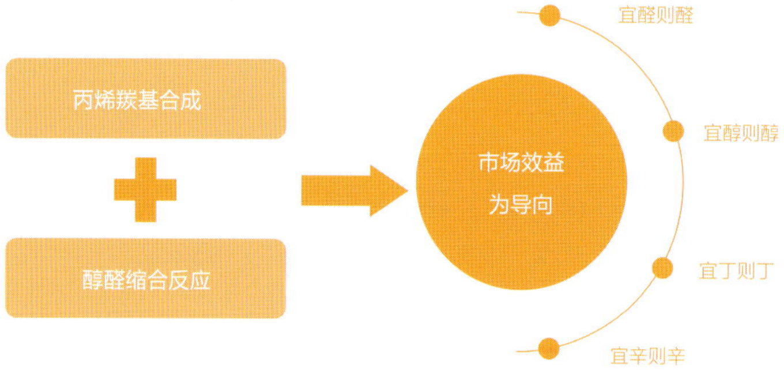

图2 产品调整指引模型

（二）打造全员劳动生产率标杆

敢于同华昌化工、东营利华益等民营企业对标全员劳动生产率。深化全员成本目标管理，完善班组成本核算制，搭建班组“比学赶帮超”平台（见图3），开展“小指标”劳动竞赛活动，班组之间形成了“你追我赶”的竞争氛围。算产量、算物耗能耗、算效益的“算账文化”已在车间蔚然成风。2021年1～8月份，车间全员劳动生产率达到1158万元/人，远远领先国内同行业企业。

（三）打造高负荷运行标杆

对标行业中产量最高的鲁西化工。结合两套装置资源共享、深度融合的互补优势，不断挖掘装置负荷余量。在行业内首次实施正异丁醛分离塔110块高效塔盘更换，提高了30%处理量。扩大后续工段产能，组织缩合循环泵提效、增加塔顶冷却负荷等系列扩能改造，产能提高近20%。经标定计算，为同行业负荷最高的装置。

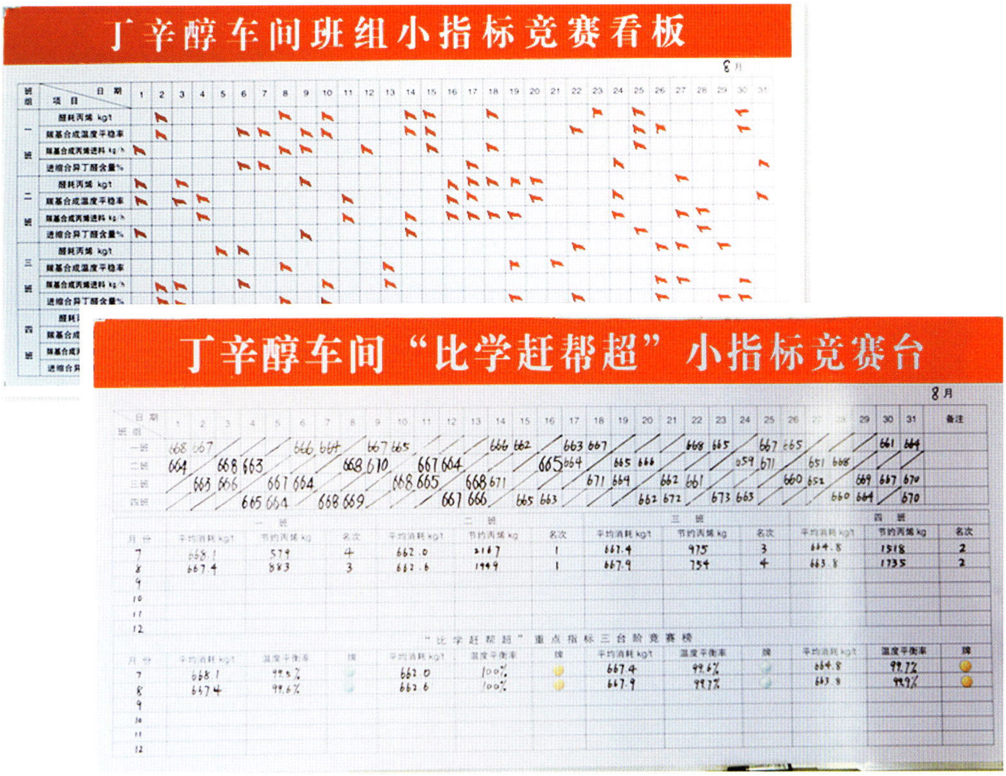

图3　“比学赶帮超”竞赛台

（四）打造节能降耗标杆

齐鲁丁辛醇物耗能耗始终在同行业中处于领先水平，但是车间坚持“优化无止境”原则，不断超越自我，通过攻关脱重塔回流、优化精馏塔蒸汽使用量、新增蒸发式空气冷却器、共享塔、共享机泵等系列措施，2020年装置能耗同比降低10%。在行业内首次提出了原料合成气中氢碳比和物耗之间的关系，并经过控制氢碳比及相关参数，装置醛耗丙烯持续下降，屡次刷新历史最好纪录，目前已达到665千克/吨，为国内最高水平。

（五）打造安全环保标杆

创建现场作业风险动态管控机制，每日召开集设备、工艺、安全、承包商“四位一体”协调会评估作业风险。建立现场作业“车间领导带班、技术组督查、班组监护”三级管控机制，以网格化安全管理织就“天罗地网”。推进“绿色低碳”企业建设，变“事后治理”为“事前预防”。建成投用了同行业首套RTO装置、碳三回收装置，实现了废水、废气应收尽收。数年来，始终保持了无车间级以上安全环保事故发生。

二、以管理改进为对标提升方向，打造“三标”车间

对标集团公司系统内先进基层单位管理模式，深化标准化班组、标准化岗位、标准化现场“三标”建设，车间连续两年荣获齐鲁石化先进基层车间荣誉称号。

（一）创建标准化班组

车间原有班组10个，员工平均年龄49岁。2020年，车间党支部织密党建“三级联动”工作网络，创建“支部委员+党小组”“党小组带班组”“党员1+N联系群众”工作法，稳妥推动班组改革，将两套装置控制室整合到一起，班组合并为5个，2021年再次减少为4个，彻底化解了人员分散、结构性缺员的矛盾，班组长同步精减到4名。

（二）创建标准化岗位

车间党支部加强形势任务宣讲，通过“三会一课”、班前“形势任务教育一分钟”等方式，讲清岗位精简、人员精干的必要性和企业发展需求，增强职工危机意识。2020年，稳妥将两套装置8个岗位精减为2个，实行“一套装置即一个岗位”。同步配套建立培训考核体系，每季度举行车间级岗位练兵和技术比武，将结果与业绩奖金相挂钩，以考促学、以赛促学。创新推出具有基层特色模式的“星级培训课堂”管理（见图4），《以员工与企业共同成长为导向的星级培训课堂建设》获山东省现代化管理创新成果二等奖。

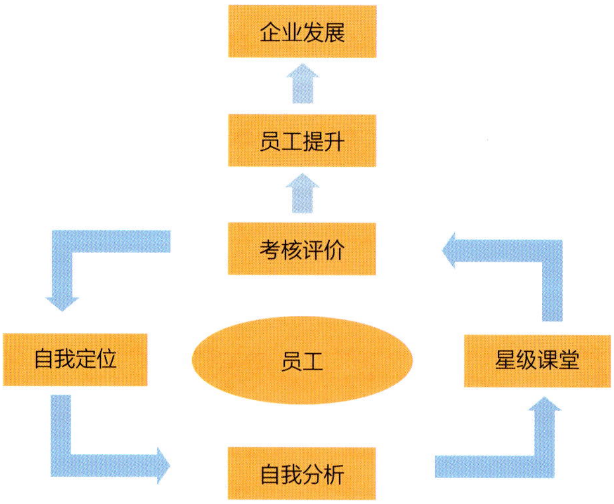

图4 “星级操作课堂”管理

（三）创建标准化现场

全面强化现场管理，将现场责任区域分解细化到每个班组、每名员工，实现包干到人、责任分明。创建党员示范责任区，开展党员“亮身份、树形象、作表率”行动，充分发挥党员先锋模范带头作用。在齐鲁公司标准化现场创建活动中，丁辛醇装置泵区成为首批挂牌单位。

三、以技术创新为对标提升方向，打造“技术先导型”团队

积极对标烟台万华、华鲁恒升等先进企业，以“创新+发展+信息化=竞争力”为牵引，大力推动科技创新，着力打造“技术先导型”团队，助推企业持续高效发展。

（一）争当技术创新排头兵

以张宝国劳模工匠创新工作室为依托，在行业内，首次将炼油精丙烯用作装置原料，目前，引用量达到25吨/小时，每年节约生产成本近8000万元。在此基础上，大胆提出了引入炼油焦化丙烯的设想，并全力探索研究，以期进一步扩大原料途径，增强市场抗风险能力。创新火炬排放管理，巧用大机组实施驰放气循环再利用，做到了火炬在正常情况下彻底熄灭。创新整合罐区资源，再造产品出厂直供流程，停用储罐13台、泵12台，大幅降低了储存损耗和安全风险。创新推动废弃物处置向“资源化循环”转变，首创检修时气相加氢催化剂密闭循环钝化先河，使“废弃物”成为创造经济效益的生力军。近年来，车间共申请国家专利5项，发表重要学术论文10余篇。

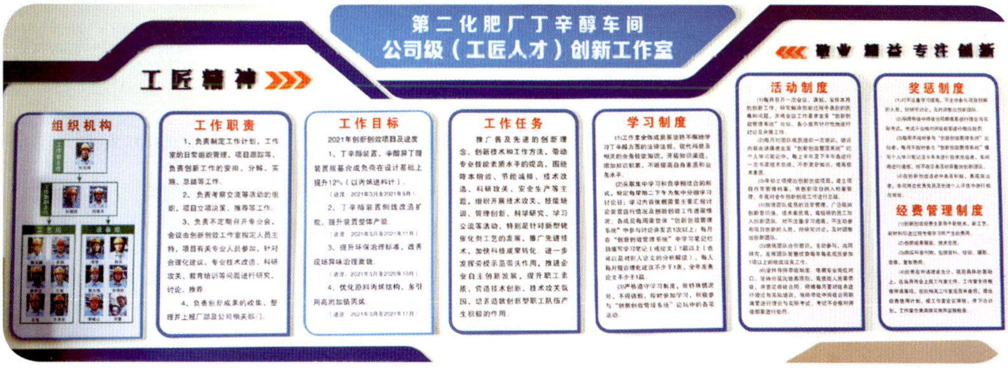

▲ 丁辛醇车间创新工作室

（二）争当高质量发展主力军

作为集团公司和公司独有的特色产品，在发展上自觉增强战略主动意识，以打造高端化、

差异化、特色化的精细化工基地为发展追求，通过对标产业链上下游先进企业，结合公司和厂资源，深入开展了生产环保型碳十醇、新戊二醇、MMA等可行性研究，形成了以羰基合成为平台的碳二、碳三、碳四产业布局思路，为企业纵深发展储备了技术力量和人才。

（三）争当数智化转型先行者

加速推动数字化与工业化有机融合，争当数智化转型“首吃螃蟹”车间。组织实施了自控平稳率提升、先进控制等智能化升级改造，两套装置自控率、平稳率均达到96%以上。建立设备智能化点巡检、大机组动态监测等系统，与操作人员日常巡检、监管有机融合、优势互补，保证设备完好率达到99%以上。作为齐鲁公司首家试点单位，创新引入现场作业票证电子化，大幅降低了现场安全管控风险。

经验启示

（一）安全环保生产是根基

装置安全环保生产是系统工程，关键在“真材实料”。只有克服“抓安全环保运行只注重结果”的片面思想和认识，狠抓源头、严控过程，才能确保结果。只有搞好装置安全环保运行，才能腾出更多的时间和精力，精细管理，破解生产难题，实现效益和指标双提升。

（二）支部党建引领是保障

车间党支部始终坚持融入中心、服务大局、务实有效，引领职工听党话、跟党走，坚守住了安全、环保、稳定底线，为安全生产、对标提升、攻坚创效、改革发展提供了坚实的政治保障，为生产经营注入了创业动力、创新活力、创造实力。

（三）团队文化建设是动力

车间能够实现从前几年的“亏损困境”到而今的“行业领军”转变，正是由于塑造了“站排头、争第一”的文化追求和浓厚氛围。而这种文化是自上而下层层传递的，只有领导干部率先垂范，想在前面干在实处，才能让员工群众普遍认同，进而增强企业的凝聚力、向心力和软实力。

积蓄管理红利　打造长效竞争力

江苏石油公司苏州石油分公司

江苏苏州石油分公司作为销售企业地市级单位，由5家县公司、8个管理部门、175座在营加油（气）站（截至2020年年末）、2座油库及1座中央仓组成。江苏苏州石油分公司逐步摸索出一条与当前发展阶段相适应的“四化”管理路径，即机构精简化、队伍年轻化、对标体系化、创新多元化（见图1）。公司连续3年获油品销售企业区内地市级公司综合竞争能力排名第1，连续6年获江苏石油“标杆企业”，2020年获江苏石油“奋斗的三年”（2018～2020年）“突出贡献单位”荣誉，人均劳效在成品油销售行业内持续领先。

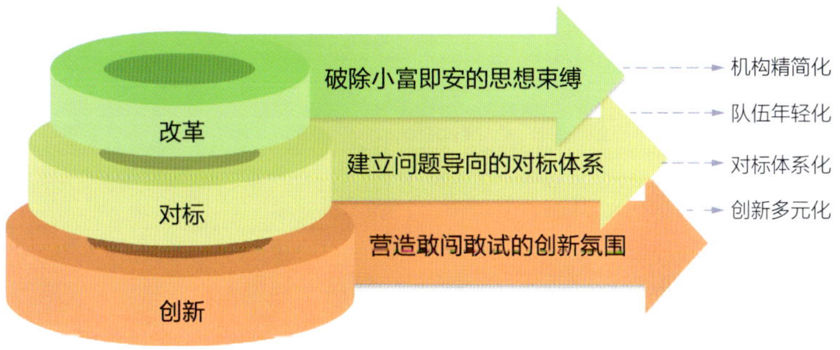

图1　打造长效竞争力管理体系

一、破除小富即安的思想束缚

面对市场变化，江苏苏州石油分公司不断为发挥人的主观能动性创造条件，从机构设置、队伍管理、责任体系等方面建立科学高效的管理体系，机构、机制、队伍得到不断优化。

（一）大刀阔斧改革

优化机构设置，按照责权对等、事权明晰、精干高效原则，先后开展了2次机构改革，职能部门由11个减少到8个。改革后，机构设置更为合理，职责分工更加明晰，协同配合更加顺畅，管理效率显著提升。深化三项制度改革，优化干部人才队伍（见图2），把优秀的干部推荐出去，把年轻的人才提拔起来，让“无为”干部、管理人员“无位”，让市县两级管理人员相互交流锻炼，推动形成了“能者上、优者奖、庸者下、劣者汰”“多劳多得、优绩优酬”的正确导向。2016年以来，淘汰干部6人，降职4人，对外推荐7人，提拔年轻干部15人，内部交流38人，管理岗位净减员34人。目前，公司领导班子平均年龄43岁，中层干部平均年龄40.1岁，年龄结构、知识结构均在全省前列。敞开大门纳贤，采用现场招聘、网络招聘、校园招聘、推荐招聘等多种形式，招聘后备站长82人。目前公司后备站长平均年龄29.4岁。

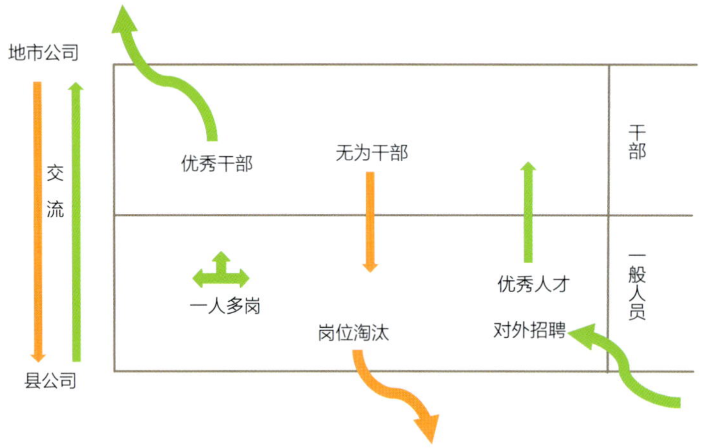

图2　队伍结构优化模型

（二）完善责任体系

领导班子分工上，所有班子成员党政一肩挑，业务和安全一肩挑，党的领导力明显增强，对安全的重视度显著提升。树立“大经营、大管理”理念，建立班子评价、部门互评、专项考核三维考核体系，打破部门壁垒，促进业务协同，坚持经营、管理双向用力，确保管理服务于经营，经营服从于管理。通过“以块为主，条块结合”的管理模式，全面压实县公司的经营、网络、安全、资产、队伍建设、党建等的主体责任，同时，合理下放考核权、用人权、费用审批权，给县公司赋能、扩权、予费、匹责。重新梳理岗位职责，合并职能相近、业务相通的岗位，变专人专岗为一人多岗，管理团队更为精干。

二、建立问题导向的对标体系

“对标找差”是江苏苏州石油分公司一直以来开展各项工作的主要抓手。江苏苏州石油分公司坚持问题导向、目标导向、结果导向，坚持找差距抓落实向先进学习，挖潜力传压力向标杆看齐，形成了“抓短板弱项、抓纵横对标、抓方案措施、抓督办考核、抓全面夺标”5个维度的“站稳排头，全面一流”工作体系。2018～2020年，江苏苏州石油分公司经营总量增长36.8%，利润增长85.3%。

（一）锚定目标建体系

自2018年以来，江苏苏州石油分公司每年围绕年度目标和上一年问题短板开展对标工作，制定了“1818”三年计划，对照长期计划、中期目标、当期短板设置各领域、各层级对标指标。地市公司层面，在全省对标体系62项指标中盯短板指标重点提升，按照“立足苏州看苏州、放眼全省看苏州、跳出江苏看苏州”的全面对标原则，纵向与历史同期比，横向与省内兄弟单位、省外先进单位比。县公司、油库、油站层面，分专业制定对标指标及考核机制（见图3），县公司对标瞄准全省先进县公司，油库对标瞄准同类其他地市先进油库，油站对标以示范点建设为抓手在内部分组“较劲”，形成全层级对标追标夺标闭环体系。

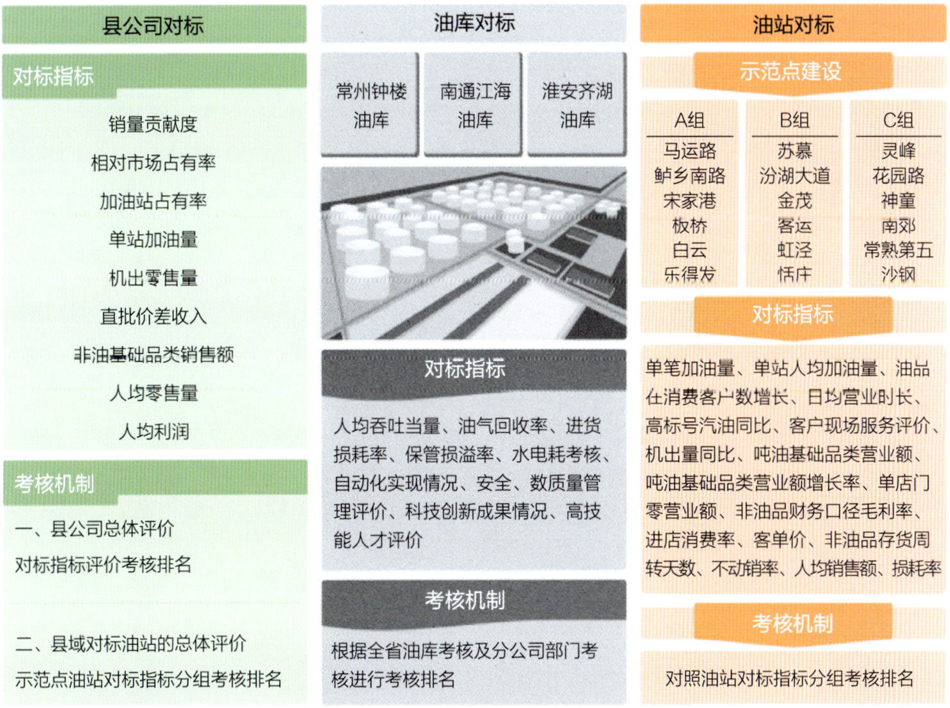

图3　县公司、油库、油站对标体系

（二）细化措施抓落实

江苏苏州石油分公司通过“三个清单”推动“对标有成效、指标有提升”。一是对标责任清单，成立了8个工作组，各小组研究各自对标领域指标的现状、计算方法、存在问题等，明确对标单位、目标、措施、责任人和工作任务。二是对标评价清单，明确了全省地市公司对标指标中确保全省第一的、目标前三的、较上一年必须进步的各项指标，“高要求”倒逼“高质量”。三是对标措施清单，8个工作组制定了12个领域57条具体措施，并配合督办考核、“对标提升行动”考核、专项考核，抓好过程管控，确保考核跟着目标走，奖惩用在刀刃上，用“硬措施”保障“硬目标”。

三、营造敢闯敢试的创新氛围

江苏苏州石油分公司充分利用队伍年轻化的优势，鼓励年轻人参与公司的经营规划和项目决策，通过改善经营管理建议、创新项目平台、青年员工座谈交流等多种形式，带领广大青年员工采用“MECE”分析法和结构化思维，围绕重难点问题研究解决方案，在多个领域实现了创新创效。

（一）创新缴款模式

随着现金支付比例的大幅降低，加油站原有的上门收款模式已不适应当前的经营形式。江苏苏州石油分公司青年员工大胆提出使用收钞机器的设想，在区域88座加油站试点“收钞宝”资金回笼模式。该模式基于28%的加油站设备安装率完成了53%的加油站资金回笼工作，在提升收钞效率的同时，节约区域年收款成本113万元。

（二）建设智慧油站

为率先在智慧加油站领域取得突破，江苏苏州石油分公司发动青年员工参与智慧加油站建设的讨论，经过可行性论证，将建议一一落实在项目规划中，于2020年成功打造了一座集无感支付、机器人洗车、无人货柜等多项数字化技术为一体的智慧加油站——翠园路加油站。

（三）线上线下营销

为更好地打入年轻消费者市场，江苏苏州石油分公司组织青年员工发起了多种形式的营销推广。在外卖平台上线易捷便利店，建设了地市公司的“易捷天猫商城”，开启了非油品线上直播带货，通过地方高流量媒体发布探店营销文章等，开启了线上线下互动引流的全新消费模式。

（四）推动技术创新

苏州通桥油库发动青年员工研发了一套可移动自动分油装置，目前该油库使用该装置对3个柴油罐约25吨罐底油进行处置，回收合格柴油约15吨，回收油品与节约危废处置费合计产生效益约17.6万元。该项装置已获得国家知识产权实用新型专利，并在全省推广应用。

经验启示

（一）形成对标冲击力必须以跳出江苏看全国为决心

只有不断寻找更高的对标目标，才能不断形成差距带来的冲击力，进而激发赶超一流的不竭动力。江苏苏州石油分公司在领先领域摒弃自我满足的心态，敢于跳出江苏，面向全国，到更大的平台上与“高手”比一比，找差距，始终保持“空杯”心态和“摸高”状态，始终走在昂扬向上的高质量发展道路上。

（二）形成长效竞争力必须以提升人的主观能动性为前提

管理必须把人放在首位，管理的核心和动力是有效调动人的积极性。要通过体制机制、岗位身份、收入荣誉等的变化，拉开人与人之间、部门与部门之间的差异，形成对比，从而增强紧迫感和危机感，激发赶超的动力，挖掘人的潜力，积蓄管理红利。

（三）保持企业活力必须以保持队伍活力为手段

队伍活力是企业活力的来源。要向队伍结构要活力，大胆“引进来、走出去”，保持适当的人员流动性，激发老员工的冲劲，挖掘新员工的潜力。要向队伍思想要活力，营造敢想、敢说、敢做的干事创业氛围，为年轻人搭建平台。要向队伍素质要活力，压实各级责任体系，完善各项工作机制，推动员工个人价值提升，实现员工“想做、能做、会做”。

精准施策抓改革　创新驱动谋发展

浙江石油公司杭州石油分公司

浙江杭州石油分公司紧扣集团公司“十四五”规划，以“跳出浙江看全国”“站排头、争第一”的目标引领，全力深化改革、积极拓市增效、培育创新优势，推动公司各项经营指标走在系统前列。2020年，位列油品销售企业区内地市公司综合竞争能力第2名。公司开展的校企合作定向培养计划获得2019年销售企业“一线工作法”，首创《加油站薪酬绩效管理之透视表的运用》荣获2020年销售公司“百日攻坚创效”优秀经营管理成果，打造了系统内首家中国石化易捷便利店新形象智慧加油站和国内首座“油气电服综合能源服务站”。公司先后获得“中央企业先进基层党组织”“服务保障G20杭州峰会先进集体”“杭州市现代服务业先进企业”等荣誉称号（见图1）。

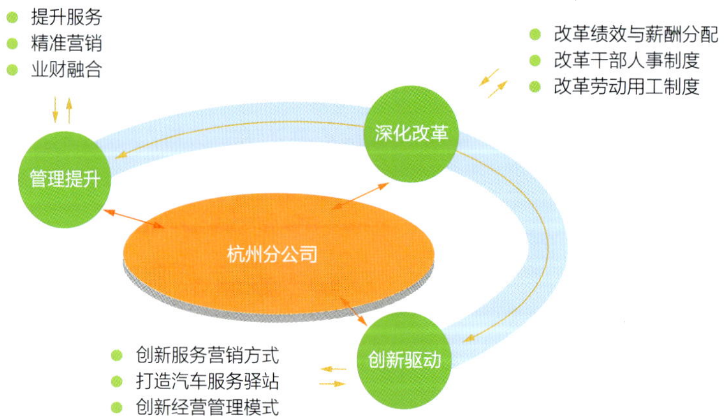

图1　“三步走”打造基层改革创新标杆

一、聚焦管理“三提升”，夯实企业提质增效根基

（一）提升管理服务水平

坚持“请进来”和“走出去”相结合，到其他省市优秀加油站“取经”，调研杭州区域内中化、金盾等品牌加油站管理模式，取长补短。以样板片区建设作为加油站“树标对

标”的有力抓手，落实定点联系负责人制度，开展“月督查、周帮扶”，提高片区、油站基础管理水平。组织“心服务、新标准”技能服务竞赛，通过实施八步法实操、班前例会实操（见图2）、车内车外服务等项目考核，提升员工服务理念和工作水准。首创的“PDCA班会工作法”被评为2020年浙江石油“大师傅工作法”，在全省范围内推广。

图2　班前例会实操

（二）提升营销精准度

深入推进新“一站一策”，以“调研+专题汇报”形式，每年走访加油站不少于350座，在营销、服务、功能等多维度进行把脉问诊，精准施策。规避普惠式营销，开展“点对点”个性化营销和“定向发券”等活动，率先在省内为网约车提供个性化服务，打造建国北路加油站等4座网约车服务示范站，提升客户体验。截至目前，杭州112座网约车活动站注册通过近3万人，累计加油量持续攀升。

（三）提升业财融合意识

根据财务平台数据分析、资源顺推法等模拟利润计算方法，对各支公司、专业线条的创效情况进行分析、通报，强化效益考核导向，助推经营部门提升量效平衡、量效双收能力。细化“四位一体”对标，通过支公司之间、网点之间比较，挖掘降费空间。2020年公司吨油利润较上年增幅达47.3%。

二、深化改革“组合拳”，激发企业高效发展活力

（一）深化绩效管理和薪酬分配改革

坚持“向市场要效益，向管理要效益”的理念，通过量化绩效、全员覆盖，打造“人人关注经营，人人想创业绩”的积极氛围。完善部门、支公司机关及专业线绩效考核办法，促使考核与公司经营指标相挂钩、薪酬与经营绩效相挂钩。强化加油站全额联量计酬，采用梯度累进等方式，做到增量增资、多劳多得。首创“日薪制”分配方式，相关成果“加油站薪酬绩效管理之透视表的运用”荣获2020年销售公司“百日攻坚创效”优秀经营管理成果。较改革前，加油站人均劳效提升21%，员工平均收入提升28.8%。

（二）深化干部人事制度改革

打破论资排辈，拓宽选拔渠道。大力开展干部竞聘。近5年，已对9个中层岗位、10余个骨干岗位进行全地区竞聘，营造“赛场赛马”的浓厚氛围。同时，夯实后备站长队伍建设。坚持16年开展后备站长选拔，抓实“教、练、考”，即年初统一培训，年中以练代训，年底集中考评，如今已有160位员工通过该途径充实到后备站长队伍中。此外，开展校企合作定向培养工作（“雏鹰起飞”计划），择优录用应届大学生，实施“1+1+1”培养模式，即一周理论课程，一个月现场管理实践，再一周理论巩固，如此循环一年。该项工作获得2019年销售企业“一线工作法”暨改善经营管理成果三等奖。目前，“雏鹰起飞”计划持续开展3年，已促成25人走上站长、管理员等关键岗位，大大提升了基层管理人员整体素质。

（三）深化劳动用工制度改革

第一，进一步完善用工管理制度，严格用工管理，坚持优化用工，不断提高劳动效率。第二，稳步推进小站家庭承包经营。2020年，全力推进家庭委托站模式改革，点对点、手把手指导小站承包人提升各项技能，提升小站销量。目前已完成64座3000吨以下的小站家庭承包改革，人均零售量较改革前提升了22%。第三，推进康桥油库大班组管理模式改革，将原四个班组优化为两个大班组，整合计量、化验、发货等小班组成生产运行组，打通化验、计量、发货等人员排班，人均吞吐量较上一年提升了22.9%。

三、驱动创新“主引擎”，培育企业转型升级动能

（一）创新服务营销

2018年在南环路加油站引入扫码购、不下车支付、油非卡一体机等新功能，增设加油站洗车、咖啡外卖、休闲区等，令顾客耳目一新，成为系统内首家中国石化易捷便利店新形象代表的智慧加油站。创新营销渠道和载体，利用直播带货、社群营销做大非油品销量。成立分公司直播项目小组，2020年开展助农扶贫和饮料节直播，当日分别销售56万元和67万元。大力在线建立油站客户群，站长作为客户群管理者，定期营销宣传、推广在线服务。近三年，非油品交易额年均增长近30%，利润规模居全省首位，成为新的效益增长点。

（二）创新汽车综合服务驿站

立足于“家生活·车生活”，围绕汽车及汽车使用者需求，创新经营业态。2019年，

在古荡、秋涛路两座油站开展新能源汽车充电服务业务，使古荡站成为国内首座集“油气电服”为一体综合能源服务站。今年，与蔚来汽车合作，试水电动车换电业务，年内即将建成换电站2座，加快向“油气氢电服”综合供能服务商转变。同时，不断深化店中店业务，2019年在莫干山路加油站打造了浙江首座中国石化易捷长城润滑油汽车养护中心，每年营收超百万元。今年，在临平大道加油站加盟肯德基店，通过优势互补，为消费者提供“加油+用餐”一站式服务。

▲　清泰门加油站全景图

（三）创新经营管理模式

2020年，公司《关于建立客户经理区域网格化负责制的合理化建议》荣获“百日攻坚创效”双十佳优秀改善经营管理建议，同年，在全省首推客户经理网格化管理，打破部门、专业线限制，整合直分销和加油卡客户经理等岗位，深挖县区市场潜在客户，目前网格化管理已覆盖下属全部区县，月均开发客户40余家，已签约合作客户7家。探索直分销在线小配送机制。在萧山支公司试点上线小配送平台（App），确保配送车辆管控数据化，实现“抓大不放小”，争取更多配送市场。

经验启示

（一）把握好“规模”和“效益”的关系，以高水平经营管理支撑企业发展

销售企业的发展就是要以管理为基础，以市场为导向，以效益为前提，以客户为中心，强化“市场就是战场”意识，科学制定经营决策，灵活运用差异化营销机制。强化业

财融合，强预算、降成本，科学把控量效，确保增份额、增销量、增效益。

（二）把握好“改革”和“挖潜”的关系，以刀刃向内的自我革命保障企业发展

要全面推进“三项制度”改革，早日实现“三能机制”落实，确保劳动生产效率有效提升和用工总量“向质变转化”。推进人才强企，完善人岗匹配、竞争上岗、末位淘汰等措施，打破身份界限，优化选人用人，强化培训赋能，为企业发展提供人才支撑。

（三）把握好“当下”和“长远”的关系，以多业态创新融合助推企业发展

积极营造创新氛围，努力实现在经营理念和营销模式上的创新，培育核心竞争新优势。要巩固网络发展的优势，探索完善合资、他有我营等多种发展模式。打造“人·车·生活”生态圈，建立品牌化、差异化竞争新优势。统筹充电、氢能等新能源产业的布局发展，构建“油气氢电服”综合能源服务格局。

铁军引领强执行　攻坚创效站排头

浙江石油公司金华石油分公司

浙江金华石油分公司紧紧围绕集团公司“十四五”规划和销售公司“向综合能源服务商转型”的目标要求，以“争先进位、铸造铁军、对标一流”为目标，以“站排头、争第一”的决心和信心，深耕市场，精心经营，精细管理，实现跨越式发展。“十三五”期间，公司成品油销量年均增长3.32%，非油品销售额年均增长40%，天然气销量年均增长35.73%；报表利润规模、长期资产利润率、人均劳效等主要经济指标均处于系统领先水平。近年来，荣获金华市国资委“五星三强基层党组织”，多次荣获“金华市商贸流通优秀企业”，浙江石油综合先进单位，中国石化文明服务示范窗口，连续七年荣获销售企业地市公司综合竞争力十强（见图1）。

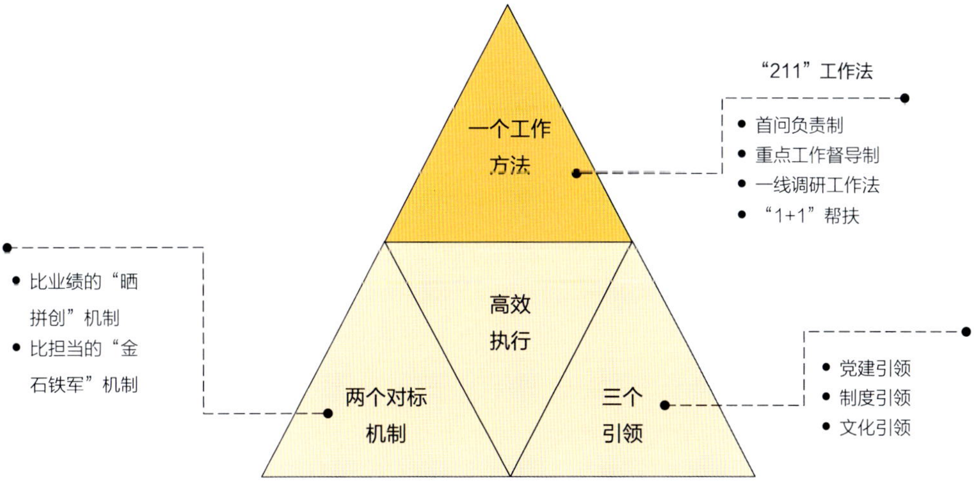

图1　“一二三”高效执行管理体系

一、“一个工作方法”提升经营管理水平

坚持“谋划从一线出发、重心向一线倾斜、工作在一线聚焦、问题在一线解决”，实

践并完善了“211工作法”(见图2),即首问负责制、重点工作督导制、一线调研工作法和基层“1+1”帮扶工作法。

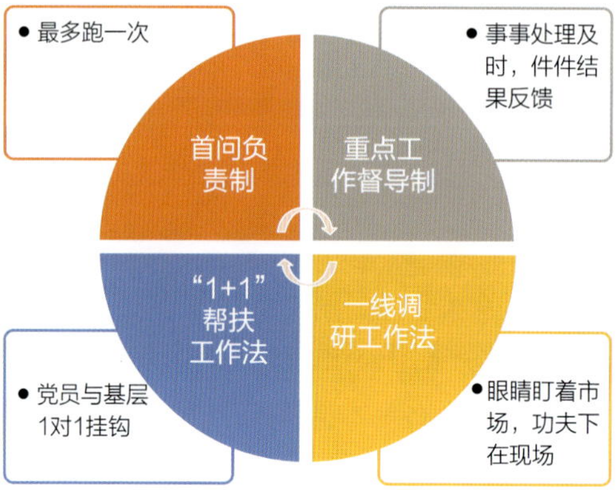

图2　“211”工作法

(一)强化首问负责制

机关各部门设立代办员，基层员工来公司机关办理业务时，由代办员负责对接指引，依职责归口受理，让基层“最多跑一次”。通过一以贯之的坚持，公司树立了首问负责、高效沟通、马上就办的全员高效执行文化，助推企业运转效率的极大提升。

(二)落实重点工作督导制

以新“三会一课”即周碰头、半月谈、月例会和职工夜校为载体，部署、跟踪、调整、推进重点工作，形成督办清单，以“大监督”联席会、部门KPI等形式，序日推进跟踪并考核，做到“事事处理及时，件件结果反馈”，形成“目标明确、过程监控、结果可期”的运行机制。2016年，针对柴油持续大幅下滑的困局，将打非治违列入重点督办事项并每月跟踪考核，在全省范围内首建成品油市场专项整治联席会制，助推柴油销量扭减为增，2017年至2020年期间年均增长6%。2020年顺利完成26个方面的重点难点事项，督办考核评价位居全省前列。

(三)推行一线调研工作法

管理人员聚焦经营管理、网络发展、安全环保、创新创效等中心工作，眼睛盯市场，功夫下现场，深入一线，蹲点调研，强化工作在基层的落地执行。对标对表，研讨“补短板、固优势”的工作举措，注重调研成果的提升转化。如通过调研走访，发现地方环保巡视后企业有煤改气需求，在全省系统内率先开拓第一家天然气点供客户，并逐步实现天然气业务全县域覆盖。图3为公司员工为金华第一家天然气点供客户调试设备。通过调研油站，挖掘重点商品销售的“王爱芳工作法”，获得销售企业“一线工作法”一等奖；提炼出“加油站一体式水分离（水封）罐的创新应用”“关于加油站客户分级维护管理的建议”等成果，获得“百日攻坚创效”优秀经营管理成果奖、优秀改善经营管理建议奖，并在销售系统学习推广。

图3　员工为金华第一家天然气点供客户调试设备

（四）常态化开展“1+1”帮扶

以“融入中心，攻坚创效”为目标，对标先进指标，查摆基层库站存在的短板和问题，机关管理人员组建党员突击队、党员骨干讲师团，帮助后进找差距、强弱项，为基层提供“订单式帮扶”。实施党员责任站制度，每位党员与基层加油站1对1挂钩，按照6+1工作模式进行积分量化考核评价。2020年常态化开展IC卡帮扶1124站次，汽油综合持卡比例65%（全省第一），客户回流129个，年增量3920吨。

二、“两个对标机制”增强勇攀高峰活力

为不断增强勇攀高峰的活力，提升对标成效，发扬“拼抢意识”，推动精心经营、精细管理、创新创效、高效执行成为自觉行动，公司探索建立了两个对标长效机制（见图4）。

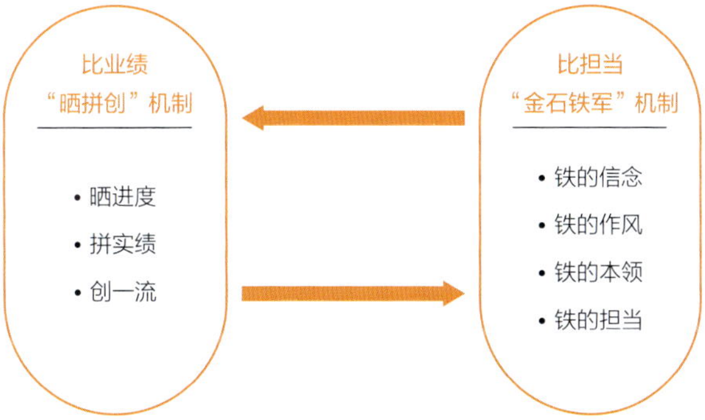

图4　两个对标长效机制

（一）比业绩的“晒拼创”机制

各专业线在显眼位置设置荣誉墙，晒进度、拼实绩、创一流。每月公布各单位重点工作、重点项目、主要指标的进度，在省、分公司中的排位，让领先者后有追兵，落后者红脸出汗。以业绩、进度比拼倒逼思想大解放、精神大提振和作风大转变。易享节销售竞赛中，金华公司、义乌公司分别夺得全国分、支公司销售冠军；2021年上半年，公司成品油经营总量同比增幅居全省第一，真正以“晒拼创”机制实现“百花齐放春满园”。

（二）比担当的“金石铁军”机制

通过打造“铁的信念、铁的作风、铁的本领、铁的担当”的金石铁军，强化履职尽责。聚焦基层、聚焦重点、聚焦难点比担当作为、比攻坚克难。在解决网络历史遗留问题、急难险重任务等主战场，充分展示了“特别负责任、特别能战斗、特别能吃苦、特别能奉献”的精神风貌。在网络发展上坚持守土有责，以“功成不必在我”的决心，发扬“四千精神”，在市场网络发展竞争异常激烈的情况下，省分支三级协同发力，“十三五”期间新增加油（气）站28座，保持了网络的相对稳定。

三、强化“三个引领”激发干事创业动力

坚持两个“一以贯之”，以“绿企先锋，金石铸魂”党建品牌体系打造为抓手，推动党建与经营管理、改革发展相融合，与企业文化、作风建设相融合，切实把政治优势转化为经营优势、发展优势、竞争优势、效益优势。

（一）强化党建引领

以党史学习教育为动力，锚定“站排头、争第一”目标定位，运用党建思维和党建方法，推进“双示范”创建。示范支部永康党支部以“三抓三提”（抓目标提升组织力，抓两个作用提升战斗力，抓三支队伍提升发展力），带动帮扶本级零售支部和磐安支部台账管理、党课学习、宣传报道、品牌创建等工作，通过示范支部裂变带动，实现基层党建提速提质提效。形成“服务大局，党委站在前；服务基层，支部站在前；服务客户，党员站在前”的生动局面。

（二）强化制度引领

对标“法治央企”及现代企业管理制度要求，规范完善“三重一大”决策制度。建立健全“横向到边、纵向到人”全员绩效考核分配制度，深化小站承包，优化中层干部、支

公司管理人员和油站员工三支队伍，推进“三能机制”落实落地。梳理完善各项管理制度，在安全管理、审计监督、风险防控、降本增效等方面强化制度执行，做到“人人头上有硬指标，个个制度有考核点”“按制度办事”融入每名干部员工的思想和行为。

（三）强化文化引领

浙江金华石油分公司以打造“卓越地市公司”为愿景，“为美好生活加油，为员工幸福努力”为使命，对浙江石油分公司“团结、担当、务实、创新”精神进行28条注解诠释。以树品牌为目标，通过开放日、“点点科普”，搭建企地交流平台，加深公众对企业的认知；通过通联宣传、助力文明创建、开展扶贫招聘，树立良好企业形象。通过劳动竞赛、“比学赶帮超”“创新创效大赛”等，营造争先进位的氛围，聚人气、鼓士气、树正气，不断增强外部影响力和内部凝聚力。

经验启示

（一）清晰的战略定位是企业高效执行的“引航员”

从传统油品能源供应商到打造“油气氢电服”综合能源服务商，浙江金华石油分公司始终坚持市场导向、客户导向，将“为美好生活加油，为员工幸福努力”作为企业使命，将打造“卓越地市公司”作为企业愿景。全体干部员工锚定“站排头、争第一”的定位，围绕“六大”工作格局，全力“晒拼创”“比学赶帮超”。

（二）坚定的理想信念是企业高效执行的“原动力”

干事创业关键在“人”，浙江金华石油分公司在长期发展中逐步打造了一支铁军队伍，形成了“四铁精神”。尤其是成品油市场竞争加剧背景下，各级党员干部以“铁军铸造”为平台，“谋划在前、吃苦在前、冲锋在前、攻坚在前、服务在前、履职在前”的铁军精神内涵不断丰富，并逐步转化为推动干事创业的强大精神动力。

（三）科学的工作方法是企业高效执行的“关键点”

一个企业的经营管理必须有相应的方式方法，高效的方法促进企业的高效运作。多年来，浙江金华石油分公司坚持“眼睛盯着市场，功夫下在现场”，牢固树立抓基层、抓基础的鲜明导向，实践并总结出了“211工作法”，突出指导性和可操作性，引领干部员工服务理念和工作作风的进一步提升。

强基固本　靶向发力　奋力推进稳市创效

广东石油公司茂名石油分公司

广东茂名石油分公司管辖在营加油（气）站136座。构建“强网点‘基座’、蓄会员‘水池’、瞄增量‘靶向’”的稳市创效对标提升体系（见图1），以“拓荒牛”的劲头和“千里马”的恒心，奋力推进企业高质量发展。2020年成品油销售突破历史新高，计划完成率排名全省第一，利润总额同比增86%，在油品销售企业区内地市级公司综合竞争能力和发展进步能力排名前列，被销售公司授予“百日攻坚创效50强地市公司”称号。

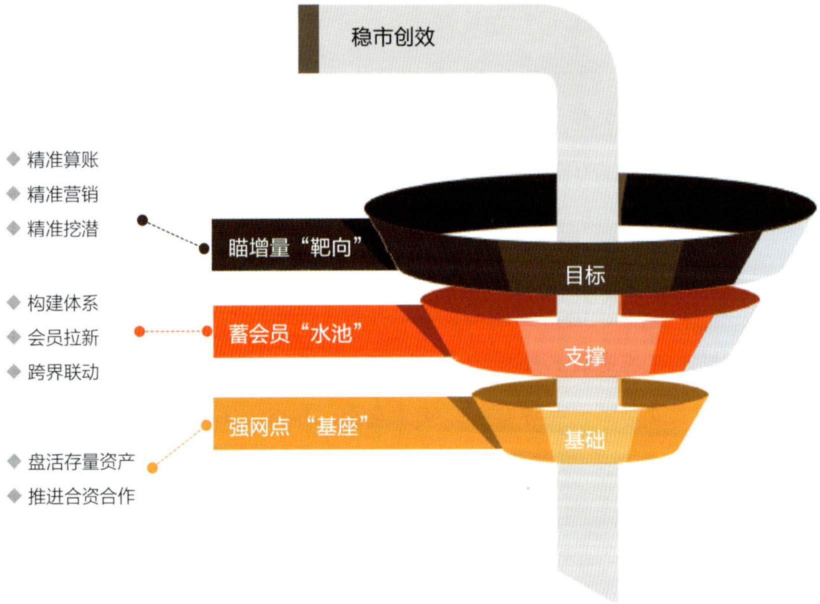

图1　稳市创效对标提升体系

一、强网点“基座”，筑牢稳市创效根基

巧抓总部与广东省政府签订茂湛一体化框架协议的契机，搭建以“盘活存量资产、政

企合资合作”为一体的网点发展体系（见图2），着力在低成本高质量开拓网点上对标提升。“十三五”期间以新建、复营、租赁等方式发展加油站的数量对比“十二五”期间增长133%。

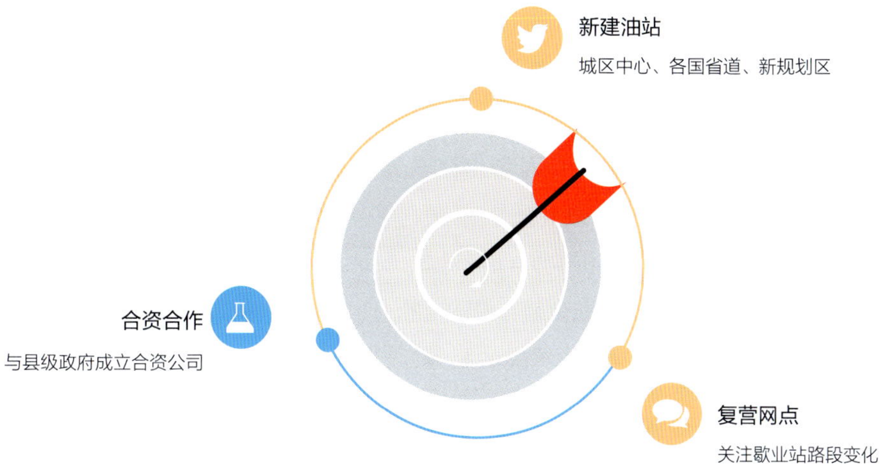

图2 网点发展体系

（一）盘活存量资产，攻克遗留难题

在新建油站方面，全力盘活存量闲置地块建设新油站，加快对城区中心、各国省道、新规划区等油站的规划选点，对因城市规划变更导致建站条件缺失的情况，积极沟通协调，不放弃任何一座加油站。在复营网点方面，根据市场需求密切关注歇业站路段变化，动态调整复营计划，推行复营项目发展及投营计划清单式管理，明确责任部门、责任人和进度安排，实行挂牌督办，促进项目落地。对具备开业条件的停业站逐站与当地政府对接，争取以“旧站复营”的方式获得规划审批通过，实现量效双收。

（二）推进合资合作，促进成果落地

广东茂名石油分公司树立“优势互补、合作共赢”理念，主动作为、强化沟通，充分发挥中国石化品牌价值，加强合资合作，利用双方资源优势，推进企地合资项目。借鉴高速站模式建设合资加油站，采取联合报建方式，进一步加快加油站的建设投营。

二、蓄会员“水池”，支撑稳市创效发展

密切关注重点客户消费和需求变化，细分客户群体，着力在全省系统会员开拓上对标提升，通过构建体系、会员拉新、跨界联动构筑会员“蓄水池”（见图3），2020年累计开发新会员人数突破历史新高。

（一）依托数据平台，构建会员体系

打通业财数据通道，全面分析、整合会员信息，针对零售会员，紧盯微信、支付宝、加油卡等支付方式结算比例，从电子支付会员、加油卡会员资料和消费记录、发票开具等方面进行大数据分析，通过“拉新入会礼”“老带新推荐奖励”等形式吸纳新会员，巩固企业客户源。针对直分销会员，分析客户性质、销量、购买频率和消费特点，深入剖析价格杠杆对效益的影响，实现精准施策；建立全链条配送调度体系，提供“加油广东”App预约提油服务，优化会员服务。

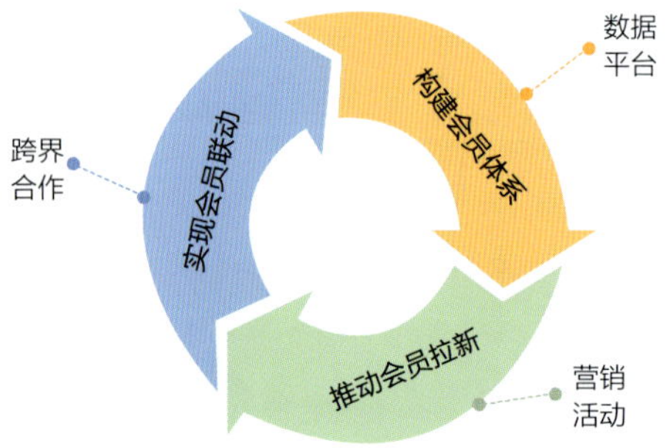

图3 会员发展体系

（二）依托营销活动，推动会员拉新

依托“加油广东”App及微信公众号平台，整合营销资源，适时推出新会员送“百元见面礼”、钻金卡会员打卡领168元钱包、充值2000元升级金卡客户、柴油新会员送66元礼包等营销举措，制定会员拉新现场营销方案，系统化建立“现金—会员—金卡会员”营销体系。为进一步锁住客户群体，积极推介“一键加油”支付模式，2020年，“一键加油”支付模式使用占比在全省排名前列。

（三）依托跨界合作，实现会员联动

依托品牌价值、营销网络、会员群体等优势，借助银行、保险公司等平台引入客户资源，构建跨界融合的客户“拉新”场景。与多家银行签署战略合作协议，在对方银行网点设置“周六加油享九折”“极简支付立减”等宣传展架，对新引入客户增设新优惠，如贷款买车的客户使用贷款信用卡刷卡加油最高享七折优惠，锁定客户的第一箱油，完成“游离客户—办理银行卡—银行资源吸引—中国石化客户”的“拉新链”，近三年引入跨界客户数量逐年增长。

三、瞄增量“靶向”，强化稳市创效核心

坚持以市场需求为导向，紧盯成品油市场需求增长，搭建以“精准算账、精准营销、精准挖潜”为一体的营销体系，全力外争市场、内挖潜力。

（一）精准算账，促进业财融合

向加强精细管理要效益，定期分析单站量效水平，根据量化指标模拟计算结果，对比全省单站平均吨油利润情况，从人均销量、吨油费用等量化指标总结分析盈利和非盈利站情况，找出影响非盈利站创效能力的突出指标。重点挖掘分析低效、负效站的影响因素，针对性提出增量增效措施。向加强成本管控要效益，提出94项重点费用事项，在费用管控上对标追标，明确责任部门降费的基本目标和奋斗目标，2020年吨油费用全省最低。

（二）精准营销，高峰能销多销

在农忙营销上，结合春耕、秋收、荔枝收获等时节，在辖区乡镇、国省道站开展“支农便农惠农”活动，开设农机加油绿色通道，为农机户提供洗漱、住宿、照看车辆等增值服务（见图4）。在假期营销上，加强对主干道、旅游区过境客户的消费引导，景区沿线站点提前做好现场安排，为游客提供路线指引、旅游向导、解答咨询等志愿服务（见图5）。农忙和假期营销时段的机出零售量较平时增长15%。

图4　农忙营销

图5　假期营销

（三）精准挖潜，推进一站一策

深入实施“一站一策”挖潜，引导油站间互相对标，制定多维度挖潜增量策略，2021年8月底，客户回头率从年初的32.5%提升至37.3%，全省排名第4。抓营业时间，对潜力站增加人手，恢复夜间加油；抓油品供应，全面推行加油枪安装防水滤芯，实行“油品边卸边发”，核心站选取夜间或低谷期接卸；抓夜间照明，对罩棚灯亮度较低的加油站，增加夜间灯光效果，营造夜间销售氛围；抓定位停车，重划禁停线，设置消防通道禁停牌；抓进站指引，修剪油站入口旁绿植，修复入口标识灯，设立动态LED指引牌。

经验启示

（一）筑牢网点发展根基，夯实稳市创效“根子”

网络发展是“生命工程”，应始终牢记“守土有责、守土尽责”，打好“网点保卫战”，巩固企业的核心竞争力。广东茂名石油分公司积极在低成本高质量开拓网点上对标提升，结合当前形势和未来趋势，灵活采用长期保有方式，强化外延拓展和内涵挖潜，同时转变观念、强化沟通，建立合资合作发展模式，不断夯实企业增量增效基础。

（二）构建会员发展体系，搭好稳市创效“台子”

会员体系本质上是一种客户管理手段，是企业发展的有效支撑。广东茂名石油分公司积极对标全省系统会员发展的优秀单位，通过深化互联网应用，对内打通营销各个环节，对外打通与第三方企业合作渠道，充分发挥“桥梁”作用，建立完善的会员体系，打造高价值线上平台，开展跨界合作发挥“1+1＞2”效用，切实提高客户黏性，不断积累起企业竞争新优势。

（三）打造精准营销模式，走好稳市创效“路子”

零售是创效的根本、是稳量的基础。面对激烈的市场竞争，广东茂名石油分公司发扬“亮剑精神”，积极对标市场需求，充分发挥网络优势，谋划“一盘棋”营销，主动理性竞争，准确把握竞争节奏，扎实推进“一站一策”，动态调整营销措施，细分区域市场和客户需求，利用地理位置优势瞄准农忙、假期等时节开展特色营销，灵活挖掘市场潜力，全力扩销增量。

践行“三新三严三融” 提升精细化管理水平

江苏石油公司无锡石油分公司

江苏无锡石油分公司现有加油（气）站64座，中心油库1座，县公司1个，员工588人，年经营总量超70万吨。江苏无锡石油分公司实施多元化经营战略，积极打造“油气氢电服”综合能源服务商，主要业务涉及成品油、天然气、充换电、汽服等。江苏无锡石油分公司建立了常态化对标提升机制，坚持优质服务、精益管理和经营管理深度融合，以精细化管理水平持续推动企业高质量发展（见图1）。公司连续4年荣获油品销售企业区内地市级公司综合竞争能力前15强，2021年上半年人均零售量排名全省第1，人均经营总量排名全省第2，被集团公司评为2013～2018年度“中国石化先进集体”。

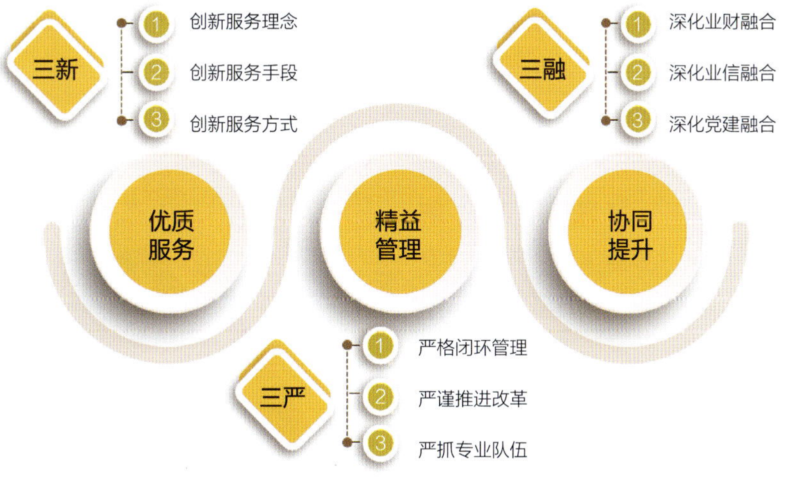

图1　“三新三严三融”精细化管理模式

一、坚持“三新”，迈上优质服务创效新台阶

江苏无锡石油分公司致力于将优质服务打造为企业核心竞争力，把“客户至上、用心服务”做到极致，用“三新”提升服务水平，确保客户进得来、留得住，打造拓市增效新引擎。

（一）创新服务理念

倡导“以服务对象为主，以满足客户需求为导向”的服务理念，按照“帮助客户就是帮助企业”的思路做实客户服务，坚持以客户满意度作为服务质量的评价标准，全面提升服务水平，实现客户满意度持续提升。

（二）创新服务手段

构建网络化服务机制，形成“专组—片区—站长”三级服务网络，延伸服务触角。利用营销资源为客户谋福利，形成加油卡与轻油销售的良性互动，进银行、4S店、公安机关等开展现场服务，办理加油卡，锁定忠实客户。通过微信群、电话与客户进行“点对点”实时互动沟通，让客户得到有温度、个性化的服务。2021年上半年办理加油卡533张，陆上机出汽油同比增长24.1%，排名全省第三。

（三）创新服务方式

一是建立“基层问题大家办”“我为油站展新颜”机制，明确加油站挂钩联系人员，要求管理人员多跑基层现场、多听基层呼声、多解决实际困难。**二是建立县公司挂钩联系机制**，明确了“8+9”的挂钩部门和挂钩专人，通过日常沟通、检查指导、督促通报等形式，推动县公司不断提升“两力”水平。宜兴县公司在2020年全省县公司考核评价中排名前列，2021年上半年对江苏无锡石油分公司的利润贡献度达30%。**三是建立“我和客户有个约”工作机制**，定期走访调研重点直分销客户，了解服务需求、细化服务内涵，提供“零距离”服务。成立“李诞销售工作室”，建立网格化营销小组（见图2），经营管理部经理李诞精准研判市场行情，建立了全面“联量联效联管理”的考核体系，引导网格化营销小组全面提升综合销售能力。客户经理签订军令状，5个综合客户经理团队协同作战，壮大了忠实客户群。2020年江苏无锡石油分公司开拓直分销客户233家，新增油品销量4万吨。

图2　网格化营销小组架构

二、突出“三严”，交出精益管理新答卷

江苏无锡石油分公司适应改革发展需要，实行精细化管理，注重培养精益求精的员工、打造精益求精的团队，通过精心经营、精细管理产出精品销售。

（一）严格闭环管理

按照“制度管人、流程管事”理念，加强制度、流程体系建设，普遍形成对制度、流程的敬畏，提高制度执行力、工作完成率和风险管控度。加强工作督办，建立周督办工作机制，每周回顾本周工作事项完成情况，制定下周工作计划，将未完成事项纳入循环督办，责任到人、点评到位，强势破解工作难题。2021年上半年通过督办拿回凤宾站土地款上千万元，解决了长达10年的历史遗留问题。建立工作约谈机制，对于考核排名后三位的加油站站长，第一次由片区经理约谈，第二次由零售管理部经理约谈，第三次由地市公司经理约谈，通过压力传导、责任闭环，推动加油站争当创效排头兵。

（二）严谨推进改革

推行管理体制改革，精简职能部门至7个，理顺了各部门的职能定位，提升了管理效率，2021年二季度管理考核排名全省第二。取消安保押运上门收款模式，实行网点自助缴款，优化用工11人，节约上门收款年度成本100万元。实施客户经理管理体制改革，落实了客户经理的区域客户开发、维护、销售责任，实现了油品、天然气、非油品的团队化销售。在更加科学的管理体制下，涌现出“行走的3万吨站”丁小克、销售公司创先争优“个人标兵”潘奕芳等综合客户经理先进人物。试点直分销价差收入薪酬考核，提出毛利预算由年度预算改为月度预算、每天公布成本价的模式，积极参与价格竞争，确保了终端客户稳定成交。

（三）严抓专业队伍

HSE队伍。分专业打造一支综合素质高、业务能力强、担当意识足的HSE人才队伍，不断提升安全管理能力。突出现场HSE管理标准化，开展大练兵，将关键作业规范制作成教材全面推广。**后备站长队伍。**制定后备站长培养办法，打造金星站、锡虞站等“站长站”，精心定制各层级培训套餐，注重培训实用性和多元性，为员工提供成长平台。2021年上半年共培养后备站长13名。**专业技术人才队伍。**制定技术职务任职资格三年计划，强化职称考核，不断提高专业技术人才队伍素质。

三、深化“三融”，打造协同提升新格局

江苏无锡石油分公司以“管理服务经营”为原则，以业财融合、业信融合、党建融合为手段，推动经营管理互融共进。

（一）深化业财融合

倡导算账文化，测算独立站、轻资产站转租赁站效益，为基建谈判提供数据支撑。优化序日利润跟踪模板，精研政策，查找毛利缺口，为公司经营提供事中数据跟踪分析服务。**强化精准营销**，动态分析公司各类营销活动，合理分配营销资源，对营销效果不明显的及时叫停，实现营销效果最大化。**制定对标图**，构建“市公司—业务线条—油库—县公司—加油站”多维度对标体系。公司层面与浙江嘉兴全面对标，各业务领域与省内先进单位对标。建立对标工作联动机制，每月跟踪通报各项指标提升情况。2021年上半年零售经营序时完成97.4%，全省排名第二。

（二）深化业信融合

持续打造智能综合服务，建设大会员体系，推广“一键加油”“一键到车”“一键班结”“站级一体化”，建设油库安全信息化平台，通过一系列智能服务实现客户满意度、基层工作量一升一降。信息化赋能综合服务商建设，打造了无锡首个大型综合服务站华清站，打造了集智能多媒体加油机、超级柜台、无人洗车机、无感支付、咖啡机器人、智能照明等智能化设备为一体的南泉智慧加油站。

▲ 南泉加油站咖啡机器人

（三）深化党建融合

抓先锋示范，成立党员突击队，开展“周日调研”活动，在抗疫、油站高峰等关键时期前往油站帮扶。结合主营业务，与政府部门、地方企业建立党建共建机制，通过优势互补，实现共同发展。2020年向市级商务部门争取优惠20万元，2021年争取区商务部门现代产业发展项目奖励70万元。

经验启示

（一）始终坚持将提质增效作为核心任务

面对错综复杂的市场环境，深耕提质增效责任田，把稳提质增效方向盘，才能在市场站稳脚跟。江苏无锡石油分公司牢固树立“没有市场就无法生存，没有市场就无法发展”理念，将提质增效作为推动企业高质量发展的核心任务，全力保障经营管理水平和创效能力提升。

（二）始终坚持将深化改革作为关键一招

江苏无锡石油分公司牢固树立“不换思路就换人，企业改革动真格”理念，以深化三项制度改革为抓手，知变、求变，刀刃向内，向机关瘦身、县公司改革、综合客户经理改革等新模式要量，激发了企业活力。

（三）始终坚持将理念创新作为第一动力

理念决定思路，思路决定出路。要把理念的更新作为重要的追求，并为之坚持不懈。江苏无锡石油分公司解放思想，秉承“精准营销”“序日经营”等理念，提出“经营无假日”“梯度定价”等新理念，为拓市增效找到了“动力源”。

“精细化”营销实现拓市增量新跨越

广东石油公司惠州石油分公司

广东惠州石油分公司管辖在营加油（气）站168座。坚持以“效益”和“市场”为中心，构建“以精细营销为重要手段、以客户服务为核心宗旨、以队伍建设为关键保障”的拓市增量对标提升体系（见图1），全员拧成一股绳，锚定目标，全力扩销增效。2020年成品油销量突破100万吨，利润贡献占全省系统的12.5%，在油品销售企业区内地市级公司综合竞争能力排名中列第8位，获广东石油“优胜企业”“特殊贡献奖（集体）”等荣誉（见图1）。

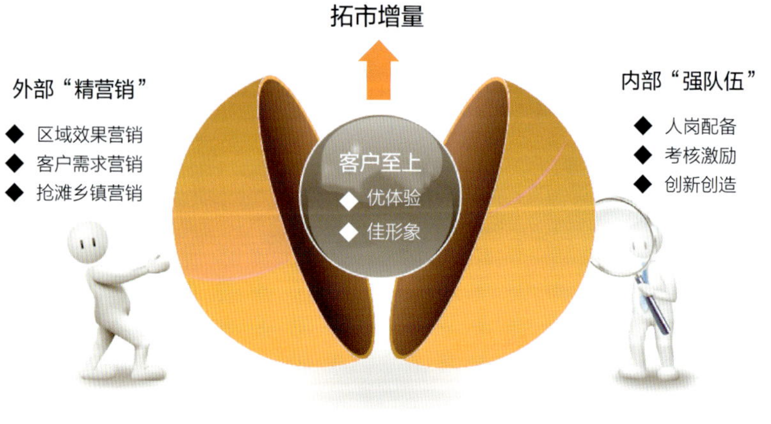

图1　拓市增量对标提升体系

一、以精细营销为重要手段，突出提量增效

深入细致摸清市场态势，以“一站一策”为抓手，搭建以“区域效果营销+客户需求营销+市场精准营销”为一体的营销体系（见图2），开展内部分区对标，近五年油品机出零售量每年同比增长5.2%以上。

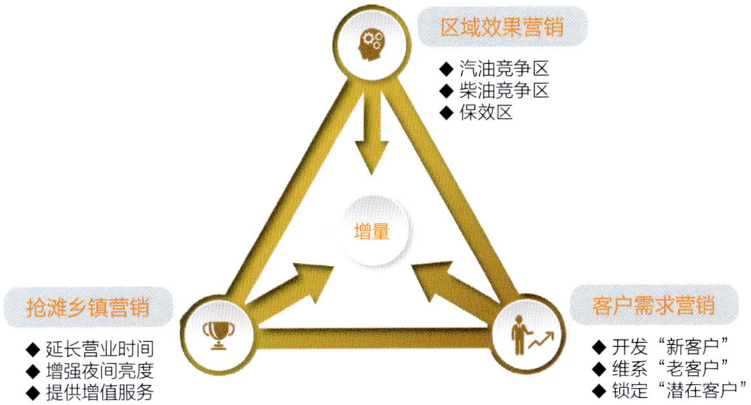

图 2　精细营销体系

（一）统筹资源，注重区域效果营销

建立价格竞争量效分析模型，全面剖析市场情况、客户构成、用油需求三个关键因素，将辖区划分为17个汽油竞争区、6个柴油竞争区和24个保效区，同区油站之间互相对标追标。汽油竞争区突出量效，在系统外优势区域精准投放营销资源，加强会员营销力度；开展夜间专项营销吸引中低端汽油客户；在营运车较多的油站开展营运车专项营销，截至2021年8月，营运车月均销量占汽油机出零售量的4.3%。柴油竞争区由挂牌优惠向“柴油豆”（加柴油赠送可兑换柴油的积分）和微信立减转化，2020年竞争站点物流客户与过境客户数同比增23%，采用柴油联名卡开拓和回流中小客户数同比增12%。保效区抓现场管理、快速通过等，提升“五率”，打造高效、优质服务现场，稳定客户群体。

（二）分类管理，注重客户需求营销

营销模式从“以产品为主”向“以客户为主”转变，进一步开拓客户群体，2021年8月对比年初，汽、柴油会员消费量占汽、柴油机出零售量的比例分别提高3.1%、3.2%。在开发“新客户”上，梳理近三年流失的大客户和不在系统内加油的企业，按属地原则分配到经营管理部，由专人跟进、走访。在维系“老客户”上，开设客户服务微信订阅号，及时推送最新营销信息，不定期开展客户座谈、VIP会员徒步游等活动，拴住客户的心。在锁定“潜在客户”上，引入多家银行资源，开展支付优惠活动，有效绑定金融、保险等行业的客户；对医务人员、教职人员开展专项营销活动，2020年参与客户占汽油会员总数的7.1%。

（三）抢滩乡镇，注重市场精准营销

在政府大力推动“乡村振兴战略”、推进乡镇道路建设的大背景下，对标城区站管理模式深挖乡镇站增量潜力，2020年乡镇站机出零售量同比增15%。向延长营业时间要销量，将营业时长在15小时以下但有增量潜力的油站全部延长至24小时营业，助力夜间营销。向增强夜间亮度要销量，实施加油站“红帽子”亮灯工程，排查、抢修油站标识、罩棚灯具，提升油站亮度，吸引客户进站。向提供增值服务要销量，筛选增量潜力大的油站引入自动洗车业务，截至2021年8月，已建洗车机的加油站占比达33%，日均洗车超2500台，实现客户引流。

▲ “红帽子”亮灯工程

二、以客户服务为核心宗旨，强化功能提升

积极对标系统外单位的油站功能和增值服务，以功能提升为突破，搭建以“优体验+佳形象”为一体的服务体系，客户评价、效率评价均排名全省前列。

（一）立足现场管理，提供优体验服务

在全部油站实施自助充值、支付、开票等便捷服务，现金支付比例对比2018年底下降16%。138座加油站搭建AI数字现场系统，分析车流等关键指标，“一站一策”落实人员排班。89座大要站在高峰期引入“马甲哨子兵”，专人指引车辆快速有序到达加油机位。在55座汽油5000吨以上的油站开展“多卖一升油”比学赶帮超活动，激励员工提供跑动服务，打造高效现场，目前平均单客服务时长从390秒降至300秒。

（二）立足内涵发展，打造佳形象油站

实施“颜值改造”，维修更换油站罩棚和檐口，试点油站路口“导视区”灯光亮化，让

加油站布局更协调、色调更明亮。实施“扩容改造”，拓宽加油棚，增设车道，平整闲置地面，增加洗车、饮水等配套服务，其中已打造司机之家的加油站占比达36%，日均服务司机超7000人。实施“自己动手改造”，为油站配置洗地机、除草机、油漆等工具，员工主动清洁清理、粉刷墙面，以“绣花”功夫展示良好形象。

▲ 司机之家

三、以队伍建设为关键保障，增强内在动力

全面剖析队伍现状，搭建以“人岗配备＋考核激励＋创新创造”为一体的队伍建设体系（见图3），开展全员对标追标创标活动，形成挖潜增效的强大向心力。

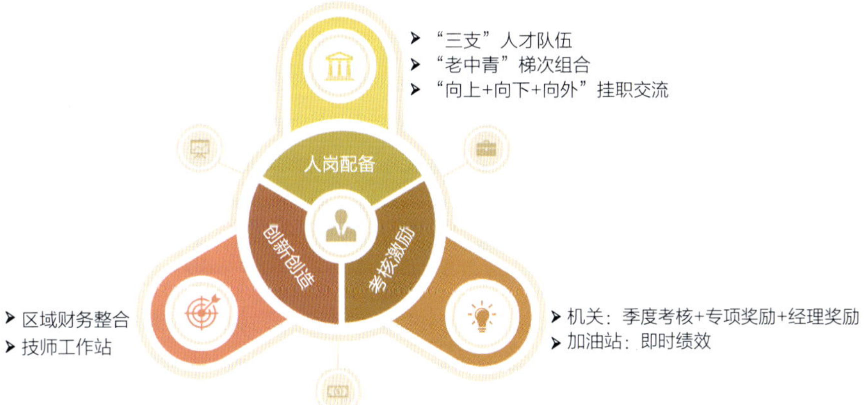

图3　队伍建设体系

（一）聚焦人岗配备，大力激发活力

建立“经营管理、专业技术、技能操作”三支人才队伍的晋升通道，奖励与压力并行，学历、职称等不达标者不纳入晋升范围，3年过渡期满仍未达标者向下调整岗位，激励员工持续对标、自我提升。2020年，实现学历、职称、职业技能提升的人员同比增21%。持续配备“老中青”梯次组合，建立“向上＋向下＋向外”三个维度的挂职交流机制，进一步拓宽员工成长渠道，充分发挥人力资源价值。

（二）聚焦考核激励，全面增强动力

“定目标+不考核=0”。完善绩效考核体系，强化“大零售”理念，机关部门层面突出“计划完成”，以“季度考核+专项奖励+经理奖励”为主要激励手段；加油站层面突出“即时绩效”，明晰奖励原则，每月分析加油站油品、非油品、用工计提情况，采取累计制计提站长升油工资，增设主管联量工资，设置员工晋档奖励；发动全员积极参与“我为高质量发展作贡献”主题劳动竞赛，激发员工“有第一就争”的主动性。

（三）聚焦创新创造，深入挖掘潜力

创新性优化体制机制，在全省率先推行区域财务整合，联合广东汕尾石油分公司组建惠汕财资部，推进业财融合，实现管理创新和财务转型双突破。组织20名高级技师和技师组建“技师工作站”，以解决日常生产经营难题为出发点，开展课题研究和创新项目开发，“尾气处理液加注管”“用于加油机过滤器的余油回收装置”“油罐车遮阳伞”等3项成果获得国家实用新型专利。

经验启示

（一）“效”字引领，始终坚持精细营销

销售企业的根本在市场，而市场的根本在零售，零售是扩销增效的“牛鼻子”，必须精准施策，找准增量发力点。广东惠州石油分公司主动适应市场变化，融入“事前算赢”效益理念、“以竞调和”竞合理念、“精准营销”经营理念，通过划分不同营销区域对标追标，建立“因站施策+因客施策”营销模式，挖掘乡镇潜力，构建零售竞争新优势。

（二）“心”字发力，始终坚持客户至上

客户是企业生存和发展的源泉。广东惠州石油分公司树立客户思维，坚持“为客户创造价值”的理念，主动对标系统外优秀单位，着力在精益管理、精心服务上做文章，抓好加油站现场管理，以优质的服务、清爽的形象、高效的体验赢取客户的信赖，努力超越竞争对手，做到“人无我有，人有我优”，有效提升企业品牌形象。

（三）“实”字贯穿，始终坚持人才强企

人才是第一资源，是企业发展的根本。广东惠州石油分公司坚持“没有人才、一切归零”的理念，将对标追标创标有效融入队伍建设中，抓好三支队伍建设，细化考核激励，激发创新活力，以美好蓝图鼓舞人，使每个岗位成为战位、每名员工成为战士，营造“争先夺魁、勇争一流”的浓厚氛围，汇聚起干事创业、争作贡献的强大合力。

着力流程体系建设　打造先进企业标准

安徽石油公司合肥石油分公司

安徽合肥石油分公司综合竞争力连续多年在油品销售企业区内地市公司排名前20强，多次获得安徽省“最佳服务示范窗口企业”“合肥市文明单位”、集团公司“三基先进基层单位”等称号。2020年，按照集团公司对标提升行动工作安排，结合销售公司对标提升行动要求，围绕打造“安徽石油名片”工程，放眼全国，对标一流，苦练“8”字决（见图1），着力流程体系建设，全力打造一流的企业标准，经营创效能力持续提升。2020年利润总额同比增长61.19%，较好地完成了预定的工作目标。

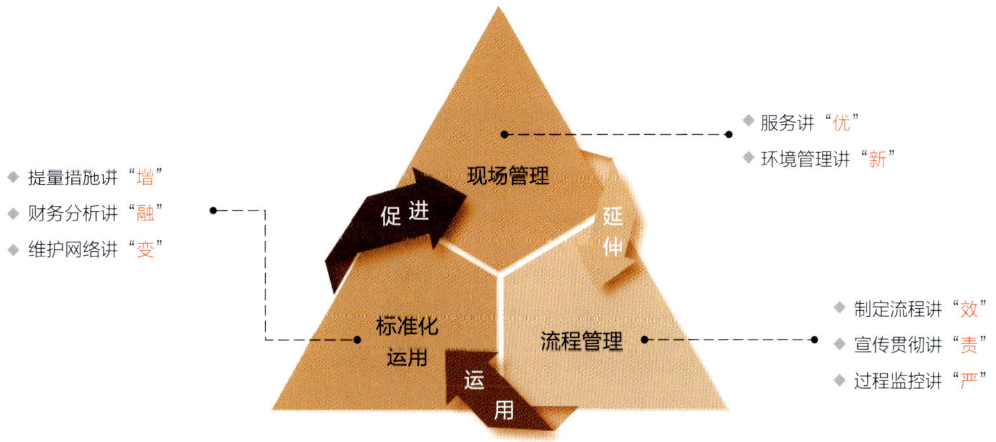

图1　标准化管理“8”字诀

一、狠抓现场管理，“两条线”打造“合肥标准”

紧抓现场服务和环境管理两条线，对标先进兄弟公司的管理模式，制定符合企业实际的管理标准并推广，在实践中加以完善，打造出现场管理的合肥标准。

（一）抓现场服务，突出一个“优”字

大力推广7S标准化管理，并将之延伸至服务（Service）上，把提升服务作为加油站管理工作的核心内容，狠抓服务规范化、标准化、统一化建设，提高管理效率，提升企业形象。在向一流企业学习中，对标先进找差距，不断优化和完善自身的服务标准化流程，开展了现场服务标准化专项推广、“三三信条（3米之内问候，30秒完成加油，等待时间不超过3分钟）”推广等一系列服务提升活动，并通过强化考核，让员工主动捋起袖子，扑下身子，做好现场服务工作，以优质的服务提升客户满意度。2020年排查137座加油站，查出现场服务类问题1056项，均按照闭环管理原则进行了整改，现场服务水平明显提高。

（二）抓现场环境，立足一个“新”字

在创新上下功夫，成立“清洁计划工作领导小组”，选拔5位大师傅参与清洁计划工程，对标先进，开创了“目视工作法”，编制完成了《合肥石油分公司清洁工程“目视法”标准化手册》，打造清洁工作的“合肥石油标准”。该手册把加油站每个部位的清洁过程，逐一分解，以照片的形式加以展示，辅以步骤说明，让员工一看就懂、一学就会，只要对照手册就能完成加油站每个部位的清洁工作。开展了“美丽星期一”等环境专项整治活动，推广“目视工作法”，活动开展以来，加油站现场环境大为改善，公司整体形象得到进一步提升。

▲ 开展车辆引导标准化培训

▲ 对照“目视法”手册清洁加油机

二、实行流程管理，“三步走”夯实基础工作

把现场管理标准化模式向经营管理的各个环节延伸，对标一流企业管理标准，结合企

业实际，打造了一整套包括制度、业务流程、岗位职责等在内的制度流程体系，通过宣传推广，督促落实到位。

（一）从建章整制着手，紧扣一个“效”字

按照“精简、统一、优化、协调”的原则，以“少一些制度，多一些流程”为理念，对近年来制定的规章制度全面梳理，共废除不适用规章制度107个，修改完善46个；形成规章制度117个、岗位职责116个、业务流程232个，并根据岗位职责编制出各岗位风险清单和片段流程，使之与部门业务流程形成纵横贯通、全面覆盖的流程体系，成为企业管理的“新华字典”。流程的制定和完善，不仅有效规范内部管理，而且切实提高了管理效率。

（二）加大宣贯力度，落实一个“责”字

通过OA平台、会议、宣传栏等途径，以绘制表格漫画、培训、岗位练兵等多种方式，进行制度宣贯，所有与经营管理有关的制度和流程，都做到有培训、有考试、有督办，加深员工对制度和流程的理解，让员工对自己的岗位职责做到应知尽知，促进员工自觉遵守各项管理制度和工作流程，实现“依法合规细致地做好每一项工作”。

（三）注重过程监控，把握一个“严”字

对照制度、流程规范，坚持每月重点完善一项工作。各部门重点查找在依法合规方面存在的问题，制定措施，加以整改，以制度、办法或流程形式固定下来，成为今后的工作标准。如在数质量管理方面，对照相关制度流程，把加油站每天对油罐的量水情况作为日常督查工作，采取现场调阅视频监控、现场抽量复核等手段，通过“技防+人防”双向保险，确保油品数质量安全。

三、强化标准化运用，“三层面”提升创效水平

从经营创效、管理创效及网络发展三个层面，落实标准化应用，不断修订和完善相关制度流程，让“新华字典”更加适用于本企业发展。

（一）深耕提量措施，聚焦一个“增”字

加强向先进企业学习，进一步完善客户开发相关业务流程，深入开展市场调研，强化客户走访和营销宣传，细化市场，从市域市场、县域市场及乡镇市场三个层面开发客户，做到点上出彩，线上结果，面上开花，全面增量增效。强化现场调研，进一步挖掘加油站增量空

间，推进加油站“微改造”，通过增加加油机、加油枪、科学画线等方式，提升现场车辆通过率，深挖增效潜力。合欢路加油站通过增加两台加油机，道路画线，将原先外排平行加油机加油方式调整成垂直加油机加油方式，加油车位翻了一番，加油效率提升一倍，日加油量由改造前27吨，增加到38吨，增长40.7%。

▲ 倒车位垂直加油机加油

（二）强化财务分析，坚持一个“融”字

牢固树立“一切管理为经营服务”的理念，对照制度、职责和流程，强化业财融合，通过财务分析，引导业务发展，着力培育利润增长点、堵住效益流失点，从销售品种、销售结构等方面，加强横向纵向、历史趋势和分环节量价变动分析，将分析的视角从经营结果转向经营过程，通过建立单站效益测算，帮助业务部门推行一站一策、一枪一策。2020年，在疫情和水灾的双重影响下，通过对加油站汽油销量变化的分析，实时调整营销策略，增加高标号汽油站点及枪位的布局，高标号汽油零售同比增长超过10%，同比增量位居全省第一，有效提高利润水平。

（三）维护网络稳定，着眼一个“变”字

随着市场环境的不断变化，网络稳定的维护日趋困难，尤其是租赁站续租时，系统外竞争对手对中国石化的零售终端网络攻势愈加猛烈。为此，对照公司网络发展的风险清单及岗位流程，加强研判，主动沟通，提前与业主联系，及时掌握加油站租赁动态。面对加油站公开招租的局面，灵活应对，及时转变思路，开展针对性谈判，一站一策，因站施策，最终实现了加油站的合理续租。

经验启示

（一）转变观念是打造先进企业标准的前提

全面提高标准化管理水平，需要转变思想观念，要有创新意识，不断探索新的管理模式和管理手段，并在实际工作中不断完善和改进，让标准更加规范，更能适应企业发展需求。

（二）领导重视是打造先进企业标准的关键

标准化管理的推行，需要企业主要领导亲自抓，也需要牵头部门和各职能部门在各项具体工作中密切配合、协调联动、形成合力。对出现的新状况、新问题，及时主动调查研究，不断总结经验，提出对策措施，才能把标准化管理真正落到实处。

（三）强化学习是打造先进企业标准的基础

一系列的制度流程以及管理标准，要真正掌握，必须强化培训与学习，明确目标，增强意识，让员工深刻认识到推进标准化管理的重要好处，才能为推进标准化管理打下坚实基础。制度、流程的落地需要严格落实考核奖惩配套机制，只有通过强化考核，才能让员工真正做到“有标准对照、照标准学习，按标准作业”。

（四）加强执行是打造先进企业标准的保障

企业标准化工作贯穿于经营和管理各个环节，是企业的一项综合性管理基础工作。落实标准化运用是企业标准化管理的重要环节，只有在不断运行和执行中，才能进一步完善企业标准化管理体系，修订与之匹配的制度和流程，从而更有效地服务于企业发展，打造先进企业标准。

奋勇争先抓发展 统筹兼顾提质效

四川石油公司成都石油分公司

四川成都石油分公司在营加油气站88座，用工人数946人。近年来，公司坚持“优质项目不松手，挖潜增效不松劲”的发展理念，敢于树标，主动对标，多业态推进企业快速转型发展，各项经营指标均位列销售企业区外地市公司前茅。连续多年“比学赶帮超”红旗数量排名全省第一，2020年油气经营量首次突破“百万吨”大关，报表利润同比翻番，在区外地市公司“综合竞争力”评比中排名第一，公司党委被评为集团公司“先进基层党组织”（见图1）。

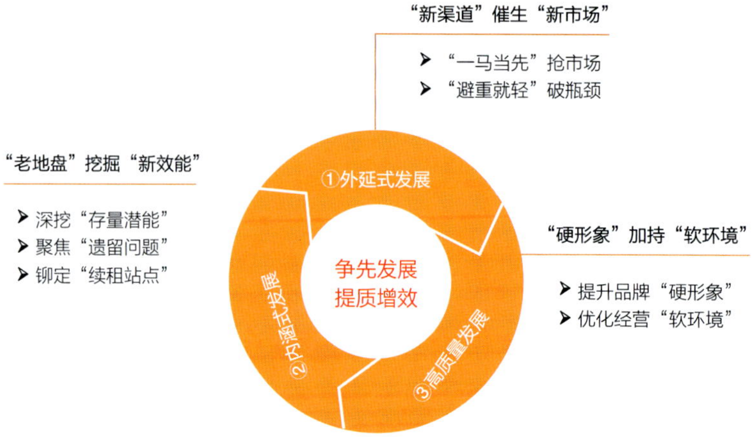

图1 四川成都石油分公司提质增效争先发展模式

一、“新渠道”催生“新市场”，推动外延式拓展

（一）顺势而上善作为，“一马当先”抢市场

因地制宜“绘蓝图”，积极主动对标行业先进企业、兄弟公司，全方位融入成都市“十四五”规划，提出“南拓为主、西北并进、东轴两翼扩展”的“三线两翼”网络发展

思路，以“时不我待、只争朝夕”的作风推进网络发展。优中选优“织铁网”，组建网络发展专班，全面摸排、提前预判加油站规划布点和出让信息，重点选择潜力大、回报高的项目，锁定天府机场高速公路唯一服务区等4个项目，“因地制宜”制定项目投标计划和方案，最终取得项目合作经营权。其中天府机场服务区加油站作为四川省战略性“门户”站点（见图2），自2021年7月投营以来销量稳步提升，日均成品油销售50余吨、日均便利店销售额超2万元，将打造成为集油、气、氢、电、光伏为一体的综合性数字化智慧服务站。加速布局“站排头”，顺应市场发展需求，抢先布局LNG项目，按月督导建设进度，自2018年以来累计投营LNG站10座，赢得了LNG市场发展先机。密切联系“畅渠道”，绘制企地合作蓝图，推进项目滚动开发，为“十四五”市场网络发展积蓄力量。

图2　天府国际机场“门户”站点——机场高速服务区加油站

（二）借力使力巧用力，“避重就轻”破瓶颈

面对网络发展成本持续增高及公司“资产包袱重”的实际，转变思想观念，发挥品牌优势，拓展“轻资产”发展路径。在全省率先开展“他有我营”工作，先后签订5座“他有我营”站，其中1座合作站成功转为租赁模式，较好地达到增量效果。积极开展合资合作，通过租赁经营、合作建设等模式，投营2座加气站和西南片区首座油氢合建站（见图3），逐步向氢能自营方向发展。积极参与新能源规划，主动融入城市新能源建设规划，多渠道布局氢能、光伏、电能项目，灵活采用招商、场地租赁等方式，在加油站引入充换电桩，试点光伏项目，推动新能源项目落地。

图3 “双品牌”西南片区首座油氢合建站

二、“老地盘”挖掘“新效能”，实现内涵式发展

（一）深挖存量潜能，实现原地倍增

信守“只要挖潜做得好，一寸土地一寸金”的思想，充分挖掘现有网点潜力，全面梳理现有站点土地资产，逐一勘查场地条件，统筹优化土地布局，对具备条件站点制定功能增项计划，分区域制定目标任务，让“低效土地”变身“热度网点”，目前已完成数座加油站LNG增项备案、充电桩建设备案，部分项目已进入施工阶段。盘活低效资产和土地，结合站点环保改造契机，推行“三优四率”工作，优化站点油罐、油枪布局，改“地上罐”为“地下罐”，进一步释放土地效能，实现了资产效益最大化。拓展多元化业态，以非油品门店为依托，倡导“走出去、引进来”的品牌经营理念，拓展站外市场，驻点“盒马鲜生”设置烟草专柜；大力引进汽服、快餐、汽车销售（见图4），日均汽油销售4吨以上站点洗车覆盖率达到61%；打造华夏、红牌楼、羊西北3座集油气销售、餐饮、汽服等为一体的综合性服务驿站，其中羊西北站自引入肯德基、瑞幸咖啡、4S店以来，日均门店零售额同比增幅38.5%，取得良好的预期效果。

（二）聚焦遗留问题，促进维权拓市

面对遗留项目土地及资金“收回难”、站点“重建难”等诸多难题，主动作为，着力清理历史遗留问题，明确阶段性目标任务，“法、情、理”并施，加强内外沟通协调，安排专人跟踪负责，把每个历史遗留项目化解责任到人，近三年共解决项目历史遗留问题

图4　羊西北加油站“易捷”汽车超市

13个，其中终止项目6个，释放投资资金4191万元；实现5个项目重建投营；拿回2块项目土地，节约2亿元项目发展成本，维护了企业合法权益。

（三）铆定续租站点，稳定市场份额

针对当前网络发展的竞争趋势越来越强，全力保障租赁站点“一个不能少”，建立档案，逐一摸排，重点跟踪，提前三年启动“预警机制”，提早介入续约谈判，完成8座临期站续租签约，确保网点不丢失。

三、“硬形象”加持“软环境”，助力高质量发展

（一）对标一流标准，提升品牌硬形象

为扭转站点老旧形象，以环保改造为契机，统筹防渗改造、非油、提量、隐患整改“一改尽改”，按照星级站、标准站、达标站分层分类改造，高质量完成58座站综合改造，打造新形象便利店35座，改造站点销量同比增幅18%，在提升品牌形象的同时防范了依法合规风险。持续开展“管理服务提升”，推行形象标准化、服务标准化、管理标准化“三标”管理，全面提升硬件设施设备，累计打造标准站17座，切实提升了“窗口”服务质量。构建信息支撑引领新模式，借鉴先进兄弟公司的建设经验，建成四川首座智慧站、首座“司机之家”旗舰店，开通微信、支付宝、“无感支付”等多样化支付方式，上线多个线上平台，丰富营销模式，提升客户体验。

（二）构建良性机制，优化经营软环境

以“市场、客户”为中心，坚持“精细、精准、灵活”营销，摸实摸细竞争对手营销政策和现有客户的“动态”，落实“一站一策”“一店一策”“一户一策”，动态调整“算账经营”，最大限度地提升经营效益。净化市场环境，配合政府职能部门“打非治违”，推动建立市场清理整顿长效机制，助推营商环境“再优化”。深化降本增效理念，坚持“降本增效既抱西瓜又捡芝麻”，多环节开展挖潜增效、资产创效、经营创效、管理创效，在改造及标准化打造等费用大幅上升情况下，现金吨油费连续多年实现同比下降。

经验启示

（一）要注重外延内挖，把好企业发展的“方向盘”

向外要高度融入城市建设规划战略中，明确发展战略目标，通过探索租赁、合作建设等多样化模式，挖潜优质项目，着眼新能源发展，提前布局网点，抢占市场机遇。向内深挖“存量潜能”，在自有站点的“老地盘”上挖掘“新效能”，实现“零”土地投资引进新能源项目，着力解决历史遗留问题，变低效项目为增值项目。

（二）要不断转型创新，构建企业发展的“新格局”

坚持“能上则上”理念，摸排各站点情况，大力引进汽服快餐、汽车销售等服务业态，强化信息化支撑，构建智能化、综合服务化站点，不断打造“油气氢电服”综合性服务驿站，为企业转型升级、创新发展夯实基础。

（三）要统筹经营管理，激发企业发展的“原动力”

坚持“精准营销”经营策略，善打“竞合”组合拳，积极净化市场环境，稳定价格和效益。管理上对标一流标准，统筹防渗改造、非油、提量、隐患整改“一改尽改”，开展“管理服务提升”，全面提升品牌“硬形象”，多环节开展挖潜增效、资产创效、经营创效、管理创效，为企业发展提供内生动力。

对标一流强管理　提质增效立标杆

胜利石油工程公司黄河钻井总公司

胜利石油工程黄河钻井总公司是一个集钻井施工作业、后勤辅助生产于一体的综合性石油钻井公司，现有员工7179人，钻井队71支，是石油工程板块最大的专业经营单位。黄河钻井始终坚持锚定“增强动力、提高效率、提升价值”目标，常态化推进对标提升行动，经营业绩稳步增长，2020年在石油工程公司“比学赶帮超”指标评比中，综合排名位列钻井系统第一（见图1）。

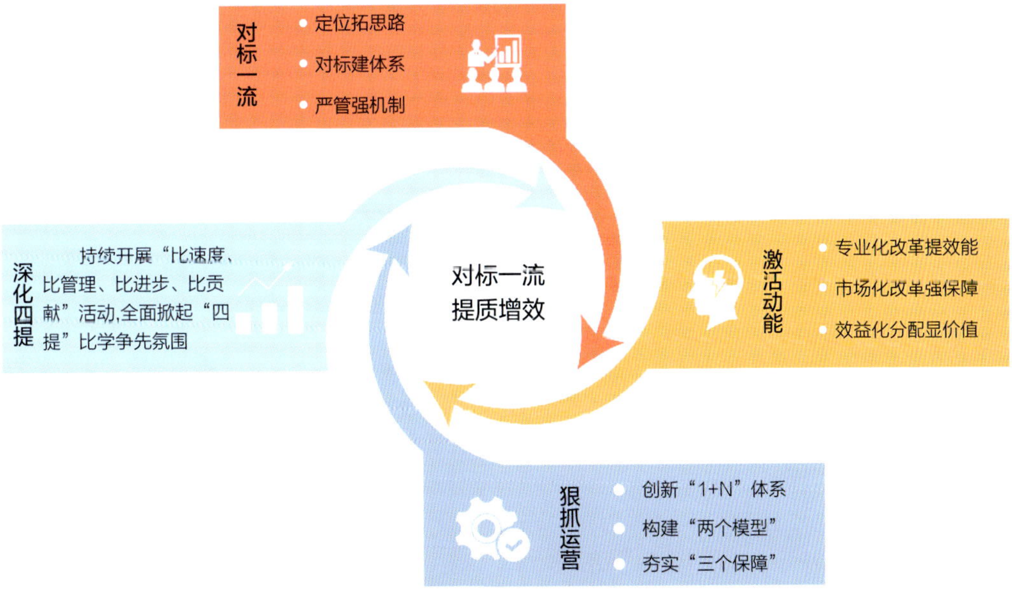

图1　对标一流　提质增效

一、聚焦战略落实抓对标提升，在打造一流中明确发展新目标

（一）拓思路，明晰发展目标定位

明确“建设一流钻井公司、打造胜利铁军先锋”战略定位，谋划主营业务创效、管理

体系深化、绿色低碳发展的“十四五”目标，围绕“强机制、增活力、补短板、谋发展”主线，强化“管理创新增效益、机制创新增活力、科技创新强支撑”，细化8个领域、26个方面对标内容，落实了战略目标保障体系，明晰了高质量发展路线。

（二）建体系，全力推进精准对标

承接8个领域、26个方面对标内容，制定对标管理提升行动实施细则，细化为14项重点工作、48项提升措施。**搭建对标平台。**在胜利油区开展“五比”竞赛，建立收入、钻完井周期和队伍排名、计划完成率等26项专业指标和6项综合管理指标。外部市场依托石油工程“比学赶帮超”平台，在西南、华北等工区开展对标评价，在山西市场，通过追标中原工程，市场占有率提升至67%。**严格对标评价。**按照“让高效井队多打井”原则，建立完善对标评价工作量分配机制，推动井队施工、创效能力与单井井型、施工难度相匹配。2020年，公司2支钻井队年度进尺超5万米。**用好对标结果。**将评价排名结果与公司“扛红旗、争五星”劳动竞赛和专项业务考核挂钩，对年度综合排名领先、进步突出单位给予奖励，对排名靠后的队伍及时预警，督导制定整改措施，促进管理提升。

（三）强机制，持续推动管理改善

对标分析找根源。召开月度、季度经营分析会，对关键指标打开分析，查找短板不足，明确改进措施。**短板改进抓整改。**建立“发现问题—分析原因—整改措施—监督审核”流程，制定管理改进方案。2021年一季度，针对部分钻井队单井石粉消耗较大的问题，从技术措施、装备情况等方面查症结，专项剖析、立查立改，二季度石粉消耗减少2400余吨。**对口帮扶促提升**，创新实施“区域承包”制度，分施工区域组建8个项目组，承包到队、把脉诊断。对排名落后、指标下滑单位，组织相关部门结成“帮扶对子”，实现互帮互促。

二、聚焦活力动力抓对标提升，在深化改革中激活发展新动能

2015年以来，受低油价影响，石油工程企业内外部市场量价齐跌、盈利能力大幅下滑。面对存续发展的严峻考验，公司全面推进主辅业务分离，加快构建与高质量发展相吻合的管理模式。

（一）推进“专业化”，提升组织管理效能

打破沿袭多年的三级管理架构，撤销钻井分公司、运输等12个专业公司和8个机关

科室，形成了二级直管井队的扁平管理架构。同时，对同质化业务进行专业整合，组建生产保障、技术装备、安全环保等7个专业化中心，搭建分项业务一体化管理平台，实现了专业化统一管理（见图2）。

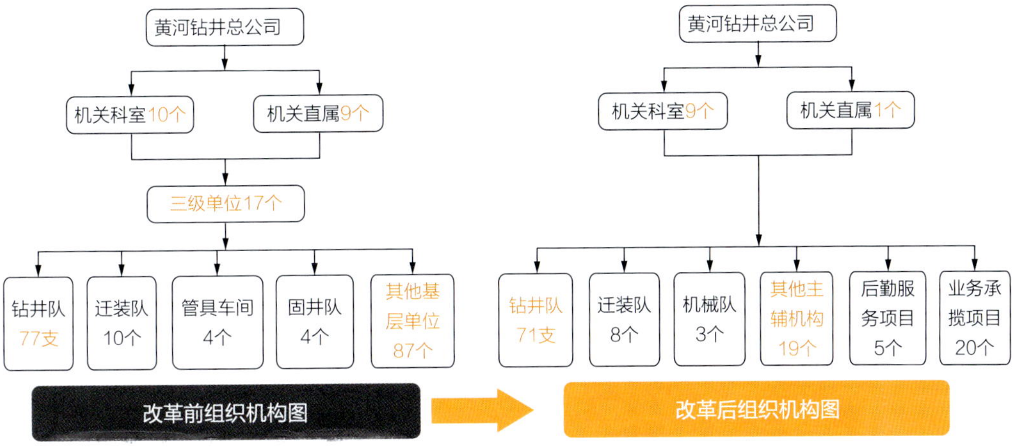

图2　组织机构图

（二）适应“市场化”，提升专业保障能力

在公司内部模拟市场化运作，改变以行政命令为主的组织形式为甲乙方市场化关系，建立定额基础架构，完善关联结算体系，引导各专业化队伍按照生产需要和效益最大化原则，优化资源配置和劳动组织，提高生产保障能力。深化“基础工资+绩效工资”模式，将全员薪酬固定部分降低到40%、浮动考核占比提高至60%，进一步拉大不同业务、施工状态下员工收入差距，实现了“干与不干不一样、创效多与创效少不一样”。

（三）突出“效益化”，推动岗位价值增值

树立“每名员工都能创造价值”理念，着力构建内部有序流转、对外高效输出的人力资源“双循环”体系。**坚持“自己的活自己干”**，组建5个项目部，全面承接钻井队设备维修、生活服务等辅助业务。**坚持“别人的活抢着干”**，大力拓展“劳务+技术+管理”组合输出模式，在胜利工程业务承揽平台，积极竞争兄弟单位项目，实现了企业效益与员工利益“双提升”。**坚持“挣钱的活主动干”**，关停7个社会化低效项目，引导员工向延长油矿钻井监督、北京石油业务承揽等高效项目流转。先后承揽项目27个，仅2020年创收1.1亿元。

三、聚焦运营效率抓对标提升，在从严管控中夯实发展新基础

（一）创新“1+N体系”，提高生产运行效率

创新生产组织“1+N”运行体系，突出生产系统中枢神经作用，将各部门在生产运行中提供的支持纳入系统节点，加强生产统筹协调，由“多部门分别协调”变“多部门支撑生产1个部门对接协调”，促进生产高效衔接。同时，以信息化建设为抓手，开发建设井筒一体化应用平台（见图3），对生产汇报数据、待钻井信息等进行细化切分、结构化处理，为强化生产运行提供有力保障。

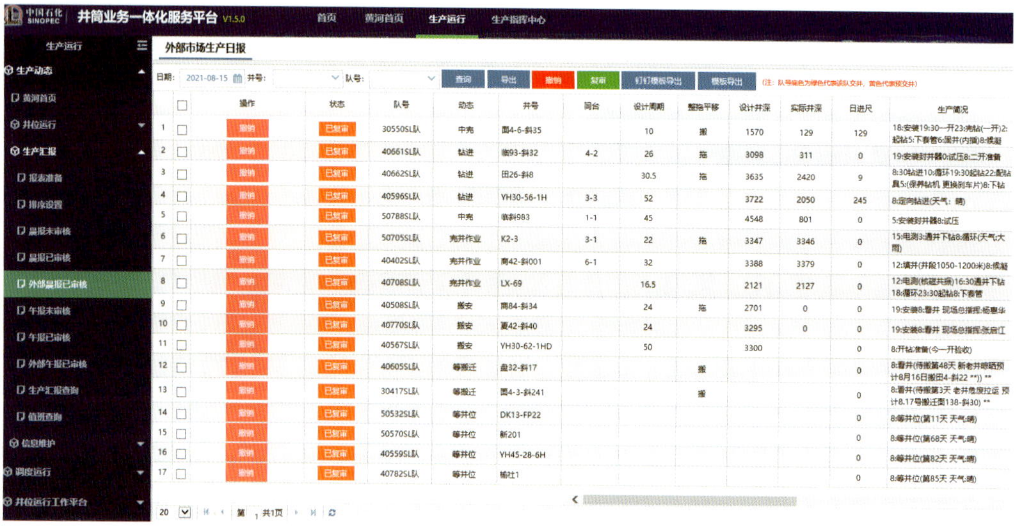

图3 井筒业务一体化服务平台

（二）构建“两个模型”，提升项目创效水平

建立目标利润率模型。强化全口径资本性支出管理，打破财务与业务壁垒，以年度任务倒推预算目标利润，将203个成本项目预算分解到28个管控单元，保证成本与进尺、收入挂钩匹配，提高预算的可行性、可控性。**建立单井经营利润率模型**。全面推行单井定额考核，核算不同市场、不同项目的收入、成本构成，明确单井基础利润指标，建立井队正职“盈亏账户”，以目标引领井队提速提效、挖潜降本。2021年上半年，公司百元收入变动成本同比降低3.25元。

（三）强化“三个保障”，打牢提质增效基础

强化安全保障，将“五查五严”保安全等专项行动与对标提升融合推进，创新“全员

安全积分”管理，对安全事故、违章行为严格考核、落实到人，推动管控压力有效传递。**强化技术保障**，对国内外先进钻井工艺技术进行筛查收集，组建专业团队，加快推进关键技术攻关，先后突破井眼轨迹控制、定向托压预防等一批“卡脖子”技术。**强化装备保障**，为满足页岩油气开发等高端装备需求，加快装备自动化升级改造，钻井队配备钻台面机械手、自动猫道机等自动化辅助装备400余套，提高了钻机自动化水平。建立物资共享平台，统筹调配网电设备、平移装置等工具，将钻井队12大类、348种物资纳入共享平台，有效杜绝了闲置浪费，预计全年节约成本800余万元（见图4）。

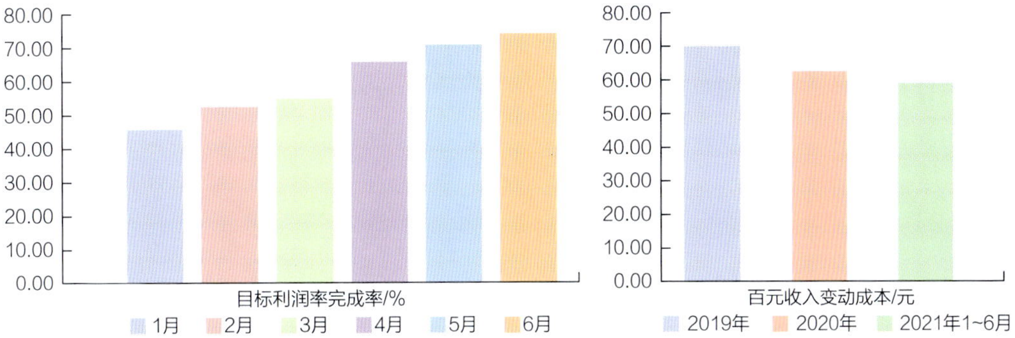

图4　2021年目标利润率完成率变化表和百元收入变动成本表

四、聚焦提速提效抓对标提升，在创新引领中创造发展新业绩

（一）比技术提速

创新提出“三高一延一适当”参数提速原则，全面实施“参数+工具+管理+轨迹”复合提速，充分释放泵压、钻压、转速、排量，促进全井段提速，打破东部老油区钻井提速瓶颈。2020年，国内机械钻速、钻机月速同比提高10%和11%（见图5）。

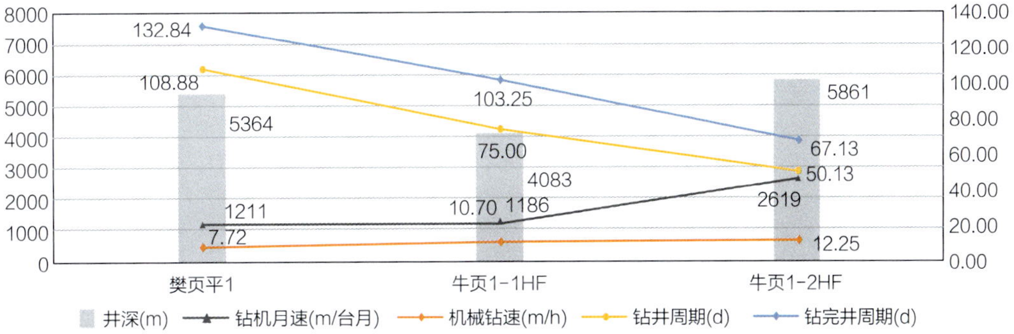

图5　页岩油井施工时效分析图

（二）比管理提质

创新技术“网格化”管理，按照地层特点、施工难点，将施工区域分成若干网格，总结推荐做法、形成施工要点，为解决区块共性问题，防控井下故障复杂提供有力支撑。推行“专家包区、工程师包井”，做实“一井一案”策划、重点井方案专家会审、复杂井专家驻井指导，全面实施井下复杂情况“预警叫停”机制，2020年，国内万米故障复杂时间同比缩短53%。

（三）比进步提产

建立健全“比学赶帮超”常态运行机制，每季度对钻井队开展管理效能排名，引导激励一线队伍开展横向对抗赛、纵向超越赛，在基层队、班组、岗位间营造“比学争先”氛围。2021年，先后有29队次日进尺超1千米。

（四）比贡献提效

服务保障油田页岩油气开发战略，充分总结前期施工经验，在永21储气库、樊页1等重点示范项目，实施“井工厂”模式，总结应用优快钻井技术，放大一体化优势，增强生产组织、计划运行的统筹性、科学性，有效提高生产效率。2021年上半年，单井利润率同比提高3%。

经验启示

（一）对标提升必须坚持目标引领

黄河钻井主辅分离、专业发展的改革目标，与国企改革三年行动相一致，与释放企业活力、激发市场化动能的原则相一致，是推进一系列改革调整的“方向盘”。

（二）对标提升必须坚持问题导向

对标是以攻克问题为衡量标准，一项好的对标，一定要是整体照镜子，关键节点抓问题、突出部位下功夫。黄河钻井聚焦管理重叠、人员富余等突出矛盾，制定关键性改革计划，用做深、做精代替做大、做多，抓住了企业管理提升的“牛鼻子”。

（三）对标提升必须坚持创新驱动

黄河钻井坚持“管理创新增效益、机制创新增活力、科技创新强支撑”的创新理念，不断推动组织架构、业务结构的调整，积极创新生产运行、考核激励等模式，激活了高质量发展的源动力。

构建“三个”生态　打造页岩气工程技术标杆

江汉石油工程公司页岩气开采技术服务公司

页岩气开采技术有限公司成立于2015年，现有员工166人，是国内首家科技型页岩气开采技术服务公司，历经涪陵页岩气国家级示范区建设、低油价、改革调整等系列考验，克服了资源匮乏、能力不足、模式约束等困难，通过对标国内外一流技术、一流管理，构建三个创新生态（见图1），打造技术研发、工程设计、现场服务一体化体系，实现了公司快速发展。“十三五”期间，累计承担科研项目108项，申请专利133件，获科技进步奖23项，获集团公司管理创新成果奖2项。

图1　创新生态

一、构建创新平台生态，夯实一体化服务技术基础

（一）面向现场的研发平台

以现场实际需求为导向，构建“地质+工程”一体化研发模式。**优化研发机构建设**，坚持地质研究先行，设立工程地质、钻井工艺技术等五个研究所，打造新技术、新工程产品“孵化器”。**强化一体化服务能力建设**，坚持面向现场搞科研，开展差异化科技攻关，

科研人员常态化轮换驻扎一线、搞支撑、解难题，实行现场支撑天数和问题解决数量的双考核，找准技术研发方向（见图2）。

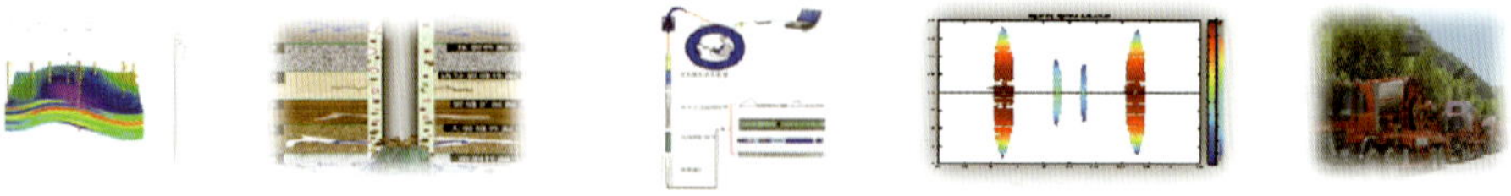

研发机构	工程地质研究所	钻井工艺技术研究所	试油完井工艺研究所	储层改造研究所	连续油管技术研究所
研发方向	● 区域地质跟踪评价 ● 地质方案设计 ● 油气藏开发方案编制 ● 地质工程支撑	● 钻井工程设计 ● 堵漏工艺及助剂材料 ● 钻完井液体系及添加剂 ● 钻井支撑评价	● 非常规试油完井设计 ● 光电测试工艺 ● 非常规完井工艺 ● 非常规完井工具	● 非常规压裂工程设计 ● 非常规压裂增产工艺 ● 压裂液体系及单剂合成 ● 压裂监测评价分析	● 连续油管基础理论 ● 连续油管作业工艺 ● 连续油管高端技术研发 ● 连续油管智能化作业

图2 研发机构及方向

（二）面向市场的创效平台

以满足成果高效转化、创建品牌为导向，推进特色发展进程。**做实成果转化正向激励**，出台激励政策，探索成果转化模式，引导技术、资金、人才等要素向成果转化聚焦，下达成果转化收入和市场占有率等考核指标，实施超目标奖励并上不封顶，成果转化率始终保持在80%以上（见图3）。**做大新技术中心成果转化规模**，创建"产品研发、总装测试、市场开发、租售和服务"四个模块，承接研究所孵化的成熟技术和工程产品，打造产业孵化环境，快速培育形成一批核心特色业务，收入占比由10%提升至50%。**做优连续油管中心品牌**，对标国际一流水平，与斯伦贝谢、哈里伯顿等公司合作，坚持技术与管理创新，发展成为国内大吨位装备最多、中国石化队伍最多、技术系列最全的连续油管服务商。

专业	成果	重点转化项目	转化成效
连续油管	● 4大系列36项特色技术	● 连续油管光电测试 ● 连续油管高温高压套变井及复杂井处理 ● 连续油管长水平段作业 ● 连续油管完井增产	● 技术服务1500余井次，创造20余项纪录 ● 西南、西北、华北3大区块10余个工区 ● 中国石化、中国石油重要技术支撑单位 ● 外部市场占比提升至50%以上
非常规完井工具	● 5类20种规格非常规完井分段工具 ● 8大类192种规格连续油管工具	● 复合材料桥塞、可溶材料桥塞 ● 连续油管过电缆/光纤工具	● 可溶桥塞应用300余支，成功率100% ● 复合桥塞应用3500余支，国际先进 ● 连续油管工具国产化程度95%，自给率98%，综合成本下降30%
井筒工作液	● 5套固井液体系 ● 6套压裂液体系 ● 16种特色添加剂	● 抗高交变载荷水泥浆、自修复水泥浆 ● FLICK系列压裂液体系 ● 油基稀释剂、抗磨润滑剂等	● 固井液体系应用50余井次，国际先进 ● 压裂液宜昌、正安等应用20余万方 ● 关键助剂解决现场关键问题
油藏工程	● 单井和平台井组设计 ● 油藏工程一体化服务	● 钻井地质、钻井工程、压裂工程等设计 ● 油藏工程一体化技术及管理	● 开展各类设计50余井次 ● 助力宜昌多层系页岩气重大突破

图3 核心特色业务

（三）面向效率的支持平台

以实现高效创新为目标，系统推进支持平台建设。组织上，成立科技信息中心，明确“科研管理+规划研究+综合服务”职能，剥离日常事务工作。技术上，自筹资金开展实验室建设，井筒工作液实验室构建“专职人员管理+研究人员实验”运行模式，工具总装实验室建立“分段完井+连续油管”两条工具产品线，形成了“武汉研发制造+区域服务保障”模式。管理上，建立科研项目“专家+科信中心+项目组”三查机制，开展日常管理、进度进展、完成质量三个维度量化积分，推进末位全部扣罚、首位加倍奖励，项目符合率保持在90%以上。

二、构建创新成才生态，培育一体化服务人才队伍

（一）用好政策导向，优化成才环境

深化“三项制度”改革，优化人才管理，解决人从哪里来、如何成长和怎样考核的问题。聚焦人才引进，出台社会化人才引进制度，明确引进流程、引进方式等，采取特聘兼聘、交流挂职等柔性引才方式，改善人力资源不足现状。聚焦人才成长，构建纵向畅通、横向贯通的成长通道，设置5级管理职位、6级专业技术职位，逐步“去行政化”，推进“岗位、职位”分离，拓宽人才成长路径。聚焦人才考核，突出科研人员重创新、重业绩、重贡献、重能力导向，制定全量化考核标准，实施科研攻关、成果转化、技术支撑全覆盖积分方式，强制公布考核结果（见图4）。

分类	评价要素	最高积分	评分办法
主要业绩指标	科研项目	100	根据报送材料由基层单位初审、科技信息中心审核、人力资源科备案
	技术服务	100	
	技术支撑	50	
辅助业绩指标	获奖成果（含授权专利、专有技术、技术标准、科技奖励等）	50	根据报送材料由基层单位初审、科技信息中心审核、人力资源科备案
	论文专著	40	
	英语水平	10	根据英语测评或英语竞赛确定

图4　科研人员量化积分表

（二）用好事业导向，激发人才活力

坚持事业为主。知事识人、依事择人，创新人才发展方式。实施“三大”人才培养工

程，与高校联合共建研究生工作站，快速培育专项人才，创建铁军名匠、青年创新2个工作室，发挥优秀人才示范辐射作用。探索建立覆盖各专业的进阶式人才学习地图，打造连续油管“培训工厂”，提升全员素质。**实施“三类”人才激励机制**，实行科研人员“上不封顶”薪酬分配，推进科研项目技术首席制，下放奖励分配权限；实施“揭榜挂帅”上项目，开展项目负责人/执行经理选聘，适当授权，合理监督；出台关键岗位人才储备金制度，将储备金的发放与个人业绩挂钩，保持人才创业激情。

（三）用好舆论导向，保持创业激情

树立“企业是我家、发展靠大家”的理念，引导员工将个人成才梦融入企业发展梦，发挥主人翁作用。**规划促发展**，编制发展规划，召开科技创新大会，将公司发展与个人发展有机结合，使全员统一目标、统一路径、统一步伐。**交流促成才**，承办ICoTA国际连续油管学术研讨会，参与大型学术交流活动，通过请进来、走出去活动，为员工提供“亮相”机会。**荣誉促竞争**，建立荣誉与业绩相称、褒奖与贡献相当的表彰机制，形成见贤思齐、争做先锋的好氛围。

三、构建创新协同生态，建立一体化服务组织模式

（一）补齐缺失的产业链短板

注重地质研究能力建设。明确地质研究的龙头地位，组建全专业工程地质研究团队，培育发展设计能力，获得设计资质。**注重工具加工制造渠道畅通**。在中国石化ERP系统建立“生产工厂构架”模块，在中国石化易派客电商销售平台上线部分工具，拓宽工具供销渠道。注重质量体系建立和认证。牢固质量是发展的基础，获得ISO9001体系认证和CNAS认证，推进工具产品API Q1认证进入收尾阶段，即将拿到国际市场通行证。

（二）构建矩阵化管理模式

树立“机构设置有界、团队组建无界”的理念，组建跨专业跨部门团队。**组建协同创新团队**，在建立公司内部跨专业创新团队基础上，以重点科研项目攻关为纽带，建立多家地区公司、多家专业化单位、多个研究团队协同攻关模式，连续油管作业关键技术创新团队获得“石油工程公司优秀创新团队”称号。**组建市场创效团队**，围绕一体化项目服务，建立“决策—运行—核算—考核—追究”管理流程，推动项目运行。**组建故障复杂支援团队**，围绕现场技术难题及复杂故障处理，建立24h即时响应、即时组织机制，创建“质量

督导+互联网”工作模式，突破时间空间限制，发挥团队指导作用，连续油管故障复杂率控制在1%以内。

（三）争取多元化支持协作

推进省部级平台建设，挂牌开展了“页岩气开发技术湖北省工程研究中心（湖北省科技厅）”“湖北省页岩气开发工程技术研究中心（湖北省发改委）”“中南地质科技创新中心”“中石化石油工程页岩气技术中心”建设，为基础资源配套等提供保障。**推进行业领军机构合作**，构建技术开发、实验试验、推广应用“三共同”模式，与中国石化休斯顿研发中心等机构开展常态化交流合作，实现资源信息共享、协同攻关。

（四）实现一体化市场开拓

面对开放的市场格局、低成本勘探开发的市场形势，凭借特色领先技术和全产业链服务能力，形成协同拓市格局。**在市场开拓上下苦功夫**，不断深化全员全天候市场意识，强化领导挂点承包，建立多专业协同的市场推介、投标机制，公司主营业务全面覆盖国内重点工区。**在工程地质一体化服务上花心思**，创建地质工程一体化矩阵式管理和服务模式（见图5），从工程源头出发，提供“一揽子”服务方案，承揽各类一体化服务项目，带动公司特色工程产品和服务全面进入国内重点工区。

图5　地质工程一体化

经验启示

（一）创新生态系统建设是公司实现快速成长的制胜策略

页岩气公司在为客户提供服务的过程中，坚持面向现场搞科研，建立现场研发+设计+服务一体化支撑团队，采取多家地区公司、多家专业化单位、多个研究团队协同攻关模式，与客户和协作伙伴互帮互助，共同发展。从做单项技术服务向做产业生态系统转变，从自己盈利向与合作伙伴共同盈利的多赢观念转变，勤于谋划，善于借力，在页岩气技术产业生态建设上扎实前进，是企业实现快速成长的关键。

（二）“三个生态”建设，是公司建立价值共创内部运行机制的有效路径

面向现场的一体化研发平台生态建设，营造了集研发、创效、管理为一体的良好环境，让创新发展“扎下根”。面向市场的一体化服务人才队伍生态建设，创造了良好的人才成长环境、科学的制度环境、积极的人文环境，实现人才引得进、留得住、用得好，让创新发展“跑起来”。面向客户的一体化服务组织协同生态建设，推进了产业链条延伸、矩阵化团队合作、多元化支持协作，形成“地质+工程”一体化服务模式，激发了协同效应，让创新发展“火起来”。三个平台的机制建设，实现了企业与各方合作伙伴合作共赢的战略愿景。

聚焦项目管理抓提升　争创一流业绩树标杆

石油工程地球物理公司胜利分公司

地球物理公司胜利分公司作为油气勘探尖兵，为胜利油田大发展、西部油气大开发、南方气田大发现做出了重要贡献，被国家授予“全国能源工业先进集体”“全国地质勘查功勋单位”“全国模范地勘单位”等称号，荣获国家级科技成果奖励11项。近年来，地球物理公司胜利分公司坚持以项目管理体系建设为龙头，强对标、促改革、建机制、严管理，把一切资源向项目价值创造聚焦。2017年以来，经营利润连续四年稳步增长，2020年在石油工程专业经营单位年度综合评比中排名第一（见图1）。

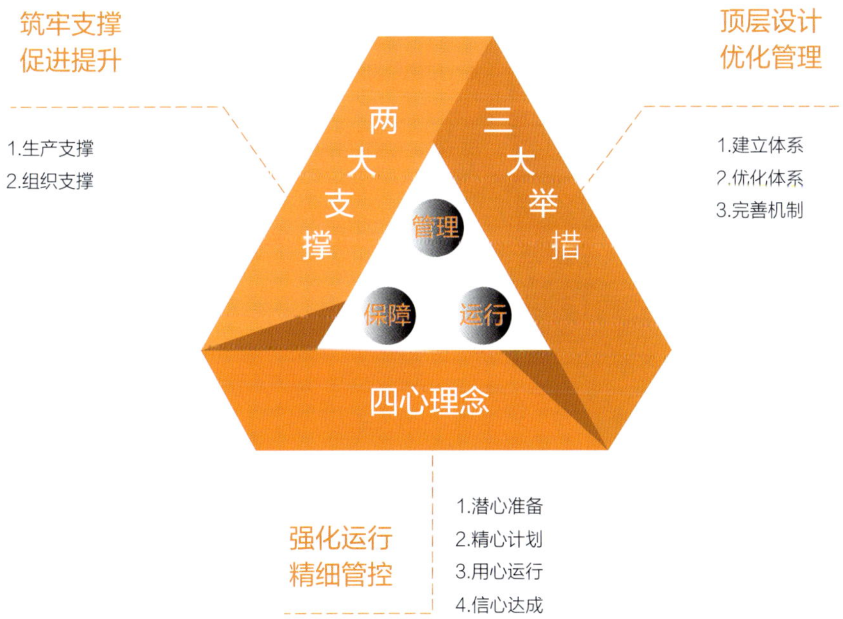

图1　项目管理体系建设总体框架

一、变革管理，“三大举措”把稳项目管理之“舵”

（一）对标提升让体系“立起来”

随着地震勘探技术和生产方式深刻变革，传统管理模式已无法适应高质高效管理需求。对标国际先进管理方法，推进项目管理转型，在国内率先将现代项目管理方法引入物探项目，构建以全周期、全过程、全要素管理为内容的地震勘探项目管理模式，建立“体系文件＋配套制度＋管理手册”管理体系（见图2），形成“五统一、四指导”管控流程（见图3），实现从粗放式管理向科学精细管理变革。

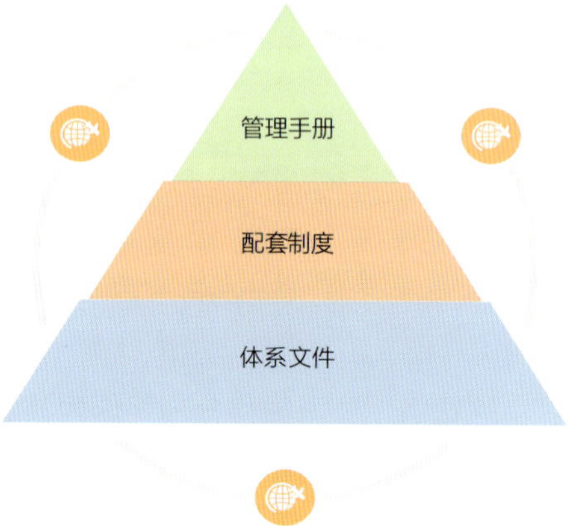

图2　地震勘探项目管理体系架构

夯实项目基础管理，对标沙特阿美S84项目，推进标准化升级，通过“固化规范、优化提升、全面推广”三步走，构建标准化地震队体系，推进营地建设、现场作业、队伍建设、项目管理及特色技术标准化，项目运行效率提升10%。

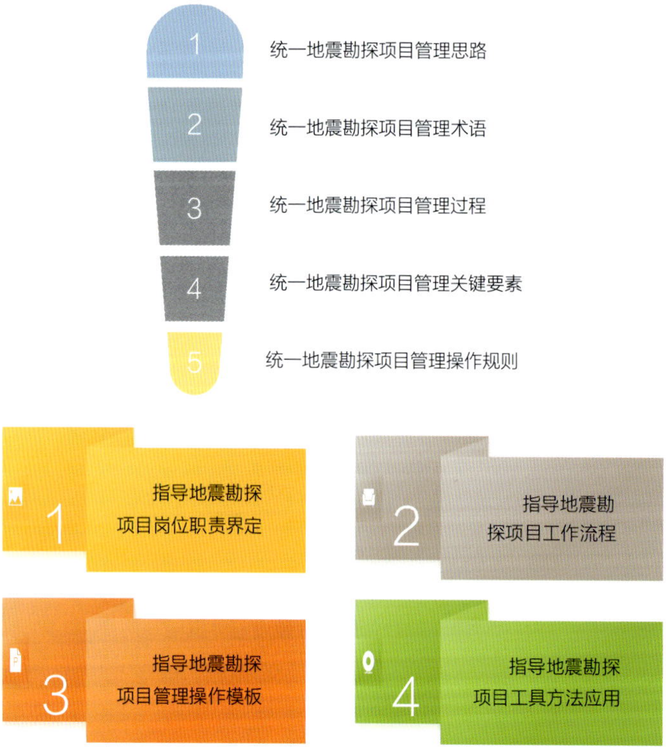

图3　“五统一、四指导”管控流程

（二）对标提升让体制“活起来”

以服务地震勘探项目为中心，持续深化机构改革，构建“扁平化、精干化、高效化”管理体制。优化管理组织架构，压扁管理层级，由“分公司—大队—地震队”三级管理向“分公司—项目部（地震队）”两级管理模式转变，实现了组织扁平化；精简机关部门，建立“8+2+1”机关架构，与2014年相比，压减58%，人员优化63%，促使机关职能由管理型向服务型转变。优化人力资源配置，建立“项目管理核心团队+专业化队伍+人力资源共享中心+分包商”项目组织模式，项目团队更加专业高效，人力资源配置利用更加灵活。

（三）对标提升让机制“优起来”

实施内部市场化，由“分活干”向“抢活干”转变。建立项目内部竞标制，形成“比方案可行，赛风险可控；比资源配置，赛成本高低”的内部竞标模式，增强了队伍竞争意识和成本意识。建立项目经理负责制，分公司与项目经理签订生产经营目标责任书，压实经营管理责任；开展IPMP C级国际项目经理资质认证，持证率达到100%，推动项目管理人员由经验管理向科学管理转变。建立项目考核与责任追究制，根据艰苦程度、创效能力，建立“操作成本+进度+单项费用部门联动责任”考核指标体系，充分发挥考核“指挥棒”作用，实行责任追究制度，严格奖惩兑现。建立项目复盘制，在项目结束后及时总结复盘，评估经营指标、工期指标、进度指标、合同指标、单项成本费用与计划的匹配情况，总结固化管理经验。

二、优化运行，“四心理念”抓牢项目管理之“钥”

（一）潜心准备做到“了然于胸”

注重源头设计，加强项目策划管理，针对地震勘探“地质、地表”双复杂的特点，开展地上、地下“双交底”，实现项目最优部署、最优设计、最优投资。做实尽职调查，建立“逐点踏勘+无人机航拍+数字地图辅助”调查模式，形成“网格化、地毯式、多轮次、复核性”调查方法，全面调查施工影响因素，保证放样符合度达到95%以上。精准风险评估，推行项目全面风险管理，从执行团队、技术质量、生产运行等6大方面制定管控清单，划分风险等级，强化分级管控。

（二）精心计划做好“排兵布阵”

以“低成本、低风险”为总体目标，分层建立里程碑计划、总体计划、工序（班组）滚动计划。在要素上，涵盖进度、成本、质量、HSE、沟通、合同等管理计划，将计划落实到各个管理要素，形成项目运行计划和管控方案。在时间上，以里程碑计划为主线，建立“前期准备+采集生产+项目收尾”项目总体计划，设计时间管理路径，保障项目按时间踏点运行。在工序上，以总体计划为主线，测量、放线、钻井、激发等关键工序运用“62367”日效管理法（见图4），实现“以时保日，以日保周，以周保项目工期”，项目整体运行日效符合度达到95%以上。

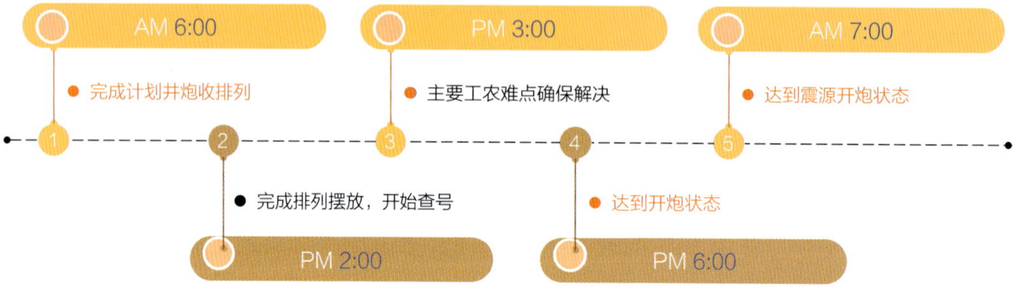

图4 “62367”日效管理法

（三）用心运行做实“精益求精”

建立“防火墙”，动态预测和识别项目风险，提前采取规避或减弱措施。做实决策纠偏“防火墙”，分公司层面建立项目周状态报告制度，及时了解运行偏差和异常，科学作出纠偏决策；做实运行纠偏“防火墙”，项目部层面建立“日+周+月”分析机制，详细分析生产进度、成本费用、安全质量、合同管理等情况，查找并解决运行偏差和异常。

（四）信心达成做强“对标发力”

坚持目标牵引，系统设置地质任务、经营创效、生产进度、安全质量、合规管理五大项目管理目标，指导项目优质高效运行。坚持平台追标，依托“比学赶帮超”、攻坚创效行动、“三争一创”劳动竞赛等平台，组织开展对标追标，其中6个项目团队31次夺取生产纪录奖，三维日效同比提高10%。坚持标杆示范，以“文化铸魂，典型垂范”为抓手加强队伍建设，集团公司金牌标杆基层队、中国石化基层党支部建设示范点等一批标杆地震队脱颖而出，形成了“对标先进、争创卓越”的浓厚氛围，有效地激发了队伍攻坚活力。

三、做强保障，“两大支撑”筑牢项目管理之“基”

（一）“三个赋能”做强生产支撑

技术赋能，对标行业先进水平，形成单点高密度、滩浅海、可控震源宽频高效地震勘探等12大核心技术。其中，单点高密度地震勘探技术已成为可推广应用的前沿地震勘探技术，可控震源宽频高效勘探技术在西部规模化生产应用，有力推动中国石化在准噶尔盆地高效、低成本、绿色勘探。装备赋能，破除传统“高投入”作业弊端，研发无缆节点设备，制定系统内首套全流程操作规范，渤南全节点采集项目有效采集时长由以往的10小时提高到16小时，施工效率较有缆设备提高30%以上。信息化赋能，自主研发SeisWay4.0采集工程专业软件，成为中国石化地震勘探采集软件的核心技术品牌；自主研发的质量监控、项目信息管理等软件系统，广泛应用于地震勘探项目，推动效率效益“双提升”（见图5）。

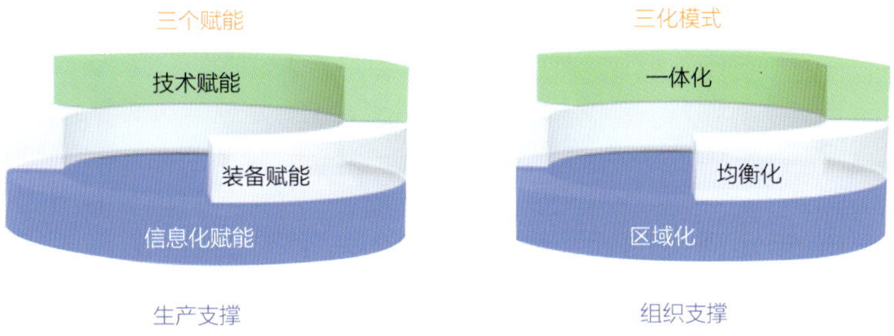

图5　两大支撑模型

（二）“三化模式”做强组织支撑

实施一体化组织，建立“五统一”工作机制，深度融入油田勘探开发一体化，让“甲乙方”变成“一家人”。广利青南、王家岗、八面河一体化项目统筹设计，优选观测方案，全区优化排列9万余道，降低了勘探投资、资源投入、施工难度，实现了多方共赢；实施均衡化生产，打破传统思维，推动“高峰并行生产”向“错峰串行施工”转变，首次实现东部春夏季施工，提高了资源周转率。实施区域化管理，建立“区域管理+技术团队+特色队伍”区域化组织体系，实现管理协调、资源共享，提升了项目组织管理效力。近年来，地球物理公司胜利分公司把项目管理作为企业管理、经营创效的重中之重，将项目管理升级深度融入对标提升行动，创新管理举措、强化运行管控，施工效率连创新高、成本持续降低，为企业可持续发展注入了强劲动力（见图5）。

经验启示

（一）坚持创新思维，打开实现突破的“锦囊”

坚持“理念创新开思路、管理创新提效能、技术创新强实力、机制创新增活力”的创新原则，以项目管理转型为突破口，持续推进改革调整、精细管理、技术进步，是企业实现可持续发展的永续动力。

（二）坚持系统思维，汲取标本兼治的“良方”

在建立项目管理体系的过程中，不是单纯地在一线施工中采取项目管理方法，而是从组织机构重构、管理权限下放、部门职能转变、建立项目管理流程出发，全方位对原有管理体系进行系统优化及迭代，标本兼治，实现项目管理模式全面优化。

深化改革强管理　转型发展促升级

石油工程建设公司石油工程设计公司

中石化石油工程设计公司成立于1972年，现有员工1221人，是集团公司上游最大的设计科研单位，主要从事油气田地面工程、长输管道工程、海洋工程、新能源等领域的工程建设全过程服务。近年来，公司以对标世界一流管理提升行动为抓手，稳步推进单一功能设计院向EPC全功能工程公司转型，推动企业做优做强做大，发展质量显著提升。2020年，进入全国工程咨询机构50强、工程总承包营业额百强，工程总承包新签合同额占比、收入占比分别达到50%、70%（见图1）。

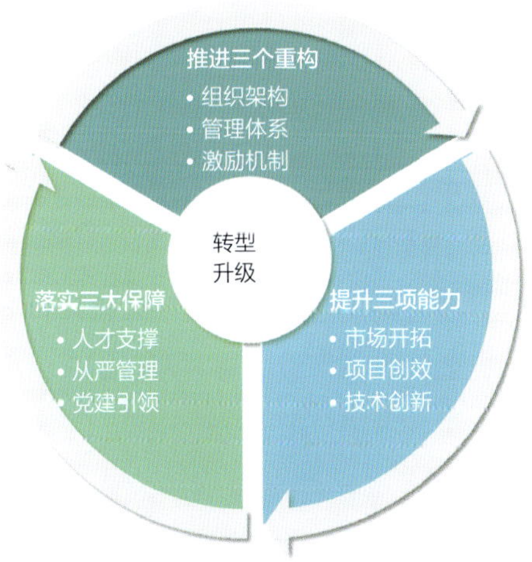

图1　向工程公司转型总体思路

一、聚焦体制机制抓“塑形”，推进“三个重构”

为提升项目全过程、全链条技术服务能力，公司对标优秀工程公司，锚定“建设业界认可的国际型工程公司”的愿景目标，扎实推进“三个重构”，工程公司体制机制初步建成。

（一）强化顶层设计，重构组织架构

结合工程公司业务发展需要，调整机构设置，优化权责分工，项目管理由职能式向矩阵式转变，确保“一切围绕项目转、一切聚焦项目干”。**公司决策层“管总”**。开展机关部门“三定”，成立项目管理中心等项目管理专业机构，负责项目协调管理、资源优化配置和业务考核监督，压扁管理层级，实现全部项目公司直管。**专业技术机构“主建”**。压实专业所室的专业人才培养和专业技术发展责任，由项目执行机构转变为人力资源和技术支持中心。**项目部“主战”**。组建区域项目管理部、总承包项目部，作为项目执行全过程责任主体，将项目打造成最基本的经营单元。

（二）聚焦项目管理，重构管理体系

围绕项目经理负责制，构建配套项目管理体系，推动制度流程再造，实现项目管理规范化。**规范“全过程”管理**。以项目全过程管理为主线，编制132个项目管理体系文件，指导勘察设计、总承包、工程监理等各类项目运行。项目决策、生产运行、预算核算、分级分析、经营考核、责任追究“六大体系”持续健全。**规范“各岗位”工作**。结合项目执行要求，细化项目部岗位设置和职责分工，编制21个岗位操作手册，实现岗位“设置标准化、责任明晰化、操作规范化”。

（三）突出价值贡献，重构激励机制

薪酬差异化。突出向创效单位、项目一线、关键岗位倾斜，加大项目绩效在薪酬体系中的权重，占比不低于70%，引导员工向项目一线流动。**考核契约化**。完善以项目部为主体的内部市场化运营机制，公司与项目经理签订项目管理目标责任书，项目团队收入与项目经营情况联动。**激励项目化**。打破行政隶属关系限制，由项目部自主制定内部考核激励机制，项目经理负责项目人员的考核分配，进一步提升了项目经理管理权威，激发了员工参与积极性。2020年，全员劳动生产率40.47万元/人，在石油工程公司地面工程专业排名第一；员工收入最大相差6倍，绩效奖金水平最大相差17倍。

二、聚焦核心实力抓“蓄能”，提升“三项能力”

为适应工程公司业务发展要求，公司对标优秀工程公司，着力提升市场开拓、项目创效、技术创新“三项能力”（见图2），持续提升工程公司核心竞争实力。

（一）“三个优化”提升市场开拓能力

优化布局提效益。推行市场分级管理，将集团公司和国家管网作为核心市场优先保

图 2　“三项能力”建设

障，将其他央企、省级国企市场作为关键市场密切跟踪，将其他市场作为一般市场保持关注，将有限的资源向规模大、效益好的市场聚焦。**优化业务走高端。**明确油气能源工程公司发展定位，聚焦优势工程领域开展市场开发，积极拓展新能源、数字化智能化等蓝海市场，谨慎参与市场竞争充分、自身优势不明显的业务领域，推动业务向价值链高端迈进。**优化服务促接续。**树牢“以现场换市场”的理念，建立“市场部门+区域项目部+技术专家”组成的市场开发维护团队，贴近业主需求开展技术服务，以良好的品牌形象实现市场滚动开发。公司连续4年新签合同额超过20亿元，市场开发水平跃上新台阶。市场分级管理见图3。

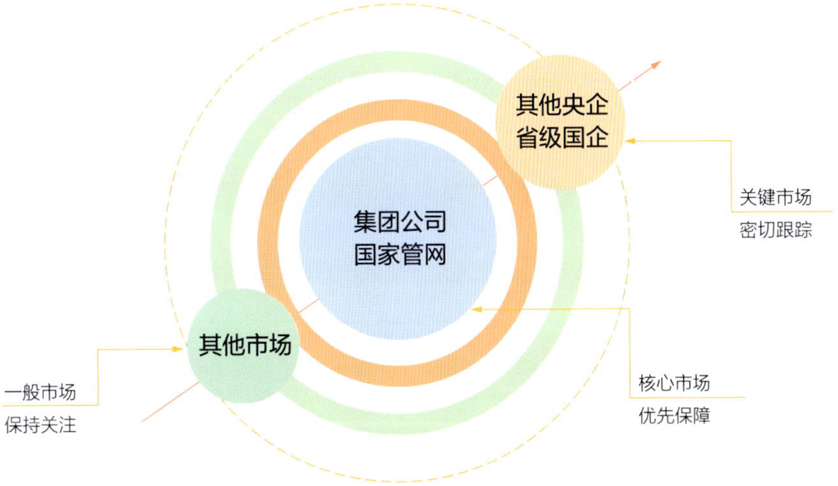

图 3　市场分级管理

（二）“三个强化”提升项目创效能力

强化设计龙头。坚持设计先行，加强与采购、施工等环节的统筹衔接，积极开展设计优化，科学组织项目计划，保工期、保质量、保安全，实现项目效益最大化。**强化成本考核**。构建人工时定额估算指标库、设备材料价格数据库和施工价格数据库，逐步实现成本“算准”、目标“定准”、结果“核准”，为项目考核提供支撑。项目管理从传统生产型向经营管理型转变，彻底改变了“只管低头干活，不管算账收费”的习惯。**强化信息支撑**。建立了一体化信息平台、项目管理集成平台，以信息化手段固化项目管理程序；自主开发数字化集成设计系统，建立了自有云平台，通过提高平台工具现代化水平，助力项目效率和质量提升。

（三）“三项建设”提升技术创新能力

建机制激活力。完善科研管理制度体系，制定科技创新和科技成果转化激励办法；在绩效奖金中设置固定比例技术绩效，直接奖励到科技攻关项目组，调动员工创新积极性。近5年技术绩效奖励累计超过1200万元，发放国有科技型企业岗位分红激励793万元。**建平台搭载体**。积极推进“研发平台+试验平台+交流平台”创新支持体系建设，加快新能源、CCUS、氢能等前沿技术研究。目前拥有4个省部级创新研发平台、1个博士后工作站分站、2个技术服务中心、4个专家技术工作室，构建了高端创新创效载体。**建团队促转化**。成立科技成果转化业务团队，探索“快速研发、快速转化、快速迭代”的创新创效模式。4项产品进入集团公司、石油工程公司内部优势产品目录。近年来，公司年均科技成果转化收入超过3000万元，被评为石油工程公司创新创效示范团队。

三、聚焦稳定发展抓“固本”，落实“三大保障”

为保障项目管理模式转型，公司对标优秀工程公司，着力落实人才支撑、从严管理、党建引领三大保障，全方位支撑向工程公司转型，夯实高质量发展根基（见图4）。

（一）“人才支撑”做保障

建队伍。通过毕业生引进、系统内招聘、内部转岗等方式，构建了150人的项目管理人才队伍，打牢向工程公司转型的人才基础。**畅通道**。在岗位分级管理体系中增加“项目管理”序列，建立项目管理人才成长通道。推行干部“去行政化”，构建项目经理任职资格库，根据项目规模确定项目部级别，考核合格后，认定项目经理相应任职经历。**抓培养**。

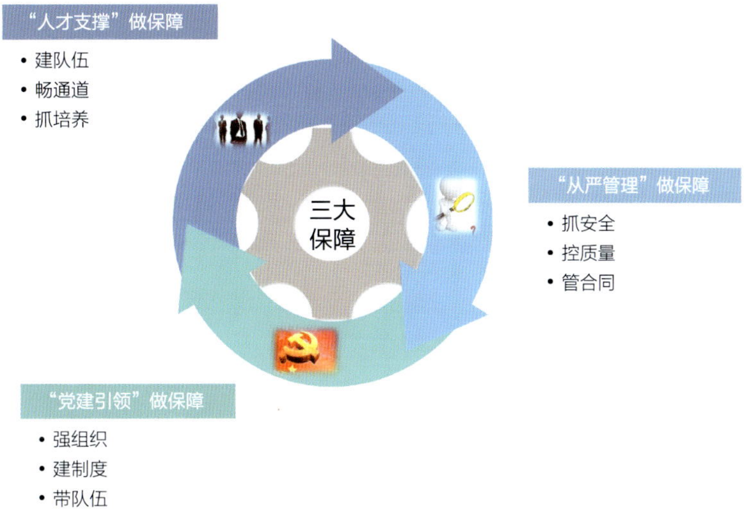

图 4 落实“三大保障”

加强项目管理知识培训，安排有潜力的年轻员工到项目实岗锻炼，加快项目管理人才培养。2021 年，具有注册一级建造师证书、PMP 证书的员工分别为 114 人、78 人。

（二）“从严管理”做保障

坚持从严管理主基调，开展“从严管理年”活动，以严格管理出精品、树品牌。**严抓安全**。结合项目管理转型，完善 HSE 管理体系，落实专业 HSE 分委会责任，重点加强分包商和现场直接作业环节安全管控。**严控质量**。完善质量管理体系，成立质量监督站，统筹各类项目质量监管，实现质量监督全覆盖。**严管合同**。成立合同部，所有总承包项目部配置合同工程师，加强项目合同签订、执行、变更、关闭全过程管理，严控项目法律合同风险。

（三）“党建引领”做保障

在项目管理中注重发挥党组织作用，将国有企业政治优势转化为竞争优势。**建强组织**。坚持“支部建到项目、红旗飘在现场”，依托项目部成立临时党支部，将项目管理难点转化为党建工作重点，发挥党组织战斗堡垒作用。**完善制度**。完善项目党支部议事决策制度，聚焦项目运行中的重大问题，发挥支部班子整体功能，确保“六外业务”等关键环节规范受控。**带好队伍**。以“党员责任区”“党员示范岗”“党员先锋队”为载体，充分发挥党员先锋模范作用，当好项目攻坚克难的“主心骨”，打造“拉得出、顶得上、打得赢”的项目管理团队。

▲ 党建优势在项目现场有效发挥

经验启示

（一）体制机制转型是向工程公司转型的核心

向工程公司转型的核心是构建以项目管理为核心的体制机制，改变以行政单位为主体的传统运营模式，促进管理向项目聚焦、资源向项目流动，让项目成为企业基本经营单元，打造项目驱动型企业。

（二）竞争能力建设是向工程公司转型的关键

在转型过程中，只有持续强身健体、苦练内功，建设与工程公司相适应的核心竞争实力，才能在更加激烈的市场竞争中推动企业高质量发展，真正实现企业转型发展目标。

（三）基础管理保障是向工程公司转型的支撑

向工程公司转型需要基础管理工作的全方位保障。企业各项工作要主动适应管理模式变化，发挥对项目管理全链条、各要素的支撑作用，保障项目规范高效运行，为企业稳定发展筑牢管理根基。

树立石化标杆　打造一流铁军

中原石油工程公司SINO-25钻井队

中原石油工程有限公司SINO-25钻井队，现有员工35人，长期在被誉为“石油工程奥林匹克竞技场”的沙特阿美市场从事钻修井工程技术服务。面对甲方专业技术要求高、工作标准要求高、装备配置要求高、队伍素质要求高、管理监督严的“四高一严”的严苛挑战，SINO-25钻井队发扬“特别能战斗，特别能担当”的石油工程铁军精神，对标世界一流施工水平、对标世界一流安全规范，对标世界一流管理标准，与260余支世界知名油服公司的钻井队伍同场竞技，实现了站稳脚跟、持续赶超、创造一流的三步跨越，创造了中国速度、中国标杆，擦亮了中国石化石油工程品牌。2018年以来，累计创效1.44亿元，在中国石化石油工程海外钻井队伍评比中保持第一（见图1）。

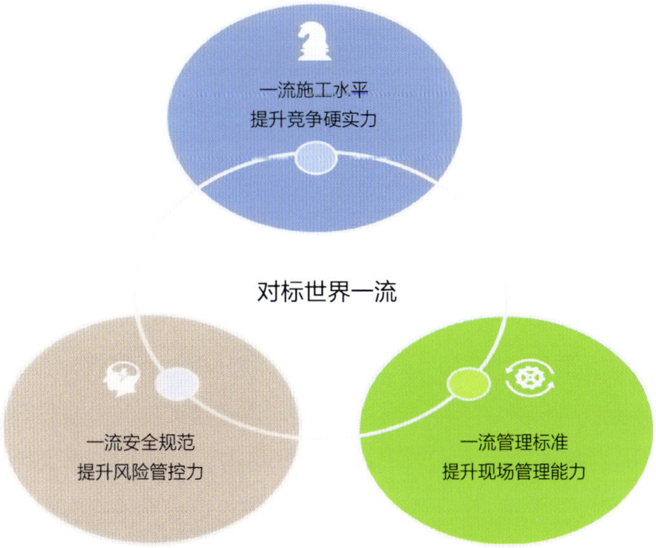

图1　“三个一流”能力建设示图

一、对标一流施工水平，提升竞争硬实力

阿美公司采用钻机评价系统（REI）对乙方队伍进行评价排名，实行“以业绩换市场、以排名换合同”，业绩排名成为各国钻井队伍比拼施工水平、技术能力的竞技台，也是开拓市场、创造效益的金钥匙。SINO-25队以甲方评价标准为依据，搭建对标平台，持续对标、追标、创标，有效提升了技术施工能力。

（一）聚焦一流搭台建标

深入分析阿美公司承包商业绩评价体系，吃透工作标准、评价方法，把握非钻进作业时间、因钻机原因造成时间损失、安全管理、当地化管理等4个主要评价因素，全方位对接甲方评价标准，搭建自己的KPI对标平台（见图2）。开展全流程建标，将施工全过程划分为项目管理、进度控制、人力资源、设备设施、安全业绩、质量管理、分包商管理、物资管理、工程技术、雇员管理10大类42项对标指标，细分对标责任，将指标分解到岗、明确到人，实行“属地管理”。确立标杆指标，明确搬迁时效、生产时效、设备维护、风险管控、成本控制关键指标的提升目标。

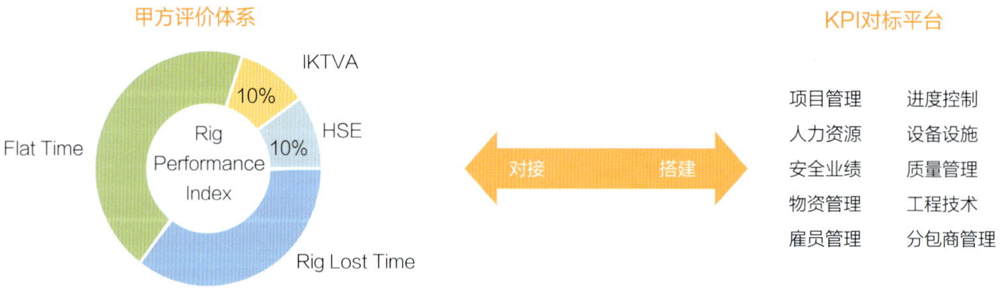

图2 搭建对标平台

（二）锚定一流对标追标

紧盯区块标杆队伍，瞄准高指标、新纪录，逐项分析对标成效，查找装备、技术、管理方面存在问题不足，学技术、学经验、学管理，逐项整改提升。在队伍内部开展常态化“达标夺旗”活动，在解决难题、查改隐患、生产突击、创造纪录等方面开展竞赛，将目标完成情况纳入年度考核，每月公示结果，让班组有目标、骨干有责任、员工有动力，实现全员追标、全员创标。

（三）赶超一流勇于创标

抓住沙特市场创效关键点——搬迁速度，全力组织追标创标。针对马尼法区块搬迁工

序衔接不紧密、队伍停等时间长等问题，深入研究改进措施，从作业准备、作业职责、主要风险及控制措施、作业程序等4个方面，制定搬迁程序文件66项，在岛内首次实现了钻机底座整体搬迁，创造并保持了区块搬迁最快纪录，节约甲方投资达7万美元/井，赢得甲方肯定表扬。在2014年度业绩评价中，SINO-25队创出阿美公司67年以来最高得分99.3分，并保持至今；在2021年二季度评比中以96.43分的好成绩，获得阿美公司10年长期服务合同（见图3）。

图 3　搬迁创标

二、对标一流安全规范，提升风险管控力

阿美公司HSSE管理素以“系统、全面、规范、严苛”著称，代表着国际最先进管理水平。SINO-25队以风险识别为前提，以风险控制为核心，严格执行阿美公司、中国石化安全管理体系和规范标准，夯实安全生产基础。

（一）安全分析精细化

将风险控制作为安全管理的核心，对照阿美公司通用作业11大类模板、291项具体作业安全分析内容，对每项工作进行风险有效识别、分析和评价，制定相应防控措施，做到现场标准化作业，从源头管控风险隐患。编撰“常见习惯性违章行为75条”“作业之前十问”等实用性手册，吸取教训、减少违章。注重抓好未遂事件管理，共享现场风险经历，增强事故预防“免疫力”。修订完善岗位巡回检查制度，每天进行现场巡回检查，找出风险隐患，拍照取证，填写整改通知单，将责任落实到人头。复查时进行图片对比，确认整改质量（见图4）。

（二）现场作业规范化

坚持安全操作标准化理念，对热工、冷工、受限空间进入、电气作业、起重作业五

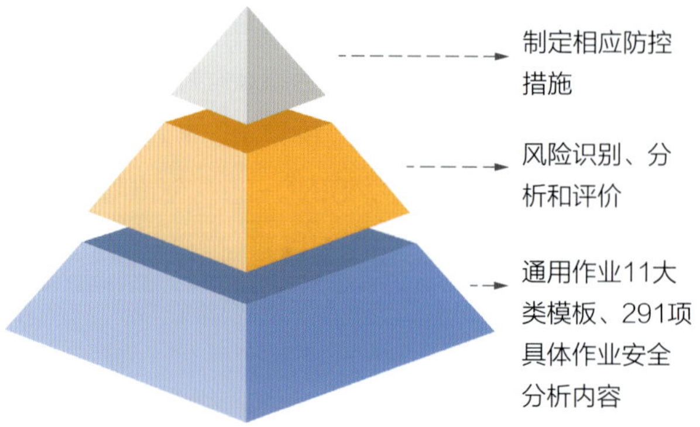

图4 安全分析精细化

类200多项作业，严格执行作业许可制度，实行闭环管理。在施工前，主要执行人填写工作许可证，交井场主要负责人签发，共同对作业现场进行检查，落实防范措施；作业过程中，带班队长、安全人员负责作业过程安全监督，检查措施落实情况；作业完毕后，许可签发人检查作业现场，确认安全后签字关闭（见图5）。

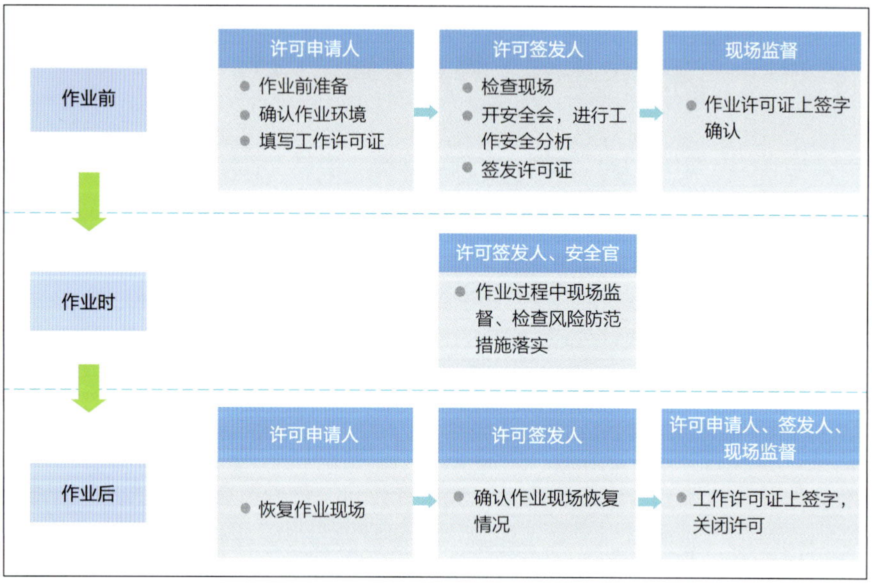

图5 作业安全闭环管理

（三）安全监督全面化

严格关键作业环节监督检查，实现安全监管全过程、全覆盖。在搬迁作业中，坚持做到“三个超前”，即超前勘察确定合理路线，超前协调井场和道路问题，超前制订搬迁方案；搬迁过程中，对每件设备的拆卸、运输、安装，任务分解到人，责任落实到岗。安全人员对起放井架、底座等关键作业环节进行全程监督，有权制止违章和不安全行为，直至满足安全作业要求。借鉴国际先进理念，开展未遂事件和不安全因素观察卡评选活动，每月评选奖励，增强了员工参与安全管理的积极性。

三、对标一流管理标准，提升基层执行力

吸收借鉴国际先进钻井队管理规范、技术标准等，以标准化管理为引领，探索建立现场管理、岗位操作、定置摆放标准化体系，快速提升基层管理水平。

（一）管理标准化

对标阿美公司钻修井手册、井控手册、安全手册、队伍管理规范等标准化文件，结合中国石化管理实际，把各类管理标准、规范、要求进行系统集成，建立生产、HSSE、技术、装备、经营、人力资源等方面的《钻井队管理手册》，健全标准化管理流程，细化节点责任，严格监督检查，用一套手册支撑多个甲方多个管理体系和技术规范，提升队伍管理水平。

（二）操作标准化

对标阿美公司技术、井控、安全管理规范，细化编制《岗位操作手册》，让员工明白干什么、怎么干。制定RMSI日常工作和检查要点张贴板，明确各项点由谁负责（R）、谁维护（M）、谁监督（S）、谁检查（I），切实做到职责分明，问责有据。按照“谁的业务谁负责，谁的领域谁负责”原则，明确工作自查自改项点和自查标准，建立基层大班每周检查表，将问题隐患系统化、档案化、人头化，强化隐患的有效整改（见图6）。

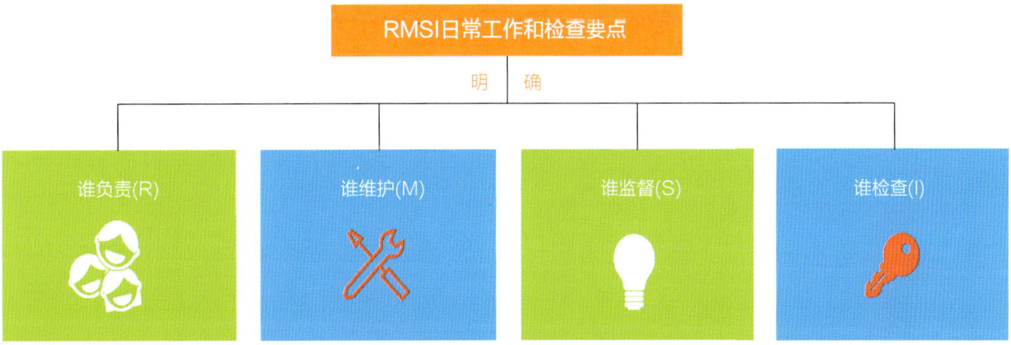

图6　日常工作和检查要点标准化

（三）现场标准化

井场布局标准化，以阿美公司井场设计方案为基础，统一井场设备布局与营房摆放标准，统一井控装置安装标准，统一附辅设施配置摆放，实现了设备摆放科学规范、井场道路畅通有序。设备管理标准化，统一设备安装调试和维护保养标准，制定井架、底座、提升、液压等10个方面安装规范；统一设备信息系统管理，实现装备日常运行、维护保养、修理检测全过程管理。安全管理标准化，统一安全设施配备标准，统一安全标识配置及摆放标准，统一环境保护标准，筑牢安全环保屏障（见图7）。

图7 标准化现场

经验启示

（一）参与国际市场竞争，必须立足实际融合创新

要开拓国际市场，在竞争激烈的海外市场占有一席之地，就要立足自身管理实际，充分吸收消化先进管理经验、技术规范等，取长补短，融合创新，建立适应国际市场竞争、具有自身特色的管理体系。

（二）参与国际市场竞争，必须提升现场管理水平

要主动适应西方管理系统化、文本化、标准化的特点，建立满足市场竞争需求的标准体系，全面实行标准化、规范化管理。并坚持从严管理，做到制度规矩从严、执行落实从严、奖励处罚从严，确保高标准施工。

（三）参与国际市场竞争，必须坚守安全生产底线

安全生产是施工企业的生命线，要学习借鉴世界先进安全管理经验，以风险控制为核心，建立科学、系统、规范的HSE管理体系，为海外事业高质量发展夯实安全基础。

严细管理立标杆　提质提效树品牌

经纬公司中原测控公司 ZYCJ102 队

中石化经纬有限公司中原测控公司ZYCJ102队始终以提升工程质量效益为核心，精细施工管理，筑牢安全底板，夯实三个能力，打造精品工程，打造测井铁军（见图1）。2019~2020年，累计完成测井工作量853万标准米，位列中国石化同行业施工队伍第一，在西南工区测井队伍对标综合排名中蝉联榜首，先后荣获集团公司“金牌基层队”、石油工程公司“提质提速提效”立功竞赛先进集体等荣誉称号。

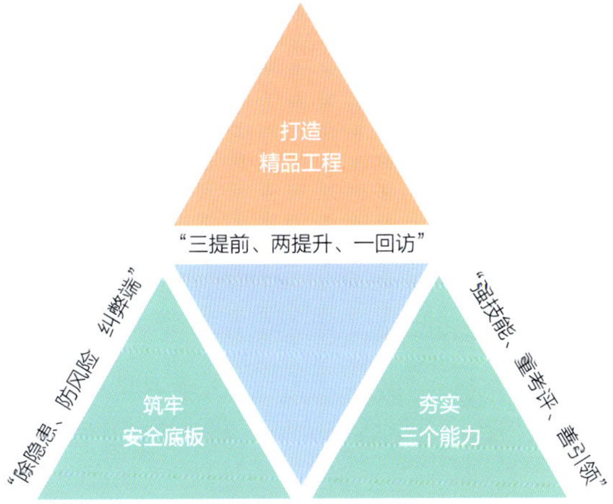

图 1　“严细管理塑品牌”管控体系图

一、“三提前、两提升、一回访”，打造精品工程

以提供优质测井资料为目标，实施“三提前、两提升、一回访”工作法，全过程管控测井质量，全方位提升施工效率，打造精品工程（见图2）。

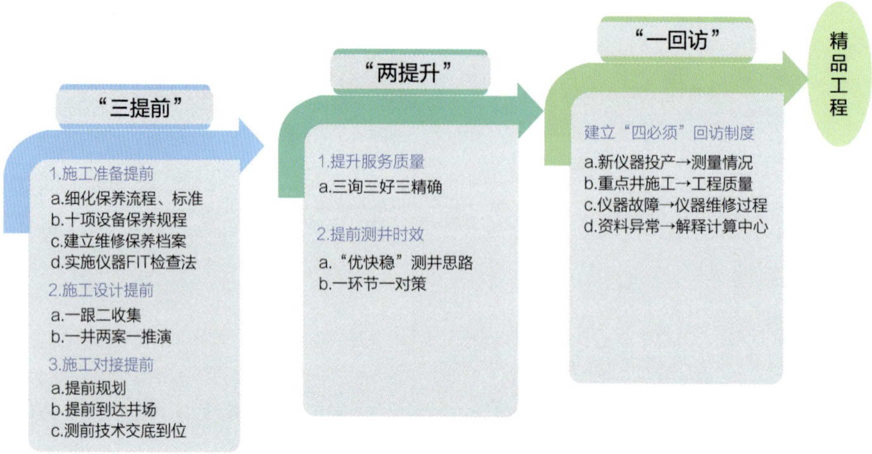

图2 “三提前、两提升、一回访”工作法

（一）未雨绸缪，做好“三提前”

施工准备提前。细化保养流程、标准，制定十项测井设备保养规程，建立维修保养档案，实施仪器FIT检查法，总结出“复杂井况仪器准备三字诀”“五该五要”设备检维修口诀，有效保障了设备的高效运转（见图3）。

施工设计提前。坚持“一跟二收集”，实时跟踪生产动态，及时收集井况信息和地质信息，确保施工第一手资料第一时间掌握。坚持“一井两案一推演”，结合每口井不同的地质、井眼情况，精选井下仪器，优化组合方式，制定出详细的施工设计方案和应急预案，组织队员进行桌面推演，提前研判风险、拟定措施。

施工对接提前。秉承“宁等钻井一天，不等测井一时”的理念，高效协调处理影响生产运行的干扰因素，做到人员设备至少提前2小时到场；测井前技术交底到位，制定《测井施工告知书》，将测井施工要求传达到井队各岗人员，实现信息互通、风险互晓、施工互动。

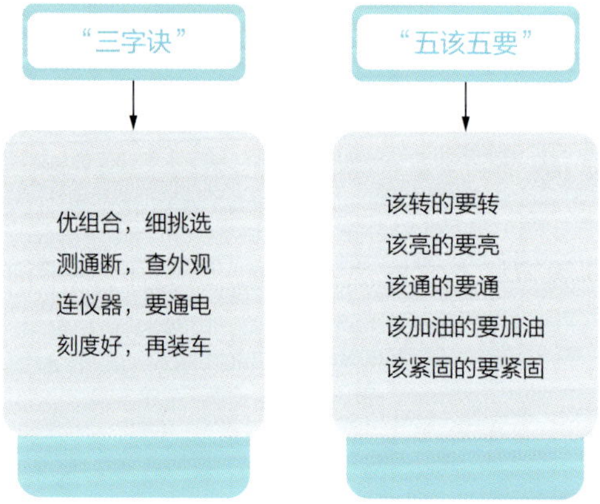

图3 “三字诀”“五该五要”设备检修口诀

（二）精雕细琢，做好“两提升”

始终把提升测井工程质量摆在首要位置，以“不返工一趟仪器，不录错一米曲线，不漏失一个数据”为原则，总结出“三询三好三精确”测井施工方法。坚持以提升测井时效为衡量队伍业绩的重要标准，在一井一案的基础上，采取一环节一对策，将工序精确到小时、分钟；形成以优为先、以快为主、以稳为本的“优快稳”测井思路，通过推广新技术、应用新工艺助力“四提”，在西南页岩气市场率先推广过钻头测井技术，页岩气水平井测井时效提高32.2%，达到国际一流水平（见图4）。

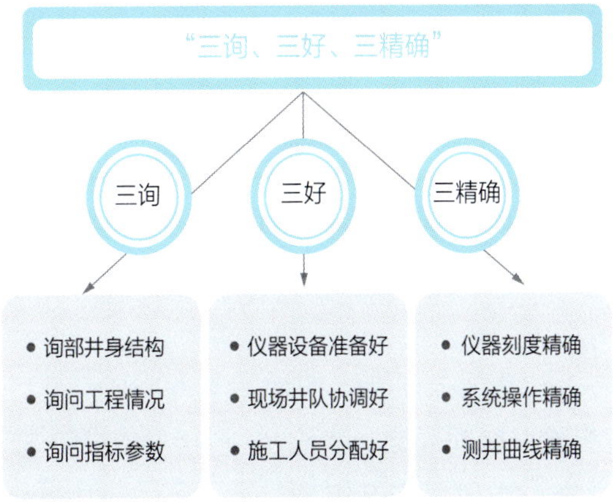

图4　“三询、三好、三精确”测井施工方法

（三）精益求精，做好“一回访”

建立“四必须”质量回访制度，新仪器投产使用后，必须及时对仪器测量情况进行回访；重点井施工完成后，必须及时对工程质量进行回访；测井仪器出现故障后，必须及时到仪修车间对仪器维修过程进行回访；现场发现异常资料后，必须及时到解释计算中心进行回访。通过回访及时解决问题，提高地质区域特征认识，提升测井质量和服务效率。多年来，ZYCJ102队始终保持着设备完好率100%、测井一次成功率100%、资料优质率98%以上的良好施工业绩。

二、“除隐患、防风险、纠弊端”，筑牢安全底板

将“除隐患、防风险、纠弊端”作为提质提效的根本保障，始终以最严肃的态度、最严格的标准、最严实的作风，严格落实安全责任，严实执行标准化施工，确保安全生产无事故（见图5）。

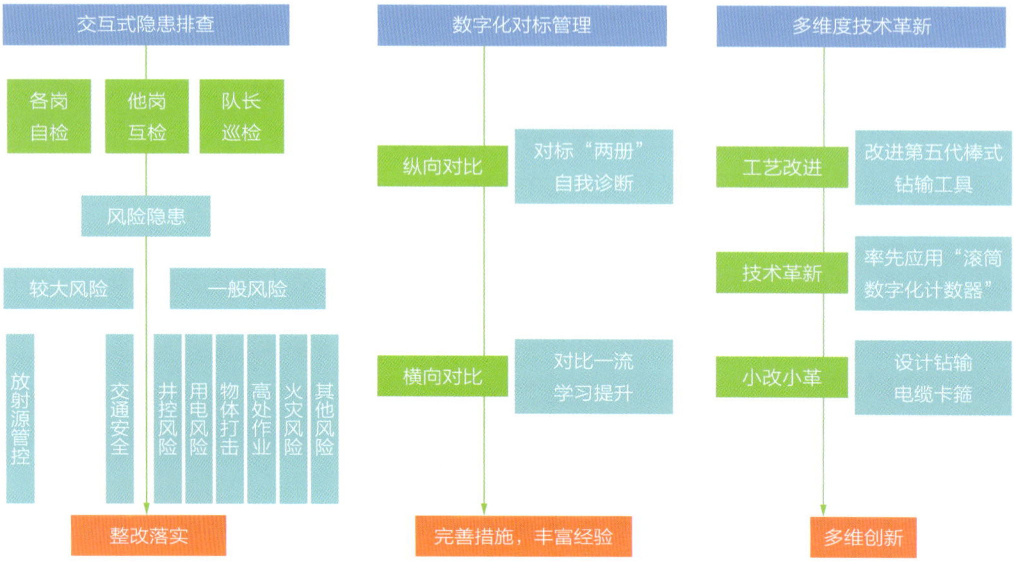

图5 “除隐患、防风险、纠弊端”安全生产思路

（一）巡检除隐患

实行每口井“岗位自检、岗间互检、队长巡检”的交互式隐患排查，岗位之间互相监督，队长全面监督，把各种安全风险隐患消除在萌芽状态。紧盯安全重大风险源，尤其是严控放射源和交通安全两大风险点，利用“望、闻、问、听、测”诊断法和“出场检查、现场观察、回场复查”三阶段检查，查摆车辆设备存在的问题隐患，坚决杜绝“带病作业”；严格落实双十二条，实现放射源领取、储存、运输、使用、归还全过程闭环管理，确保重点环节重点管控（见图6）。

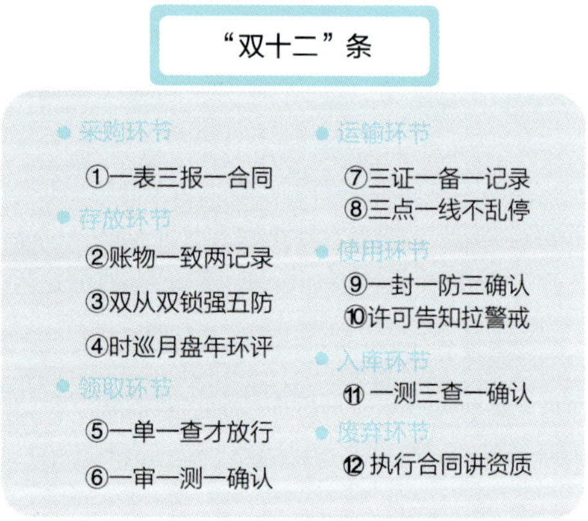

图6 放射性同位素“双十二条”管理清单

（二）数智防风险

推进数智化监控，充分发挥360°视频监控作用，对施工进行全过程、全方位、全覆盖监控，同时利用声像系统实现现场各岗位之间的实时无障碍沟通，随时发现并处理安全风险。纵向对标“两册”，通过回看施工视频，复盘施工流程，队内进行安全、质量自我诊断，查找问题、分析原因、总结教训；横向对比一流，借阅参考其他队伍优秀施工案

例，查找差距、完善措施、丰富经验。

（三）革新纠弊端

将多维度创新作为安全生产的有效抓手，严肃对待仪器设备、工艺方法、操作流程等方面存在的缺陷和短板，有针对性地开展技术攻关、小试小改、工艺改进，通过技术革新、工艺创新将仪器故障率、施工复杂率降至最低。牵头改进第五代棒式钻输工具，在工具串上创新增加单向阀功能，使钻输测井对接一次成功率达到100%，有效规避施工风险。率先应用滚筒数字化计数器，预防因深度系统故障造成的工程事故风险，为电缆安全运行增加“双保险”。

三、“强技能、重考评、善引领”，夯实三个能力

抓好能力提升聚势、评比考核聚力、思想引领聚魂，充分激发队员争优创先的主动性和创造性，提升技术服务硬实力。

（一）以“四轮驱动”技能培训提升战斗力

形成脱产培训、即时性培训、跨岗位培训、专岗专项培训“四轮驱动”培训模式，坚持“一练一比一赛”，通过月度岗位练兵、季度技术比武、年度职工技能竞赛，全面提升标准化、精细化、高质量施工能力。创新开展换岗互学，实现本岗精、全岗通，强化团队协作能力，提升生产施工效率。先后培养出5名懂原理、会操作、能维修、会解释的复合型测井人才，1人获得局级测井工技术比武第一名，1人被评为高级技师（见图7）。

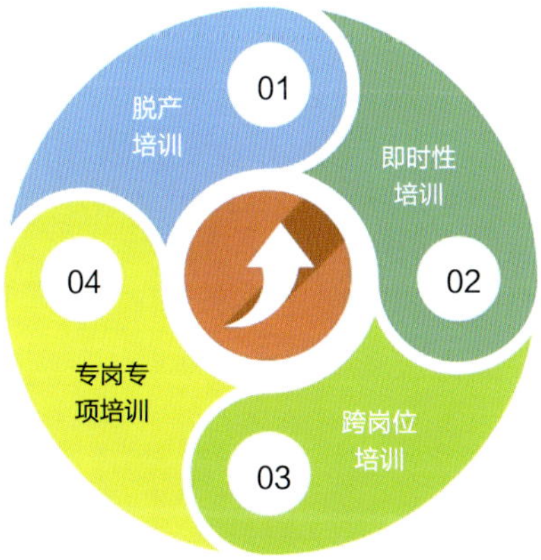

图7　“四轮驱动”培训模式

（二）以“一书两表”考评模式提升执行力

编制岗位目标责任书、岗位工作完成表、岗位工作质量评价表。每季度组织队内职工签订岗位目标责任书，同时在全面履行岗位职责的基础上，结合自身实际制定工作目标；每月召开一次绩效考评会，组织队内职工对照岗位工作完成表、岗位工作质量评价表进行自评与互评，队长按照工作量、服务天数、成本、安全等要素进行累计浮动考核，以考评激发队员“吃质量饭”“走创效路”的积极性、创造性（见图8）。

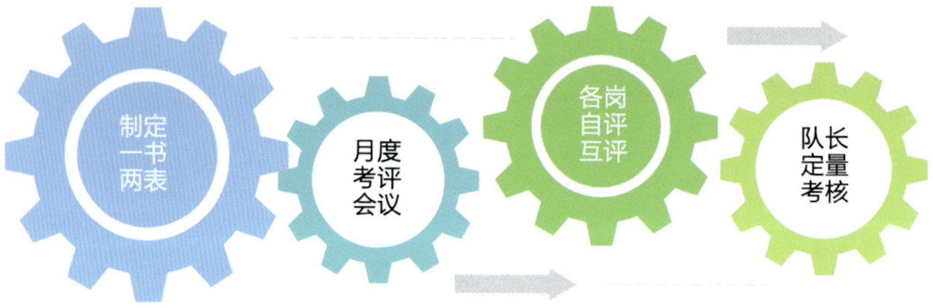

图8 “一书两表”考评机制

（三）以“多元文化”建设提升凝聚力

创建车厢文化，在驾驶舱、操作舱设计张贴操作参数、质量控制提醒、防护警示、应急措施等标识，编写3项规范施工口诀，以文化辐射促进标准规范变成行为习惯。丰富安全文化，编制“十不出车”“十不施工”等安全施工警句，印制规范生产口袋卡，“人手一卡”确保目及所到皆提示。深耕家园文化，倡导“一个小队一个家”，建立了“队长四必谈”“队员三必帮”制度，以家的氛围凝聚齐心协力创新创效的精神动力（见图9）。

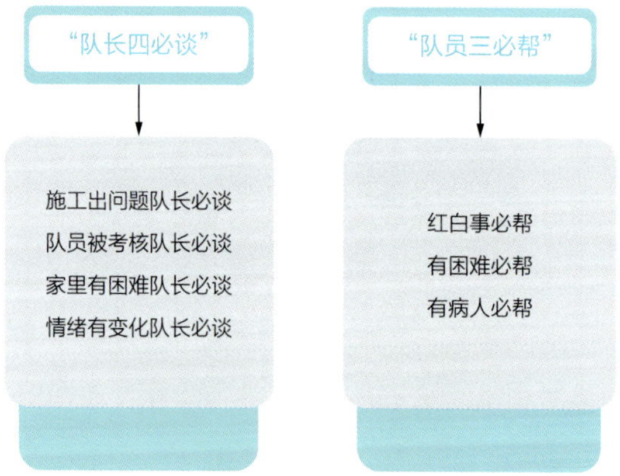

图9 “队长四必谈”“队员三必帮”制度

经验启示

（一）提升施工服务质量是提质提效的基本手段

该队依托全过程管控、全流程参与，坚持“甲方的需求就是我们的追求”的服务宗旨，提前介入、精准研判，把握施工细节、打通技术关节，不断为甲方提供优质施工服务、优质测井资料，为打造精品工程奠定扎实基础。

（二）提升本质安全水平是提质提效的根本保障

该队依托全方位查摆、信息化手段、创新性举措，从根源上消除隐患，在过程中管控风险，从工艺上补齐短板，既“抓大”又“抓小”，以本质安全实现高质量高效率施工。

（三）提升队伍战斗实力是提质提效的不竭之源

该队依托技能提升、考评激励、文化建设，培植队伍精神文化谱系，激发队员“见红旗就扛、有第一就争”的精气神，强化队伍“敢打硬仗、能打胜仗”的硬实力，以优良的团队技术能力保障提质提效。

“三效”共振促发展

西南石油工程公司井下作业分公司酸化压裂三队

西南石油工程公司井下作业分公司酸化压裂三队成立于2013年，长期致力于深层页岩气藏及超深酸性气藏开发，作业区域覆盖西南四省。近年来，该队积极参与集团公司天然气勘探开发产能建设，以打造一流作业队伍为目标，聚焦安全保效、效率提效、质量增效“三效”管控能力提升建设，持续建标、对标、追标，连续三届荣获集团公司“金牌基层队”称号，被评为集团公司2018～2019年度“金牌标杆基层队”（见图1）。

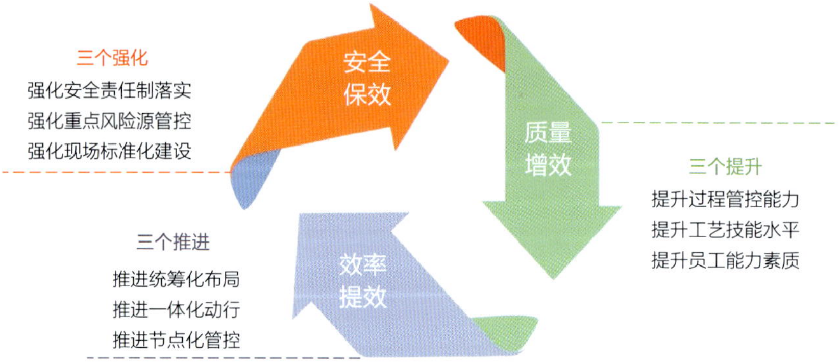

图1 “三效”管控能力提升图

一、安全保效益，实施“三个强化”

针对施工区域井深、施工压力大、安全风险高的情况。始终坚持“上安全岗，干安全活”的管理理念，以落实安全责任、重点风险源管控、打造标准化现场为抓手，实现了安全效益“双提升”。

（一）强化安全责任制落实，实现全员参与

针对页岩气压裂特点，制定了《安全环保管理实施细则》，从17个项目梳理出作业期间安全责任，并落实到具体岗位。实施区域责任制，将施工现场分为主压、配套、指挥等

区域，指定负责人，确保现场区域全面受控。在作业过程中，严格执行“三个安全五分钟”和“三级巡检”。即：施工前5分钟交底、施工中5分钟检查、施工后5分钟总结；作业队长巡检、安全员巡检、操作人员巡检，实现安全工作全员参与。

（二）强化重点风险源管控，抓实关键核心

以高压禁区管理为核心，依靠高清360度摄像头、远程泄压、高压挡板、无人机、望远镜等装备，实现高压禁区无人员进入管理；实施高压件信息化管理，每根管线绑定芯片，办理“身份证”，录入使用、保养、检测等信息，建立数据库，实现高压件全寿命周期管理。作为车轮上的队伍，将交通安全作为管控重点，严把出车前隐患排查、行车中规范行驶、到场后状态确认三大关口，累计安全行驶超过100万公里。

（三）强化现场标准化建设，打造标杆现场

建立现场布局、设备配置、现场标识、区域管理、员工操作“五位一体”标准化体系，形成《现场标准化建设指南》《现场标准化图册》《基层队现场管理手册》《基层队岗位操作手册》4大类34项标准，打造了标准作业现场，安全隐患同比下降30%。通过持续创标，成为石油工程公司标准化建设示范队，有关做法在集团公司压裂系统推广（见图2）。

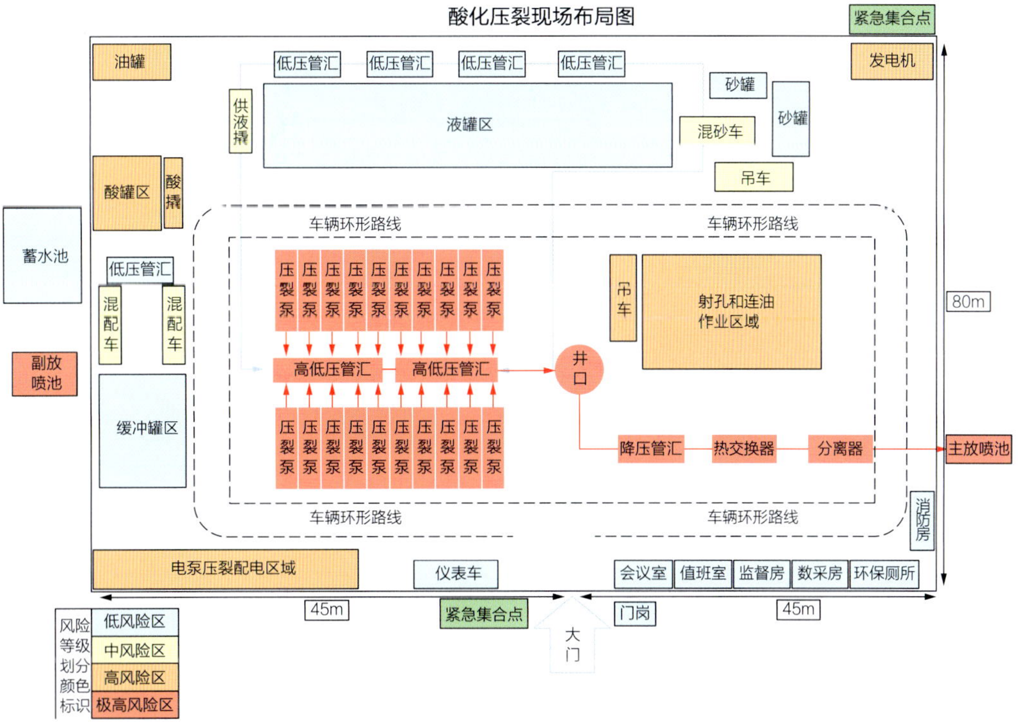

图2 页岩气标准化布局

二、效率提效益，聚焦“三个推进”

结合作业区域横跨4省市，点多、面广、战线长的实际，以提高运行效率为目标，推进了统筹化布局、一体化运行、节点化管控，做到生产无缝衔接，实现效率提效益。

（一）推进统筹化布局，加强现场全面管控

▲ 页岩气施工现场

超前介入施工准备环节，进行道路踏勘、施工方案编写和设备物资准备，并对一个时间段的施工任务进行统筹安排。成立核心管理团队，负责对接甲方部署生产任务，协调解决现场难题，做到指令统一发出、运行统一管控，实现了单井模式化、运行程序化、层级扁平化和效益最大化。通过统筹化布局，设备利用率提高27%，在威202H10平台，施工效率提高30%。

（二）推进一体化运行，实现施工效率最大

以压裂效率最大化为核心，建立以压裂为主体的现场管理模式，对试气、连续油管、配合施工等作业队伍实施统一管理，建立工区内实时信息沟通平台，同步推进工作。为实现不同区域、不同施工类型井的一体化推进，采用差异化措施：平台内井转井，利用施工间隙，同时开展物资准备和管线连接，效率提升30%以上；区域内井转井，测试、泵送、连油提前进场，缩短压裂设备等待时间2天；跨区域井转井，提前安排前期工程建设，设备到位之前完成准备工作，做到即到即压。通过一体化推进，单井施工时间平均提前2至3天，生产时效提升13.6%（见图3）。

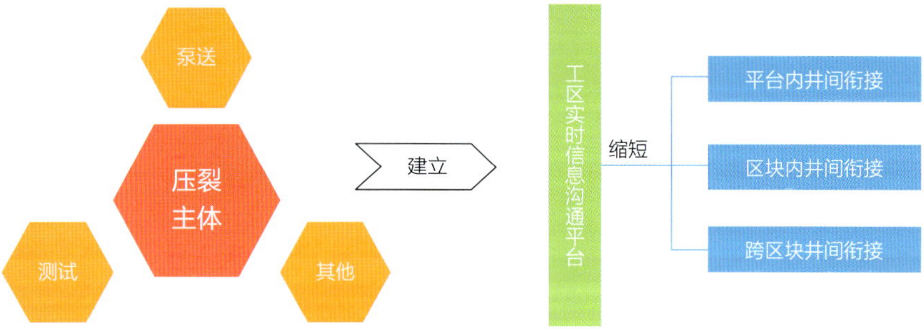

图3 一体化流程

（三）推进节点化管控，生产时效持续提速

根据川南页岩气施工的特点，按照接井、前期准备、开工验收、施工、排液、钻塞6个方面，建立35道工序标准做法，制定工序时间标准，细化单井节点计划，做到作业过程全方位管控。同时，根据施工任务，倒排工序节点，制定运行大表，工具方、材料方、运输方等配合单位，围绕压裂时间节点，一体化推进现场生产运行，所有节点同比提前1～2天完成，做到准点运行。3年来，单井提速32%，平台井提速35%，获得西南工程公司"百日攻坚勇争先、岗位建功创一流"专项劳动竞赛集体一等功（见图4）。

电动泵压裂平台标准作业时间(8口井)

工序	专业	作业工序	作业人数	标准作业时间/天	节点标准/天	备注
平场地	各专业	油服平整场地	/	2	2	
试工准备	试气	设备就位、安装固定流程、井口安装	10	10	14	试气、连油专业按半支4口井做准备,压裂按2口井拉链压裂做准备
		标准化建设、开工验收		4		
	压裂	压裂进罐、连接低压汇通	55	4		
		设备就位、压裂井口安装、高压管线连接		8		
		高压管线固定、试压、标准化建设、配酸、配液		4		
	连油	4口井连油通洗井、测声幅、道段射孔	16	12		
	泵送	泵送设备安装、试压	14	4		
	供水	地方协调、供水管线安装、试抽	7	10		
开工验收	各专业	甲方开工验收	/	0.5	0.5	
压裂施工	压裂	3段压裂(单段压裂3h)	45	1	74	按平台8口井,单井20段压裂计算,每天按3段压裂运行,每15段保养设备1天
		3次设备保养(单次设备保养1h)				
	泵送	3段泵送(单段泵送4h)	14			
	压裂	设备转场	45	3		
		设备保养		1		
排液	试气	开井排液、求产	14	30	30	压裂结束后30天
	连油	单井连油钻塞	16	4		
	试气	配合输气	10	60	60	

图4　压裂标准作业节点表

三、质量增效益，抓实"三个提升"

标杆队伍就要干精品工程，该队将工程质量作为立身之本，通过提升过程管控能力、工艺技术水平、员工能力素质，打造了威页1H井、永页1H井、威页23平台等一批精品工程，实现质量增效益。

（一）提升过程管控能力，健全控制体系

现场工程师参与设计编写，结合现场施工情况提出意见和建议，增强设计的针对性。建立现场技术支撑团队，针对不同施工井，实施"一井一策""一层一案"的精细化管控。

通过总结页岩气施工经验，形成了“设计源头识别+编制风险预案+现场技术交底+施工过程精细化控制+总结提升”的质量管控体系，施工优良率达100%。

（二）提升工艺技术水平，增强竞争能力

成立技术创新团队，对标行业前沿工艺技术，围绕提质提速、降本增效、节能环保等重点开展攻关，建立收集施工难点、优选攻关课题、确定带头人、现场实验改进、专家评审定级、考核奖惩的运行模式，以先进工艺技术提升工程质量。推广的全电驱压裂施工，属于行业前沿技术，具备绿色、高效、低成本的优势，对比传统柴油机压裂，人数降低35%，设备保养次数减少28%，设备保养时间缩短20%。先后完成川西水平井、深层页岩气、全电驱压裂等科研项目11项，掌握核心特色及配套技术7项，获国家专利13项，参与制定行业标准3项（见图5）。

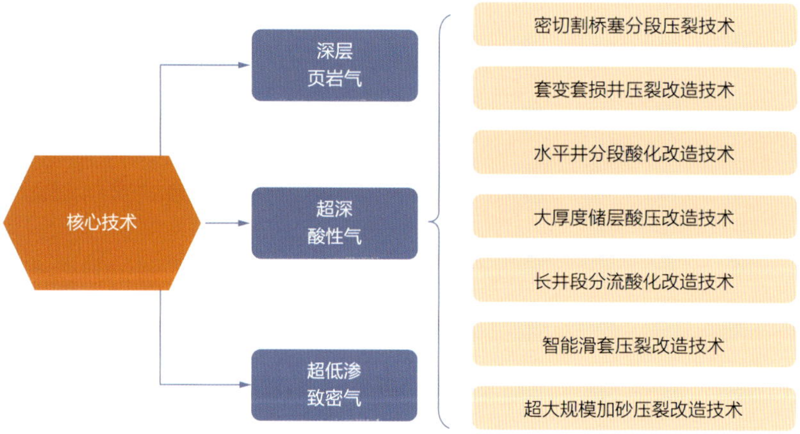

图5 核心技术

（三）提升员工能力素质，打造一流队伍

推行“分类+定向+云学习”的培养模式，以高素质人才保证工程质量，将员工分为管理人才、技术人才和技能人才，制定“一人一案”的培养计划，创新实施“阶段培养+答辩淘汰”的模式，帮助制定职业规划；实施项目团队带头人和技师培养计划，优选各岗位拔尖人才，通过独立带队和送外学习，进行定向培养；利用网络平台，将培训内容上传云端App，有效解决了员工分散、学习时间碎片化的问题，全方位提升员工综合素质。近年来，该队员工先后荣获集团公司“岗位能手”、业务竞赛铜牌等荣誉（见图6）。

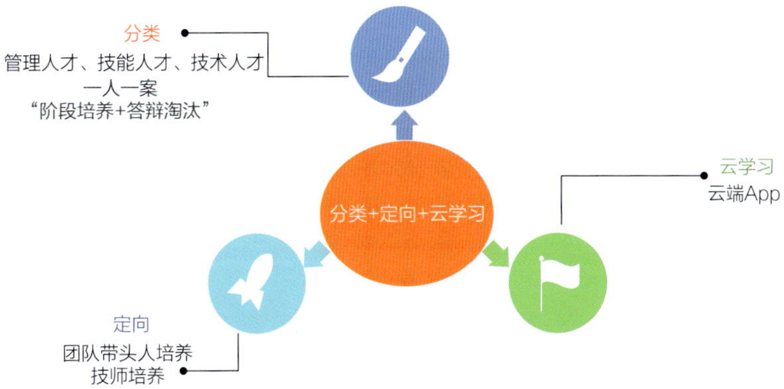

图6　培训体系

经验启示

（一）对标升级是发展的关键

随着工程作业市场竞争日益白热化，只有专业性更强、运行效率更高的队伍才能生存下来。该队坚持对标行业先进，主动走出自己的舒适区，分对标、追标、建标三步走，完成队伍升级，最终成为压裂系统标杆。

（二）聚焦现场是发展的根本

作为基层作业队伍，关键就是多干活、干好活。该队通过总结多年施工经验，建立现场标准化作业体系，实施统筹化布局、一体化推进、节点化管控，做到别人不能干的活我可以干，别人能干的活我干得更好。

（三）持续创新是发展的动力

面对不断变化的生产经营形势，唯有创新才能紧跟发展步伐。该队围绕队伍管理、前沿技术、员工素质提升等重点，创新多项措施，打造了一支能征善战的工程铁军队伍。

发挥整体化工程管理效能　助力行业高质量发展

工程建设公司项目执行部

工程建设公司项目执行部共有员工105人，负责统筹公司生产组织和指挥调度。项目执行部积极向世界领先石油化工工程公司项目管理业务对标，在圆满完成生产组织和项目执行工作的同时，大力推进管理创新，在管理体系建设、数字化与信息化建设、人才队伍建设等方面取得了显著成效。两年间，共荣获国家优质工程奖2项，集团公司优质工程奖9项，集团公司管理现代化创新成果一等奖1项、二等奖1项，连续荣获公司“优秀党支部”荣誉称号，部门绩效考核始终处于A级（见图1）。

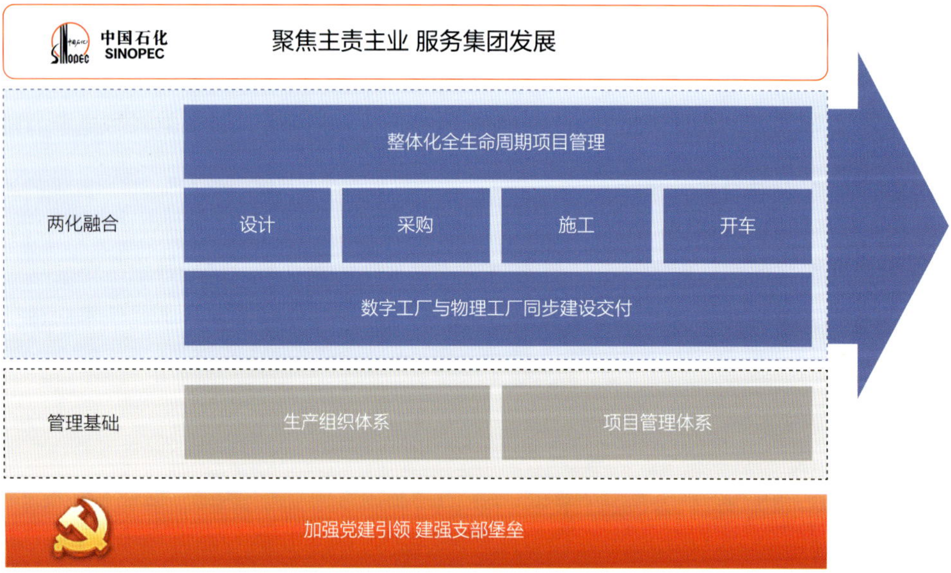

图1　项目执行部管理架构图

一、聚焦主责主业，推动管理创效

（一）坚持服务集团公司主业发展

全面推进区域统筹、品种集中、炼化统一的项目群管理，成立天津（负责天津石化炼油结构调整、LNG、商储库项目）、镇海（负责镇海基地及零星设计项目）、古雷（负责古雷乙烯、商储库项目）等项目群组，以及芳烃、S Zorb、乙烯、聚乙烯、聚丙烯等项目团队，提升项目执行效率。全面实施目标导向、过程管控的整体化全生命周期项目管理，深度参与从前期规划、设计、采购、施工、试车、开车直至运维诊断的全过程管理，聚焦各环节“卡脖子”问题，分阶段、分品种、分专业合理统筹调配资源，生产组织效率和项目执行能力全面提升。两年来，共组织完成各类工程项目777项，完成设计投资额650.54亿元、工程总承包合同额231.88亿元，实现82套装置一次开车成功，经营业绩创历史最高水平。其中，天津南港商储库、中科炼化、中安联合、古雷乙烯等一批项目顺利建成投产，镇海基地、海南炼化、中沙聚碳等一批项目高效推进，为集团公司重点工程建设目标圆满完成作出了积极贡献。部门及各总承包项目未发生上报集团公司事故，连续安全人工时创历史新高，取得了较好的安全生产业绩。

（二）强化项目经理队伍建设

致力于打造“高度受尊重、高度负责任”的项目经理队伍，把工程项目一线当成“练兵场”“试金石”。通过中层干部到项目经理岗位轮岗、多品种装置间项目经理轮岗、抽调青年骨干参与项目管理工作、每半月召开“周末分享会”、项目间不定期走访交流、开展“三会一课”“标准我领学”等途径，分层次、多渠道开展高素质复合型项目管理人才的培养和储备，建设形成了50余人的固定团队和近40人的柔性团队，PMP证书持有率超过八成，一级建造师证书持有率近四成，项目经理能力素质不断提升，年人均承担项目数量增长7%，具备同时高水平执行多个大型炼化一体化、乙烯、炼油、芳烃、天然气处理及储运、煤化工项目的EPC和PMC能力，为服务主业发展夯实了人才基础。

二、对标世界领先，提升管理水平

（一）持续推进整体化工程管理

牢固树立“今天的现场就是明天的市场”理念，坚持问题导向，着力解决工程项目的安全、质量、进度、效益问题，锚定标准化设计、集约化采购、模块化施工，全面推动项目管理水平提升（见图2）。标准化设计方面，组织推进渣油加氢、催化裂化、催化汽油吸附脱硫、芳烃、甲醇制烯烃、聚乙烯、聚丙烯等装置和LNG储罐、压缩机厂房等设备单元的标准化设计和应用，设计效率与质量明显提升。集约化采购方面，加强设计与采购深度衔接，紧盯采购瓶颈，优化采购策略，加大标准化采购力度，采购资金节约率稳步提升。模块化施工方面，在古雷乙烯项目推行“一个现场、两个工地”，实现裂解炉整体模块化施工安装；在境外项目实现千吨级加热炉整体制造运输，效益显著。

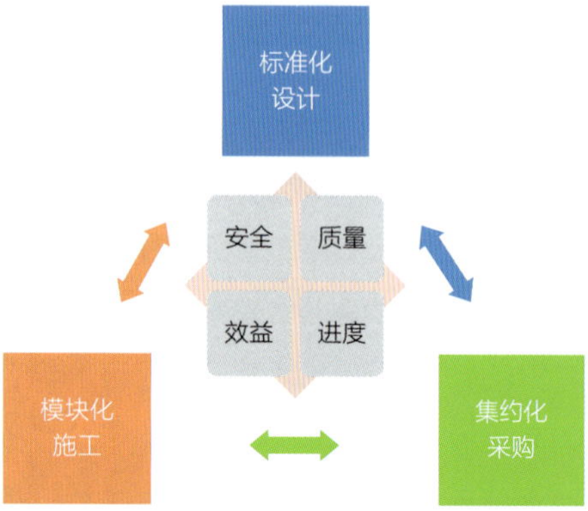

图2　整体化工程管理示意图

（二）构建完善生产组织与项目管控体系

对标国际ISO组织QHSE管理体系标准，以基本管理标准为基础、专业管理标准为主体、工作规范为支撑，优化完善公司项目管理体系总体架构（见图3），覆盖了工程项目设计、采购、施工、开车的全生命周期，涵盖了17大类项目管理全过程；进一步夯实项目管理基础工作，修订完善境内项目管理手册，编制完成境外项目管理手册；组织修订了803项项目管理标准；建立了147项过程管理流程图和风险清单，明确各个流程的过程责任目标、监视测量方法和风险管控措施，并与公司运营及项目管理制度相互关联、相互支撑；不断完善工程量、工程费用、人工时等“三库一码”。修订完善项目绩效考核内容、程序和办法，将财务指标纳入总承包项目考核，逐步建立健全了以交付物为核心的项目奖金分配机制，同时将开工报告编制、项目归档、数字化交付纳入奖励管理。通过努力，项目执行部牵头构建的公司项目管理和生产组织管理体系更加健全完善，形成了全面覆盖、过程管控、监测有据的高效管理态势，近两年来项目准点率提升约10个百分点，精益管理水平不断提升（见图3）。

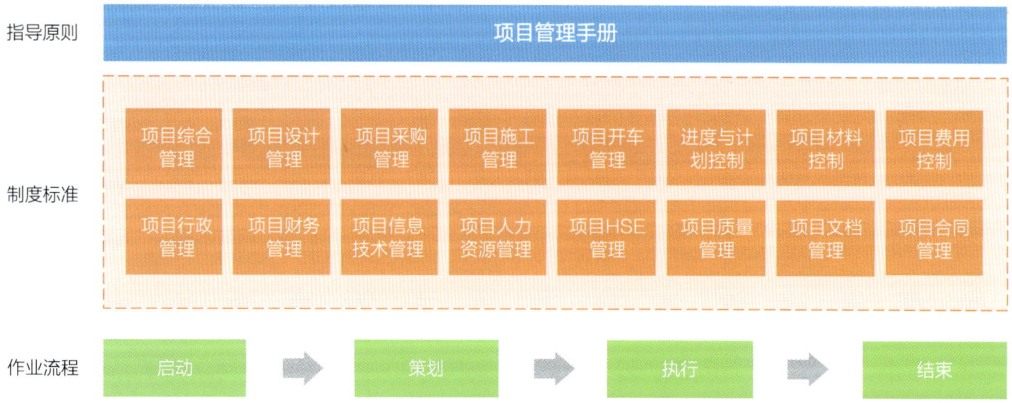

图3　项目管理体系总体架构示意图

（三）坚持创新驱动和两化融合

以公司两化融合认证为契机，全面强化各部门协同合作、各项目协调互助、各专业协作配合，积极推进项目管理与信息化互融互促。统筹策划并积极推进项目管理集成化平台建设，逐步解决和消除信息孤岛、数据分散等管理短板，实现了生产计划与项目合同、进度、成本等管理要素和信息流的集成与共享，进一步提高了项目管理效率。数字化交付方面，以中科、镇海等集团公司重大工程项目为应用载体，同步组织推进工程建设与数字化交付，成功实现数字工厂与物理工厂同步建设与交付，创新形成了数字工程建设新业态。

三、加强党建引领，建强支部堡垒

充分利用“党员示范岗”“党员责任区”等创建平台，高质量推进项目执行相关工作。创建“LNG接收站五化工程示范岗”，建立健全“五化”工作小组和技术、管理体系，完成各类标准化文件132项，形成了LNG工程“施工三化”成果文件11项及相关工法41项，编制完成《LNG工程数字化交付标准规范体系》等文件18项，有力推动了工程质量、效率和效益提升。紧密结合“攻坚创效”行动，创建“高质量推进工程项目建设”党员责任区，以集团公司重点工程项目为主体，开展“站排头、争第一”比学赶帮超劳动竞赛，落实项目经理负责制，定目标、定任务，细化分解、督办考核、挂图作战，攻坚创效成绩显著。坚持将支部建在每个总承包项目，加强项目执行部党支部与各总承包项目党支部共建，通过共建达到落实工作、推进项目、锻炼人才、加强交流的目的，实现党建与项目执行相融互促。

经验启示

（一）坚持党建引领，加强政治建设，坚决落实“将支部建在连上”，不断开创党建与项目执行相融互促的新局面、新境界。

（二）坚持服务集团公司主责主业，始终将中国石化作为展现本领、提升水平的最大平台，在助力推动中国石化打造世界领先洁净能源化工公司的伟大征程中，不断提升基层单位建设水平。

（三）坚持推进业务提升，不断夯实管理基础，大力开展管理创新，以勇立潮头的气魄和决心争作行业领跑者，以高水平业务建设和管理增值为基层单位发展赋能。

技术先导强设计　打造工程建设专业新标杆

广州工程公司配管室

中石化广州（洛阳）工程有限公司是能源化工行业集技术开发、工程设计、工程总承包于一体的高新技术企业，拥有工程设计综合资质甲级，也是国家首批工程咨询企业之一。配管室是中石化广州（洛阳）工程公司最大的设计专业室，现有员工251人，承担着石油化工、煤化工、新能源等领域内装置平面布置、管道材料选择、管道应力分析和管道三维设计等工作，在整个工程建设中起着承上启下的重要作用，也是公司最主要的人才蓄水池，为公司培养了大量技术和管理人才。近年来，配管室坚持对标一流建队伍、技术先导强设计，以人才为第一资源，以创新为第一动力，持续推进对标提升行动，以卓越设计打造工程建设配管专业新标杆（见图1）。公司先后荣获2018年“广东省五一劳动奖状”，2021年集团公司“基层党支部建设示范点”“对标提升行动标杆基层单位”等荣誉称号。

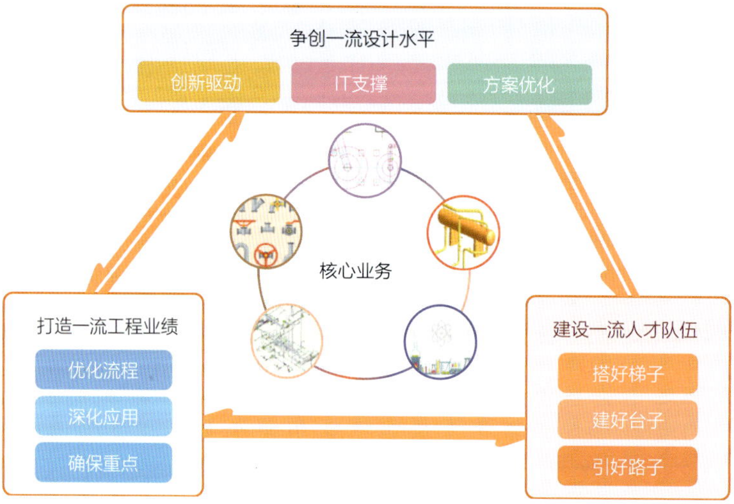

图1　“三个一流”打造工程建设专业新标杆

一、对标一流，争创一流设计水平

（一）紧盯前沿，以创新驱动设计水平提升

结合集团公司“一基两翼三新”产业格局，以技术领先为目标，紧跟前沿，强化新能源、新材料、新技术等领域的工程技术开发和创新。聚焦“三新”开展课题研究、软件开发和标准编制，积极参与万吨级绿氢、丙烷脱氢等集团公司级研发项目，主持管道工厂化预制、固液两相低温球阀等公司级开发项目；持续补充、提升和完善设计技术标准体系，重点做好工程设计、材料选型、应力分析等关键环节的技术标准研究应用。两年来，配管室累计申请国家专利22项，主编和参编国家标准3项，承担集团公司级、公司级研发项目17项，完成中国石化标准编制5项。

（二）站稳风口，以IT支撑设计效率提升

近年来，配管室充分发挥信息技术的支撑作用，以数字化交付为目标，大力推进三维设计软件开发，工程设计效率稳步提升。积极组建信息化开发小组，通过设计人员提出需求、开发软件、推进应用，实现了各设计角色需求全覆盖，劳动强度明显降低，图纸、文表年复合增长率超过25%。近年来，配管室累计形成PDMS、SP3D、CAESARII等软件二次开发成果100余项，获集团公司优秀工程设计软件奖1项、鹰图公司金阀门奖2项，培养了一批同时具备工程设计和IT开发能力的复合型技术人才，信息技术对工程设计的助推作用得到充分发挥。

（三）优化方案，以规范确保设计质量提升

近年来，配管室以中科炼化一体化项目为载体，坚持对标一流，强化设计优化，持续提升炼化一体化项目执行水平。通过细化管道设计相关布置规定，规范设计流程和专业分工，进一步统一设计风格；大力推进模块化设计，管道系统工厂化预制、设备管道标准化布置等作法得到广泛应用，进一步提升了设计效率、保证了设计质量。同时，坚持对标国际一流，以科威特阿祖尔项目为载体，吸收转化国外标准，编制完成整套英文版管道专业程序作业文件、交付物模板以及实施计划、专业规定、材料请购技术要求；采用人因工程，根据工艺重要程度和操作频繁性划分阀门类别，并据此设置操作平台，在满足标准规范的前提下，极大地优化了平台设置，提升了工程设计精细化水平。

二、聚焦主业，打造一流工程业绩

（一）优化作业流程，确保重点项目

以保障重点工程建设为首要任务，以项目需求为目标，与时俱进，不断改革作业流程。坚持效率优先建项目。强化设计优化，持续推行标准化、模块化设计，进一步提高工程设计质量和设计效率。坚持安全第一建项目。结合项目特点及周边环境，开展部分管构架、厂房的标准化设计、工厂化预制、模块化供货，多措并举减少现场施工量，降低施工风险，缩短建设周期。坚持效益导向建项目。结合现场施工需求，创新设计出图模式，实现了装置管廊分层发图，分层施工，在缩短施工周期的同时，极大地节省了工程建设投资。

（二）深化IT应用，推进数字孪生

以PDMS、SP3D等三维设计软件应用为抓手，以数字化交付为目标，推进三维模型与项目采购、现场施工相关联，贯通了智能工厂全生命管理资产域的数据流，实现了数字工厂与物理工厂的同步建设。近年来，先后完成了中科炼化、镇海炼化等一批国内外数字化交付项目，交付数字化模型数十套，有力推进了专业协同设计和数字化交付进程，不仅为集团公司打造“平台+数据+服务”工程项目建设新模式积累了宝贵的经验，而且为石油化工行业项目数字化交付树立了新标杆，促进工程项目建设水平再上新台阶。

三、夯实根基，建设一流人才团队

企业间的竞争，归根结底是人才的竞争，在工程公司这样的工程和技术服务企业体现得尤为突出。近年来，配管室把人才队伍建设作为专业室建设最关键抓手，坚持不懈地为员工成长搭梯子、建台子、引路子，坚持系统性规划、针对性培养、全方位关怀，打造了一支素质优良、梯次合理、符合公司国际化发展需要的优秀人才团队。

（一）搭好“梯子”强基础

抓好入职第一步。结合专业实际合理设计新员工入职培训模块，既有公司史和公司企业文化教育，引导新员工尽快融入团队，也根据配管专业和其他专业接口多的实际特点，重点加强团队协作训练，培养提升员工的组织协调能力。**选好入职引路人。**在坚持导师带徒制度的基础上，配管室采用“三对一”师带徒模式，不仅在技术上帮助新员工尽快提升水平，在设计上帮助新员工尽快进入角色，也能更及时、更直接地帮助新员工适应新环

境。**夯实业务基本功**。常态化开展业务知识和技能培训，定期举办多样化设计比武和职业竞赛，陆续发掘优秀工程师，助力年轻员工打好基础。**注重差异化培养**。坚持系统性规划和针对性培养相结合，为公司输送多样化人才。在系统性规划员工职业生涯的同时，结合员工个人能力和素质特点进行个性化培训，采用“送出去和请进来”培训、跨部门轮岗交流等方式，为员工发展创造更多机会和可能（见图2）。

近年来，配管室逐步建起了各梯次人才齐全的后备人才库，形成了高层次工程设计人才的蓄水池。现有行业勘察设计大师1人，公司首席专家1人，技术总监2人，技术副总监3人，专业副总工程师10人；具备正高级职称9人，副高级职称143人，中级及以下职称99人；具备压力管道设计审批资质人员40余人；具备海外项目执行能力100余人。两年累计为公司输送各层级管理人才9人，人才队伍自身建设得到进一步夯实。

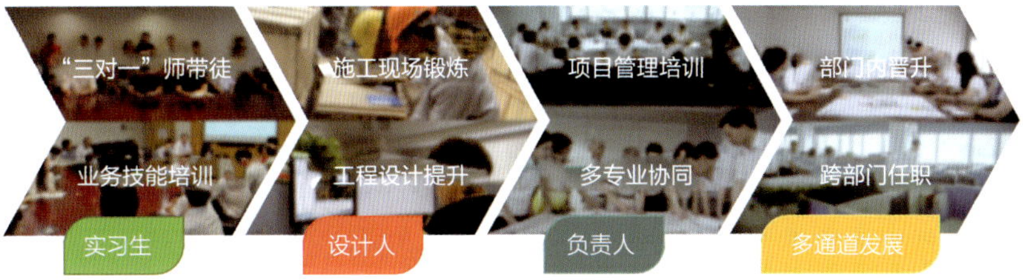

图2 梯级人才培养方案

（二）建好“台子”炼实力

以境内外重点工程项目为平台，促进设计团队对标国际一流工程公司，切实增强团队技术实力。在境内，先后参与建设了中科炼化、镇海炼化等一批业内瞩目的大型炼化一体化项目，发力新能源、新经济、新领域业务。在项目执行过程中，通过精心分配任务搭平台，让青年员工不断参与不同类型分区的设计，加快成长为设计工作“多面手”；同时注重给骨干员工建高台，锤炼其过硬的专业技术管理技能，使其加快角色转换，充实专业负责人的后备力量。根据公司国际化战略需要，为青年员工搭建国际化舞台，在境外，以哈萨克斯坦阿特劳炼厂、科威特阿祖尔炼厂等“一带一路”沿线项目为抓手，大胆启用青年人参与项目执行，充分发挥青年人可塑性高、英语能力强的特点，使其在国际化舞台上历练成长；团队年轻化、国际化程度明显提高，技术实力显著提升，保持了炼化行业国内领先地位。近两年，配管室共参与完成各类工程项目662项，累计实现75套海内外装置一次开车成功，近五年完成图纸文表量稳步提升（见图3），为石油化工行业高质量发展作出积极贡献。

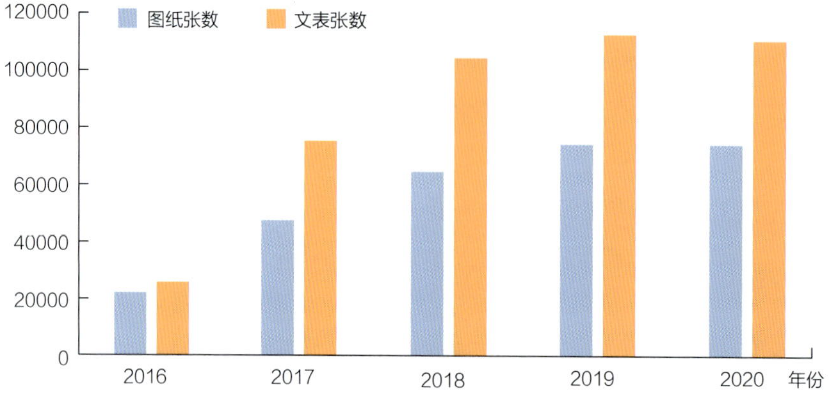

图3 近五年完成图纸文表统计

（三）引好“路子”提素质

充分发挥党建融合引领提升作用，秉承公司党建“1335”工作思路，扎实开展群团工作，凝心聚力，不断提升团队战斗力和综合素质。选树团队先锋“带路人”。大力开展“双示范”“党员示范岗”和“党员突击队”创建活动，确保关键核心岗位党员带头、急难险重任务党员带头、重大项目攻坚党员带头，有效保证了各项生产任务顺利完成。选树团队建功“引路标”。持续开展抓党建促生产、抓党建保生产活动，做到抓“三基”与党建同部署、同落实；通过召开月度项目例会，认真落实生产调度会等会议精神，及时解难题保质量促进度，引领团队建项目树丰碑创业绩。选树团队蓄力“加油站”。通过常态化开展“走基层、访万家”活动，坚持为群众办实事，竭力解决员工所想、所急、所盼；先后组建英语学习小组、IT开发小组和各类业余球队，丰富兴趣、陶冶情操、锻炼身心，为提升团队综合素质加好油充好电。近两年，配管室先后荣获公司先进党支部称号两次，13名党员获公司优秀共产党员、优秀党务工作者、优秀党员示范岗等荣誉称号。

经验启示

（一）必须把专业室建成工程技术创新策源地

创新是第一动力，配管室立足集团公司三大核心职责，聚焦“一基两翼三新”产业格局，坚持以技术领先为目标，持续对标行业前沿技术和国际一流工程公司，大力推进工程技术创新和作业流程创新，三新工程技术能力显著提升，全员劳动生产效率持续改善，为公司打造集团公司三新业务“排头兵”提供了坚实的技术保障。

（二）必须把专业室建成特色党建的先锋阵地。

党建是第一责任，配管室围绕公司党建“1335”工作思路，坚持以促进党建与生产经营融合为目标，对标党建一流单位，持续加强特色党建品牌建设，大力开展“党员示范岗”“党员突击队”创建活动，支部战斗堡垒作用和党员队伍先锋模范作用得到充分发挥，有效保证了各项生产任务顺利完成，为公司实现高质量发展提供了坚实的组织保障。

（三）必须把专业室建成人才培养的高地

人才是第一资源，配管室始终将人才队伍建设作为专业室建设关键抓手，坚持以打造高端工程师队伍为目标，对标国际一流工程公司，系统性规划和针对性培养相结合，搭梯子、建台子、引路子，培育了一支“招之即来、战之必胜”的人才队伍，团队年轻化、国际化程度明显提高，为公司高质量发展提供了坚实的人才保障。

全方位提升能力 创建多元化基层标杆

上海工程公司石化工艺室

中石化上海工程有限公司石化工艺室拥有员工123名，主要从事石油化工工艺设计，下设工艺、环保、热力、安全专业。每年承担前期咨询、技术开发、工程设计项目近200项，形成发明专利近40项。在深入开展对标一流管理提升行动中，秉承“绿色化工、技术先导、工艺先行”理念，对标一流管理，找差距、补弱项，强化技术先导，锻造关键技术，培育人才队伍，赶超先进，争创标杆，形成了“三元驱动”的管理模式（见图1），即以创新为动力驱动科技引领，以安全质量为生命线驱动质量管理，以人才为资源驱动队伍建设。

图1 “三元驱动”管理模式

一、着力创新驱动，扛稳责任担当，树立科技引领标杆

石化工艺室作为上海工程公司构建“高水平科技自立自强”发展目标的主要实施者。始终围绕公司核心定位，以打造原创技术“策源地”和现代产业链为目标，加大技术创新，攻克“卡脖子”技术，加强工程应用研究，推进“补链强链建新链”的产业链技术优化升级。

（一）勇当推进产业链优化升级的领跑者

坚持对标集团公司“一基两翼三新”产业格局要求，对石油化工、煤化工、生物化工及其下游产业链进行梳理分析，以“补链强链建新链”为目标，提出“协同创新、重点突破、深化应用”的产业链发展思路，形成了较为完整的产业链布局（见图2）。以三烯三苯为原料，大力开发大型化、低成本、具有市场竞争力的环氧乙烷、环氧丙烷、环氧氯丙烷、苯乙烯、PTA等有机原料生产技术，形成多项自有技术，并成功实现工业化应用。与兄弟企业合作开发的多项碳纤维技术，延伸了丙烯产业链。联合高校开展双峰聚乙烯管材料结构与性能研究，形成产业化技术；在工业化试验基础上，针对超高分子量聚乙烯的特性，优化工艺流程及关键设备，开发了万吨级淤浆连续法生产超高分子量聚乙烯工艺包，并实施了工业示范装置建设，在此基础上继续开发了年产10万吨规模工艺包，做强聚烯烃产业链。开发了环己烯酯化加氢制环己酮、氨肟化、己内酰胺成套技术开发，应用于20万吨/年环己酮新工艺、30万吨/年氨肟化和己内酰胺工业装置，建立了苯产业链中的新链条。与兄弟企业合作开展了万吨级EVOH工艺包优化及工程技术研究，并实施了工业化应用，填补了醋酸乙烯产业链。

（二）争当突破“卡脖子”技术难关的奋斗者

坚持对标国内同行技术创新及工程化研发先进水平，结合自身产业链布局，着眼突破“卡脖子”技术，组建技术创新团队，开展技术寻源、技术开发、工程优化及工程化应用研究。承担高端合成树脂、高性能合成橡胶、高性合成纤维等新材料以及可降解材料生产技术的开发及工业应用，承担了11项中国石化“十条龙”攻关项目。十余项科技创新成果荣获中国石化集团公司科学技术奖励，其中“浆态床蒽醌法制过氧化氢成套技术”获中国石化科技进步一等奖。2021年，多位产业链领军人物“揭榜挂帅”，承担“POE工艺包开发”“全降解二氧化碳共聚物中试技术开发”等技术研发，继续在攻关突破“卡脖子”技术上贡献力量。

（三）甘当践行绿色高质量发展的开拓者

坚持对标绿色低碳要求，聚焦绿氢、新资源利用，开展与可再生能源发电相耦合的大规模电解水制氢技术研究，形成绿氢解决方案。聚焦“双碳”目标，开展氢气与二氧化碳合成甲醇技术路线研究，为实现二氧化碳回收和清洁化利用打通全流程。聚焦绿色材料，开展可降解材料产业链工程化研究，合作开展PGA技术的工程应用研究，逐步形成自有技术及专有设备；开展PBST等系列生物可降解材料合成大型化、工程化研究，形成以正丁烷为原料制备PBS/PBST/ PBAT的整体化解决方案；开展以丙交酯为原料生产聚乳酸

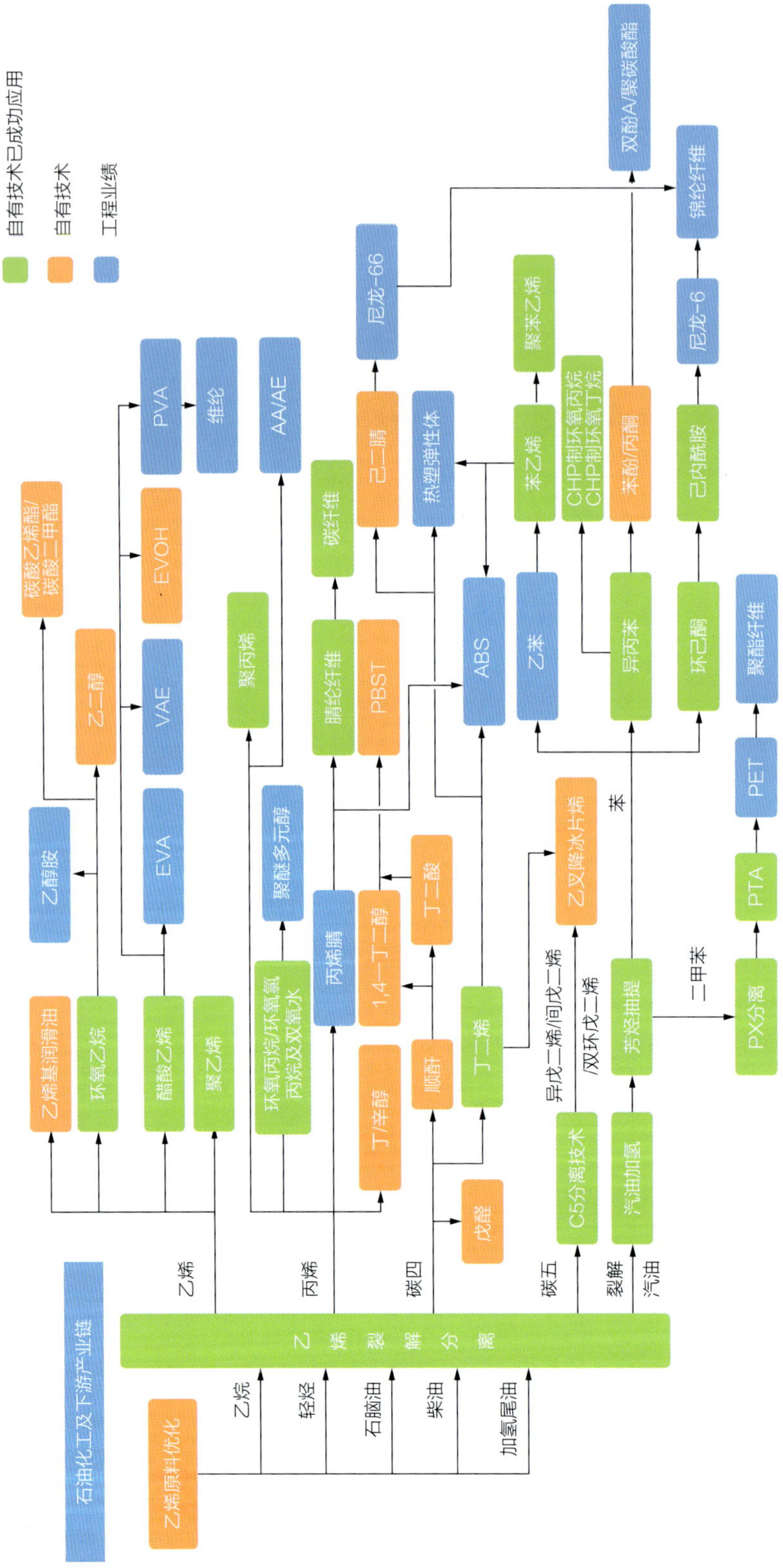

图2 石油化工及下游产业链分布

技术，打造可降解材料品牌。聚焦环保处理技术，开展微藻固碳成套技术工程化研发，形成先进的环保治理方案。

二、着力攻坚创效，抓实提质增效，树立质量管理标杆

石化工艺室坚持设计安全质量源头管理、过程控制双管齐下，全面实践精益管理，提级管理求实效，以工作方法创新促设计安全质量提升，为项目实施提供有力保证。

（一）树牢智能设计理念，推进信息化建设新进程

坚持智慧赋能服务于项目建设，主导开发了基于COMOS和PDMS的二三维智能化协同设计平台——i-Engineering（见图3），有效规避了存在于以往传统设计流程中信息“孤岛”现象。将公司的质量管理体系融入平台，提升质量管控的实时性和有效性，将公司的设计协作过程融入流程，避免了条件交接过程中的错误。目前，该平台已在30项技术开发及工业化装置项目中得到了应用。据统计分析，平台的使用可节省工艺专业人工时40%以上，有效地提升了项目执行效率和设计质量。

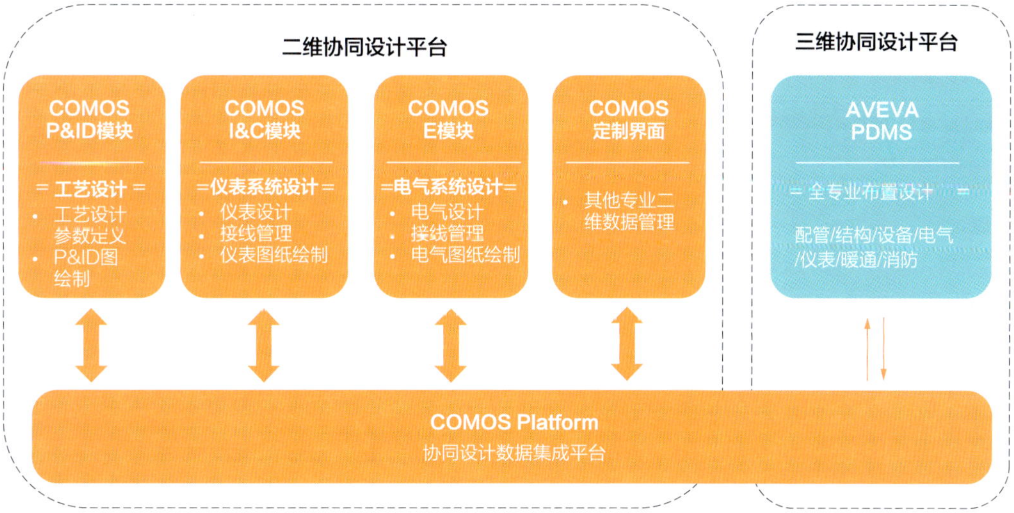

图3　i-Engineering平台基本构架

（二）强化专业技术支持，全面提升工程设计质量

对标集团公司先进安全质量管理企业，坚持从设计源头全过程控制设计质量，成立了流程模拟、工艺系统、传热、塔器、CFD、COMOS、专利、分析化验等技术小组，依托专业团队的力量，在技术开发、工程设计工作中以点带面，帮助项目组发现问题、研究问

题、解决问题，为项目提供专项技术支撑。2020年，先后为三个项目提出设计优化方案33项，节省项目投资近3000万元。

（三）开展本质安全分析，切实筑牢设计安全防线

对标行业先进企业及国际工程公司安全管理先进理念，组建了安全专业，主导对技术开发及自有技术工程化项目开展HAZOP、SIL分析，针对分析中发现的问题提出整改建议，提高了装置的本质安全水平；同时建立了危险介质安全性MSDS数据库，参与项目安全合规性检查及重大危险源评估检查，为工程项目设计本质安全保驾护航。

三、着力队伍建设，激发内生动力，树立人才培育标杆

对标公司“创建世界领先技术先导型工程公司”对人才队伍的需求，结合部门人力资源年轻化的现状，多措并举，精准施策，多方位培养，打造一支综合素质高、业务能力强的人才队伍。

（一）强化班子建设，坚持党建引领带队伍

坚持以党建为引领，强化班子建设，发挥头雁效应，凝聚干事创业力量，提升队伍凝聚力。建立了部门班子“周周学+班子例会”制度，班子成员“领学”，部门成员“同学”。建立了部门班子“三带班”制度，班子成员带班组、带党小组、带项目。班子成员定期参加班组学习、班组活动及项目专业组协调会，研究提出班组建设及项目执行的措施和计划。建立了部门班子“月月谈”制度，班子成员及时掌握员工的思想动态，凝人心，鼓士气。部门班子每月开展员工谈心谈话及调研活动，保证队伍永葆拼搏奋进的磅礴斗志。

（二）抓实岗位责任，坚持多措并举育人才

把完成好公司承接的集团公司重点项目作为第一任务，充实资源和力量，积极推进项目建设，用实际行动保障公司承担的每一个项目顺利完工。建立领域梯队，多层次培养选拔人才。打造领域带头人、专业负责人和设计队伍组成的人才梯队，以领域项目群为纽带，形成继任者人才资源库，以项目实践为载体，采取人才分层次培养和管理机制，实现人才低层次向高层次的不断递进。组织青年突击队，加快促进青年人才成长。基于各重点项目，成立了多个项目青年突击队，以“老中青”团队模式，有效发挥各年龄层次人才优势，着重有计划培养青年快速成才。成立专家工作室，搭建高端人才引领带教平台。发挥部门14位公司专家在技术创新、技术开发、领域拓展方面的技术优势，以“导师带徒”及“项目带教”机制为依托，培养专业负责人及青年骨干技术人员。

（三）强化岗位练兵，坚持与时俱进强“三基”

坚持锻炼培育业务功底扎实、责任心强、有毅力、有干劲的后备人才，大力开展人才选拔，完善激励评价机制，畅通成长通道，让员工有心干好、更有能力干好。发挥党员先锋模范作用，精细化做好基层支部建设。工艺专业是设计的龙头，工艺强则设计执行强，设计强则项目执行强。工艺室党支部积极倡导“敢为人先、勇创一流”部门文化，党员在集团公司多个重点项目执行中站排头、争第一，为市场开拓赢得了先机。组织岗位公开竞聘，多渠道拓宽人才成长通道。在多个岗位上公开选聘，让有志者登台。近年来，4名80后被聘为公司专家，3名85后被聘为专业副总。开设“工艺课堂”，机制化开展基本功训练。建立“工艺课堂”培训机制，由公司专家、资深专业负责人、优秀青年设计师组成授课团队，每周定期开展分层次、分阶段涵盖专业技术、专业管理、工程实践分享等多方面培训，每季开展针对岗位实践涵盖设计标准规范、专业基础知识、软件二次开发、科技论文等方面的劳动竞赛，营造了良好的学习氛围。在2021年度公司科技论文大赛中，石化工艺室青年论文囊括前3名。

经验启示

（一）要牢牢把握技术创新关键点

石化工艺室始终坚持以技术先导为发展引擎，加强领域建设、前瞻技术研究、“卡脖子”技术攻关，在做好传统强项的同时，更要主动作为、主动有为，做好新能源、新材料、新领域的技术开发，形成更多自有技术，打造更多“独门绝技”，树立科技引领标杆，为公司高质量发展、创建世界领先技术先导型工程公司注入新动能。

（二）要始终筑牢安全质量生命线

石化工艺室始终坚持以安全为前提，以质量为中心，用先进的管理方法和技术手段，从工艺设计源头入手，优化设计，全过程管控，提升装置安全性能，保障装置设计质量，以“每一张图纸都是一个承诺”的信念履行好对业主的承诺，树立质量管理标杆，为公司高质量发展、创建世界领先技术先导型工程公司贡献新方案。

（三）要前瞻布局人才强企战略面

石化工艺室始终坚持以人才培育、人尽其才推动自身发展，尊重人才成长规律和科研活动规律，以项目实践培育专业技术领军人才、创新团队，以常态化培训营造良好学术氛围，以专家引领领域梯队建设，以奋斗者为本，让人才立足岗位建功，让人才“想有为、能有为”“乐奉献、能奉献”，树立人才培育标杆，为公司高质量发展、创建世界领先技术先导型工程公司提供组织保障。

立足科技兴安　实施转型发展

第五建设公司安全技术中心

第五建设公司安全技术中心（以下简称中心）成立于2018年3月，现有员工187人。中心以“用技术、装备和管理让世界不再有危险的工作”为使命，立足科技兴安，实施转型发展，安全技术研发、安全仿真与实操培训、第三方安全监管等业务取得突出成效，已经发展成为工程安全领域的整体解决方案服务商。先后获得广东省“五一劳动奖状”、广东省工业系统“劳模和工匠人才创新工作室”、粤港澳大湾区工程劳动与技能竞赛“安全技术创新先进团队”等多项荣誉称号，以及承担广东省危化品安全实训基地、广州市特种作业人员实际操作考试点等职能（见图1）。

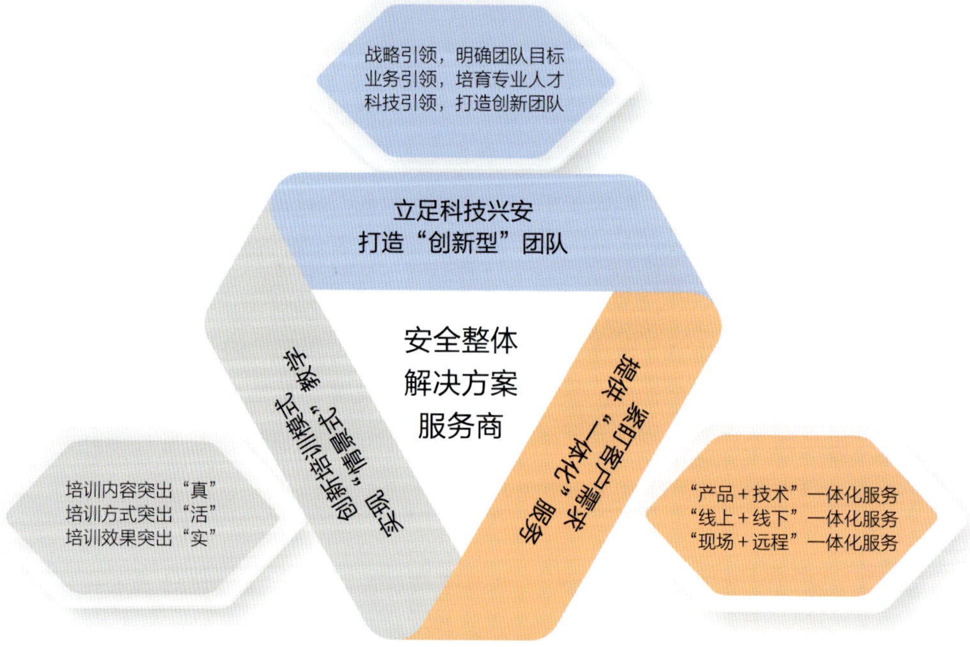

图1　安全整体解决方案

一、立足科技兴安，打造“创新型”团队

（一）战略引领，明确团队目标

中心成立伊始，就围绕履行国企社会责任、科技兴安、助力五建公司转型发展等需要，提出了“用技术、装备和管理让世界不再有危险的工作”的团队使命，明确了“发展成为工程安全领域的整体解决方案服务商，成为高科技+安全领域先行者”的团队目标。通过强有力的党建引领和文化打造，战略目标和使命得到了团队上下和客户的高度认可。

（二）业务引领，培育专业人才

围绕安全产品研发和销售、安全仿真与实操培训、安全技术服务三项主营业务，通过抽调公司专业人才、招聘社会成熟人才等途径，组建了专业化人才队伍，并根据业务需求实行专业化培养，重点培养研发人员的创新能力、培训老师的实操能力、现场安全管理人员的专业能力，并采用导师带徒、定期组织课题及业务研学、开展对标先进经验、引入集成化研发管理平台、实现精准化考核、着力打造“家文化”等方式，提高团队能力素养，激发团队干事创业的动力。

（三）科技引领，打造创新团队

围绕现场施工安全管理的难点、痛点，与清华大学珠三角研究院、华南理工大学等高水平科研院所及杜邦公司等行业知名企业交流合作，共同组建联合攻关创新团队。引入VR/AR、人工智能、物联网等现代化技术，开展高空作业智能防坠落技术、受限空间智能化监管平台等课题研究，攻坚克难、奋力推进，确保团队研究方向正确、产品实效显著。累计授权知识产权55项，其中发明专利3项；累计形成核心技术13项、销售产品8类、对外服务6类。

二、创新培训模式，实现“情景式”教学

当前，工程建设行业普遍存在传统安全培训效果差、专业安全技术管理人才匮乏等问题，为此，中心创新培训模式，实现“情景式”教学，取得显著效果。

（一）培训内容突出“真”

成立培训课程开发小组，将工程建设涉及的真实作业场景、防护救助内容，系统性切分为高空作业、起重吊装、急救等34个模块，涵盖100+作业流程，700+安全实操项目，

4000+安全知识点。结合受训对象的培训需求，根据理论知识基础、风险、应急与急救、案例警示等内容，制定有针对性的培训教学计划。引入VR等多媒体教学手段，将文字、声音、图形、图像相结合，用生动的画面让呆板的安全教育培训生动鲜活起来，使施工现场重现，让培训人员身临其境，让培训内容入脑入心（见图2）。

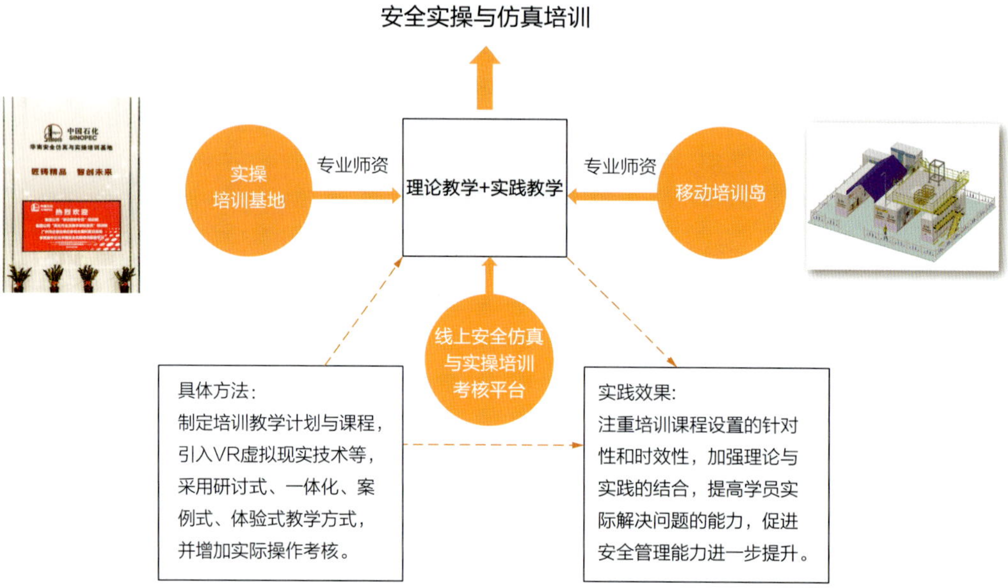

图2　安全实操与仿真培训业务模型

（二）培训方式突出“活”

根据不同场景下的培训需求，中心采取“固定基地+移动、线上+线下”相结合的培训方式，围绕安全、环保、装备制造等11大主题，通过1∶1还原实景搭设及模拟仿真技术，科学设置理论培训、事故体验、实操培训等26个专项场馆，自主研究建成了中国石化首家安全仿真与实操培训基地，并针对工程及检维修作业，为一线施工人员更好地开展安全培训、特殊工种验证考核、应急演练等活动，开发了便于拆装、方便运输的移动实操培训岛；同时开发了集培训、考核、知识库于一体的综合性安全仿真与实操培训考核平台，设计了手机终端系统、网络平台系统，打造线上课程培训，满足业务多样化的需求。

（三）培训效果突出“实”

培训方式采用“互动”代替“说教”，通过“理论讲解—实物操作和展示—模拟现场作业—事故体验—案例教育”，强化理论与实践结合，真正做到“学懂、弄通、做实”，提升学员安全观念意识和解决实际问题的能力，更好适应岗位履职要求，保障企业高质量发展。中心先后为中国石化、南方电网、广州市应急管理局等举办培训班262期，培训各类安全专业人员1.5万人次以上；移动培训岛已在15个项目中使用，累计培训30万人次。

三、紧盯客户需求，提供“一体化”服务

中心系统应用国内外安全技术，充分利用高科技资源，突出安全科技成果转化和产业化应用，为客户提供包含技术、装备、管理体系搭建、方案程序、人员支持、产品等在内的一体化全生命周期的安全管理服务（见图3）。

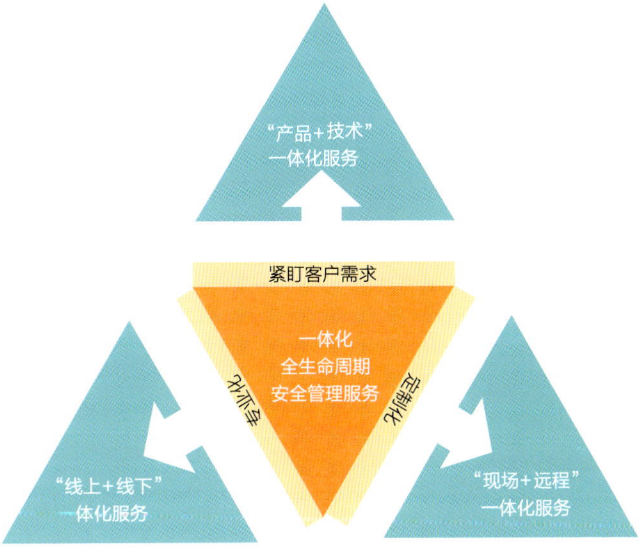

图3　一体化全生命周期安全管理服务模型

（一）“产品+技术”一体化服务

结合现场安全管理实际，通过实验性测试、持续改进，确保技术、产品的有效性，推动研发成果转化助力现场安全管理。目前已完成危险区域预警技术、受限空间安全监控平台、定量安全评估系统、安全眼等项目科研成果转化，同时具备了智能安全帽、智能安全带、无线互联声光报警器、新型生命线系列、新型脚手架等系列产品生产和销售的条件，客户可根据自身需求搭配选择解决方案。

（二）“线上+线下”一体化服务

安全仿真与实操培训基地设立产品展销中心，推进厂区智能化封闭业务、生命线和新型脚手架产品、安全量化评估与一体化解决方案体系管理平台等销售业务。同时以电商平

台和线下展示体验中心为“两翼”，打通集团公司网上销售平台，“嫁接”国内外先进安全产品和技术资源，多渠道展示中心业务，实现经济利润增长。

（三）“现场+远程”一体化服务

中心采用第三方安全监管现场服务、线上平台远程服务、移动培训服务等多种满足客户需求的方式，及时高效提供全生命周期服务。客户根据自身需求可单独选择硬件产品、监管操作平台、安全实操培训、第三方安全监管服务等，可选择由不同的技术、产品、服务、专家支持的组合解决方案。同时，中心完善管理体系，督促落实重点任务，积极配合开展移动培训、监管等各项工作，得到了客户好评，为企业赢得了声誉。目前，第三方安全监管服务正在执行的项目有16个。

经验启示

（一）战略引领要“小切口”

确立清晰的发展战略是企业发展的“必修课”。只有结合企业实际，立足企业基业长青,“从大处着眼，从小处着手”，制定“看得见、摸得着、可操作、能实现”的战略目标，才能在企业转型发展中起到引领的作用。

（二）科技创新要“见实效”

在安全生产领域，只有大力提升自主创新能力，建立政府、科研机构、高校和企业等多方参与的安全技术研发体系，切实解决安全管理中的难点、痛点问题，才能真正意义上利用信息化、智能化手段，提升本质安全管理水平。

（三）服务客户要“解难题”

面对严峻的市场形势，只有精准定位客户需求，采用专业化技术、定制化产品、全方位服务，做到“急客户所急，想客户所想”，高效优质为客户解决“难题”，助力客户安全管理能力提升，才能取得客户满意、赢得市场份额。

实干为本　创效为先　打造专业安装基层典范

宁波工程公司建设安装分公司

中石化宁波工程有限公司建设安装分公司成立于2006年，以石油化工装置施工总承包为主营业务，现有员工270余人，年营业收入突破10亿元。十几年来，分公司始终恪守“国企姓党”初心，把石油石化优良传统和宁波工程公司技术先导、创造价值的企业理念融入发展，守正创新，坚持“建项目＝干赢＋算赢＋管得稳”思路（见图1），把高标准交付、各方效益最大化、安全和质量平稳受控作为衡量项目成败的核心标准，狠抓组织建设、经营优化和管理提升，项目执行效率和创效水平得到双提升。分公司先后承建各类大型石油化工核心装置20余套，获得了国家优质工程金奖、中国石化优质工程奖、“钱江杯”优质工程奖、“甬安杯”优质工程奖、宁波市“五一劳动奖状”等荣誉。

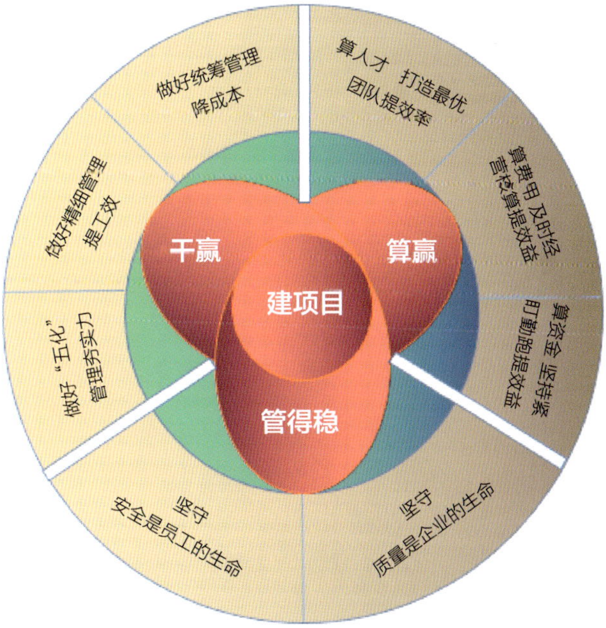

图1　建项目＝干赢＋算赢＋管得稳

一、坚持实干为本，用最优的方法建最好的工程

优质高效建成项目是工程建设企业安身立命之本，分公司始终在“做好”上下功夫，把“项目干赢”作为增强核心竞争力的根基。

（一）做好“五化”管理夯实力

对标工程建设“五化”体系要求，推进施工建设型企业向施工管理型企业深度转型，不断夯实公司建设实力。分公司通过实施工厂化预制、模块化施工、机械化作业，降低施工安全风险、提高施工效率、提升项目标准化管理水平；自主开发并深度应用《项目现场施工管理信息系统》（见图2），实现进度、物资供应、安全巡检、质量巡检等管理业务的信息化、一体化管理集成；通过人员结构优化提升，把“拿榔头”的传统工人培养成“拿指挥棒”的工程管理者，分公司成立以来，通过选拔考核再培训，100余名优秀班组长、高级技师转岗成为实战经验丰富、理论功底扎实的施工管理人员，有效促进了项目施工管理能力的提升。

图2 自主开发应用系统，施工现场情况一体化管理

（二）做好精细管理提工效

认真总结多年积累的项目管理经验，对标同行业领先实践，持续推进精细管理。分公

司各项目全面加大施工审图力度，下大力气做好技术质量交底；合理规划现场平面布置，努力创造作业面和作业条件；严格遵循施工工序，合理控制作业人员进场节奏；紧盯各作业面施工日报，不断提高现场机械作业效率；重点把控管道专业作业进度，实时跟踪并及时做好滞后环节的评估与纠偏，精细管理在项目实施的全过程得到充分应用。

（三）做好统筹管理降成本

▲ 采用“1+N”项目群管理模式，对大兵团集中作战施工动员

针对近年来石化建设装置单体规模增大和集约化布局的特点，分公司探索构建“1+N”项目群管理模式，以1个项目经理部统筹管理N个项目部，由项目经理部对各项目的行政工作、经营工作、大型机具设备使用、过程纠偏等进行统筹管理，让有限资源发挥最大效用，切实降低了单套装置建设的边际成本；通过生产扩容、压缩管理层级等提高资源配置效率和效益，较好降低了项目整体的规模成本。近期，在某大型重点项目建设中，分公司同时承建8套装置，集中了23家参建协作单位，施工高峰期开展近万人的大兵团集中作战，该项目采用了“1+4”项目群管理模式，在节约大量人、机成本的同时，实现了项目建设资源统筹，项目推进整体平稳，项目能耗总体下降的目标。

二、坚持创效为先，用最少的资源产出最大的效益

为参与工程建设的各方创造效益是打造“百年老店”的制胜法宝，分公司坚持“先算后干，边干边算”，持续在“精算”上下功夫，把提高效率和提升效益作为“创效算赢”的两部引擎。

（一）精算人才投入，打造最优团队提效率

结合多年实施芳烃、重整、PTA、加氢、乙烯等项目的管理经验，分公司部署开展“项目核心团队训练”工作，以项目经理、项目总工、施工经理、部门长等主要管理人员为核心，聚焦项目高效组织策划、项目运行风险管控等强化总结提升，促进项目过程资产积累和共享，不断丰富项目核心人员的管理能力、沟通能力。经过实践，已形成多支经验丰富、管理稳定、特色鲜明的项目管理团队，在相对固定类型项目建设上具备了“人有我

强”的团队优势。通过团队的不断扩建、磨合和升级，对项目参建单位的组织协调能力持续增强，项目建设的整体效率不断提高。

（二）精算费用支出，及时经营核算提效益

牢固树立“有作业必有费用，落作业必讲费用”理念，坚持“以收定支，量入为出”，构建费用管控网络体系，实施全口径费用管控。一是自查承包进度款的进度结算情况，是否“少算钱”“少收钱”；二是自查分包进度款的进度结算情况，是否“多结算”“多支出”；三是定期核查项目材料消耗、机械、人工工效及成本等情况，与项目经验值进行比对，检验当前项目实施的实际效益和效率。通过精算能力的提升，确保“该挣”的钱颗粒归仓。

（三）精算资金周转，坚持紧盯勤跑提效益

牢固树立“现金为王”理念，紧盯资金“生命线”，明确责任人，坚持“紧盯”加“勤跑”，推动已完工项目结算，确保及时收款和资金安全；着眼提高资金运营水平，合理承兑使用，调整分包合同账期条款，强调以收定支、资金“三平衡”。2020年做到100%完成应收清理目标，应收账款周转天数较上年度下降10%，逐步压缩到40天以内。

三、坚持生命至上，用最强的管控实现最大的保障

落实政治责任和社会责任，确保稳中求进，分公司始终在“坚守”上下功夫，把对安全质量的有效管控作为“干赢”“算赢”的根本保障。

（一）坚守“安全是员工的生命”

分公司始终将生命至上、保障员工健康作为政治任务，坚决做到“四个让位于”。在总体部署上积极开展标准化工地建设、绿色工地建设、平安工地建设；在日常管理上开展安全夜校、周一安全喊话，日检、周检、月检、季检等措施；坚决施行“满堂红”脚手架和“错时错位硬隔离”等要求；大力推广全作业点视频监控、无人机监控等智能技术；新冠疫情发生以来，网格化管理做到外防输入、内强防控，作业人员做到零感染、零疑似。近两年来，累计实现安全人工时2126万，从业人员生产安全轻伤及以上事故为零。

▲ 标准化工地、绿色工地建设

（二）坚守“质量是企业的生命”

以打造项目质量样板工程为导向，配套高标准材料验收要求，为每个项目配备光谱检测仪，对材质进行复检；结合高标准中交要求，开发管道清洁工装，提升管道安装质量；针对焊工焊条错用问题，开发与焊工资质、焊接位置、焊条型号相匹配的人脸识别焊条发放系统；根据模块化、自动化施工提升质量要求，开发和推广管道自动焊系统。近两年来，单位工程验收合格率均为100%，大小质量事故率为零。

经验启示

（一）必须提档升级，整合优化资源，为“干得赢”“增肌”

面对石化工程领域投入不充分、利润率提升艰难的严峻挑战，要实现更大效益，就必须“把蛋糕做大”。在既有优良基础上精耕细作，努力通过各种方式优化升级现有资源，打造更具优势、更大能力的“肌肉群”，以应对更大规模的工程项目建设，扩大规模收益。

（二）必须提速增效，提高有限资源使用率，为“算得赢”“减脂”

时间有限，要想跑得远，只能提速；资源有限，要想算得赢，只能提速。人员培养提速，方能为干好算赢项目提供良好的人才支撑；要素配置提速，方能保证最短周期内找出资源配置的最优解；资源利用提速，方能保证有限资源的最大化利用；唯有提速，才能保证项目整体在单位时间内发挥好合力的有效“做功”。

（三）必须提质创优，保障产品资源美誉度，为“管得好”“塑形”

在激烈的市场竞争中，产品服务的美誉度是检验市场表现优劣的晴雨表，必须靠安全质量树信誉、靠信誉拓市场、靠市场增效益、靠效益谋发展，把安全质量看作企业的生命线。唯有精准的安全质量管控，才能呈现优质的产品和服务，实现客户满意度最大化，进而实现企业效益最大化。

聚焦发展 创新引领 有效提升专业竞争力

南京工程公司电仪工程分公司

电仪工程分公司（以下简称公司）是中石化南京工程公司直属专业化工程公司，组建于1997年12月，下设6个职能部门、1个安装调试中心，现有员工282人，劳动用工总量1700余人，具备DCS、ESD、SIS等大型控制系统及110kV及以下电压等级电气设备的安装和调试能力。近年来，公司坚持对标世界一流提升管理，确立了“建设成为国际行业优秀、国内行业领先的专业工程公司”发展目标，形成了以“专业化、职业化、标准化、本土化、品牌化”为重点，持续培育“专业竞争优势、核心人才优势、项目执行优势、海外项目优势和党建工作优势”的“五优五化”管理模式（见图1），致力于为客户提供满意的专业技术服务。曾先后获得中国石化集团先进集体、集团公司“三基”工作先进基层单位等荣誉称号。

图1 “五优五化”管理模式及特色

一、聚焦专业化发展定位，培育核心竞争优势

突破思维定式，以更高的站位、更广的视野看待存在的问题，制定解决措施，实现专业化飞跃式发展。

（一）坚持市场导向

瞄准核心业务，紧贴传统市场，推介专业品牌优势，借助产品和优质服务从而拓市增量。锚定“双碳”目标，紧盯新能源、新基建项目，调研行业趋势和市场需求，拓展合作途径，扩大市场“朋友圈”。成功中标江苏石油分公司加油（气）站等屋顶光伏发电项目，丰富和优化了业务结构，获取发展新动能。

（二）坚持核心技术引领

通过成立创新工作室（见图2），严格按照工作体系正常运行。重点研究和掌握大型机组、DCS、现场总线、110kV变电站的安装和调试，形成专业“拳头”优势。积极参与行标编制、工法编制、技术开发、实用新型专利申报等，发挥工作室创新创效的优势，组织员工积极参与各项技术管理攻关，形成了110kV变配电系统、大型机组及电仪施工等技术成果和技术储备，保持核心技术处于同行业先进水平。累计获国家实用新型专利20项、集团公司工法8篇和技术开发8项。获集团公司管理现代化创新成果5项，1个创新工作室被评为南京市级创新工作室，并加入江苏省石化创新联盟。

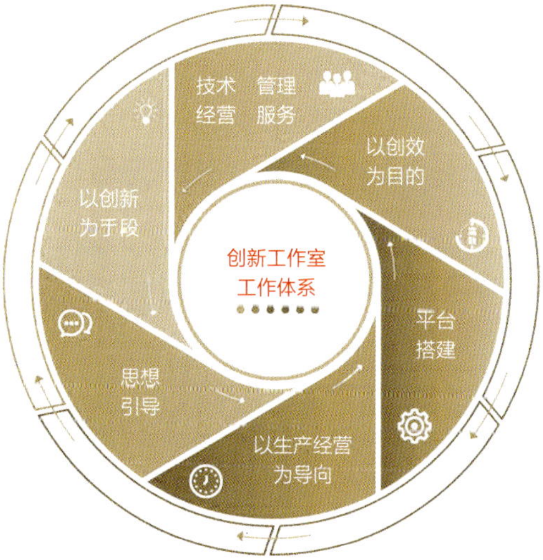

图2　创新工作室工作体系

（三）坚持创新“20+5”关键工序工作法

加强对关键工序监控，将质量过程管控的重点放在关键工序上，由技术质量专家组评估出电气和仪表专业各10道关键工序，从“人、机、料、法、环”五个方面提出具体的质量控制措施，组织制定了《电仪关键施工工序管理规定》和相应的检查标准，消除了安全质量隐患，确保变电所一次受电成功率100%。

二、聚焦职业化发展目标，锻造核心人才队伍

走出既定格局，出真招、用实招，制定核心人才成长规划，明确成长目标，挖掘人才潜力，激活组织效能辐射力，核心人才数量和质量逐年增长，员工岗位胜任能力有效提升。

（一）实施目标管理，建立班组长分级管理体系

组建安装和调试专家组，建立后备人才梯队，选派60余名专业人才参加集团公司技师、高级技师培训，持续为技师和专家型人才成长赋智赋能。

（二）实施梯队建设，培养“综合素质型”人才

搭建项目经理及优秀年轻人才梯队，安排经验丰富的项目经理进行“一对一”帮扶指导。实行施工技术“大岗位制”的应用和推广，促进技术管理人员向综合素质型管理人才转变。其中，有10人列入公司优秀年轻干部梯队培养锻炼，从而推动核心人才和青年人才快速成长。

（三）实施岗位素质提升工程，建立常态培训机制

建立集技术创新、技能培训、技术比武、技能鉴定为一体的国内外仿真实训模型（见图3），定期开展理论、实操指标考核竞赛及举办综合能力提升培训班。打破专业界限，开展多岗锻炼和跨专业培训，已成功培养了30名复合型技能人才。

图3 仿真实训模型

三、聚焦标准化体系建设，助力感官质量新提升

集团公司已将感官质量上升到和实体质量同等重要的位置，提出“在全球行业中树立高标准、高质量的品牌形象”，打造中国石化工程建设项目亮丽视觉品牌，提升中国石化

工厂外观形象。

乘势而上，顺势而为，厚植优势，以创建“精品工程”为目标，健全电仪工程项目标准化管理体系，在项目组织、计划管控、分包管理、材料管理和班组建设等方面已实现标准化管理，做到内优外美。

（一）建立项目标准化管理机制

在办公和生活临设、预制场及现场仓库、项目管理平台、可视化技术交底、模块化安装、数字化交付平台等均实施标准化建设。规范作业许可、作业行为、作业标准、机具设置、材料标识，创新实施电仪安全差别化管理，执行好“质量红线制度”“质量巡检制度”和“关键工序制度”。抓好项目事前、事中和事后的目标经营责任考核和全过程管控，保关键节点、保项目“后墙”不倒，下好“二次经营”先手棋，打好精品工程实施的系列“组合拳”。

（二）建立首件试样标准化管理机制

先后编制下发了《首件试样指引文件》《电仪首件样板手册》《首件样板制实施管理办法》。《电仪首件样板手册》包括电气28项、仪表21项，国内30项、国外19项样板标准，均被列为南京工程公司企业标准（见图4）。通过一系列首件试样文件的指导和实施，公司首件试样工作走在了同行的前列。累计获得精品工程1项、首件样板工程24项。

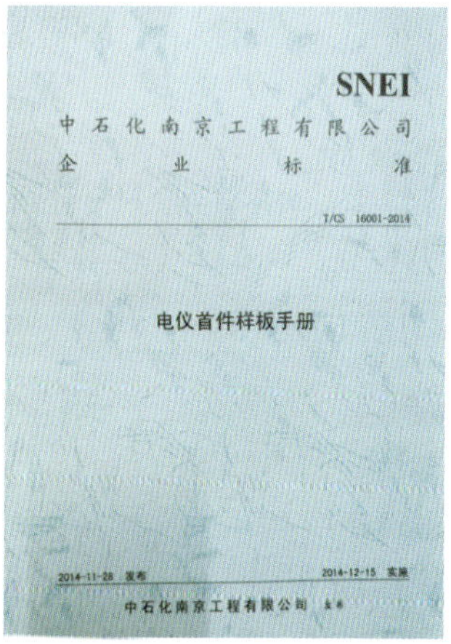

图4　南京工程公司企业标准《电仪首件样板手册》

（三）建立班组建设标准化管理机制

制定《加强基层班组建设的实施方案》等班组建设制度16个，为班组建设标准化形成了制度保障。在班组建制、班组软硬件设施、班组日常管理、班组长岗位责任制、基层岗位操作手册和管理手册等方面实现了标准化、规范化管理。配备了班组休息室和工具箱，合理规划功能区域，优化班组工作生活环境。通过规范班组行为，全面提升基层班组生产组织能力。王学堂班组获得“中央企业红旗班组”称号。

四、聚焦本土化策略，增强国际工程专业发展新动能

持续释放发展红利、激发内生动力，发挥海外项目区域资源优势，总体布局，动态调整，最大化发挥资源利用率，提升海外核心能力，增强国际工程专业发展新功能。

（一）获取国外施工资质

为获取沙特阿美项目电气试验、仪表调试施工许可，自行改造仪表校验室、组织专业人员编制资质报审资料和调试设备审核资料，经层层严格审核，最终顺利通过阿美项目电气试验、仪表调试施工许可，并取得沙特电力公司电厂工程和69kV动力配电工程施工资质。

（二）坚持用工本土化

多年来，持续加大力度招聘尼泊尔籍、印度籍员工，通过甄选、成立外籍员工班组3个，并创新“五型”班组建设（安全型、学习型、文明型、创新型、温馨型）（见图5）获得集团公司管理现代化创新成果三等奖。

图5 外籍员工“五型”班组建设

（三）搭建“国际人才蓄水池”

坚持国内外人员轮岗交流，让每名骨干都有国外项目工作经验，让境外项目成为国际化人才培养的“孵化器”。近年来，公司受到了境外业主的广泛好评，先后收到SATORP管理团队的表扬信，沙特阿拉伯国家石油公司授予的“优秀承包商”荣誉。

五、聚焦品牌化示范，扩大党建融合新成效

在企业成长历程中，公司始终把党的建设作为企业发展的根和魂，坚持不懈抓基层打基础，使基层党建真正严起来、实起来、强起来。

（一）筑牢党建品牌示范阵地

创新开展“一支部一特色一品牌”活动，根据工程项目规模、特点及基层党支部实际

情况，分别设置“党员先锋行”“党员责任区”“党员示范岗”“党员攻关项目”和“党员服务现场”五大特色品牌，推进党建品牌示范阵地建设，发挥党支部战斗堡垒作用和党员先锋模范作用。

（二）实施党建联动工作模式

充分发挥基层组织优势，找准切入点和结合点，积极探索“党建+”“+党建”的共建工作模式，推动与业主、与项目部、与专业之间的共建联建，坚定目标信念、筑牢“红色堡垒”、共创“红色阵地”。

（三）营造创先争优浓厚氛围

弘扬劳模精神、劳动精神和工匠精神，营造人人争当标杆，踊跃创新创效的浓厚氛围。坚持镜头对准一线，聚焦基层先进典型，选树老党员李博安等“最美奋斗者”10名，同时注重抓好年轻一代典型的培育和选树，推动红色基因赓续、优良传统传承，涌现出更多先进典型，职工队伍奋斗精神和服务意识明显增强。

经验启示

（一）对标提升创一流，积累“硬核”竞争能力

“肯取势者可为人先，能谋势者必有所成。”公司要实现专业化发展，必须紧跟时代步伐，把握新机遇，掌握新知识，主动作为，善战能战，向着“传统工程+高、新、智工程”业务模式目标迈进，不断在优化业务结构中育新机，积累“硬核”竞争能力，掌握发展主动权、话语权。

（二）对标提升找差距，提升精细化管理水平

要善于用新方法解决新问题，善于研判分析，坚持目标引领和问题导向。公司的发展得益于着力构建完善管理体系建设，建立一体化经营责任体系，推进全员成本目标管理，增加效益赢利点，全面向项目要管理效率和管理效益，有力提升精细化管理水平和系统管理能力，加快形成新发展格局。

（三）对标提升促发展，开创专业发展新局面

“时者，势也。”公司的发展得益于抢先布局前沿创新的赛道，加强新技术、新设备的运用，扩大核心技术优势，推动专业能力建设和差异化发展，让数字化、信息化、智能化为企业发展增添动力，开创专业发展新局面。

对标先进激发创新活力　引领科研迈向新台阶

石油化工科学研究院第十五研究室

石油化工科学研究院第十五研究室（以下简称“十五室”）主要从事炼油加氢催化剂开发及工业应用工作，现有职工44人，其中博士占比61%。十五室是一支有着光荣传统、研究底蕴深厚的科技人才队伍，自1979年建室以来，共获得国家级奖项17项，省部级一二等奖36项，持续为中国石化高质量发展作出了重要贡献。

想要科研争第一，管理就要站排头。通过对标先进企业与先进单位，十五室实施了三个平台建设、平台经理/项目长竞聘制、分类考核及奖金分配制度等方面的改革，创新活力持续提升，科研效率显著改善，新一代年轻科学家勇挑大梁，成果转化成效显著。近几年，十五室逐渐成为我国加氢领域的排头兵和主力军（见图1）。

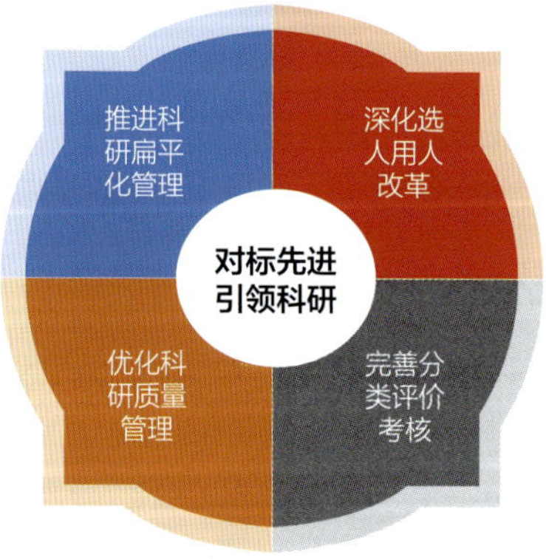

图1　对标先进引领科研

一、推进科研扁平化管理，提升原创攻关能力

（一）对标四大领域，深化改革

以班子成员、各个课题组代表组成室内对标行动领导小组，选取国内外知名研究院、国有企业和股份民营企业，从科研管理、成果转化、选人用人、激励约束四大领域开展对

标，充分开展调研工作，认真学习先进企业的管理办法，并广泛听取群众意见，结合室内存在问题及实际情况，稳步推进改革。

（二）整合资源，建立三大平台

为破除组织体制障碍，促进大兵团作战，有效平衡科研创新和技术服务资源，提高科研开发效率，激发科研人员活力和内生动力，石科院推进三大平台建设，选取十五室作为试点推进科研领域和科研资源整合。根据石科院三大平台建设的指导方针，十五室对研究室原有6个课题组进行整合，形成技术开发、技术服务和技术支撑三大业务平台（见图2）。通过整合资源，高效推进大兵团作战。技术开发平台以科技创新为中心，设立“油品加氢处理”“油品加氢转化”“公用基础技术研究”“新兴转型发展”四个项目组，主要负责全室科研课题的立项及相关工作的开展。项目组研究方向和数量随研究室工作的内容变化进行调整或增减。技术服务平台以技术服务和推广为中心，主要负责现有催化剂工业生产过程的技术服务和产品质量监控。技术支撑平台，主要负责全室催化剂性能评价及油品分析装置的运行与维护，建立催化剂评价实验数据库和研发新装备，同时优化新装置为科研创新服务。

通过深化改革及三大平台建设，十五室基础研究和原始创新取得重要进展。2019年，主导开发的“活性相定向构建及复杂反应分级强化的柴油清洁化关键技术”获得国家技术发明二等奖。2020年，“一种降低重质原料油中沥青质和残炭含量的方法”获得国家专利金奖。此外，十五室荣获得省部级以上奖励2项，多项技术完成工业鉴定和评议。

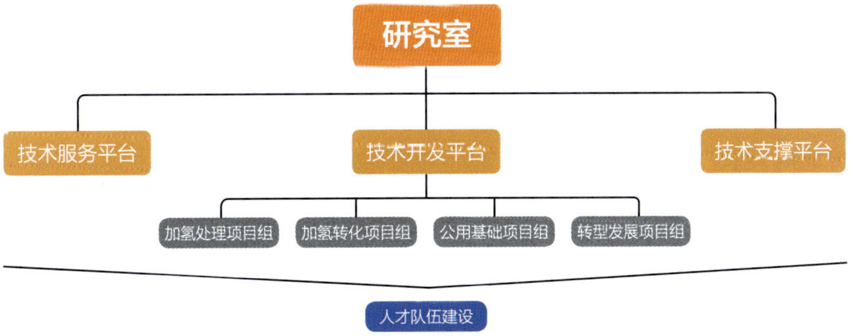

图2　研究室三大平台建设

二、强化科研质量管理，助推科研成果转化

（一）明确市场定位，拓宽研究领域

十五室以科研成果转化数量突出的石科院第十四研究室为标杆，通过院内座谈的形式

取经学习，坚持科研开发面向经济主战场、面向国家重大需求，拓展研究领域，通过科技创新保障国家油品质量升级和中国石化转型发展。近年来，开发的加氢催化剂形成了全产业关键绿色供应链，覆盖炼油领域各类加氢技术，加氢催化剂的销量到达万吨级，国内市场的占有率超过30%。

同时，为适应转型发展的需求，破解研究领域过于单一的问题，十五室逐步开展了特殊功能材料、新能源利用、高端化学品合成等领域的研究。十五室持续扩大海外市场，在东南亚、中东等国家和地区落地生根，成为中国石化外部市场亮丽的名片。

（二）组建学委会，提高科研质量

为充分发挥专家智囊团作用，确保各领域技术路线选择正确，加强科研方向监管和过程监管，在研究室层面建立室学委会，主要由院专家和室班子组成。学委会按照门径式管理，对科研项目进行阶段性评估，以“价值实现”为导向，着重考察项目与中国石化“十四五”发展规划的契合度、与市场需求的结合度，以及技术经济性等关键指标，对没有前景的项目及时叫停，同时对研发过程中的技术难题给予技术指导，组织有关专家进行技术攻关。近年来，通过强化科研管理，创新水平明显提升，2020年授权发明专利达到119件，同比增加44%，申请中国发明专利数量增加34%，高水平国外专利申请增加200%以上。

三、深化选人用人改革机制，激发科研人员创新活力

（一）汇集创新资源，高效推进项目负责制

十五室学习参照中科院部分单位的项目组制度，采用平台经理与项目长双结合的管理模式，以项目为中心，汇集科技资源，将资源要素、竞争机制、激励机制、约束机制等有机融合，促进了一批想干事、能干事的“85后”“90后”年轻科研人员脱颖而出，成为新的平台经理和项目长。

（二）打破“终身制”，推进能上能下用人机制

十五室借鉴东风集团“三项制度改革”的先进经验，深入践行石科院市场化选人用人原则，精准高效“培养人”，畅通发展通道“成就人”，充分激发员工潜能，鼓励员工全面发展，保持队伍的生机活力。在研究室范围内实施平台经理与项目长公开竞聘制度，每年开展室内考核，打破课题负责人“终身制”的历史难题，有效推动形成能上能下、能进能出的良好选人用人导向。

四、完善分类评价考核，推进奖励激发活力

（一）健全分类考核，强化考核应用力度

以“三大平台”岗位设置为分类依据，激励高质量创新为目标，建立定量与定性相结合、KPI与价值观相结合的分类岗位考核办法，充分调动每位科研人员的积极性，提升科研效率。

（二）破除“大锅饭”，激励核心人员

十五室借鉴烟台万华化学集团股份有限公司打造激励与约束并举、效率与公平并重的薪酬分配体系的经验，打破原来以课题组为主体的奖金分配方式，全室一盘棋，兼顾历史贡献和当下表现，兼顾传统领域和转型发展，弱化出身差异，重点鼓励“每年都表现好，才是真好”的持续奋斗型科研人员。强化考核在薪酬分配中的重要性，让成绩突出、绩优效高以及从事前瞻性基础研究的科研人员取得丰厚回报。2020年，从事基础研究的科研人员年收入增加10%。

经验启示

（一）对标要坚持问题导向、目标导向和结果导向

十五室以解决问题为指引，以实现目标为方向，以工作成效为标准，大力推进三个平台建设、平台经理和项目长负责制及分类考核的措施，有力解决了传统科研单位进一步提高科研效率和转型发展存在的问题。

（二）对标要坚持学赶帮超，进行动态调整，适应时代发展的需求

为推进改革措施落实落地，十五室成立了改革小组，通过向外借智、为己赋能，在调研学习其他企业先进经验的基础上，深入细致做工作，不断总结经验、检讨反思，对措施进行动态调整，使改革越来越适应时代发展的需求。

扎根西部　科学管理　打造现场创新创效高地

石勘院西北地区勘探开发研究中心

石油勘探开发研究院西北地区勘探开发研究中心成立于2009年，现有员工54人，主要从事中石化西北地区油气勘探开发科技攻关和西北油田一线生产支撑工作。十余年来，中心长期驻守现场，坚持科研与生产并重、勘探与开发并举，逐渐摸索出了一套“特色党建护航、全周期一体化科研精细攻关、多元一体深度融合支撑、三位一体科学精细管理”的高质量创新创效模式（见图1），支撑了西北油田分公司顺北等亿吨级油气田的重大突破，支撑了顺北快速建产与塔河稳产，为西北油田千万吨产能建设做出了突出贡献，获中国石化油气勘探突破特等奖2项、规模储量商业发现一等奖等3项；研发了克拉通内走滑断裂综合解析方法等一批国际领先技术，获国家科技进步二等奖2项、省部级科技进步一等奖3项、二三等奖5项，局级科技进步奖20余项。

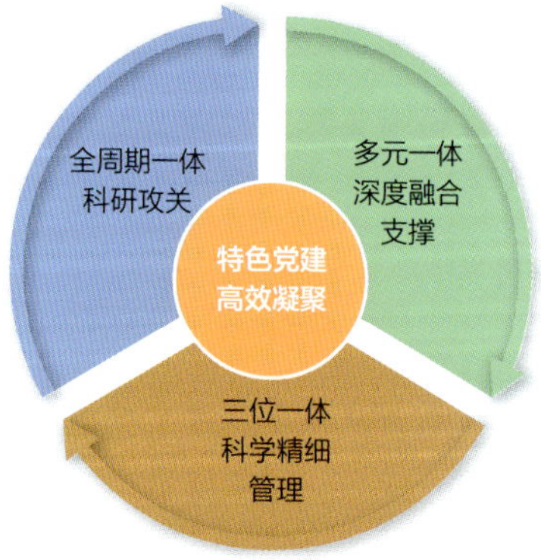

图1　高质量创新创效模式

一、精细攻关，打造“全周期一体化”的高效科研模式

坚持“科研生产互融互促、勘探开发互联互通”，打造边研究、边应用、边转化、边完善的“全周期一体化”高效科研模式，实现科研生产、勘探开发的无缝衔接与高效融合（见图2）。

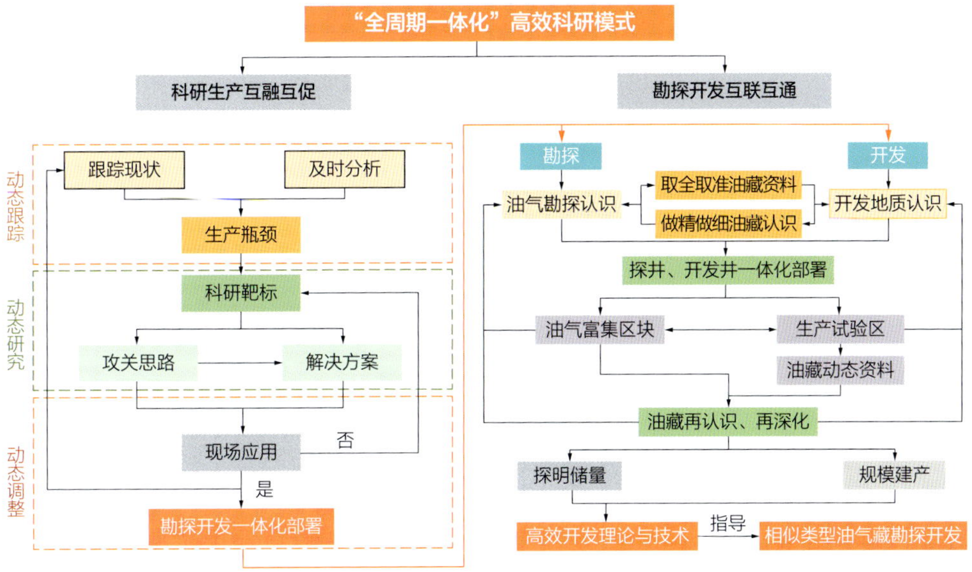

图2　“全周期一体化”高效科研模式图

（一）坚持科研与生产“拧成一股绳”，互融互促

坚持在生产支撑中凝练科学问题，在科技攻关中解决现场难题。通过精准发现问题、及时攻关研究、立即现场应用、随时修正完善，形成“动态跟踪、动态研究和动态调整”的“三动”工作流程。在走滑断控油气成藏与高效勘探开发领域，研发了走滑断裂精细解析技术，提出了断控油气藏高效勘探思路，成果水平整体国际领先，获省部级科技奖励3项，支撑顺北41X等井位部署20余口。

（二）坚持勘探与开发“串成一个环”，互联互通

打破勘探、开发界限，成立联合攻关小组，把前后接力的串联模式转变为协同推进的互联模式。勘探研究阶段，开发提前介入，取全取准油藏资料；油藏评价阶段，坚持一体化研究、部署；油藏开发阶段，及时总结动态资料，修正地质认识，指导同类型油藏勘探开发。勘探开发全过程互联互通，提高油藏认识科学性，缩短建产周期，助力顺北油气田百万吨产能阵地快速建成。

二、深度融合，打造“多元一体”的高效生产支撑模式

西北中心作为石勘院创新创效先锋队，内部加强管理提质，深度融入塔里木千万吨产能建设“大兵团作战”，外部加强融合提效，联合院属各部门，打造“多元一体”的高效支撑模式（见图3），高质量保障了上游增储上产。

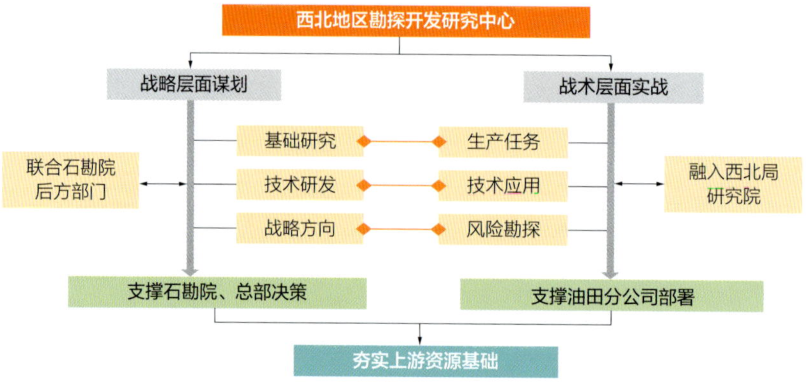

图3 “多元一体”高效生产支撑模式图

（一）深度融入现场联合编队，争当上游突破主力军

把最优秀的人才放到科研生产最前线，组建生产支撑、风险勘探、基础研究与战略选区三支队伍，与油田现场人员共同完成储量和产量任务，共担责任。2020年，中心40名职工（占比60%）编入西北油田相关项目部所，及时解决上游生产难题，现场创效作用得到充分发挥。全年支撑发现顺北4、8号带两条亿吨级区带，部署井位27口，编制开发方案4个，牵头提报风险井4口。

（二）坚持前店后院一体化，打造创新创效桥头堡

全力发挥“战略谋划”和“战术实战”双重作用。战略层面强化基础研究，及时汇编塔里木、准噶尔两大盆地油气勘探成果、生产热难点问题，为上游重点领域研发与科学决策提供依据，当好参谋。战术方面紧跟现场需求，及时开展新理论、新技术的现场应用，促进科技创新成果快速转化，当好排头兵。2020年，编制的西北油田高质量发展三步走科技规划（建议稿）被采纳。

三、科学管理，打造“三位一体”的精细管理模式

构建“任务单”“学科专家组”“量化绩效考核”三位一体的精细化管理模式，统筹科技攻关与生产支撑项目管理，实现人员、资源优化，质量保障更完善、人才激励更高效。

（一）任务单，实现科研项目全过程精细化管理

项目立项后，学科组和项目长统一分解单项任务，整合科研与生产项目同类任务，形成任务单。研究室综合考虑人员特长与工作量等，寻优分配，负责任务协调与节点把控；学科专家组负责技术指导与质量把控。任务单完成后，按时效性、难度、工作量、创新性

及对项目贡献5个维度进行综合定量评价（见图4）。该工作案例获集团公司管理现代化创新成果一等奖。

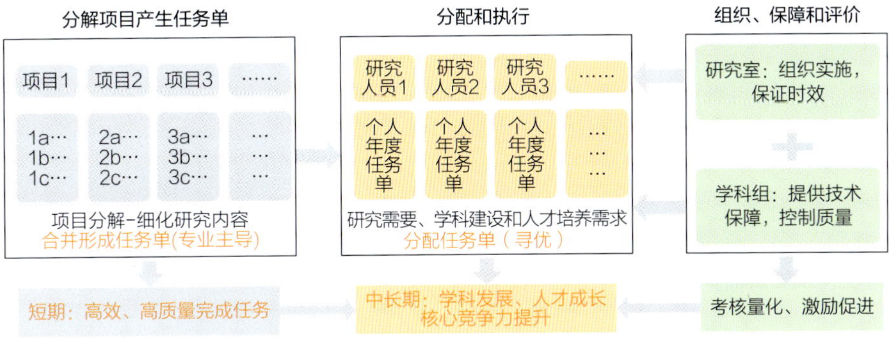

图4 以任务单为核心的“三位一体”精细管理模式图

（二）学科专家组，保障精细化管理提质增效

选用水平高、经验足的专家或主任师，成立6个学科专家组，全面负责科研方向、过程与质量监管，保障专家智囊作用充分发挥，保障科研攻关选对路、走得远。定期召开学科发展研讨会，科研成果未经专家组审查不得对外发布，科研质量问题学科组共担，并对科研人员考核具有充分话语权。通过优化管理，创新质量明显提升，近三年连续获省部级科技奖励，连续成功申请国家自然基金项目，专利申请数量超前五年总和200%以上。

（三）量化绩效考核，保证公平公正，实现人才激励

绩效考核突出价值导向，强化工作量与贡献，弱化岗位与职级，克服平均与人情主义，充分激励干事创业人才。年底绩效由岗位绩效、工作量绩效、单项奖励、综合评价及单项处罚组成，其中以任务单为依据的工作量绩效占比55%，保证付出与收获成正比。中心班子、室主任、专家组、项目长与职工按权重共同参与考核评价，保证公平公正。

四、特色党建，打造“高效凝聚”的坚强战斗堡垒

西北中心党支部以“3341”工程为统领，聚焦三大任务，理顺三大关系，坚持以西部精神塑造人、边疆一线锻炼人、生产支撑培养人、能源事业成就人、关爱帮扶温暖人的工作方针，写好质量、思想、学科、人才四篇文章，努力打造一流的创新创效高地（见图5）。

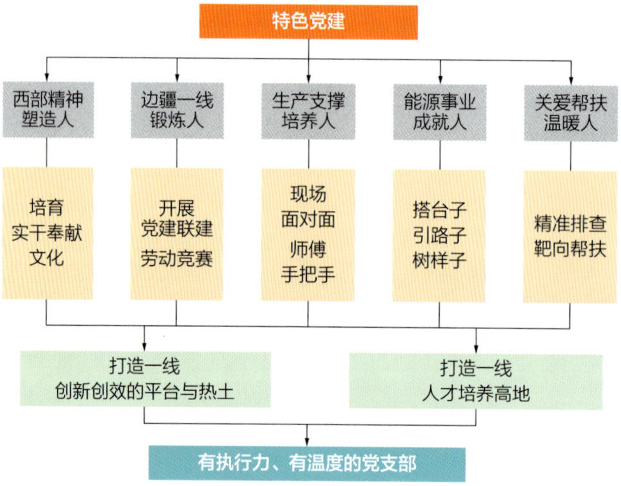

图5　特色党建工作思路

（一）以“西部精神”为核心，坚持特色党建，凝心聚力

继承和发扬“我为西部奉献智慧、西部铸我人生辉煌”的西部精神，培育带头干、加油干、拼命干的奉献文化，坚定职工在一线创新创效的信心与决心；开展“暖人暖心暖支部”活动，通过精准排查，靶向帮扶，建立前后方互助联系卡等，用行动暖人、关爱暖心，为职工坚守现场提供坚实保障。截至2021年8月底累计驻疆10581天，超去年全年水平。

（二）坚持多样化人才培养，实战练兵

坚持实战化人才培养，让科研人员在一线解决实际生产难题的过程中提升能力、锤炼作风。开展“三学三比三示范”活动，通过师带徒与交叉拜师，学精神、学理论、学技能，给年轻人引路子。通过“我的一张图”等评比，比质量比效率比担当，给年轻人搭台子。通过选树先进典型和示范项目、团队，给年轻人树样子。2018年以来，西北中心培养一名“感动石化”先进人物，涌现出一批中国石化开发先进个人、青年岗位能手等优秀人才。

经验启示

（一）提高政治站位，深度融入新发展格局

面对新形势，作为中国石化上游科技创新的主力军，必须以保障国家能源安全为己

任，立足新阶段，奋进新时代，以更高质量创新助力中国石化全面夯实上游资源基础。

（二）紧贴现场需求，全力实现高质量创效

高质量的科研成果必须来源于生产、服务于生产，只有坚持问题导向，找准制约生产的关键“卡脖子”技术，才能保证科技攻关有的放矢、不走偏、不走弯，才能保障科研成果落地生“金”，实现高效转化。

（三）坚持人才为本，全面提升核心竞争力

人才是发展的基础，推动高质量发展，必须以创新创效为导向，全面推进高素质专业化人才队伍建设，为建设世界领先企业提供坚实的人才支撑保障。